Biography of
Sun Chuanfang

孙传芳一生

王晓华　著

团结出版社
UNITY PRESS

图书在版编目（CIP）数据

孙传芳一生 / 王晓华著. -- 北京 ：团结出版社，
2020.3
ISBN 978-7-5126-7526-1

Ⅰ．①孙… Ⅱ．①王… Ⅲ．①孙传芳（1885-1935）
—传记 Ⅳ．①K827=6

中国版本图书馆 CIP 数据核字(2019)第 255002 号

出 版：团结出版社
（北京市东城区东皇城根南街 84 号 邮编：100006）
电 话：(010) 65228880 65244790 （出版社）
（010）65238766 85113874 65133603（发行部）
（010）65133603（邮购）
网 址：http://www.tjpress.com
E-mail：zb65244790@vip.163.com
fx65133603@163.com（发行部邮购）
经 销：全国新华书店
印 装：三河市东方印刷有限公司

开 本：170mm×240mm 16 开
印 张：30
字 数：498 千字
版 次：2020 年 3 月 第 1 版
印 次：2020 年 3 月 第 1 次印刷

书 号：978-7-5126-7526-1
定 价：79.00 元

孙传芳

Biography of Sun Chuanfang

一生

序

一本书，三十年

1968 年 11 月，我和孙传芳的孙女孙承琇一船来到芦苇枯黄、寒风瑟瑟的洪泽湖畔，一个叫腰滩的荒凉的农村插队。她五队，我六队。腰滩在淮河上，东西长约 30 里，南北最宽处也不过五六里。没多久，我们都参加了大队宣传队，我拉琴，她跳舞，每天的主旋律就是"雪山升起红太阳升起红太阳，雅鲁藏布江翻身农奴把歌唱……"

知青的生活是艰苦的割苇子、打坝、割麦子、插秧……有时我们饿得狼一般，老乡家的鸡鸭也跟着遭殃，进了我们的胃，掰玉米，偷萝卜，只要打牙祭，都少不了叫"老孙"。记得有次"老孙"发高烧 40℃，听说有老鳖汤喝，顶着烈日硬是走了 5 里多路，赶到我们队来分一杯羹。

忽然有一天，五队的马棚失火，孙承琇拿着脸盆奋不顾身冲进烈焰，两匹马烧死了，马是棒劳力，失去了马比死了亲爹娘还痛，就在全队一片号啕声中，竟有人怀疑是孙传芳的孙女干的……

军阀的后代好事没份儿，坏事总没跑！

随着岁月流逝，知青们都走了，只留下孙承琇干了整整十年……

恢复高考后，我考上历史系，对北洋史很感兴趣，于是常常和孙承琇的父亲孙家裕先生（孙传芳的三子）谈起孙传芳这个历史人物，孙家的许多资讯都是家裕先生亲口告诉我的。后来在家裕先生介绍下，又认识了孙家勤先生。

家裕先生晚年开朗、诙谐。记得他病重时，躺在医院中，家人给他唤来 7 个保姆站成一排，让他挑选一个中意的，最戏剧性的一幕出现了。老人家一挥手，来了一句"退兵！"直教我们都笑喷了。

当年为了写本孙传芳，特意去了泰山下乔庄去寻找孙毓典的故居和坟墓；也去北京西山卧佛寺瞻仰孙传芳陵墓；专门去龙潭镇寻找龙潭血战的旧地。我从 20 世纪 80 年代起，还采访了不少活口；更重要的是我利用工作之便，在中国第二历史档案馆里搜集孙传芳和北洋的许多史料，对于施剑翘的史料，我也是有自己独到的看法。

为了孙传芳传，我前后花了三十年的心血。今日的书稿，我不敢说是最好的，但肯定是最翔实的。比任何一本胡抄乱编的强得太多！

不信，就请拭目以待！

CONTENTS · **目 录**

第一章　泰山石敢当

第二章　寄人篱下

第三章　一鸣惊人

第四章　经营福建

第五章　江浙战争

第六章　八月浙江潮

第七章　开府金陵

第十一章　穷途末路

第十二章　回头不是岸

附录　"晚得此才，吾门当大"

孙传芳

Biography of Sun Chuanfang

一生

第一章

泰山石敢当

1."斗母宫里拴娃娃"

在我国山东省中部,从东平湖东岸向东北延伸至淄博,连绵横亘约200公里,是著名的泰山山地,古称东岳,号称五岳之尊。

泰山,通地拔天,气势磅礴,群峰拱顶,岿然独立,自古到今,人们把它视作灵山、圣山。历朝历代政绩卓越的皇帝,都要来此封禅,泰山稳则国家安,天地间的灵气几乎都凝聚在泰山石中。民间都将泰山石作为镇宅之宝。奠基时都要立一块石碑叫"泰山石敢当"。

泰山象征着天堂、人间。从秦始皇起历朝历代,凡是政绩卓越的皇帝,必定举行封禅大典,把泰山视作天梯,登泰山如同登天。玉皇顶的楼台琼阁与山水构成的美景就象征了天堂。因此,泰山囊括了三界,从南天门往上为天堂,至山下蒿里为人间,蒿里山到奈何为地狱。泰山的主峰玉皇顶在泰山县城北,又称岱宗。唐代大诗人杜甫有《望岳》诗描写道:

岱宗夫如何?齐鲁青未了。
造化钟神秀,阴阳割昏晓。
荡胸生层云,决眦入归鸟。
会当凌绝顶,一览众山小。

物华天宝,人杰地灵,古来有之。我笔下的传主孙传芳,就出生于伟大的东岳泰山。

清朝光绪年间,泰山脚下泰安县属范围,有个下乔庄(今属泰安市郊区祝阳乡下乔庄),出了个名叫孙毓典的人,祖上留有几分薄地,本人也念过几年私塾,读过几本孔孟之书,参加过县里的童子试,虽没有考上个秀才,却过着半耕半读的小康生活。

泰山孙氏祖籍为泰安县范镇岔河村,到毓典这辈子,因其堂兄在下乔庄饶有资产,遂投奔此地为家。孙毓典娶张氏为妻,生有三个女儿,个个水灵,如花似玉，却伯道无儿，引为憾事。孔圣人有言，"不孝有三，无后为大"。眼瞧着年龄渐长，夫妇俩谈及此事，也愁眉不展，长吁短叹。一日无事，孙毓典踏着山道登泰山观风景，见绿荫丛中，露出一角斗拱飞檐，原来是座古道观，门楣上石梁中刻着魏碑体"斗母宫"古拙峻拔的三个字。

斗母元君，简称斗母，是道教崇拜的女神。道教说斗母是北斗众星的母亲，原来是龙汉年间的周御王的妃子，名叫紫光夫人。由于一个春天在花园游玩有感悟，生下九个儿子。在道教中，斗母崇拜十分普遍，许多道教宫观都建有"斗母殿""斗母阁""斗母宫"，专门供奉斗母。

进了山门，里面烟雾氤氲，香火颇盛。香案后供着一尊慈眉善目的女菩萨像，身披斗篷，类似送子观音。

香案之上，有十几个神态娇憨、活泼可爱的泥捏的小娃娃。

孙毓典心血来潮，不觉跨进石槛，有一位道姑装束的老妇在阶上打扫，几个年轻媳妇正在跪拜叩头。

孙毓典上前，双手合十问道："请问师太，这斗母宫供奉的是何方圣灵？"

"这是斗母娘娘，又叫送子娘娘。"

"灵验吗？"孙毓典求子心切，脱口而出。

"咋能不灵？想儿你就求个带把儿的，想妞就会有个漂亮的小闺女，只要心诚，求啥有啥。"师太虔诚地说。

"那我就烧一柱高香，求求斗母娘娘保佑，给我孙家接续香火，送个小厮来。"泰安方言，称男孩为小厮。孙毓典一面说，一面撩起长袍便要下跪。

斗母娘娘金身

"且慢，且慢，施主有所不知，斗母娘娘是专供妇道求拜的。"师太笑着拉住他的衣袖。

孙毓典脸噪得通红，讪讪地说："这是咋说呢，请师太明示。"

"让你媳妇带根红丝线，来拜斗母娘娘，"她指着香案上那堆泥娃娃说，"看中哪个就拴哪个，用一根红丝线拴回去，要偷偷地拴，不敢让别人看见，想男的就拴男的，想女的拴女的。送子娘娘就会给你个心里想的。"

孙毓典满心欢喜，也不登山看景了，跑回家将"斗母宫里拴娃娃"之事告诉妻子。张氏听完也喜上眉梢。挑个黄道吉日，张氏兴冲冲去了斗母宫，在许多泥娃娃中相中一个神气的泥娃娃携回家，刚进门便掏出来，没想撞到门框上，左耳碰残一小块，夫妻俩懊丧不已。也可能是心理作用，自从拴了泥娃娃，春风一度，张氏果然有了身孕。

转眼到了光绪十一年农历乙酉年三月三日（1885年4月17日），民间传说是王母娘娘的生日，为了庆生，召开蟠桃会。我国北方有一首竹枝词是这样描述蟠桃宫庙会盛况的：三月初三春正长，蟠桃宫里看烧香；沿河一带风微起，十丈红尘匝地光。因此"三月三"也叫"王母娘娘千秋节"，这一天的传统民俗就是踏青春游、登山逛庙会。

就在这一天，泰山满山遍野桃花盛开，远远望去，像一片灿烂的彩霞。张氏到了临盆的日子。从太阳出升，到日落崦嵫，张氏挣扎呻吟了一天，终于在酉时（晚上7至9点间），生下一个婴儿。

门外急得团团转的孙毓典，耳听得响亮啼哭声，大声地对茅屋里面问："生个啥？生个啥？"

"啥？啥？你想啥来啥！"接生的稳婆笑着接上话茬，"生个带把儿的，生个扛

民间年画中的大吉图

枪打仗的，生个好斗的公鸡（此年是鸡年）！"

孙毓典满心欢喜："你就说是个小厮不就得了。"接着他双手合十跪下，嘴里一个劲念叨，"斗母娘娘有灵，保佑我孙门有后。"

孩子的乳名让孙毓典着实费了一番脑子，取名"根吉"，根是扎根，吉是乙酉年即鸡年鸡之谐音。

根吉小时候，顽皮又机灵，玩啥都有点子，是下乔庄有名的"山大王"。村里的小厮们都听他的。小伙伴最喜欢的游戏是"官兵捉强盗"。根吉照例做将军，指挥手下的兵，分成几路，总能将躲藏的"强盗"捉拿归案。

6岁那年，无拘无束的野马被套上了笼头。孙毓典板起脸对儿子说："打明儿起要收收心，送你上私塾识文断字，将来才有出息，做个真将军。爹给你起好了个学名，叫孙传芳，字馨远，把桃花的香气传下去，把咱们孙家传下去，往后在外叫大名，听见了吗？"

从此根吉就有了大号——孙传芳。孙传芳念书很用功，加上天资聪颖，《三字经》《千字文》《幼学琼林》《古文观止》会背会念的不少；只是淘气，哪儿有事儿准少不了他。先生的戒尺经常打屁股、抽手心，可就是不哭不告饶，先生和同学都夸他"有种"。

孙传芳12岁那年，孙毓典得了一场重病，药石阅效，撒手尘寰。当时，孙传芳的大姐出阁，嫁给商河县富户程云熙家，他的二姐嫁给济南府历城县一个逯姓人家。

张氏要强，领着一双小儿女苦撑日子。孙传芳的婶母却对他们母子异常刻薄，稍不顺眼，便指桑骂槐，孤儿寡母经常关起门哭泣；加上这一年是光绪二十三年农历丁酉年（1897年）山东大旱，日子实在过不下去，张氏只得带着一双小儿女，去历城逯家投靠二闺女，从此再不回下乔庄住。

若干年后，孙传芳显赫之时，不少人说他是历城人，实际是不了解他的底细。

有的著述中称："孙传芳的父亲叫孙育典，是按谱名的育、维、永、济起的。又说其父是个秀才，后以私塾教书。"这只是一种说法。那个特定的时代，有些人出身低微，发迹以后，便要去找一个有名的古人来做自己的祖宗，并大修族谱，这种出钱修的族谱，多有水分。1936年，泰安大陆印刷局出版了严丹卿所著《心斋文集》一书。严与孙传芳是泰安同乡，对其知根知底。该文集中说：

> 吴孚威（即吴佩孚，山东蓬莱人，封孚威将军）与某巨公论世系，孚威自其父溯至鼻祖，知之详而言之切，某巨公甚至不知其高曾字讳，而始祖更无论矣。孚威晒之！某巨公大惭，退而出巨金为修谱碟。经营数载，半途而废。夫以某巨公之雄才大略，何事不济，乃修谱数册竟如是之难，良可慨矣！

这里的某巨公，系指孙传芳。可见，所谓后来的《孙氏族谱》，是值得推敲的。故孙传芳自己也承认"其先潜德弗彰"之语。

孙传芳亦是爱慕虚荣之人，在保定北洋速成军校时，同学杨文恺问他是哪里人，他一直说是历城人，而讳泰安人。但正是他幼年的经历，对日后的发展有很大的影响，尤其是孙传芳幼年当将军的梦想，是使他青年时代投身军旅的直接动因。

2. 王英楷的小舅子

孙传芳随母亲和未出门的三姐到了历城，在二姐家住下。俗话说：救急不救穷。日子一长，半大小子，吃死老子，虽然是亲戚，老逯家也不富裕，常常鼻子不是鼻子，脸不是脸。孙大娘人前说好话，赔笑脸，背地里常常搂着传芳流泪，说："儿啊，在人屋檐下，怎能不低头？今后要多看别人的脸色，学聪明点，省得让人不待见。"

为了不让娘伤心，少年孙传芳倔强刚毅的性格中，添进察言观色、讨好、拍马屁的习气，这都是苦难的生活经历给他打上的无奈的烙印。世态炎凉，即使再小心谨慎，还是被人瞧不起。于是，孙大娘便带着儿女又去商河县大姐的婆家打秋风。

孙传芳渐渐大了，人很机灵，又不偷懒，大姐夫对他们母子还算过得去。孙大娘教育儿子："受人滴水之恩，当涌泉相报。"孙传芳一直铭记在心。后来官做大了，一直将大姐的儿子，他的外甥程登科带在身边。孙在当五省联军总司令时，总司令部下设八大处，其中孙传芳把军需处处长的肥缺，给了程登科，就是报答当年的收养之恩。

孙传芳到商河的时候，正是甲午战败后。清廷痛定思痛，整军肃武，决心编练一支能抵御外侮的新式军队。

北洋军阀的开山祖袁世凯在离天津20里的新农镇编练新军。天津武备学堂总办荫昌给袁世凯推荐了几个武备学堂的毕业生，其中有王士珍、段祺瑞、冯国璋、梁华殿和王英楷。前三人后来成了著名的"北洋三杰"，而王英楷，当年是与"北洋三杰"齐名的角色。

王英楷，字绍臣，辽宁海城人，身高体胖，人称王胖子。1895年进入袁世凯新建陆军。新建陆军的领导机构为督练处，下设参谋、督操、执法三个营务处。王士珍任督操营务处帮办兼讲武堂总教习，冯国璋任督操营务处帮办兼步兵学堂监督，段祺瑞任炮兵营管带兼炮兵学堂监督；王英楷任执法营务处总办。说明他当时与"三杰"是平起平坐的。

1899年秋，义和团运动在山东兴起，农村中到处是红巾或黄巾扎头的团众，据说能避枪炮，刀枪不入，专与洋人与传教士为仇。

山东巡抚毓贤上奏朝廷："查东省民风素强，民俗尤厚。际此时艰日亟，

王英楷与他的淮军部属

当以固结民心为要图。"要求对义和团实行羁縻，改剿为抚。有了毓贤的新政策，义和团便迅速在北方蔓延，进入京城。这一来，引起各国的抗议。此时，袁世凯率新建陆军（又称武卫右军）到山东会操，清廷便派袁世凯为山东巡抚，令其绥靖地方，镇压义和团。

商河县是义和团活跃之区，大军一到，必起兵祸。孙大娘便领着儿女避祸济南，生活又陷于困境。

袁世凯一干人马开到济南，开始捕杀义和团。民怨大起，甚至有人在巡抚衙门照壁上，画了个头戴花翎的癞头乌龟，爬在洋人屁股后面。还有一句顺口溜："杀了袁尾蛋，我们好吃饭。"

袁世凯便痛下杀手，派武卫右军执法营务处总办王英楷进行严厉镇压，腥风血雨过后，乱民该杀的杀，该赶的赶，省垣的秩序逐渐安定下来。没想到，这个王英楷就成为孙传芳步入军旅的关键性人物。这是怎么一回事呢？

原来，王英楷在济南城里大明湖畔，选了一处宅院，青砖瓦房十几间，回廊照壁、假山花园。接其妻小从天津来此团圆。没想到其妻忽患忧郁症，疯疯癫癫，医治不愈。王英楷大为头疼，于是有意寻娶二房。

此时，孙传芳的三姐尚待字闺中，年轻貌美，经媒婆两下说合，王英楷一见便很中意，对孙大娘说："闺女许配我，有你们的享福生活，大小子也跟着，陪伴公子读书，今后补个名入营，也有出头的机会。"

打那以后，孙大娘和孙传芳同住王英楷府上，三更灯火五更鸡，陪公子读书，倒也衣食无虞。

1901年，袁世凯升任直隶总督，调保定府。王英楷携眷及孙氏母子迁往保定居住。关于孙传芳在王英楷家的境遇，自然还是寄人篱下，过着如履薄冰般的生活。20世纪30年代初，有个熟悉北洋各派系的新闻记者吴虬写了篇《北洋派之起源及其崩溃》的论文，其中有这样的记述："（孙传芳）家庭历史，与北洋要人之升沉有关。王（英楷）之姜孙氏，即系后来开府江南之联帅传芳之胞姊。联帅年未弱冠，家贫不能自在，随母投靠其姊于保定，王始峻拒，谓她是金钱购来，不配与我讲亲谊，经人（或云即孙之同乡朱子勤）代为缓颊，始收为马弁。嗣因其伶俐活泼，饬令伴王公子读书。"

一个靠打秋风过活的穷亲戚，王英楷厌烦亦是常情。但孙传芳聪明、伶俐，善于讨人欢心，待人接物，人情世故，皆少年老成，也是其在夹缝中顽强生存的本领之一。

1901年，清廷决定编练常备新军，在武卫右军的基础上编练北洋常备军。袁世凯在保定府设立督练公所，下设参谋、教练、兵备三个处，每处设一总办。段祺瑞为参谋处总办、冯国璋为教训处总办、刘永庆为兵备处总办、王士珍为步兵第一协统兼直隶全省操防营务处督理，王英楷为总参议，袁世凯为全军总统，正式改武卫右军为北洋常备军。袁世凯"厘定募兵章程十九条，遴委臣部武卫右军营务处候选道王英楷、王士珍，分赴正定、大名、广平、顺德、赵州、深州、冀州各属……精选壮丁六千人，即令该道等分领训练"。

对王英楷而言，自己是招兵的负责人，近水楼台，为甩包袱，瞅准个茬口，送小舅子入营谋个出身，也是举手之劳。孙传芳有姐夫的面子，自然不是去当大头兵，加上他识文断字，即在营中做一弁目，即小头目。

袁世凯在练兵时认识到："练兵必先选将，而将才端由教育而成。"1902年夏，袁世凯决定在保定东关外建立一所行营将弁速成学堂，"挑选营中精健聪颖，略通文义之弁目，入堂肄业"；"遴选粗识文墨、有志上进者，学习战法、击法、军制，以八个月为卒业之期"。

孙传芳自然是熟人多吃四两豆腐，在姐夫的关照下，被选中入军校深造。自然是喜不自禁，一来可以实现自己出人头地、做"将军"的梦想，二来可摆脱看人眼色、寄人篱下的生活。此时，他三姐喜滋滋地说："你二姐在为你定下一门亲事，已合过八字，下过聘礼。女方姓张，名兰君，相貌端庄，粗识文墨、擅长女红。光绪九年生，正好比你大二岁。"

山东风俗，兴娶大媳妇，17岁的孙传芳听了很高兴。春风得意马蹄疾，先回泰安县下乔庄为父修坟添土，然后去了济南。三个姐姐都来参加弟弟的婚礼，宾客盈门，花轿迎亲。新郎官长袍马褂，十字佩红，鼓锣乐器，好不热闹。婚礼办得排场、风光。

婚后三天，孙传芳就告别妻子，谢了姐夫、姐姐，与母亲告别。

3．投入北洋军旅

1902年8月，孙传芳入保定将弁速成学堂，编入步兵科第三班。北洋军的兴起，便是他奋斗的目标和事业的开端。

　　与孙传芳同时入营的，有个要好的朋友叫杨文恺，直隶永清人，清光绪九年（1883年）生于一个书香之家，考过秀才。感于国事艰难，投笔从戎。孙杨两人同编一班，出操、上课、吃住天天在一起，形影不离，成了换帖兄弟，互相砥砺。

　　很多年后，杨文恺回忆起这段生活，说："孙（传芳）天资聪敏，且知用功，所有军事课程，一读便通，故而学科与操法，往往名列前茅。"

　　1903年5月，孙传芳和杨文恺都力拔头筹，在行营将弁速成学堂毕业。这时，他的媳妇给他生了个大胖小子，他给儿子取了个响亮的大名，叫孙家震。

　　王英楷自感面上有光，开始对小舅子的前途做进一步安排。他对将弁速成学堂总办冯国璋说："我的内弟学得还不错吧？要多谢老兄的栽培。"冯国璋何等精明，一听便明白其中含义，于是批准名列前茅的学生免予考试，报送进入培育新军下级骨干的北洋武备学堂。孙传芳、杨文恺又进入头班步兵科深造。

　　北洋陆军武备学堂，是清朝的高等军事学堂，为保定军官学校之前身，培养专门的军事人才。该校建于1903年，9月开始招收头班，即第一期学员，有步兵、马兵、炮兵、工兵、轴重、经理、东文（日文）、德文诸科，多聘日籍、德籍专家任教。北洋军阀时期，凡军界风云人物，皆出身于此。齐燮元、王金钰、王承斌、臧式毅、孙岳、周荫人、郑俊彦等及蒋介石、白崇禧、顾祝同、夏威、黄绍竑等人，都与孙传芳是先后同学。故有人戏称：民国军阀战争，就是保定同学之间窝里斗。

　　孙传芳入学不久，是年冬末，孙大娘突然得病去世。这一突如其来的打击，使他悲痛欲绝。他执孝子礼，请假回济南，亲自送母亲的灵柩返回泰安，与其父孙毓典合葬。未等"七期"，便匆匆返回保定学堂，更加努力学习，并开始参加日语班学习。

　　杨文恺问他："馨远，你这样不要命地学，想干啥？"

　　孙传芳很有信心地说："袁宫保每年在武备学堂选择优秀生赴日本留学，条件是：身家清白、体质强壮、聪明谨厚、志趣向上，并无暗疾嗜好，中学已有根底、武备各学已得门径，年在18岁以上至22岁以下者。我自认各方面都符合条件，一定要走出国门，出去学习。"

　　杨文恺受了感染，拍着他肩膀说："兄弟，加把劲，咱们都争取！"

在孙、杨的带动下，速成学堂同班生周荫人、卢香亭也加入他们的行列，结为莫逆之交。　卢香亭，直隶河间人，家境贫寒，也是立志投身军旅，博取功名。周荫人，直隶武强人，也是个好舞枪弄刀之人。

学堂放假时，四个伙伴便到保定东关外的小酒馆中，倒上几碗二锅头酒，学作古先贤的模样，桃园三结义，后续赵子龙，叩头换帖，义结金兰，发誓："苟富贵，毋相忘，互相提携，终身合作。"四人按年龄长幼为序：杨文恺是大哥、孙传芳是老二、卢香亭行三、周荫人最小。果然，以后四人一荣俱荣，一损皆损。

1904年5月，孙传芳、杨文恺等人都报名参加甄拔留学考试。陆军武备学堂总办冯国璋批准该校40名学生，前往北京练兵处参加考选。考选结果，孙传芳、杨文恺、卢香亭、周荫人都顺利入围。

这一年8月，又到放洋时节。北洋督练公所派出留学监督赵理泰，率领全国各地留学生一百零八人，东渡日本，时称一百单八将，其中直隶学生：有孙国英、穆恩堂、田遇东、李鉴波、周荫人、李焕章、周宗祥、谢家琛、孙传芳、卢香亭、吴建忠、郑长垣、刘洪基，刘乃勋、王天培、吴乐三、杨文恺、项瑞麟、韩世璜、周素民、刘汝赞、戈宝琛、何瑞峰、杜百彤、华世中、梁心田、龚维疆、冯家俊、王鉴珍，计30名。

其余山东五名、两江三名、江宁二名、江苏二名、安徽四名、江西四名（其中有李烈钧、胡谦）、浙江五名（其中有张国威）、绥远一名、闽浙五名、山西三名、两广八名、湖广五名、荆州一名、湖南四名（其中有程潜、李铎）、四川七名，由兵部主事王赓（王揖唐）负责。

程潜、胡谦、李烈钧、李铎等人分别来自南方江西、湖南各省。他们从天津启程转上海，乘日轮"大智丸"赴东京。后来都加入国民政府，参加北伐战争。而韩麟春、孙传芳等来自奉天、直隶的学生基本上都是北洋军阀。南北泾渭分明。

4. 入日本士官学校

东京振武学校，是一所专门为中国留学生学习军事开办的陆军士官预备学校。孙传芳等中国学生的军校生活就从这里开始了。

留学并非是令人羡慕的优越生活，对从小吃过苦的孙传芳来说，亦须咬牙立志，逐渐适应。

留学生住的是木板式的宿舍，吃得也很简单，每饭基本为大米饭，菜也很简单。蒋介石回忆他在东京振武学校时的情形是：天天为豆腐白菜。张群回忆，每逢星期天，邀上要好的和同乡中的同盟会会员同学，租一间只能在星期天才能使用的、面积只有十二张"榻榻米"大小的房间，买一头猪的全部内脏"下水"，自己动手做饭吃，边吃边高谈阔论，或阅读革命书籍和报刊。

孙传芳生活在同样的环境中，只是按孟夫子的话："天将降大任于斯人也，必先苦其心志、劳其筋骨，饿其体肤，空乏其身，行拂乱其所为，所以动心忍性，曾益其所不能……"

于是他咬牙励志，勤学苦练。

东京是座美丽的城市，终年白雪覆顶的富士山，常常让孙传芳想起雄伟壮观的东岳泰山。有云霞一般樱花的上野公园，也像家乡泰安美丽的桃花峪。可是有两件事给孙传芳刺激很大。第一件事是赏樱花。

4月的一个日曜日，即星期天，孙传芳和杨文恺穿着军校军服，足登翻毛皮鞋，将脑后的大辫子盘起，再扣上军帽，混在人群中去上野公园观赏樱花。当他抬头看樱花时，不小心让树枝碰掉了帽子，一条油光光的辫子滚了出来。周围的日本人，有人高叫："呛过锣！呛过锣！"即侮辱中国人的骂人话，意为猪尾巴。孙传芳脸涨得通红，拳头握得紧紧的，杨文恺急忙替他捡起帽子，掸掸灰，拉着他走开。

甲午战争失败之后，北洋舰队被日本海军不是击沉，便是俘获。其中"镇远"军舰上的仪表、枪炮、铁锚被日人卸下，放在上野公园中展览，用来激励日本人士气，侮辱中国人。孙传芳等人见后热血上涌，他气愤地说："小日本敢欺侮我们，是我大清国力太弱，打不过他们，我们一定要卧薪尝胆，学好本事，再一决雌雄！"

这一时期，各种宣扬救亡图存、改良与革命的书刊在留学生中广泛流行。如《20世纪之支那》《浙江潮》《江苏》《云南》《鹃声》等，给留日学生以很大影响。

一天，江西留学生李烈钧传给孙传芳一本《20世纪之支那》杂志创刊号。
一个署名"卫种"的文章中这样写道：

"20世纪之支那，于世界上处如何之位置，吾人爱之，不能不思索也。

20世纪之支那，依然支那之支那乎？抑俄国之支那乎？英国之支那乎？德或法之支那乎？美与日之支那乎？吾人爱之，不能不决此疑问也。

试思支那之亡，何人亡之，即我支那也。列强不施政策于他国，而独施于我支那，岂不曰支那有以召之。

组织支那者何人，我一般国民也。是则支那之自亡，即我国民亡之。我国民亡支那，吾安得不责之，何责乎尔，谓其无爱国心。……夫逆料支那为必亡者，谓我国民坐待而不自振耳；我国民而能自振，则可希望其不。"

孙传芳读过文章，便与杨文恺等人进行讨论。他认为："既然中国是国民的中国，那国家兴亡，匹夫有责，励精图治，才能拯救中国。"

杨文恺则说："中国是皇上的中国，皇上派我们来留学，学成自然应该报效皇上，服务大清。"

青年人，思想活跃，容易冲动，振武学校中的各省留学生中，如李烈钧、程潜、丘丕振、张鹦鸽等活跃分子，在孙中山、黄兴革命宣传下，思想发生了很大变化，皆参加了中国同盟会。孙传芳一时冲动，也跃跃欲试。

杨文恺则大泼冷水，说："馨远，同盟会主张赶走皇帝，你不要忘了，咱们是北洋练兵处官派留学生。回国后，要由练兵处分发，以图功名。不报效大清，怎么完成出人头地的大志，更不要说封妻荫子了。同盟会反对朝廷，便是乱臣贼子，与乱党同流合污，前途还要不要？你姐夫王英楷已升任兵部侍郎，你能向他、向咱北洋开仗吗？"

孙传芳一听语塞，觉得自己吃北洋的、喝北洋的，每位官派生平时的开销与往返川资需银二百两，每年学费三百两，加上零用钱，一个人五年下来需要白花花的银子二千两以上，反了皇上，等于自己砸了自己的碗，疤拉眼照镜子，这不自找难看吗？想到这里，蒙头便睡。

第二天，孙传芳又生龙活虎般出现在操场上，抓杠子、练劈刺，专心致志，学习各种科目。对同盟会渐渐敷衍，活动也不去参加，最后便脱离了。

其实，孙传芳的内心是很痛苦、很矛盾的。他不自觉中意识到，那个"五百年前是一家子"的孙中山讲的革命大道理都对，但他自己又无法身体力行。只得"双耳不闻天下事，一心只读圣贤书"了。

1906年，孙传芳等留学生在振武学校毕业了，派入日本陆军第十师步兵联队充任候补生，入伍锻炼一年，完全与士兵一样，过着艰苦的生活并接受严格的军事训练。

日本的军事教育不仅仅是军事训练，还要接受日本武士道和军国主义教育。军国主义便是穷兵黩武，对外扩张和侵略；武士道精神则是对天皇效忠的一种"不成功则成仁"的思想体系。日本的军事教育加上孙传芳原有的忠君、爱团体等封建礼教相结合，构成了他后来的思想基础。

士兵的伙食很简单，顿顿是一餐米饭加一小块咸鱼，有时会有两三片菜叶和萝卜片。星期天才有豆腐和像样的蔬菜。艰苦的生活，磨练了他的意志。

日本的军事教育对日常生活中的纪律、卫生都有严格的要求，甚至很苛刻。有次轮到孙传芳值日，忽视了门的横梁，未用布擦干净，被检查的军官狠狠地训斥一番。以后他便不知不觉养成了讲卫生的习惯。

1907年11月，孙传芳等结束了一年的入伍生活，进入东京陆军士官学校，为第六期生。

第一次列队时，一个20多岁，长得精瘦但很有军人气质，戴着陆军中尉军衔的日本人站在他们面前，严肃地大声自我介绍："我叫冈村宁次，东京人，生于1884年，与你们的年龄相差不多。我是你们中国留学生队的区队长，希望大家遵守纪律，服从命令。"说完头往下一低，"请多关照。"

孙传芳在日本士官学校学习时，学习成绩在中国留学生中名列前茅，但某些关键的课程限制中国学生学习。其原因是1905年日本陆军士官学校的中国籍学生蒋方震（字百里）以全校第一名的成绩，由日本天皇表彰并授以军刀。这件事在日本同学中引起了极大的震动。因此，从第四期开始重新规定，限制中国籍学生学习某些科目。这种明显地带歧视性的做法，损伤了中国留学生的民族自尊心。孙传芳对此深有感触，在思想深层，对日本有着一种仇恨的感情，但表面上却不影响他个人与冈村宁次的友谊。

有一个星期天，孙传芳、卢香亭、杨文恺等肚子里没一点油水，于是跑到浅草的小酒馆喝酒，由于高兴，几个人喝得太多，醉得一塌糊涂，耽误了归队的时间。正好那天是冈村宁次值勤，见此情形大怒，狠狠地打了每人一个耳光。他斥责说："你们支那人，不守纪律，像一盘散沙，怎么能不受列强欺侮？将来有一天，在战场上见面时，我一定会打败你们。"

冈村宁次的态度，孙传芳并没有计较，脸上虽然火辣辣的，心里却不能不佩服日本军人的教育。但他听到最后一句话时，怒从心里起，借着酒兴说："用不着等到战场上见，我今天就教训你这个狂妄自大的家伙。"他扑上前去，两人打得难舍难分，冈村宁次的脸上也狠狠挨了一拳。杨文恺、卢香亭的酒都吓醒了，他们慌忙之中，将两人拉开。没想到，不打不成交，冈村宁次很友好地上前，竖起大拇指，用生硬的中国话赞扬说："孙传芳，你的胆量大大的，我的佩服。"

从那以后，冈村宁次与孙传芳成了很好的朋友。1925年，孙传芳开府金陵，成为东南五省联军总司令后，特聘冈村宁次为他的高级军事顾问。但这是后话。

1908年12月，孙传芳等在日本陆军士官学校第六期毕业，他们又回日本陆军第十师步兵联队见习三个月，于1909年3月回国，结束了5年艰苦的留学生生活。

是年，孙传芳已经24岁，到了成家立业的年纪。他去了保定，去见姐夫、姐姐，感谢他们的栽培之恩。此时，王英楷在北洋的地位如日中天，不可一世。

5．金榜题名

1909年（即宣统元年）孙传芳这一批留日军校生回国。当时正是清朝政坛嬗递、波诡云谲的时期，在一年前，光绪皇帝与慈禧太后相继"驾崩"，袁世凯被摄政王载沣开缺，回彰德（今安阳）垣上养病去了。

满族贵胄铁良出任陆军部尚书。王英楷虽然是袁世凯提拔上来的，却另攀高枝，投靠铁良，官升陆军部右侍郎，相当于国防部副部长，正是春风得意之时。

孙传芳见了这位炙手可热的姐夫，王英楷说话的口气自然很大："馨远，回来的正是时候，有我在，保你平步青云。"

孙传芳问姐夫："下一步该咋办？"

王英楷说："你先去天津直隶督练公所报到，点个卯。今年八月陆军部要举行甄拔考试，你们这些留洋学生，考试合格者，授个举人功名，再授官衔，分派录用。"

陆军部功名考试的主考官，是陆军部尚书铁良，副考官由左侍郎毓朗和右侍郎王英楷担任。

孙传芳见姐夫端居在上，信心十足。笔试成绩优良，口试时应答如流，有意卖弄所掌握的军事知识，赢得各位考官频频点头。于是便顺利通过甄拔考试。到发榜时，孙传芳被授予步兵科举人，并授步兵协兵校。陆军部颁发的执照如下：

> 陆军部为发给执照事：照得游学日本陆军步兵科毕业生孙传芳年25岁，系山东泰安人，业经本部奏请，钦派主试大臣考试该生所习学科，术科核定等第，奏明在案，合行发给执照。

与孙传芳同年参加功名考试的留日士官生还有阎锡山、李烈钧、唐继尧、刘存厚、赵恒惕、尹昌衡等人。正是这些北洋少壮派军人，将日后的中国变成了战场，"搅得周天寒彻"。

在王英楷的关照下，孙传芳被陆军部发到北洋第二镇第三协王占元手下。第二镇是北洋常备军中成军最早的一支部队，王英楷曾是翼长、记名提督。王占元是王英楷一手提拔起来的亲信。

王占元，字子春，山东馆陶人（今属河北），生于清咸丰十一年（1861年）。少年时横行乡里，是个无赖。其兄气极了，磨刀要杀他。嫂子心软，偷偷放了他，并给他准备好盘缠，让他去当兵。真是"好男不当兵，好铁不碾钉"，他便投了淮军刘铭传的部队。王占元人高马大，相貌堂堂，在营中执掌大旗，打仗一马当先，是条汉子。一日，他与同在一起吃粮当兵的刘广有抬水，一句话不合便扔了水桶，刘抡扁担打来，王抬手一挡，左手无名指因伤致残，终身卷缩。王占元不念旧恶。后来刘广有还能得到王的照顾。

1886年，王占元被选到天津武备学堂，与日后北洋贿选大总统曹锟是同学。

袁世凯小站练兵时，王占元为王英楷的部下，关系不错。从此官运亨通。

王英楷此番令孙传芳到王占元处，王占元自然另眼高看，给了孙传芳第二镇第三协步兵第五标教练官的差事，即相当于副标统。

16 孙传芳能说会道，善于交际，练兵有自己的一套，又与本协本标内的关系搞得极熟；其他镇协标内，都有同学，如鱼得水，正待发展。但没想到北洋系统中，对留洋学生是持排斥态度的。各人都有自己的关系网，走后门，拉关系，夤缘攀附，溜须拍马，有新文化的人反而吃不开，得不到重用，这又使孙传芳感到英雄无用武之地。

非战时期，军队不打仗，人才很难脱颖而出，孙传芳一干便是两年，还是教练官。与他一起参加陆军部考试的士官生，凡是分到南方各省如云南、广西、山西的，如李烈钧、刘存厚、唐继尧、尹昌衡、赵恒惕，甚至山西的阎锡山都升迁很快，辛亥革命前夕都升到管带、标统、甚至成了一方都督。而蒋方震（百里）、蒋作宾（雨岩）等都是"才高心不展"，郁郁不得志。加上主管陆军的载涛（载沣之弟）又竭力排斥铁良，重用从德国回来的荫昌。终于将铁良排挤出局，于宣统二年十月被派出京，到南京任江宁将军。

大树一拔，王英楷失势，不久病死。这也影响到了孙传芳。孙传芳只能蛰伏待起。

6. 血战汉口获嘉奖

辛亥年八月十九日（1911年10月10日），武昌起义爆发了。摄政王载沣接到湖北新军造反、占领武昌城的电报后，吓得手足冰凉，慌慌张张召集在京的文武大臣商量镇压革命之事。决定"现在派兵赴鄂，巫应编配成军"。清廷将第四镇和第二镇混成第三协、第十一协编为第一军，由陆军大臣荫昌督率先期前往湖北前线，另派冯国璋组织第二军，随即驰援。

第二镇第三混成协协统王占元召集所部军官传达任务后，特地留下了孙传芳，郑重地说："馨远，平时你常抱怨英雄无用武之地，有能耐无从展示。现在是骡子是马，该拉出阵遛遛。我让你去步兵营当管带，别让大哥我面子过不去。"

孙传芳终于盼来这一天，他摩拳擦掌地说："说得再好也瞎搭工夫，到战场上您就瞧好吧！"

王占元所部到达湖北前线时，孙传芳特地去请示王占元："敌军所穿的军装是什么颜色的？"王占元搞不清楚，便去问参谋长。参谋长自以为是地说："敌军的军服是蓝色的，我军的军装是黄色的，还有灰色的。"孙传芳记下了，吩咐部下，只要见到穿蓝色军服的，立即开火。

当时中国各省新军服装，参差不齐，没有统一的制式，各行其事，全凭统兵官的好恶为之。北洋各镇较为一致，士兵夏服有黄卡其布衣裤和黄军帽，也有紫花衣裤的；冬天则有蓝色军服的。没想到从河南赶来增援的第五十七标标统张希元所带的兵，全是蓝色的军服。两下一照头，王占元的部队便立即放枪， 连几排枪，打得对方七零八落。

张希元也不含糊，军刀一挥，下令回击。两方"乒乒乓乓"，打得天昏地暗。坐镇信阳大营的荫昌，得知是自己人打起来，急得跳脚，赶忙派人去调停，孙传芳这才下令停止射击，双方都有不少损失，士气大挫。

荫昌只得将大营扎在离汉口以北约20公里的京汉路滠口车站，命令王占元部反攻汉口。

大战在即。

在滠口车站到汉口郊外约5公里处，有一小镇叫刘家庙，江岸车站便在此地。右临滔滔长江，左为大赛湖和洼地，只有中间一条道通市区，战略地位十分重要，为兵家必争之地。武昌首义后，刘家庙便成为革命军控制并集结重兵、向北防御的重要据点。从刘家庙往北到滠口车站，有一条长约一里多，宽不过数米的狭长隘路，四面皆湖水，中间有三座铁路桥，即头道桥、二道桥、三道桥。

王占元部便占领铁路桥，与革命军对峙。

孙传芳生平第一仗，便在这里开始。在枪林弹雨中，经过恐惧、镇定，到慢慢成熟起来。

八月二十日（10月11日），朝霞伴随炮声，迎来了新的一天。革命军第一协第二标林翼支部在炮队掩护下，向占领三道铁桥的北洋第二镇第三混成协发动进攻，激战一整天，王占元部抵挡不住便放弃了头道桥、二道桥。

是晚，孙传芳去了司令部，见王占元正在犯愁，便说："我军首战失利，士气定受影响，守三道桥的任务，是不是让我来？"

王占元摇摇头说："馨远，还不到时候，等三道桥都丢了，收复的时候你再上。好打家不胜头一仗。"

次日清晨，天尚蒙蒙亮，双方炮战开始。革命军在敢死队队长徐少斌率领下，呐喊着，向三道桥冲过来，眼看冲过桥头，徐不幸身中数弹，落入水中牺牲，其余连死带伤100多人，攻势受挫。不久，革命军重新调整战术和攻击部署，用大炮对准三道桥北的小树林猛击，隐蔽于此的北洋军豕突狼奔，放弃阵地而逃。战至下午2时，终于冲上三道桥，炮队迅速跟进，在桥北进入阵地，猛轰北洋军，王占元所部大败，在滠口一线收拾败兵。

10月22日，冯国璋率第一军主力到达孝感车站。

冯国璋为了向清廷证明只有袁世凯，才能指挥北洋军打仗的事实，便与第一军参谋，孙传芳的老同学杨文恺商量，派北洋第二镇攻打头阵的问题。

冯国璋说："本军统到汉口，与革命军的第一仗，至关重要，战必胜，否则袁宫保在朝廷面前就没面子，只有我们打得好，袁宫保那边的地位就越稳当。建章，你亲自去王子春（占元）的第二镇，让他派最得力的人马，坚决冲开第一阵，拿下汉口。"

是日，杨文恺匆匆来到王占元的指挥中枢，王占元一见到他很高兴地说："快摆酒，冯四哥（冯国璋行四，北洋旧人互称兄弟，更显关系密切）派你来面授机宜，太好了。我们边喝边聊，建章，这几天就住在这里，看你二哥的手段。"

杨文恺略显拘束："您是统制官，我只是一名小小的参谋，怎能与你称兄道弟？让外人知道，说咱们团体没有规矩。"

王占元不屑地说："规矩，什么规矩？我们北洋派，尤其是小站练兵出来的，都是这么称呼，我是大老粗，只认袁宫保、冯四哥，其他的包括皇上、亲王大臣，一概不认。这次袁宫保复出，冯四哥派你来的目的我很清楚，我王某只知报恩，什么国家、什么朝廷、什么党，我全没有，我是良心党，我良心觉得合适就办，不合适就不办！"

杨文恺知道孙传芳在王占元手下，于是试探说："二哥，你准备派谁打第一仗呢？"

王占元笑了："啊，原来是卧底来了，我正要问你，派谁合适呢？"

杨文恺毫不迟疑："派馨远！"

王占元点点头："咱哥俩想到一块儿去了。我有些担心，你们洋学生，说见过真刀真枪的阵势，别是银样镴枪头，管看不中用，砸了锅就坏了。"

杨文恺说："二哥，馨远这个人是大将之才，保证不会有错，只要有机会让他多磨炼磨炼，能成为你的得力臂膀的。"

王占元点头说："他姐夫王英楷对我有恩，我正愁无机会报答。好，就派他去！"

王占元令步兵第三协第五标统带官王金镜率三个步队营打冲锋。任务下来后，王金镜命令孙传芳率一营担任主攻，二营、三营为左右翼。第三协炮队营奉命掩护步队营进攻，18门大炮在阵地上一起对刘家庙轰击，霎时间，阵地上一片浓烟火光，大地猛烈地颤抖着。炮击渐渐停了下来，孙传芳抽出指挥刀大声命令："全体前进，勇敢者赏，怕死者杀！"

冒着阵阵硝烟，北洋军猫着腰，沿着铁路线，向三道桥、刘家庙方向前进。

孙传芳第一次亲身参加战斗，迎面而来的是"噼噼啪啪"的枪声，不时对方阵地上火光一闪，炮弹呼啸而来，心情很紧张，生怕子弹不长眼，此生就算交待了。心里直发怵，但出人头地立功的希望又驱使他冲在前面，否则那些当兵的是根本不会向前冲的。他心一横，夺过掌旗兵手上的大旗，呐喊着向前猛冲，一阵密集的枪弹过来，他的身边的士兵倒下去不少，他被迫伏下身来，躲在铁道路基上观察。仗开始呈胶着状，双方利用地形、地物，对峙着射击。

孙传芳进攻受阻，王占元急得乱跳，王金镜也在战壕中说："平日里孙传芳能说会道，谁知是纸上谈兵，没想到一拉上去就拉稀了。"

此时，清朝海军舰队，帮了孙传芳的大忙。原来在刘家庙附近的江面上，停泊着清朝海军"建威""江元"两艘炮舰。革命军占领汉口时，"建威""江元"两舰均挂白旗，表示向革命军投降。革命军疏于防范，两舰驶向湛家矶，突然调转炮口，向三道桥以南的革命军阵地开火，革命军猝不及防，炮兵阵地被其击中。王占元见状大喜，急令炮队营配合轰击，刘家庙阵地上一片火海。

孙传芳大呼："跟我冲！"一马当先，冲在最前面。弹如雨点，他全然不顾，只抱着一个信念，夺取刘家庙。北洋兵复如潮水，呐喊向前，冲过二道桥，又冲过头道桥。

革命军在清军炮击中，死伤数百人，加上孙传芳的步兵一冲，终于坚持不住。"建威""江元"两舰又驶向丹水池江面，炮轰革命军后路，革命军不得不放弃了刘家庙这个重要阵地。北洋军乘胜又追，终于又夺得大智门车站。

是日下午，革命军标统谢元恺亲率二协、四协分头猛攻，誓夺刘家庙。

王占元部用管退炮、机枪猛烈射击，革命军死伤不少，依然猛冲上来，与北洋军混战一处。只见刀光闪闪，血肉模糊。孙传芳见力不能支，急令撤退。革命军又夺回刘家庙。孙传芳率部退到三道桥北，重新构筑新阵地，等候援军的到来。

10月27日拂晓，北洋军分路进攻。王占元部第三混成协沿铁路以东向刘家庙运动，王遇甲率第四镇所部沿铁路以西冲过三道桥，进逼刘家庙。双方激战到下午3时，革命军第四协统领张廷辅重伤，所部伤亡惨重，前线指挥官张景良下令焚毁刘家庙的子弹库和轴重，引起全线失守，王占元部重占刘家庙，乘势追击至跑马场。

10月28日，王占元混成三协将威力很大的管退炮调至刘家庙以南的村庄中，猛轰革命军阵地，孙传芳等率队冲锋，进占跑马场西北。革命军在谢元恺指挥下，与北洋军展开肉搏战，孙传芳等抵挡不住，一直退到冲锋开始时的阵地。后在王遇甲第四协及七、八等协的支援下反击成功，一举进占大智门，革命军退往市区歆生路阵地，伤亡千余人，统领谢元恺阵亡。

是日，清廷授袁世凯为钦差大臣，节制一切水陆各军，荫昌回京。冯国璋接统第一军，他亲驰大智门督战，北洋军攻入汉口市区。

下午5时，同盟会领袖黄兴偕宋教仁、李书城、田桐等人在红十字救伤队掩护下，从上海乘轮船抵达武汉，受到军政府全体同志的热烈欢迎。都督黎元洪如大旱之望云霓，见到黄兴大喜，立即介绍了不利的军事形势。黄兴当即表示："愿领兵赴前线挽回颓势"，"加派援军过江进攻，趁机布置汉阳防务，阻止清兵的偷袭"。黎元洪下令赶制两面绣有"黄"字大旗，由领队人高擎前进。黄兴率敢死队及学生奋勇团千余人渡江，设临时总司令部于满春茶园，并布置反攻。

10月29日拂晓，革命军两路向北洋军反攻，一路猛扑大智门冯国璋司令部；一路向桥口实行突袭。北洋军亦从循礼门、刘家花园、歆生路一线与革命军展开激战。黄兴亲领千余人，分三个督战大队，担任增援与督战任务。战斗异常激烈。北洋军一度动摇，不久，又有援军万余进入市区参战。革命军退守街巷、房屋，与北洋军激烈巷战，使之伤亡很重。

30日，冯国璋召集部将开会，决定放火焚烧民房，以火助攻。王占元等部奉令后，采取焚烧一段街道前进，再焚烧再前进的办法，他们从歆生路花楼街开始放火，霎时浓烟滚滚，火光冲天，烟雾弥漫，咫尺莫辨。大火从歆生路烧到满春茶园，又烧到桥口。孙传芳率部跟随前进。双方逐屋逐街激战到11月2日，革命军全部撤出汉口，退守汉阳布防。

王占元第三协的孙传芳所部在汉口一战中立了头功，尤其孙传芳身先士卒，得到清政府的嘉奖。

孙传芳

一生

· Biography of Sun Chuanfang

第二章

寄人篱下

1. 勇夺湖口

孙中山等革命党人于1912年1月1日，在南京建立了中华民国南京临时政府。孙中山为了早日实现国内南北和平，推翻清廷，向清内阁总理大臣袁世凯提出，如果能让清帝退位，愿将中华民国临时大总统之位让与袁世凯。

当时，清廷的大权，落入袁世凯的囊中。同年2月12日，在袁世凯的"逼宫"下，清帝宣布退位。孙中山便将临时大总统之位让予袁世凯，而袁世凯将临时政府迁往北京，中国进入北洋军阀统治时期。

孙传芳投身军旅，时运不济。姐夫王英楷在袁世凯与铁良的斗争中，姐夫站错了队，跟错了人，倒向铁良一方。在与皇族载沣的内斗中，铁良出局，王英楷自知无法伸展，郁郁寡欢，不久便因脑溢血去世。孙传芳背靠的大树倒了，只有暗下决心，今后的道路，要靠自己去闯。

南北对峙的局面结束以后，北洋第二镇撤兵，返回保定地区。不久北洋军制改镇为师，王占元任第二师师长，1913年3月7日孙传芳升步兵中校，12日加上校衔，任辎重第二营营长。

1913年3月20日，国民党代理事长宋教仁在上海车站被刺，舆论指向，袁世凯为幕后，孙中山、黄兴就武力讨袁还是法律讨袁争执不休。袁世凯利用善后大借款筹得充裕军费后，6月，袁世凯下令免去国民党人担任的江西、安徽、广东三省都督；又命令北洋军向国民党人控制的长江中下游地区逼进。在这种形势下，孙中山、黄兴领导了"二次革命"。7月12日，江西都督李烈钧进入湖口要塞，宣布独立，出任江西讨袁军总司令。王占元第二师从保定南下，进驻湖北境内，孙营驻扎孝感地区。

李烈钧赶至上海会见孙中山、黄兴等筹商反袁事宜。在孙中山主持的讨袁会议上，李烈钧被推为讨袁总司令。李烈钧回至湖口，江西省议会又一致推举李烈钧为江西讨袁总司令，7月12日在湖口成立讨袁司令部，宣布独立，发布讨袁檄文，通电全国，痛斥袁世凯："乘时窃柄，帝制自为，意图破坏共和，为全国之公敌。"接着，湘、鄂、皖、苏、闽和上海、重庆等省市，相继宣布独立，袁世凯即派李纯率军企图进入江西，在瑞昌、德安间与讨袁军展开激战。李烈钧令林虎等，据险阻击，初战告捷。

7月15日，北洋军第二师所属部队奉命向九江开拔，孙传芳辎重第二营随队出发。

袁世凯任命段芝贵为第一军军长、李纯为第一军左司令、王占元为第一军右司令，并加王占元为陆军上将衔，以便其为己卖命。段芝贵命令李纯部驻守九江十里铺，与江西讨袁军左翼司令林虎部相持，又令王占元等部会同海军次长汤芗铭的舰队合攻湖口要塞。

7月23日晚，乘夜幕掩护，王占元兵分三路，向湖口发动进攻。军总预备队第二师第三旅旅长王金镜指挥右翼支队，以先夺姑塘为第一目的，再进攻湖口要塞。

讨袁军防守姑塘一线的是赣军第一师第一旅伍毓瑞的第三团第三营及独立营等部。面对北洋军的大举进攻，抵抗得很勇猛。孙传芳命部队利用地形地貌，以三个人为一个战斗单位，用散兵线方式向前推进。双方激战大半夜，正在难解难分之时，王占元突然命令：旅长马继增和团长张敬尧部袭夺姑塘，并向灰山和湖口两处炮台攻击前进，正面吸引讨袁军的炮火。江面上的四艘兵舰也以猛烈炮火，压制炮台上的火力。

王金镜命令孙传芳用小火轮拖拽数只民船，运载两个连的兵力，偷渡到湖口东岸，乘天微明时，一举夺得石钟山高地，居高临下，向要塞守军发起进攻。北洋军中路占领了湖口西炮台，指挥官刘镜福投降，致使东炮台孤立难支。北洋军鲍贵卿部尧水至石湖口登陆，实行强攻。孙传芳右手提枪，左手执旗，浑身泥水汗水，指挥部队激战至中午，讨袁军伍毓瑞部终于放弃湖口，退往吴城。至7月28日下午，北洋军克复讨袁军重要据点湖口。段芝贵致电袁世凯告捷：

> 二十四日我军右翼马（继曾）旅长、张（敬尧）团长由姑塘进攻湖口，连夺饶家舍、新港、梅花树诸要隘，直拔炭宿。二十五日晨四时，即攻克湖口西炮台。王（占元）右司令亦于二十四日晚，孙（传芳）营用小火轮施民船渡至湖口东登岸，占领一高山。棣旅长于二十五日晨四时击梅

花洲，上岸援助，水陆协攻，于午后八时将湖口及东炮台亦收复。

7月25日，湖口被袁军攻陷。李烈钧退守南昌，继而转移丰城。紧接着王占元命令孙传芳等部追击讨袁军，攻克吴城、南昌等地，李烈钧、林虎等败走。8月底，讨袁军驻守临江，与袁军激战数日，毙敌数百。后因袁军大军包围，败局已成，李烈钧逃往上海，流亡日本，"二次革命"遂告失败。

袁世凯大喜，宣布犒赏各军，王占元等获一等文虎勋章，王金镜、鲍贵卿获二等文虎勋章，孙传芳获四等文虎勋章。

两次战争的炮火，使孙传芳逐渐将书本、操典上学到的知识，与实际运用、战术组合融会贯通起来，尤其是阵地战、攻坚战，已经积累了一定的经验，在第二师中可称能战之将。

2. 冒雨袭"狼"

1914年初，孙传芳所部，很快从湖北兼程北上，到河南参加"围剿""白狼"的行动。

所谓"白狼"，实际上是个农民，名叫白朗。因官军恨之入骨，加上他行动迅捷，来无踪去无影，故称其为"白狼"，将白朗的农民起义军诬为"狼匪"。

白朗字明心，河南宝丰县大刘庄人。早年投巡防营当兵，有一些军事常识和百步穿杨的枪法。从民国元年（1912年）5月起，在宝丰、鲁山、汝州一带拉杆子，啸聚山林，杀富济贫。后来四方"杆首"都来入伙，队伍很快便发展到3000多人。

"二次革命"时，北洋军第六师李纯部从豫南开赴湖北，白朗乘机偷袭唐河县城，夺得大炮六门，机关枪数挺；复北上二百里外的禹县县城，大败守城官兵，缴获大批枪支和物资，名声大振。

时任江苏讨袁军总司令的黄兴，曾派人联络白朗，共同讨袁。白朗遂公开树起"中华民国抚汉讨袁军"的旗号。

河南护军使雷震春一面组织人马"围剿"白朗，一面向袁世凯告急。而白朗军在与官军的作战中，摸索了一套行之有效的长途流动作战的战法，飘忽不定，疾如风暴，一昼夜行军二三百里，战术灵活多变。官军防不胜防，甚至谈"狼"色变。

袁世凯的表弟张镇芳时为河南都督兼民政长，在他一再呼救下，袁世凯调北洋兵3万人分头"围剿"白朗军。白朗率两千余人，跳出包围圈，从确山附近越过京汉铁路。1914年1月，白朗军连克光山、光州和商城等县城，有南占信阳，出武胜关，进入湖北，袭夺武汉的意图。1月9日，白朗军在豫南确山县新安店附近，与新任第二师第二旅旅长王金镜所部胡团激战，致使京汉路交通中断。10日，白朗军攻罗山未下，11日破光山，14日进占潢川。

袁世凯一气之下，以"督率不力"之名，撤了张镇芳的职。任命陆军总长段祺瑞兼任河南都督、"豫南剿匪督办"。在段祺瑞未到任前，准其留任立功。陆军第二师师长王占元关于光山、商城两县失陷、武汉堪虑，急忙密电袁世凯及参谋部和陆军部：

当与鄂督商酌再四，决定由职师编一混成团集中信阳，归赵（偶）护军使节制，该团以步六团第二三两营、步五五团第一营、马一连、炮一连、机关枪四杆编成，由步六团团长孙传芳带领，已于二十三日早，由驻扎地出发，用火车输送前赴信阳。

大总统袁世凯

在该电报中，王占元提出所部编组成一个加强混成团，以步六团第二三两营、步五团第一营、马一连、炮一连、马克沁重机关枪四杆（挺）编成，由步六团团长孙传芳指挥，于1月23日一早由湖北驻地乘火车输送信阳，与原先派在豫南的步七团第一营及山炮两尊、机关枪一排，加上派驻孝感之补充步一团第一营，由步一团团长刘锡广指挥，前往信阳，以防止白朗军进入湖武汉三镇。但王占元承认所部只剩八个营，而且多为补充之新兵，于是恳请大总统"电饬豫、皖两督，转催各路会剿军队作速前进，并力合围，俾匪氛早日削平，生灵早免涂炭，而职师参与剿匪队伍，因亦于早返鄂防，实为至幸。万一匪徒狡猾，难猝肃清，如此地遇有紧急之时，仍祈允准职师将所派队伍尽数撤回"。

袁世凯急令湖北、河南、安徽三省合力"会剿"；任命赵倜"督办豫南剿匪事宜"，所有派往豫南"剿匪"各军均归其节制、调度。

白朗军南下武汉不成，接着向东疾驰，进入安徽境内，又攻克六安、霍山等县，当地"亳匪、乱党、青洪各帮、饥民"纷纷加入，声势浩大，白部扩充至六七千人。

段祺瑞于1914年2月中旬到达信阳行辕，召开豫鄂皖三省剿办会议，第二师师长王占元、第三混成旅旅长王金镜、第六师第二旅旅长陈文运、第七师师长王汝贤、毅军统领赵倜、安徽都督倪嗣冲及皖军统领等出席了会议。段祺瑞说："狼匪越闹越凶，已不仅仅是河南一省的问题，从豫西到皖西，横行肆虐，再不痛下决心，狼匪就要打到本帅家里了。此次，大总统令北洋军主力出动，务须将狼匪一鼓而荡平；有围剿不力者，本帅将严惩不贷。"

倪嗣冲大声命令："立即

陆军总长段祺瑞

将六安知县枪毙，再有弃城逃跑者，一体严惩。"

段祺瑞阴沉的脸缓和许多，说："只要各部合力进剿，扫清匪氛，指日可待！"接着他又任命王占元为"豫南剿匪总司令"，督率所部，"追剿"白朗。

王占元倚孙传芳为左右臂膀。任务一下，连夜差人请来孙传芳："馨远，如今'狼匪'让大总统睡不着觉了，连段总长都亲自出马了。只要肯卖力，建功立业的机会就在眼前。"

孙传芳立即请缨，王占元命令其为前锋，从光山、固始昼夜兼程，长途进袭，以解救六安与霍山。

段祺瑞指挥湖北、安徽、河南三省军队在豫皖两省交界的六安、商城、固始等区分兵驻扎，层层设防，拟将白朗军歼灭于霍邱、霍山、叶家集之间。孙传芳所部在固始待命。此时白朗军与赵倜所部熊文朗团与在叶家集恶战，官军惨败。赵倜得讯大惊，传檄拱卫军、第二师六团（孙传芳）均于31日午后同赴距商城60里之吴桥、方家集地方集合。赵倜将陈文运骑兵旅、刘镇华镇嵩军、孙传芳第二师第六团编成"剿匪"第一游击师，派陆军中将陈文运为第一游击师临时司令官，查夺匪情，相机"进剿"。孙传芳已比较了解白朗军的作战特点，开始与白朗军保持百十里的距离，并不急于接触。一天傍晚，正当人困马乏，离霍山县城还有60余里时，天降大雨，孙便命令找个村庄埋锅造饭。斥候来报："白狼军离此地约50余里，也驻扎下来。"

经过一天的奔波，孙传芳已疲惫不堪，听说白朗军就在前面，立即召三个营长和炮兵连、骑兵连官长商量连夜进军之事。

一营长面有难色说："团座，部队经过很多天的行军，每次都听说'白狼'在前面，可到时连个影子都没看见。现已天晚，又下着大雨，还是明天再追吧！"

孙传芳口气坚定地说："为山九仞，功亏一篑。我们是跑了很多路，这次如果放弃追剿，我们还要跑更多的路。因此，我希望诸位能咬牙坚持，趁夜雨奔袭。"

骑兵连长说："我们好说，骑着马跑，但士兵实在太累了，不好动员啊！"

孙传芳说："各级长官一定要给士兵做出表率，从我带头，今夜一律步行，违命者，军法从事！"

紧急集合号吹响了，全营集中在村头的打谷场上，孙传芳冒雨讲了必须连夜追击的原因："正因为大风大雨，敌人才会放松警惕，放心睡大觉，这是天赐的良机，今天的多吃苦多跑路，就是为了明天的少跑路、不跑路，大家听我的指挥，和我一起行动，一定能胜利，如不听从我的指挥，我也不为难你们，现在就出列，脱下军衣回家去！"

士兵们都表示："愿听从团长指挥！"

大雨瓢泼，孙传芳带头步行，一步一滑，向前走去，虽然有雨具，但浑身上下都湿透了，他咬紧牙关坚持前行。

全军在风雨之中，跌跌撞撞，经过7个小时的行军，凌晨3点，终于赶到目的地，并完成了对白朗军的包围。突击队趁黑幕爬进寨墙，发起攻击。火光冲天，白朗军没有防备，顿时大乱，双方混战一处。义军也不愧久经战阵，不久便开始勇猛顽强地抵抗。孙传芳军有四门管退炮，对准抵抗最烈处，一起开火，土堡垒被炸飞了，白朗见大势已去，在残部保护下，杀开一条血路，向商城方向逃去。

天明时分，孙传芳传命全营休息一个小时，又踏上长途追击的小路，终于在第二天中午赶到商城。白朗军未及喘息，北洋军又追到眼前，双方血战一场，白朗部损失惨重，但还是冲开一条血路，乘乱逃出，后入鄂家集南面高地，据险死守，并商议突围办法。2月21日，王占元下令发动攻击，激战竟日，互有损伤。

白朗军碰上训练有素的北洋军，再加上对方武器精良，火力猛烈，在战斗中伤亡很大。23日，白朗带两三千人，李鸿宾带三千人分头突围。王占元下死命令，勿使一人漏网。

孙传芳指挥炮兵，用火炮瞄准高地人群密集处猛攻，终于打退了白朗军一次又一次的反击，突围未成。

白朗召开紧急军事会议，决定采用声东击西战术，一路偷袭光州。王占元大惊，急令回师援救光州，白朗军遂化整为零，分数股逃出包围圈。在一个大风大雨的夜晚，白朗全军在信阳以南20里的双河镇越过京汉铁路，突围返回河南，是晚，在信阳的豫南围剿司令部中，王占元总司令命张灯结彩，大摆宴席，犒赏孙传芳等有功人员。等天明时分，接到手下报告，白朗军已越过京汉铁路，兵分两路，向湖北应山、安陆及随县西进。王占元自知失职，却谎报军情，向袁世凯邀功："白狼进犯铁路，我军迎头痛击，贼军大败，伏尸遍地，仅悍酋数人步行，敝衣杂入避难民中逃去。"袁世凯传令嘉奖。王占元因"剿匪"有功，授湖北军务帮办，1914年5月19日孙传芳升步兵上校；为陆军第二师第六团团长。

笔者查阅了《陆军第二师步兵第六团暨各营连民国六年一月分领缴正杂各款表册》，团长孙传芳，副军需官蔡朴。团部编制：团长、团附、执事官（管理团部人员的负责人，类似

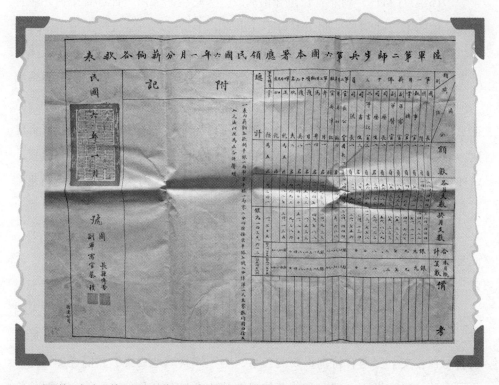

陆军第二师步兵第六团暨各营连民国六年一月分领缴正杂各款表册

今天的办公室主任）、掌旗官、副军需官、副军医官、司药长、司药生各1员，二等书记官2员，司书生2员，司号长1员，共有13人；第一目薪俸：团长月薪284.444元（小数点后为角分厘），团附月薪为142.222元，正好是团长的二分之一。最少尉司书生，每月17.067元；第二目津贴：团长公费284.444元；第三目为弁目、马弁、护目、护兵、伙夫等18员，其中弁目为14.933元，护目一名为8.533元，马弁、护目、护兵、伙夫加在一起为1430.612元（按京平银七钱二分作洋一元），该团共三个营，加机关枪连（重机关枪4挺），一、二、三营营长分别是：关际云、郭占魁、陈宝铤，每营营长1员、营副官1员、连长4员、排长12员、司务长4员、书记官1员、三个营加起来、带机关枪连等，全团官兵1930人。孙传芳也因功嘉奖升任第二师第三旅旅长，回师湖北武汉地区。

3．有了自己的地盘

　　1916年7月24日，湖北省长范守佑病故。大总统黎元洪特任鄂督王占元兼署省长。他的第二师师长一职，不得不让出来。于是提第三旅旅长王金镜荣升为第二师师长。王金镜，字耀庭，山东武城人。北洋武备学堂毕业。后投天津袁世凯所练新军，不久，任左翼步队第二营管带。累迁至标统。1913年为陆军第二师第三旅旅长。王金镜成为第二师师长，孙传芳也升为第三旅旅长。孙传芳在王占元的提携下，得展才干。1916年6月8日加少将。王占元对孙传芳言听计从，倚若智囊。场面上的事情，王占元颇会做人，常派孙传芳充当湖北代表，对外接洽公务。有时甚至代表督帅检阅师旅军队。外人看来，孙传芳在湖北大有一手遮天之势。

　　其实王占元并不是个简单的军阀。他从当目兵爬到湖北督军，下绊子、使套子、溜须拍马、巴结上司、挑拨离间、隔山打炮、巧言令色，十八般"武艺"样样精通。

　　王占元有个绰号叫"王嘀咕"，凡关键的事情、重要的电文都是个人当家、亲自处理。他虽然识字不多，来往文件，先令秘书拟好批示大意，然后自己誊写在公文上。遇有特别重要的公事，则不惮其烦地召集僚属们详加讨论，集思广益，再行批示。他对孙传芳的机智和才干是存有几分戒心的。有时他觉得有本事有能耐的人，桀骜不驯，难以驾驭，不如用一个庸碌无能的蠢才更得心应手，于是在表面上抬举孙传芳的时候，暗地里却抑制他的发展。对此，孙传芳有所觉察，只是隐忍不发而已。

1917年7月孙中山南下广州，8月，非常国会通过军政府组织大纲，护法军政府成立，南北军队在湖南对峙，王占元命令第二师师长王金镜为岳（阳）防务总司令。

王金镜打仗不行，却升为第二师师长。王占元知道孙传芳心里肯定不愉快，却找借口说："咱北洋团体讲的是论资排辈，王金镜的资格比你老，你做教练官时，他便是标统，没有功劳也有苦劳嘛！"

孙传芳忍气吞声，脸上却挂着笑，心里暗暗诅咒："再有战事，我姓孙的，再不做你姓王的孙子，不再为你姓王的卖命，那时才要你好看呢。"

说来也巧。1917年7月，北京政府发生府院之争，大总统黎元洪与国务总理段祺瑞在参不参加第一次世界大战等问题上，剑拔弩张，闹得不可开交。驻扎在徐州一带的张勋借口调停，率辫子军进京，之后进紫禁城拜见被废的宣统皇帝溥仪，解散国会，改变国体与政体，宣布复辟。此举遭到全国的反对，在天津马厂，段祺瑞召集旧部誓师，攻入北京城，再造共和。复辟闹剧结束后，副总统冯国璋代理大总统，国务总理段祺瑞拒绝恢复民国元年制定的临时约法。孙中山等国民党议员从上海南下广州，组织护法军政府，选举非常大总统。南北出现了两个对立的政府。段祺瑞主张"武力统一"，派北洋军南下兴兵，孙中山和陆荣廷组成粤桂湘联军，双方在湖南摆开战场，史称为"护法战争"。

1917年10月，王汝贤率北洋军攻占衡山、宝庆。桂系军阀陆荣廷为保持两广地盘，决定联合孙中山对抗段祺瑞。陆、孙除以广东军政府名义任命程璧光为讨闽陆海联军总司令，率领孙系林葆怿海军、陈炯明粤军、方声涛滇军进攻福建外；并任命桂系大将谭浩明为湘、鄂、桂联军总司令，令其指挥驻粤桂军马济、马鬁等部出耒阳向湖南攸县、醴陵进攻；广西方面林俊廷、陆裕光等部经武岗向宝庆进攻；韦荣昌部经零陵向衡阳进攻。湖南各地人民因深受北洋军蹂躏之苦，纷起协助南军截击北军。谭浩明率军收复宝庆、衡山、长沙，前锋直抵岳州。王汝贤、范国璋等部败北，被迫通电求和。

1917年10月23日，孙传芳被大总统任命陆军第二十一混成旅旅长，接替王都庆的位置，驻兵长江上游的门户宜昌。此次虽属平调，但混成旅比单纯的步兵旅实力要强得多，步、炮、马、工、辎各团样样俱全，只是比一个正规师人数略少。

11月21日，北京政府国务院、陆军部任命鄂督王占元为在湘北各军总司令，任命第二师师长、驻武岳军司令王金镜为副司令，负责抵御从长沙北上的粤桂湘联军。联军的气势，骇倒了王金镜，此人是懦弱无能之辈，关键时刻便吓稀了。他一方面通电北京政府，坚辞不就副司令职；又通电南军说，中央已通令南北双方停止用兵，望南军罢战。粤桂湘联军却不怜悯他"宋襄公式的道德"，于1918年1月27日，攻占岳阳。王金镜在城中放了一把大火，带头逃回汉口。是役，第二师损兵折将，光被俘的就有1300多人。

大总统冯国璋以湖南长沙不守，岳阳失陷，于1918年2月5日下令被夺王金镜勋位勋章，撤其上将总司令之职。六天以后，又令着即免去王金镜陆军第二师师长职，交曹锟军前委用，以观后效；任命直系大将王占元暂兼陆军第二师师长，要王占元去对付粤桂湘联军，王占元无奈，去请孙传芳，孙却借故推托。

冯国璋只好任命曹锟为两湖宣抚使，任吴佩孚为前敌总司令，吴率第三师从洛阳南下，挫败联军，复夺岳州，杀进长沙，直下衡阳，便驻扎下来。

1918年10月，由徐世昌出任大总统，暂缓直皖两系之间的矛盾。当时张其锽方卸湖南军事厅厅长任，偕谭延闿扼守零陵以与北军对抗。

直系大将吴佩孚是秀才掌兵，喜欢沽名钓誉，经常发表通电，臧否时政。在1919年"五四运动"期间，摆出一副

直系军阀、代理大总统冯国璋

爱国态度，联络北洋军人中的山东籍将领，要求收回青岛及胶济铁路等主权。孙传芳对吴佩孚很是钦佩，常在其中奔走联络，联衔署名。吴佩孚认为孙传芳是北洋军界后起之秀，难得的将才，也经常有意笼络他。每次派代表夏麟书前往湖北活动时，都要亲笔致函孙传芳，两人惺惺相惜，为日后的合作打下了感情基础。

1920年5月，直系曹锟与皖系段祺瑞矛盾公开化，已到兵戎相见的地步。为加强直系在北方的军事力量，对付皖系徐树铮的西北边防军，曹锟令吴佩孚第三师从衡阳北上回防。国务总理段祺瑞密令大将吴光新南下，赶往岳州，企图将吴佩孚部消灭在洞庭湖。

孙传芳闻知吴光新将不利于吴佩孚，急忙从宜昌赶来汉口，与王占元合谋，设计欲活捉吴光新。王占元以请客为名，请吴光新赴宴，为其洗尘接风。

吴光新自以为是，学做三国关云长单刀赴会的样子，只带副官和马弁前往两湖巡阅使署，一进去便被抓了起来，部队遂被王占元接收。

吴佩孚得知后，便率部迅速北上，过汉口时，与孙传芳匆匆一见，孙传芳在汉口一江春番菜馆设宴招待吴佩孚，两人相见恨晚。席间，孙传芳又拿出60万元说："这是我从王占元那里设法借来的60万元，作为老兄的开拔费。王老头是个一毛不拔的铁公鸡，但我说，第三师如果留在武汉不走，我们就不仅仅只掏60万了。王老头只得忍痛割爱。"

吴佩孚哈哈大笑，拍着孙传芳的肩说："馨远，真有你的，日后俺忘不了你！"

吴佩孚北上，增加了曹锟的实力，7月中下旬，吴佩孚与曹锟在直隶的高碑店、保定等地同徐树铮、曲同丰的皖军开战，直皖战争爆发。

直皖两系大打出手。激战数日，皖系大败，统帅曲同丰在保定向曹锟献刀投降。直皖战争后，吴佩孚常驻洛阳。他的秘书长孙丹林回山东蓬莱老家省亲。吴佩孚嘱其专程绕道武汉，去见王占元，并代表吴本人向王保荐孙传芳任第二师师长。

孙丹林见到王占元之后说："直系胜利，湖北当南北之冲，为北洋门户，地势非常重要；但湖北督军以下的高级将领，都是旅长，一旦战事发生，督军不能分身时，各旅长互不相属，势必指挥失灵，贻误戎机。吴玉帅的意思，是要物色个合适的人选为第二师师长。"

王占元说："吴玉帅考虑得极为周详，不知玉帅想推荐哪位旅长做第二师师长？"

孙丹林说："玉帅说，遍察湖北旅长中，孙传芳资望最高，与王督帅关系最深。吴玉帅保荐的就是他。"

王占元老奸巨猾："玉帅的意思，我照办就是，请他大可放心。"

孙丹林完成使命，专门致函孙传芳告知此事，请其专候佳音。孙传芳自然对吴佩孚大生感激之情。

谁知王占元搞了个鬼，他对孙传芳说："馨远，你不是想当师长吗？你去将吴光新的第十三混成旅挑些精锐人马，编成两个旅，组成湖北暂编第一师，你去任师长吧。"

孙传芳眼睁睁地看着第二师师长的位置又跑了，气得牙根儿痒痒，嘴上直说："二哥，多谢你总是提携兄弟，以后有啥事，孙某保证为你两肋插刀，肝脑涂地，在所不惜。"

8月22日，孙传芳向京畿卫成总司令王怀庆请求：将所部与吴光新第十三混成旅合成湖北暂编第二师并任师长。

吴佩孚得知王占元未将第二师师长之位交给孙传芳，觉得这是个见缝下蛆的好机会，便派孙丹林去笼络孙传芳。

孙丹林一见孙传芳面，先恭喜他荣升师长。孙传芳情绪便低落下来。孙丹林故作不知，说："馨远，你的师长是咋做上的？这全是你的老乡吴佩孚专程派我向王子春保荐的……"

孙传芳打断话头，悻悻地说："这件事我知道，就因为他一说，反而把我的第二师师长推

　皖系军阀魁首，国务总理段祺瑞

迟了几个月，又变成暂一师师长，虽然都是师，这师与那师能比吗？这叫成事不足，败事有余。我不感谢吴子玉。"

孙丹林耐心地分析道："直皖战后，吴玉帅驰骋中原，声威赫赫，但不久势必发生直奉战争。届时你务必助他一臂之力，借机取得一省地盘，整军经武。然而吴之为人，战胜而骄，骄则必败。一旦吴败之时，正是你应运而兴之时。就目前论，你对吴仍须降心以从，以待良机。"

孙传芳倒能听劝，说："翰丞（孙丹林字）你说得对，但目前我该如何做？"

孙丹林说："你送兰谱去给吴子玉，并派一亲信人员常驻洛阳，交欢结好于吴子玉，必要时你也可以去洛阳一行，以示矢死靡他之决心。"

孙传芳上前拉住孙丹林的手："翰丞，谢谢你，听君一席话，胜读十年书。"他亲自写好兰谱，并拿出密电本："这个请你转交吴子玉，密电本送你，望常常通信，将消息及时告诉我。"

孙丹林回去复命，向吴佩孚转达了孙传芳希望与之结成异姓兄弟之意，吴佩孚当即吩咐秘书处缮写了自己的庚谱。吴是清同治十三年甲戌三月初七辰时生，公历为1874年4月22日。孙是清光绪十一年乙酉三月初三卯时生，公历为1885年4月17日。两人相差11岁。虽结成异姓兄弟，但彼此只不过互相利用罢了。但这一切却瞒住了王占元。

某次，孙传芳专程去洛阳，想与吴佩孚套近乎。谁知侯门深似海。吴佩孚的传达处长白聘卿，是个卑鄙无耻，认钱不认人的小人，一连几天，均被其挡驾。孙传芳了解了内幕，忍气吞声掏出10两银票做小费，又递上官衔名片，才得进入吴佩孚的直鲁豫副巡阅使署。

吴佩孚照例举行了一次很普通的宴会，算为孙传芳洗尘，并请孙丹林坐陪。孙传芳一看这种寒酸劲儿，心里便认为这是有意让他难看，十分不悦。但表面上奉迎笑脸，殷勤问候。吴佩孚不善应酬，又不喝酒，只是向孙传芳询问了川军在长江上游的情形和鄂军在施南、巴东、秭归一带的布防情况，表现得很不热情。孙传芳乘兴而来，被传达处长敲诈了一笔，事情虽小，但心中很不痛快。他将带来的礼物送上时，吴佩孚却板着脸说："馨远，都不是外人，这一套世俗做法以后就免了吧！"再加上宴会的档次低，惹得孙传芳甚为不满。出来后，大吐怨气，对孙丹林发牢骚："热脸凑个冷屁股，姓吴的做事太绝，有句话叫：'有初一，必有十五'，哼哼，等着瞧罢！"

孙丹林从中做和事佬，劝了孙传芳，又去劝吴佩孚说："孙馨远是可用之才，要想拉住他，必须给一点甜头，不如派他结盟的兄弟王金钰驻洛阳，聘其为两湖巡阅使署参议，月给车马费300元，以相笼络。"

吴佩孚无可奈何，摇头说："真麻烦，要是我的部下……"

孙丹林说："正因为不是你的部下才不得不这样。"

吴点头同意。但孙传芳从此与吴貌合神离，开始打自己的算盘。

4．助纣为虐

王占元统治湖北，横征暴敛，民怨沸腾。为防止北京政府任命他人为湖北省省长，向北京政府推荐了他的儿女亲家、湖北省荆南道道尹孙振家接任湖北省省长。

孙振家一上台便加发湖北官票1000万串、公债600万元，另增加常年军费400余万元。孙振家的财政政策，遭到湖北省议会的激烈反对。湖北籍议员联络北京、上海、天津的旅鄂同乡会，发起了一场"拒孙运动"。

著名的大律师施洋在《汉口新闻报》上撰文称：希望反对孙振家的人们，能主张民治；提出了全省公民进行普选省长的十条建议。

当时，北京国民政府大总统为徐世昌。徐见湖北政潮迭起，便于1920年9月18日，北京政府免去湖北督军王占元的亲家孙振家的省长职务，任命总统府秘书长、湖北黄冈人夏寿康为省长，王占元自然不肯善罢甘休，派汉阳兵工厂总办杨文恺为代表，进京活动，以图北京政府收回成命。又请孙传芳从宜昌来帮忙，答应事成之后，定保荐其为第十八师师长，接替

两湖巡阅使、鄂督王占元

王懋赏的位置。

在王占元的策动下，湖北省议会的倒夏派通电反对新省长，使夏寿康不能如期赴任，夏遂打出自治的旗号与王占元对抗。10月8日，夏寿康发表讲话，公开主张民治，实行军民分治。11月22日，夏寿康轻装简从，低调抵汉，暂寓督府堤柯宅。

孙传芳径直去了汉口崇正俱乐部，公开表态支持孙振家，反对夏寿康。说："北京政府不顾湖北人的意愿，践踏民意，随意把我们推荐的孙省长撤换。还说什么这是'鄂人治鄂'，这全是托辞。孙振家虽然是山东人，但在湖北为官多年，他才是地地道道的鄂人。而夏寿康虽是鄂人，但多年旅居北京，对省情充耳不闻，他才是外省人。按'鄂人治鄂'的原则，他最没资格任省长。为了鄂省的利益，我们这个政治团体要统一意见，协调步骤，坚持拒绝夏寿康到任，决不妥协，绝不改变原则！"

文人胆小怕吓唬，次日下午6时，王督手下暂一师师长孙传芳派出军痞，一个满脸横肉、凶神恶煞的营长王铸民气势汹汹来到省长寓内，声言：不准接印，速自想辙，否则大兵一到，后果无法预料！接着拿出孙传芳等公函，说我部士气激昂，将对执事你不利，还是识相一点，暂缓到任！公函落款处有师长孙传芳和几十名军官的签名。很快又有士兵数百人包围了夏寓所，一直闹腾到鸡鸣天亮。孙振家派人将省长大印送给夏寿康。夏省长担心在省长寓内会遭到当兵的围攻，借汉口督办商场事宜处，暂行视事，王占元又令孙传芳公函夏寿康，促其早日离开湖北。

这一闹，湖北舆论大哗，传至北京。湖北旅京同乡会通电，揭发鄂督王占元指使部属孙传芳以武装威胁鄂人，不准夏寿康接印掌鄂。电称："此次鄂人治鄂之请，特简夏寿康为本籍省长。王占元坚决不同意，迭电请假以示要挟。12月23日下午六时，竟由王督部下暂编第一师师长孙传芳派营长王铸民至省长寓内肆行要挟。声言不准接印，速自为计。否则大兵一到不可测也等语。旋出孙传芳等公函内称，军气激昂，于执事不利，请缓到任。……"

王占元指使部下的这一武人干政的做法，引起公愤，湖北旅京同乡会发电曰：

略谓：孙传芳以一师长，敢于暴胁中央大吏，王督如不授意，何至颠顸乃尔？综计前后狡谋王督，以二三爪牙为抗命拒夏之利器，该爪牙辈又纵使数万豺虎以为仇视鄂人，胁迫夏氏之毒矢，不顾国家威信，不顾地方秩序，紊乱军队纪律，牺牲人民生命，卑劣险狠已达极点。似此情形，省长虽已到任，能否行使职权，不待推测。窃惟省长与督军，立于对等地位，省长到任应否由督军许可，领兵将吏，应否干涉民政？特任大院应否受军人胁迫？军队专恣暴动，督军应否负责？督军纵容所部，驱逐命官，政府应否制裁？现时武昌尚未解严，孙传芳等诡谲奸险，一旦酿成剧变，恐武汉一隅牵动全局。用将经过事实缕陈左右，是非曲直，自有公论……

北京政府不敢得罪骄兵悍将，忍气吞声，最后让步，王占元提出：省长一职乃以鄂人刘承恩最为合适，北洋政府照准，次年3月8日，北京政府大总统特任刘承恩为湖北省省长，旋兼湖北全省自治筹备处处长。调夏寿康任京东河工督办。夏气愤至极，对报界说："今后我决不再出来做官！"

孙传芳为王占元出了力，王占元推荐孙传芳由暂编师师长转为第十八师师长。

1921年3月24日，大总统徐世昌下令取消湖北暂编第一师建制，恢复陆军第二十一混成旅建制，任王都庆为旅长。又任命孙传芳为陆军第十八师师长，令准原任王懋赏辞职。后于31日又任王懋赏为将军府将军。

但是，在2月23日的一场乱兵哗变中，王占元处理不当，终于酿下了苦果。

王占元属下的第十八旅旅长赵荣华、第八师师长王汝贤所部，在沙市哗变，烧焚店房、四处抢劫，大火烧了一天一夜，数百家房屋一片瓦砾，数千人无家可归。事后，第十八旅旅长赵荣华、第八师师长王汝贤联电督军王占元否认兵变，捏称地方商民自行失慎致肇火患，痞徒流氓乘机抢掠。王以此电报告北京政府，竭力为赵、王掩饰，否认沙市焚掠系防兵所为。

丘八们的暴行激怒了湖北旅京同乡会，派出原中央陆军第九师师长，兼晋西镇守使的孔庚等10人为代表，赴国务院、总统府请愿，要求撤换王占元。3月7日，旅北京、天津的湖北同乡在天津召开紧急会议，会议决定：一、将王占元部属第十八旅旅长赵荣华、第八师师长王汝贤元在鄂七年吞没军饷之证据宣示全国；二、将屡次兵变，人民受祸惨状调查清楚，一面向北京政府控诉，一面通告各地鄂人；三、直电北京政府，请求撤换王占元。

湖北地方人士，不断派出代表到洛阳去见吴佩孚，请求撤换两湖巡阅使兼湖北督军王占元。整个湖北如沸如羹，如蜩如螗。

一波未平一波又起。

1921年6月4日深夜，陆军第十八师第二十一混成旅一团在湖北宜昌哗变，反对王占元克扣军饷。变兵四出抢掠，中国银行分行、大来洋行、安地洋行及大商铺、货栈多被毁，海关亦被掠。房屋焚毁千余家，毙者多至千人，损失1000万元以上。旋经第十八师师长孙传芳、第二十一混成旅旅长王都庆督队弹压，同时英、日、法、美亦派舰开往宜昌镇压，变兵溃散。紧接着，6月5日，王汝贤的陆军第八师之一部士兵因索欠饷未遂，在湖北沙市哗变，放火抢劫，地方损失甚大。

6月7日，晚11时，第二师第二十一混成旅一团同关押的宜昌变兵一起在武昌哗变。变兵纵火抢劫，城内商店损失甚巨。银行、官钱局、造币厂亦被焚毁。武昌长街等处繁盛地方顿变焦土，大火至9日始熄。

徐世昌命令王占元查明此次兵变该管师旅长职名，呈候严惩；其肇事在场各犯即着该管长官严缉务获，依法惩办；并严令各路军队随地堵截，缉拿归案办理。王占元则诡称：这些兵变皆为皖系安福议员挑唆所为，企图转移矛头。

与此同时，王占元假意让宜昌、武昌哗变的1200余名士兵回籍，每人发给两个月薪饷，并允许自由携带抢来物品，同时秘密命令大智门车站准备棚车40节车皮，并给乱兵发了饷，说送他们回河北老家。8日晚8时，当满载乱兵的列车到达孝感车站时，被王占元手下的刘佐龙第四旅包围。霎时间，几挺

大总统徐世昌

重机枪交叉扫射，将乱兵射杀，只有十余人在屠杀中逃得性命。京汉铁路被迫中断到第二天晚上才恢复通行。

京城巡捕南营参将刘凤藻等关于王占元屠杀变兵的报告呈报京畿卫戍总司令王怀庆：据车站探访李德福回称：探得京汉路六月十日（应该为8日）由汉口开来北上车一列载有武昌哗变溃兵六七百名车行孝感县迤南，该溃兵等均被王督军派去机关枪击毙，当场将该溃兵等所抢掠财物一并搜回等情，回话前来，理合报告。

6月9日，旅京湖北同乡近千人以鄂省兵变事在北京湖广会馆开紧急会议，推孔庚为主席，议决四项办法：一、请鄂籍各要人正式控告王占元；二、派代表向北京政府阐述兵变惨状，要求迅速撤换王占元；三、通电全国说明兵祸情形；四、通电号召湖北全省各界以罢工、罢课、罢税为驱王之武器。

11日，大总统徐世昌令：

据两湖巡阅使湖北督军王占元电呈：本月四日，第二十一混成旅所部一团军队，被匪煽惑，在宜昌城内，发枪放火，抢掠商户，经该管旅长率队驰剿，踰时即散。又据电呈：本月八日，省城少数队伍，抢劫城内商店，颇受损失，并焚毁官钱局、造币厂等处，经竭力弹压，分道窜散各等语。鄂省旬日之间，两见兵劫，商民损失綦巨，深堪悯念，应由该督军会同省长查明确情，妥筹抚恤，被害商民，勿任失所。至此次兵变，该管师旅长等，事前既漫无觉察，事发又不能立时制止，以致焚劫省垣，扰害商埠，情节甚重，非寻常疏忽可比，并应由该督军查取职名，呈候严惩。其肇事在场各犯，即着该管长官严缉，务获依法惩办，并严令各路军队，随在堵截，缉拿归案办理，以肃军纪，而儆效尤。该督军等身任疆圻，责无旁贷，务当认真办理，勿稍玩延徇纵。此令！

6月14日，旅湘湖北同乡在长沙湖北会馆开驱王（占元）大会，议决三项办法：一、发出三封通电：致电广州政府、护法各省及本省各县，历诉王占元祸鄂罪状，请求援助逐王；致电北京政府，请速撤王；致电湖北全省各团体实行罢税、罢业，合力驱王；二、推举吴醒汉、张华甫、夏斗寅、顾永鉴四人为代表，向湘省政府求援；三、组织委员会主持今后事宜。

6月15日，武昌1000余受兵变祸之灾民集会，要求省政府赔偿、抚恤、商民自办商团自卫三件事，要求限期答复。王占元对"办团"，坚持不允。驻汉口领事团以宜昌、武昌兵变侨商损失甚巨，向王占元提出三项要求，一、侨民居地附近二十里内，不得驻扎军队；二、赔偿损失，抚恤受伤教士；三、增加领事馆卫兵一中队。

6月24日，徐世昌下令处分鄂省武、宜兵变各负责官佐，免去宋大霈、孟昭月旅长本职，孙建屏、穆思棠、王锡黄、彭德铨团长本职，此外团附、营长以下各员着湖北督军王占元详细查明汇呈惩办。26日，王占元拘捕营长以下军官14名，27日将贾世珍等6人枪决。

王占元派杨文恺、周英杰赴北京，要求取缔旅京湖北同乡驱王运动，并请准予动用汉口"关余"三个月，作为兵灾善后费。

湖南督军赵恒惕准备武力驱逐滇军出湘西为由，请求王占元协助军饷、军火，并致电王占元否认湘军准备"援鄂"。王占元派参谋长余范传带子弹100箱、步枪3000支、军米2000石、现洋20万元赠予湘军。旋于7月4日又赠予湘军子弹60万发，以使湘军不再"援鄂"。没想到，7月20日赵恒惕以欢迎湖北籍将领蒋作宾南下调停为名，召集湘军营长以上军官会议，蒋作宾主张驱王，正中赵恒惕下怀，打起"驱逐王占元"的旗号，借机扩充地盘。他派出左中右三路湘军，任宋鹤庚为第一军军长兼总指挥，鲁涤平为第二军军长兼中路司令，夏斗寅为前锋司令，赵钺为左翼司令，叶开鑫为右翼司令，调集军队4万人向湖北挺进。

王占元闻报大惊，召开特别紧急会议，布置鄂军防守事宜：以通城、崇阳、蒲圻、嘉鱼、监利、石首等处为战时警备区域，饬该地军事长官、湖北第四旅旅长刘跃龙加强防守；又以鄂军第二旅旅长寇英杰及第十八师卢金山之部分编成一混成旅配于各要隘，以示迎击湘军之势。同时又电请赵倜、陈光远及曹锟、吴佩孚等出兵援鄂。

5. 王占元的"美人计"

王占元在湖北整整七年，没干什么好事。除了山西都督阎锡山外就数他干的年头多。常言道：官久必富，加之王占元是个大肆敛财、不惮民怨的家伙，不但搜刮百姓，甚至连他倚为长城的军队，也常常拖欠和克扣军饷，搞得怨声载道。武汉一地居天下之中，既能控制南北，又可震慑东西。因此，当时的实力派军阀都想将这块风水宝地控制在手。士兵闹饷哗变，却给了王占元一个极好的借口，于是亲自去北京，威逼政府，向财政部索要欠饷300万元。没想到得钱之后，却将其中十分之七八存进了北京、大连的外国银行，只拿出一小部分分给各军，因此杯水车薪，所以武昌、宜昌的部队就一再哗变，焚烧劫掠，无所不为。湖北百姓、士绅、商民忍无可忍，一再要求中央惩办王占元。

湖南督军赵恒惕见有机可乘，指挥湘军进攻湖北，来势汹汹，着实把王占元吓得不轻，意识到摊上大事了，处理不好，就要完蛋！常言道兵来将挡水来土掩。王占元环顾自己帐中将领，稀稀拉拉，能征战之将，只有孙传芳一人。他长叹一声，明知在第二师师长问题上，孙传芳肯定对己有怨气，此次要让其为己卖命，必想鲜招不可。王占元督军署中有一丫鬟，名何洁仙。幼时随夫人嫁到王家。她天生丽质，嫣然一笑，百媚俱生。因喜爱穿白色，配上她的名字洁仙，使人见了，真有如见天人的感觉。

王占元对何洁仙垂涎欲滴，怎奈惧怕东厢醋海翻波，加上何洁仙为夫人贴身丫鬟，须臾离不得，只能远观而已。关键时刻，王占元不得不忍痛割爱。

王占元唤来孙传芳问："馨远，二哥待你不薄，此番有难，还指望你效力。"

孙传芳敷衍着："打虎还需亲兄弟，这个请放心，包在兄弟身上！"

此时，何洁仙过来上茶。几年前，她还是小姑娘时，孙传芳见过，却没太在意，没想到长成个大美人，一下子便看呆了。

王占元见孙传芳英雄入彀，便说："洁仙年方二八，我正想给她找个好人家，虽说是丫头，同我亲闺女一样，不咋样的，还舍不得给。你孤身在外，身边没人照应，讨一房姜不算什么，只是一样，别欺侮她，我和你嫂子都不依你。"

孙传芳大喜："多谢二哥二嫂成全。"

王占元又说："此次对付湘军，你为主将，我升任你为新嘉蒲通警备司令，前敌总司令，率第二师应战，孟昭月、张允明两旅长我已打过招呼，保证听从指挥。"

"二哥，你等好消息吧！"

孙传芳被王占元任命为前敌总司令。孙传芳带上团长潘守蒸，乘火车出发，携带山野重炮、机关枪队及工程各队，前往湘鄂交界处的羊楼司指挥鄂军布防，司令部就设在赵李桥车站。

从湘北到鄂南皆崇山峻岭，连绵几十里，地形险要。又来了个敢打硬仗的山东汉子，据险而守，还真够湘军喝一壶的。

湘鄂联军总司令赵恒惕，字炎武，与孙传芳"同年"（清代称同科考取的为同年），也是日本陆军士官第六期毕业生。湘军宿将。帐下有大将夏斗寅、鲁涤平、宋鹤庚，都是能战之将。

尤其是夏斗寅，更是个狠角色，湖北麻城人。此人早年投入武昌第八镇当兵，参加辛亥武昌首义。1913年在大同镇守使孔庚部任排长、卫队营机枪连连长，湖北陆军第一师工兵营营长。1917年湖北第一师长石星川为总司令，夏随石星川参加护法运动，他自任新兵训练总督，被湖北督军王占元打垮，夏在奔逃途中捡到一口装满钞票的皮箱，遂自拉大旗招纳败兵，得数百人，组成了自己的武装，人称"皮包将军"。1919年，夏率部参加湖南军队对王占元的战争，再次兵败，退往湖北、江西和湖南交界地区，为新任鄂军总司令李书诚收编，任团长。1920年夏团扩编后任鄂军司令，卫戍长沙。此番赵恒惕许下重愿，让夏斗寅为先锋，如果得了湖北，打下来的地盘湘人不要，"鄂人治鄂"，全是湖北人的。

赵恒惕对孙传芳很了解，一个东岳人，一个南岳人，都有山一样的性格，打仗又不要命，于是他告诉夏斗寅："面前这只拦路虎，是我的老同学孙传芳，素以骁勇善战而闻名，不好对付。"

孙传芳在要紧之处，架设了大炮，深挖了壕沟。火线分为前后五道，每道都有深壕，排列机关枪，安

湖南督军赵恒惕

置了山炮，可谓倚险重重设防，摆下密集火网。

7月28日清晨，赵恒惕下达对鄂军总攻击令。午后3时，湘军中路夏斗寅部同鄂军宋大霈部在羊楼司枫树岭开战，湘鄂战争爆发。

湘军正面由岳阳、临湘攻蒲沂，以夏斗寅（鄂军司令）打头阵，湘军第一、二师随其后。右路由平江攻通城，由湘军叶开鑫第一混成旅打第一阵；左路由澄县攻公安、松滋，以湘军唐荣阳第八混成旅打头阵。三路总指挥为湘军第二师师长鲁涤平。

次日凌晨，先锋夏斗寅部由路口铺、五里牌进攻羊楼司，与孙传芳布防的第一道防线接战。夏斗寅便使了狠劲，亲冒枪林弹雨，指挥冲锋。30日，湘、鄂两军大战于羊楼司。鄂军七十二团团长潘守蒸夜袭湘军，夏斗寅佯退十里，及至朱鹤镇，左右伏兵齐起，潘中弹受伤，士兵死300余人，余众缴械投降，鄂军受此大挫，退走80里。羊楼司车站站长魏伯衡见情况不妙，急动用车皮将鄂军转移至羊楼司后方。经过数小时激战，鄂军伤亡五六百人，夏军力克羊楼司要隘，鄂军死伤无数，向后大溃。孙传芳与团长潘守蒸乘车向

羊楼峒及赵李桥车站退却，急忙部署第二道防线。羊楼峒周围皆高山，地势险要，为鄂南第一天险。孙传芳在此安排了第二师、第十八师约三个混成旅的重兵，并力扼守。

30日，以鲁涤平第二师及贺耀祖、唐生智两个纵队和夏斗寅部第一梯团加总预备队一个团，同时向羊楼峒的鄂军展开攻击。盛暑崖兵，硝烟弥漫，白天烈日炎炎，阵地上血流成河，很快便被晒干。打死的、中暑的、受伤的人极多。湘军的一次又一次猛攻，却被孙传芳一次又一次打

退，他挥着帽子，一面扇一面说："马上告诉王总司令，说我军稳定住阵地，湘军受挫。"正说着，突然刮起猛烈的南风，飞沙走石，鄂军连放枪都感到困难。

孙传芳骂道："连天都不帮王总司令啦，大暑天，却刮这么大的风，眼都睁不开了。"

湘军乘风而来，呐喊冲锋，锐不可当，鄂军折了一阵，全线后撤。孙传芳急电王占元，请求救兵，电文曰："天气酷暑，我军水土不服，死亡枕藉，兼以南风过大，御敌颇感困难，特令退至羊楼峒待命，请速派队前来助战。"

双方大战两天，死伤遍野。湘军的藉风冲杀逞威，针尖对麦芒，战况胶着。

两天之后的凌晨，山林皆沉睡在宁静之中。湘军却披挂停当，集合后，以散兵队形悄悄向羊楼峒阵地摸上来，直到鄂军前沿，齐声呐喊，个个端着雪亮的刺刀，不顾一切冲杀上来。鄂军在睡梦中被惊醒，只见黑暗之中无数黑影杀声震天，汹涌而来，吓得来不及组织反击，向后狂奔，鬼哭狼嚎。

孙传芳得知湘军袭营，也搞不清多少人马，只管令大炮与机关枪横扫。而鄂军和湘军已搅成一团，不分彼此。射击的效果不太大。而湘军个个逞威，如天神一般，不顾一切，前仆后继，遂一口气夺得鄂军五座山头。

天亮以后，孙传芳指挥鄂军反扑，湘军被当头猛击，顿时也失去威风，在炮弹、机枪面前死伤很重，攻势受挫。幸而援军又至，又是一次冲锋，将鄂军压了下去。双方往来反复，血战肉搏了三天

鲁涤平

三夜。

王占元为了让孙传芳卖命，电令孙传芳为新（堤）嘉（鱼）蒲（圻）通（城）警备总司令，蒲通镇守使刘跃龙为左路司令，第二十一混成旅旅长王都庆为右路司令，第十一师第四旅旅长张俊峰为后路司令，第二师八团团长穆恩棠为游击总司令；并令前线各军一律改取攻势，于31日实施对湘总攻击。

湘鄂两军经一天的休整，鄂军加入近畿二师三旅六团，在赵李桥一带向湘军发起攻击。是日因大雨之后，北风颇劲，湘军作战不易，其势已稍逊，加上鄂军有孙传芳在前督战，应战较为勇猛，激战五六个小时，湘军弹药不济，向后退却三四十里，赵李桥、霸王山等要隘均被鄂军夺回，湘军扼守羊楼司待援。

7月31日，王占元打电报给北京国务院告急：

急。北京国务院钧鉴：

昌密。卅（30）电收悉、据前敌孙师长传芳卅电称：本日午前敌军以全力猛攻，至十一时左右，受攻愈见激烈，职部军队全行加入战线，当属可危。职不得已遂令穆队长（恩棠）率所部之谢、田、杨各营由官山右侧绕攻敌方之左侧，孟旅长昭月率队由官山至铁路方面反攻，宋旅长大需率队由铁路以左反攻，始将正面与左右方之敌击退。午后六时攻退敌军约八九里。惟左路穆部因众寡不敌，且无炮兵援助，伤亡甚众。敌之正面与右侧约伤亡千余名。惟敌军犹以全力猛攻。我军兵单又无增援，情形万分危急。恳速派大兵星夜来援，以固鄂局等情。前方情形如此，已将省城军队抽调一团前往，以资救援。惟兵力有限，于战事万难有济，仍祈飞电已经到汉援军，星夜开赴前方，以资援助，立盼电复，占元叩世印。

8月1日，北京国务院致武昌王占元电，给其鼓劲打气，电曰：

武昌王巡阅使鉴：

昌密。世电悉。敌军乘虚猛攻，亟应厚集兵力，切筹堵击，萧总司令以援军速进，并电曹仲帅飞饬萧师渡江增援望有饬贵部沉稳抵御，好在援师云集，已均抵汉，增援甚易，务请坚忍以待大援，并与曹吴两使迳相电等办理矣。院部东叩。

同时，国务院给保定曹锟急电求救：

> 保定曹巡阅使鉴：
>
> 昌密，顷接王使（即两湖巡阅使）卅电称：据前敌孙师长卅电称：本日午前敌军以全力猛攻，至十一时左右，受攻愈见激烈，职部军队全行加入战线，当属可危。职不得已遂令穆队长（恩棠）率所部之谢、田、杨各营由官山右侧绕攻敌方之左侧，孟旅长昭月率队由官山至铁路方面反攻，宋旅长大需率队由铁路以左反攻，始将正面与左右方之敌击退。午后六时攻退敌军约八九里。惟左路穆部因众寡不敌，且无炮兵援助，伤亡甚众。敌之正面与右侧约伤亡千余名。惟敌军犹以全力猛攻。我军兵单又无增援，情形万分危急。恩速派大兵星夜来援，以固鄂局等情。前方情形如此，已将省城军队抽调一团前往，以资救援。惟兵力有限，于战事万难有济，仍祈飞电已经到汉援军，星夜开赴前方，以资援助等语。查敌军乘虚猛攻，亟应厚集兵力以资增援。萧总司令已否抵汉，希迅令飞速渡江，增兵赴援，并与王使接洽办理，军情万急悉仗樊筹并饬从速进行，无任纫跂，仍盼见复，院部东叩。

很快，湘军从右路发起进攻，剧战竟日，占领湖北通城、通山、崇阳等地，崇通镇守使刘跃龙所部之第二混成旅全部被歼灭，刘跃龙率残部百余人逃回武昌。

孙传芳部死伤近5000余人。手下旅长孟昭月，字子明，山东人，亦日本士官学校毕业生，此番表现不俗，负伤犹不下火线，躺在担架上大呼指挥。团长潘守燕阵亡，营连长近百人阵亡。

湘军死伤亦近2000余人，营长受伤者数人，连排长死伤也好几十人。

鄂湘两军大战数十回合，激烈的战斗被当时随军记者评价为："可谓数十年来未有之剧战矣。"

孙传芳连电救兵不至，见情势危急，弃关命全军向茶庵岭方向退却。将司令部迁转至蒲圻。是时，又有官兵阵亡千余名，尸横遍野，血流成河。

此时，王占元兀自给他打气，发电说："援军萧耀南部已至汉口，即日行动。"

孙传芳吃了定心丸，发誓血战到底。

6. 鹬蚌相争渔翁得利

自古江湖，人心险恶。王占元在败势下，个中三昧，全尝到了。孙传芳求救时，王占元急如星火连电大总统徐世昌告急。

徐世昌命曹锟派直军援鄂，曹锟本人也多次接到王占元求救电报，他与部下商量，多数人主张利用援鄂机会扩充地盘。于是便有"援鄂不援王"的说法。曹锟决定派萧耀南率第二十五师南下汉口，并约萧到保定"光园"密谈。

萧耀南，字珩珊、衡山，因其祖籍浙江兰陵，也常被人称为萧兰陵，1875年出生于黄冈县孔埠镇萧家大湾（今属武汉市新洲区）。

清光绪二十七年（1901年），张之洞创立湖北将弁学堂，萧耀南即考入

该校就读，结业后在湖北常备军中任职，由哨长、哨官，升至督队官。清宣统元年（1909年），萧耀南被派到驻奉天（今沈阳）的北洋第三镇，任第九标第三营管带，从此与该镇统制曹锟结下了深厚的关系，次年升任第三补充标标统。1913年，因赴河南"剿办"白朗"有功"，被授为陆军少将。1914年，袁世凯任命曹锟为长江上游警备总司令，驻岳州（今湖南岳阳），二次革命，萧耀南升为总司令部参谋长。1915年袁世凯为准备称帝，把曹锟的总司令部移驻重

　萧耀南

庆，帮助川督陈宦护国军。袁命曹锟第三师扩军，曹锟便成立五营卫队，由萧耀南任统领，仍兼司令部参谋长。

袁世凯死后，黎元洪继任大总统，曹锟利用萧与黎的同乡关系，以及其与总统府要员哈汉章的师生之谊，由萧出面运动，花费60多万元，替曹谋得直隶督军一职。曹任督军后，第三师即开赴直隶，驻保定，曹扩军成立直隶一、二、三、四混成旅，萧耀南任第三混成旅旅长。不久，吴佩孚移驻洛阳，萧耀南回驻直隶顺德（今河北邢台）。

1920年直皖战争，萧耀南第三混成旅扩编为第二十五师，萧耀南为二十五师师长，晋升陆军中将，仍驻顺德。

此番，曹锟将萧耀南召到保定光园，阴险地说："你把全师开到武昌，要保全一个完整的湖北。我已经决定把湖北的事交给你了。你到武汉以后，政府就会发布命令。至于王督帅，大可不必理会。"

萧耀南率一师和两个混成旅渡江到武昌后，控制了全城和要害部门，却毫无开赴前线打仗之意。只有靳云鹗一个旅开到茶庵岭布防，却不开仗。孙传芳在前方催救兵急得直跳脚，王占元却绕室仿徨，开窗望去，满街都是萧耀南的援军，就是不去前线。

王占元无法，只得请杨文恺北上保定，请曹锟设法维持王占元的督军地位。

曹锟乐呵呵地说："建章，你回去告诉一声，子春二哥可以歇歇了，到我这里来吧。"

此时，王占元想见见已到武昌的萧耀南和第八旅旅长靳云鹗等人，但个个都说忙，拒绝见面。

回到汉阳的兵工厂总办杨文恺，又接到吴佩孚的命令："非有本副使（直鲁豫巡阅副使）批发手谕，不准发给任何部队枪弹。"

杨文恺匆匆去见孙传芳，说："馨远，曹锟、吴佩孚怕是要占王占元的地盘儿呢！"

孙传芳恍然大悟："我说这些援军到汉后，屯兵不进，原来是想隔岸观火，逼我们垮台。这帮没良心的东西，还都是直系的哩。"他背着手转了几圈，说："现在我们都放机灵点，不能在一棵树上吊死，再说我们对王二哥也够意思了。"

为了摸清吴佩孚的真正意图，孙传芳决定派他在日本士官学校的老同学，中央第二十一混成旅参谋长戈宝琛、参谋王铸民以及一个湖北籍的团长关际云，借拉老乡的关系，去茶庵岭车站见靳云鹗。

戈宝琛用乞求的口吻说："靳旅长，前方吃紧，盼救兵如大旱之望云霓，请无论如何派出一个团兵力去支援右翼后方。"

靳云鹗不卑不亢地说："我是愿意援手的，无奈没有直鲁豫巡阅副使、援鄂军总司令吴佩孚的命令，不能调一兵一卒。"

火爆脾气的王铸民火了："请问靳旅长，如果湘军现在就攻上来，是否要等吴佩孚的命令才能开火？"

靳云鹗被噎得满脸通红，立马翻脸："此话真算锋利。但我也不知道吴佩孚葫芦里卖的什么药！反正我们到湖北也不是来游山看景的。"

孙传芳摸清吴佩孚的意图后，认为谁手上有实力，谁有兵，谁就是大爷，否则便是一只没有人看得上眼的破鞋。他点着头说："骑驴看唱本，走着瞧。光棍还不吃眼前亏呢。"他立即下令将第二师残军秘密撤出阵地，向湖北武穴方向悄然而去。

8月6日，湘军突然向茶庵岭猛攻，靳云鹗大惊，才知道一夜之间，孙传芳军已撤退。这时天公也来凑热闹，降下滂沱大雨，习于水战的湘军却猛似过江猛龙一般，靳云鹗吃了大亏，弃了茶庵岭，向后溃败，紧接着蒲圻也失守了。

8月8日，湘军中路左翼发动猛攻，连陷沔阳、嘉鱼；第二十一混成旅王都庆所部退至离省城60里的金口。夏斗寅率所部猛攻猛打，又胜于中伙铺，鄂军退守汀泗桥。夏斗寅又令湘军各持白刃浮河而渡，自率敢死队随后督战。鄂军以势不支，退驻离桥5里，以待援兵。湘军占领汀泗桥，离武昌只有50里，族旗相见，炮声相闻。

王占元在督署召开军政联席会，宣布辞去督军等职务，没头没脑地说了一句："俺被人耍了，打了一辈子的雁，到头来被雁啄了眼。"

他同时致电北京政府："萧总司令按兵不动，靳旅不受调遣，前线鄂军因援军不肯前进，纷纷向后撤退，大局不堪收拾。孙传芳、刘跃龙、宋大霈所部困守十昼夜，无法再行维持。占元保境有责，回天乏术。请查照前电任命萧耀南为湖北督军，或可挽回危局。萧总司令关怀桑梓，当有转移办法。"

北京政府依旧在骗王占元，嘱其暂维现状；同时又密电萧耀南：布置一切。萧耀南部两个时辰不到，移师武昌楚望台、两湖书院。次日又收到曹锟从保定来电，令赴前方布置一切，于是指挥精锐之师赶赴蒲圻。湘军久战之际，力衰精疲，无法支持，宣告停战。

8月9日，徐世昌令免王占元两湖巡阅使，湖北督军本兼各职；特任吴佩孚为两湖巡阅使，萧耀南为湖北督军，孙传芳为长江上游总司令。

8月10日，萧耀南派代表去见湘鄂联军总司令蒋作宾谋和。蒋提出条件：一、王占元旧部一概撤离鄂境，二、直军不得进驻鄂省，三、组织联省自治，并表示如萧接受此三项条件，可承认萧为湖北督军。萧耀南接到条件后，表示决计与湖南的军队决一死战。

8月11日晨，王占元离开督署，孙传芳等旧部、各军警长官都前来送行。王占元黯然神伤，拍着孙传芳的肩，只说一句："馨远，啥也别说了，好好待洁仙，二哥先行一步了。"

孙传芳在这时也很凄楚，回想十余年与王占元的相处，风风雨雨，恩恩怨怨。两个山东人不约而同，滴下数行清泪。

"二哥，你放心，多保重，有机会我回天津去看你……"

武昌文昌门外，"楚振"轮一声汽笛，犁浪耕波向下游而行，准备前往南京对面的浦口，再乘津浦线快车前往天津。不一会儿，"孤帆远影碧空尽，唯见长江天际流"。孙传芳有恍若一梦之感。

在湘鄂战争中，湘军八万大军对孙传芳一万多人，鏖战八昼夜，也着实让一干湘军大将吃了一惊。本来以为一鼓作气便能夺下武汉，孙传芳拼死血战，竟为北洋军南下赢得了充裕的时间。最后，湘军损兵折将，退回湘境，夏斗寅也是杀敌一千，自损八百，竹篮打水一场空。

8月13日，吴佩孚率第三师、第二十四师及鲁军混成旅约三万多人，在悠扬的军乐和欢迎声中，抵达汉口刘家庙车站，一下车便东张西望，对前来欢迎他的人问："孙传芳呢？他怎么没来？我一定要见他。"

孙传芳却不肯与吴佩孚见面，他心里有道过不去的坎儿，认为吴佩孚对王占元不应该见死不救，不讲义气，于是在武穴赌气，不去汉口。吴佩孚越发器重他，说："馨远重义气，是条汉子。王子春对他只是利用，在关键时他却很忠心。我不生他的气。"

是日，吴佩孚在武昌督军署召集武汉各文武官吏及议会、商会、各团体代

表200余人开会，议决：一、由武汉各团体致电赵恒惕、蒋作宾等，要求停战；二、电请京、津两湖要人从中调解；三、萧、吴两人及议会、商会各派代表二人赴湘接洽；四、在汉口召开和平会议。

吴佩孚亲派孙丹林前往武穴请孙传芳。

孙丹林，字翰丞，山东登州（今蓬莱）人，1911年，响应武昌起义，在登州成立军政府，被推为秘书长。时为直鲁豫巡阅使署秘书长。有山东老乡的面子，孙传芳只得跟着孙丹林回到汉口。与吴佩孚见面后，彼此哈哈大笑。

吴佩孚竖起大拇指："馨远，好一条汉子，十多年来，中国内战，外国人，英、美方面认为是雷声大，雨点小，连直皖战争只打了三天，这时你为俺们团体打了八天八夜，勇敢善战，名声打出来了。"

孙传芳知道吴佩孚自称能战，目空一切，目前只能收敛，以防人忌妒遭灾，想到这里，谦虚地说："未遇明主，只能寄人篱下，碌碌无为。"

吴佩孚一听，爽快地说："馨远，王老头走了，咱们一块儿干吧！"

孙传芳一生

·Biography of Sun Chuanfang

第三章

一鸣惊人

1. 改换门庭

吴佩孚收孙传芳在帐下，又派萧耀南做了湖北督军，心里很是高兴，只是湖南督军兼湘军总司令赵恒惕还不服气。

吴佩孚一面派人前往谈判，一面调兵遣将，准备一决雌雄。

1921年8月17日，吴佩孚和赵恒惕军同时下达总攻击令，双方在湖北境内的汀泗桥、咸宁、官埠桥一带展开陆战；吴佩孚又派舰队直抄湘军后路的岳州，18日凌晨，在兵舰炮火掩护下，步兵登岸，向岳州城直扑而来。赵恒惕总司令部正设在城中，他在睡梦中惊醒，来不及收拾公文和军服，穿着睡衣便落荒而逃；司令部其他人员和驻岳州的湘军猝不及防，大部分做了俘虏。

8月20日直军进攻白螺矶，湘军全力迎战，两军均不下万余人，自拂晓至日中剧战数小时不分胜负。次日，拂晓又继续战斗，至午间湘军不支，纷向城陵矶退却，直军占领白螺矶。

8月23日湘、直两军各有3万人在汀泗桥、中伙铺和官塘驿激战，吴佩孚亲往督战。战至次日，直军大败，靳云鹗旅全部溃散，直军第三、二十四、二十五师与第十三混成旅及豫军第一旅等均受重创。吴佩孚处决后退一个营长，亲率卫队二连督战，再次反攻，并令前敌军士手执刺刀、砍刀冲锋，湘军不支，退保蒲圻。是役双方死伤者在四五千人以上。后吴佩孚收买湘军旅长葛豪为内应，再次发动进攻，湘军因受内外夹攻，从蒲圻、嘉鱼等地退却。直军紧接着沿铁路（武昌—长沙铁路）北进，从后面猛揍在临湘、赵李桥和蒲圻一带的湘军，两下夹攻，包了饺子，前线的湘军缴械投降。

此次，海军第二舰队司令杜锡珪率"楚观""楚有""楚谦""江利""拱辰""湖鄂""江元""江复""江鲲""江犀""永安""建中""烈字"等军舰，进入长江，配合直军行动。

恰巧此时川鄂战争又爆发了，原来，川军总司令刘湘与湘军总司令赵恒惕约好，合攻湖北。正当川军出三峡攻宜昌时，赵恒惕却与吴佩孚议和，但刘湘兀自不肯罢休，顺江而下，占领了南津关。孙传芳要求吴佩孚将坐镇宜昌，担负鄂西防务的重任交给自己。派遣司令部参谋长陈席珍去吴佩孚处要求，被吴佩孚婉拒，吴派第十八师长卢金山为鄂西防务总司令，十八混成旅旅长赵荣华为前敌总指挥，加派军队赴宜昌归卢赵二人节制。吴佩孚想等岳州克复后，由孙传芳率领第二师驻防岳州。

同日，吴佩孚对岳州（岳阳）发动总攻击，令张福来督同海、陆军陷城陵矶，近逼岳州。驻守岳州湘军因闻嘉鱼、蒲圻败退，军心动摇，全师退却，于是日午后3时为直军攻陷。

赵恒惕害怕直军乘胜再夺长沙，在一名英国舰长陪同下，来到岳州城外洞庭湖上停泊的"楚观"舰上，谒见吴佩孚求和。正当他刚刚坐下之时，舱门大开，扑棱棱跳出一个长脸汉子，上前揪住赵恒惕的胳膊，怒气冲冲地大叫："你也敢来？好！今天老子要和你算算账，你为啥要进攻湖北！"

赵恒惕一看，这位莽汉不是别人，正是他日本士官学校的老同学孙传芳。他像钳子般的一双手正狠狠捏着自己的胳膊，赵恒惕龇牙咧嘴地失声叫道："馨远兄，快放手，我吃不消……"

"你早吃不消也不会有今日！我战死那么多兄弟的性命要你来赔！"孙传芳不依不饶。

吴佩孚和孙传芳是一个唱白脸，一个唱红脸，见赵恒惕变了脸色，于是劝道："馨远，过去的事情不必再提了，挑起湘鄂战争的祸首是炎午（赵之字）手下的鲁涤平、宋鹤庚和夏斗寅等人，炎午是不得已的。"

孙传芳松开手说："罢罢罢，算我吃亏，炎午兄，这一回你可把我揍惨了。"

赵恒惕身后的鲁涤平接上话茬："还说呢，就连我们事前完全没有估计到王占元手下，竟有馨远兄这样一位肯打硬仗的战将，从7月28日打到8月5日，足足跟我们拼了八昼八夜，要不是人马死伤过半，后面援军不至，才不会给我们打败呢。我们虽然打了胜仗，却也死伤2000多人，这一仗比驱张之役难打得多，孙传芳你这小子也比张敬尧厉害得多。"

吴佩孚笑着说："好了好了，别再倒苦水了，不打不相识嘛，还是谈谈停战的事吧！"

吴佩孚原打算让孙传芳率支劲旅驻扎岳州，对湖南起一种震慑作用；又可以减轻湖北的财政开支；还可利用孙传芳与赵恒惕的同窗关系在湘鄂两省实行缓冲。赵恒惕将此条件带回长沙之后，遭到湖南各界群起而攻之。

8月28日，徐世昌大总统任命孙传芳为长江上游总司令兼第二师师长，驻宜昌。

9月29日，吴佩孚又制定了攻川计划：

（一）由吴佩孚亲率大军进攻夔州，沿宜昌西上，经秭归、巴东，直趋三峡，夺取夔州。

（二）由孙传芳为左路司令，经曹家坡出野山关，过火石坪，入建始县，进攻巫山、夔州。

（三）由卢金山为右路司令，出真武山、越兴山县界，沿当阳河、过猫儿关，攻入大宁、云阳等处。牵制刘湘、但懋辛各部，使直军主力得以全力攻夔（门）、巫（山）。

10月上旬，直军克复秭归、巴东、兴山、长阳各地。战事相对稳定。

孙传芳改倚吴佩孚，自然比跟着王占元强得多。但他是个念旧情的人，想起王占元的好处，还是很感激他的。

秋高气爽，长江上游警备总司令孙传芳携何洁仙回北方。此时他原配夫人和长子家振、次子家钧都搬到天津居住。家振和家钧都上了学。孙传芳将何洁仙送到特二区旧金汤二马路王占元的公馆，算送闺女回"娘家"省亲。

王占元夫妇都很高兴，请他们吃饭。王、孙两人有同好，都有"阿芙蓉"癖。吃了饭同登一榻，吞云吐雾，对着"过瘾"。

王占元想起被吴佩孚、萧耀南夺取湖北地盘的情形，心有不甘，言下不胜愤慨，说："兄弟，你帮二哥设法复职，转个面子如何？"

孙传芳听完颇为冲动，挂着烟枪，立即坐了起来，发出豪语："二哥，您不要难过，我一定想办法拥护您回湖北。"

王占元唏嘘不已："兄弟，这一天二哥是等不上了。"

孙传芳有信心地说："放心吧，二哥，少则三年五载，多则十年八载，别说一个小小的湖北，中国的天下是谁的还很难说。您老好好保重身子，会看到这一天的。"

王占元感到士别三日，已非吴下阿蒙，不禁后悔当时重用孙传芳太晚。

王占元说："馨远，我想托你一件事，想让你暂不回湖北，替我去关外张作霖处报聘，借以查看张的动静。"

孙传芳当即电报请示了曹锟与吴佩孚，两人都同意。

孙传芳便独自北上奉天，此时北国已是冰天雪地了。张作霖很热情，设盛宴招待孙传芳，奉系将领孙烈臣、张景惠、吴俊升、张作相、姜登选、郭松龄、韩麟春、杨宇霆等都参加宴会，轮流与孙传芳碰杯。过了一天，张作霖陪孙传芳去马场参观改良的马种。群驹奔腾，内有一匹菊花青马，是张作霖的坐骑，身高腿长腰细蹄大，雄健绝伦，孙传芳见了赞不绝口。张作霖说："馨远，你喜欢这匹马，就送给你，再配上中西鞍辔各一副。好马赠英雄，不必客气。"

孙传芳逊谢说："这是大帅的宝马良驹，君子不夺人所爱，况我所在之宜昌，不宜驰骋。"

张作霖豪爽地说："一匹马算什么，只要你喜欢，骑走便是。"

孙传芳临行时并未接受菊花青马，但对张作霖留下很好的印象。他对张作霖说："传芳不才，日后有机会，定投奔大帅麾下，效命前驱。"

张作霖执着他的手说："馨远，你是难得的战将，什么时候来，咱都欢迎。"

孙传芳开玩笑说："大帅，有朝一日我们如兵戎相见，你说怎么办？"

张作霖哈哈一笑："妈拉巴子，上来便说打，好嘛，不打不是朋友。"

孙传芳后来对人说："张作霖人格道德不及吴佩孚，而气魄器量则过之。是个人物！"

11月中旬，宜镇守使赵荣华率队进攻鄂北建始，川军败退，赵乘胜进攻施南。22日迫近施城，将五凤山炮台占领，至24日夜施南川军由南门退走。不久，进攻鄂西的川军退往巫山一带。

是年12月中旬，吴佩孚想真正攻川，实也不易。于是吴佩孚虚晃一枪，收复鄂境后，便命令："川军此退，必定别有计划，即遇川军亦不得进攻。"

此时，广东国民革命军有北上之意，孙中山偕许崇智抵达桂林，下令各军在桂林集中，准备北伐。吴佩孚于是便向刘湘求和。

刘湘也见好就收，于是派出代表张梓芳到宜昌谈判议和。

吴佩孚便对孙传芳说："馨远，你为我全权代表进行协商停战和约，对付四川的责任交给你。"

孙传芳装出没经验的样子说："大帅，折冲樽俎之事，我毫无经验，应该以何种条件去谈？"

吴佩孚说："记住：'保境安民'四个字，条件可以多提，最后的条件只在川军退出鄂西一条，漫天开价，就地还钱。"

孙传芳心领神会，经过10天的讨价还价，12月22日双方拟定了议和草案：

（一）川鄂两军各退回原来驻地。北岸鄂军退至巴东、姊归；川军退至巫山，各守边境。

（二）川鄂两省，会同派军剿灭川、鄂边区匪患。

（三）川鄂两省平均分配盐税收入。

2．错失良机

孙传芳将第二师队伍进行整顿，全师近万人，仍是一支实力很强的队伍。

我们看一下中央陆军第二师民国十年（1921年）十二月分薪饷表。

该师有两个步兵旅，即步三旅、步四旅，每旅各有4个团（即步五团、步六团、步七团、步八团），马二团、炮二团，步兵团下辖三个营，共12个营，马团3营，炮团3营，工兵1个营、辎重1个营，重机枪4个连、军乐连，其中目兵8745员、各级官长780员、候差40员、人员总数达9529人；马匹1081匹、骡子460头，大车104辆；师长薪俸每月853元，外加853元的公费，仅此一项就有1700多元，乘以0.72京库平，仅此一项就有大洋1230多两。

全师每月总薪饷157369多元，加上吴佩孚为拉拢孙传芳，又补发第二师欠饷30万元。孙传芳和原来第十八师师长不可同日而语了。

其实经济只是问题的一个方面，也是次要问题。关键是在军阀统治时期，做了师长就有了很重的政治上的话语权。我们经常可以看见一些师长，比方吴佩孚、曹锟、张作霖等，他们可以在国家大事上公开发表自己的主张，并可以高声大气地怼大总统、国务总理和中央的要害部门，如陆军部、财政部等，还可以直接向总统或国务总理提条件，谈诉求，而他们的上级往往附和或噤声。这就说明了一方诸侯自有他的实力和话语权，如果当局不看他的脸色行事，他们就会兴兵作乱，就会产生难以估量的后果。所以当了师长就意味着可以与中央或上司叫板，这才是最重要的。北洋时期的师长尤其是中央所属陆军师的师长都往往具有这样的特性。

1922年1月上旬，四川代表张梓芳、刘承烈与孙传芳商定川鄂停战和约。不久，川、鄂划界联防条约签订，双方各退守防线，宜昌至重庆交通恢复。

3月中旬，接探子来报，驻夔门和巫山一带的川军纷纷向重庆一带撤退。

原来，川军内讧严重，第一军与第二军互相指责，内战一触即发。

早在护国和护法战争中，滇军和黔军进入四川，与四川军阀混战。1920年冬，川军大联合，孙中山任命的督军熊克武联合刘湘、刘成勋、邓锡侯、陈洪范、刘斌等部，以驱逐客军相号召，并但懋辛、刘湘、刘成勋为一、二、三军军长，刘湘并兼任前敌各军总司令。同时，熊克武又与刘存厚捐弃前嫌，重新合作，将滇黔军赶出了四川。

川、滇、黔战争宣告结束。四川军阀赶走了四川境内的滇军和黔军后，相互开始争抢地盘儿，为了避免四川内战，熊克武和刘湘达成共识，川军只有向外发展才是出路。正巧，湖北人士正谋联络湘省军阀赵恒惕，打倒鄂省王占元，熊克武立即赶往岳州，联络赵恒惕，共同出兵攻鄂。熊克武回川后同刘湘商量，打起协助鄂人自治的旗号，刘湘任援鄂总司命，但懋辛为副总司令兼第二路总指挥，唐式遵为第一路总指挥。配合湘军行动，驱逐王占元。因赵恒惕发动较快，川军未能同时出动，以致湘军打到湖北咸宁境内的汀泗桥，离武昌只有百多里，而川军尚未出川境。等川军到达宜昌时，湘军已被吴佩孚所派第三师增援部队击溃，回过头来又调集重兵压迫宜昌的但懋辛和唐式遵两部川

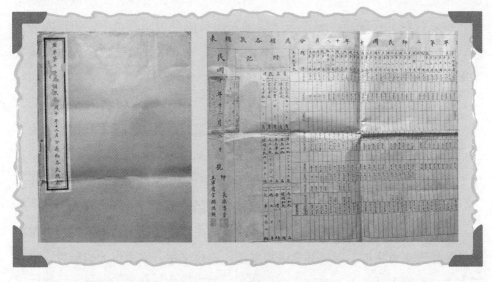

中央陆军第二师民国十年（1921年）十二月分薪饷表

军。但、唐败退回川，吴佩孚任命孙传芳为长江上游警备总司令，驻扎宜昌，遣使来川言和；刘湘乃罢援鄂之师。但懋辛、唐式遵败退回川，互相责难，两军交恶。

孙传芳想浑水摸鱼，向北京政府报告川局有变，希望趁势图川。然而，这时北京方面却顾不上了。为什么呢？

原来，关外张作霖和曹锟这一对儿女亲家就要撕破脸皮了。

4月9日，奉军源源不断开始入关，自是日起每日运送六列车，每列车25节，每13节可装步兵一营，暂时集中军粮城。驻扎汉口之近畿第十二混成旅旅长葛豪接吴佩孚电令，从13日起分四批北上。同日，张福来之第四十八旅由岳州撤防，准备北上。

14日，入关奉军共约1.5万余人。奉军步、骑、炮兵4200余名经天津开往津浦路线之静海、良王庄等处。直军方面，吴佩孚将津浦路让出，所有撤出队伍，分布于京汉路之长辛店、保定、石家庄、郑州一带。

奉军进关部队定名为镇威军，置大本营于军粮城，所部分二路六梯队。东路三梯队，以张作相、张学良、李景林为梯队长；西路三梯队以张景惠、邹芬、郑殿升为梯队长，参谋长为杨宇霆，统归张作霖直接指挥，总兵力约12万。

吴佩孚由洛阳赴保定，部署军队，以近畿琉璃河、高碑店一带为第一防区，保定至顺德为第二防区，郑州、洛阳为大本营，曹锟、王承斌为正副司令，沿京汉路北接保定，迎击长辛店奉军。吴佩孚为南路司令，担任陇海方面，一方向徐州与江苏联络，控制皖浙军队，一方沿津浦线北上，以直接攻奉军。

4月下旬，第一次直奉战争终于爆发。

吴佩孚派大批骑兵由京东出通州、蓟州、奔袭卢龙，断奉军归路。并由第二十四师师长张福来率第一混成旅，张国熔率第二十六师包围马厂，使奉军首尾不能兼顾。窦店方面，奉、直双方哨兵遭遇，互有死伤。

张作霖抵军粮城前线，4月29日，直奉两军分三路，同时开始大战。

中路奉军设司令部于安次，以许兰洲率部先以优势兵力占领固安。直军由王承斌任该路总指挥，后又补充张福来部，进攻奉军；奉军以大炮猛轰，迫直军退走。奉军吉林二十八师骑兵向前冲杀，渡永定河触地雷，重抄小道渡河，与来援直军接触，双方剧战，均有损失。西路长辛店附近南岗洼一带，双方都驻有重兵，直军除王承斌并领中西两路外，董政国为前线指挥，后冯玉祥所部加入该路。奉军司令为张景惠、邹芬，自长辛店出发，至南岗洼一带与直军大队相遇开火。奉军以骑兵二旅向直军步哨冲突；直军向良乡一带退四十里，奉军向南前进，被从河南开来之毅军堵截。所有前进奉军分作两股，一路向卢沟桥撤退，一路向三家店撤退；是晚，直军复进攻，奉军援军二十师一部由通州开来，两军鏖战到天明。直军两次攻击均未得利，乃改取守势以良乡为第一防线，与琉璃河呈掎角之势，另集重兵于涿州方面，互相策应。东路，张作相率奉军劲旅围攻大城，直军苦力支持，死亡极众。

直奉战争西路战场，奉军增加兵力，猛烈前进，直军向涿州方面徐退。此时在奉军后方长辛店附近之三家店，也发生战斗。直军正围攻该地奉军之弹药库。奉军由丰台开来第二十七师一部，激战两小时，直军退往良乡。是晚，直军改守为攻，分三路向奉军袭击，正面直攻长辛店，右翼趋丰台，左翼向三家店绕击。奉军利用重炮向直军猛轰，奉军第一师为直军所围，势渐不支。次日晨，直军占领长辛店。中路，奉军张作相二十七师之一部及鲍德山所统第六混成旅一部分占领永清县，向霸县进攻，东路奉军继续进攻，与直军战四小时；直军退却，大城遂为奉军所得。

此时，川督刘湘接孙中山及驻奉军的代表来电，利用直军对付奉军之际，催即日出师北伐。刘湘召集军官开军事会议。会上一派主张暗中联络孙传芳，反攻萧耀南，之后举孙传芳为湖北督军，实行自治；一派主张支持赵恒惕举兵反对直系。多数赞成后者，并电赵恒惕，赵复电表示："当戮力同心，一致行动，定期即日出兵。"

战争对军阀来说，是一次新的机遇。如果抓住了，看准了，便能在混战中获得一杯羹。第一次直奉战争来临，对孙传芳同样重要。帮谁打谁，便像押宝下注一样，一着不慎，会招致满盘皆输的下场。孙传芳派参谋长王金钰为代表，跟随吴佩孚北上观战。直奉战争越打越激烈，每天都有战报飞到宜昌，一会儿直军大胜，一会儿奉军大胜，地处偏僻的鄂西，孙传芳看不准战局发展，过了两天又派了一位陈参谋去前线观察战况。

吴佩孚的秘书长张其锽奉命催孙传芳率第二师前往助战。张其锽在保定"光园"之中，盼救兵如救火，却不见孙传芳的动静，便知道孙传芳机警猜疑，举棋不定。于是便飞电宜昌说："此次战役，直军可操胜券。请率第二师全体将士来前线助战，战胜之后，河南督军，非君莫属。"

孙传芳接到电报后，经不起吴佩孚的再三催促，只派了一个团到达湖北与河南交界的武胜关，便徘徊不前，犹疑不定。

5月初，东路直军攻占马厂、青县。3日，中路吴佩孚率第三师一部督战，直军获大胜。入夜，吴下三路总攻击令，集精锐于西路，亲自督战，派一营兵力向长辛店诱战；奉军先胜，直军被包围，旋直军援兵到达，迂回攻击奉军侧背，奉军不支，向丰台撤退；直军在中路发动总攻，连克永清、安次，并乘胜追击，占廊坊，中路战事告终。东路直军继续追击败走之奉军。张作相逃天津，直军再克杨村、落垡；下午直军攻占静海，进逼梁王庄；奉军缴械者7000余人。

西路直军于拂晓攻击奉军侧背，奉军邹芬第十六师在门头沟投降，张景惠闻战败下令撤兵，乘车赴天津。奉军无主秩序大乱，第一师及第二、九两混成旅涌向丰台、卢沟桥溃退，直军遂克长辛店。败退西苑之奉军第十六师及第二十五旅、第二混成旅，由京畿陆军第十三师勒令缴械，败退南苑之奉军第一师及第二十八师一部并各混成旅，由京畿陆军第一、第九两师勒令缴械。黄村、丰台之奉军向直军缴械，总计约3万人。5日，张作霖下令结束西路战事。

就在孙传芳观望期间，战局急转直下，直奉战争便很快结束，奉系军阀张作霖退出关外，吴佩孚的声望如日中天。孙传芳却错失分一杯羹的机会。

5月10日，徐世昌令：东三省巡阅使、奉天督军兼省长张作霖免去本兼各职，听候查办；东三省巡阅使一职着即裁撤。

3．两电惊天下

孙传芳到宜昌以后，开始小心翼翼地避开吴佩孚的控制，处鄂西一隅，却可以单独处理一些除军旅而外政治、商业、教育、民生各方面的事务，学到不少知识。他渐渐明白了一个道理：战争只是政治的延续，政治的最高形式，是以战争或实力来解决问题的。打仗便是打政治，打心眼。故兵书上说："攻心为上，攻城为下。先伐心，再伐交。"真正攻城掠地，只是没有办法的办法。他开始注意看报、读书，研究中国各派政治主张、实力，注意政治动向，以便逐渐在中国政治舞台上占有一席之地。

此时，他已不是一个打打杀杀的军人，而要做一个有政治主张的政治军人。很快，这个时机便被他等到了。

5月15日，为迎合直系曹、吴的政治主张，孙传芳以不鸣则已、一鸣惊人的状态，突然发表了有关国体的著名删电，提出要恢复法统。电文中称：

> 巩固民国，先宜统一南北，统一之破裂，既以法律问题为厉阶，统一之归宿，即当以恢复法统为捷径……应请黄陂（黎元洪）复位，召集六年（1917年）旧国会，速制宪典，共选副座。非常政府，原油护法而兴，法统既复，异帜可消，倘有扰乱之徒，即在共弃之列。孙传芳删（15日）叩。

电报的大意为中国分裂成南北两个政府，起源于1917年张勋复辟，解散国会，废除约法。故孙中山南下护法，成立政府。现在要实行统一，当恢复张勋复辟前的政治局面，请黎元洪复位总统，召集1917年的旧国会。而南方政府的非常国会和北京政府的新国会通通应在取消之列。从而重新制定一部宪法，并选副总统，如果有人胆敢反对，当以武力消灭之。

其实"恢复法统"的主张，并不是孙传芳的"知识产权"，完全是吴佩孚的政治倾向与暗示。这是直系要攫取最高权力的一着妙棋。据说，孙传芳的通电稿是孙丹林代拟的，请孙传芳照稿拍发。

时任北京政府大总统徐世昌，是1918年直系、皖系、奉系势力均衡、斗争激烈情势下，各方妥协的产物。当时无论直系冯国璋、皖系段祺瑞和与直系合伙的张作霖，都无法问鼎总统。徐世昌是个被认为八面玲珑，各方都能接受的人选。因孙中山南下护法，部分旧国会议员南下广州，国会不够法定人数，于是在皖系控制下选出安福国会，又称新国会，在此基础上便选出徐世昌做大总统。直皖战争后，原来的均衡格局被打破，吴佩孚便要解散安福国会，取消徐世昌的总统职位。他说过："如果直皖战争结束，仍是东海总统（徐世昌晚号东海居士），我唯有解甲归田而已。"但是，直皖战后，直奉矛盾又尖锐起来，张作霖支持徐世昌，直系不得不暂时妥协。直奉大战以后，徐世昌的下台，只是时间问题。但徐世昌如何下台，直系曹锟如何取得总统的位置，需要玩个障眼法，要合理地过渡一下。政治魔术师应运而出。

为直系大拍马屁的著名政客，是旧国会众议院议长吴景濂（外号"吴大头"），便想出了"恢复法统"的锦囊妙计。他像战国时期说客张仪一样，先用此策游说奉系张作霖，说可用此计促进南北统一，改造政局，取全国领袖地位。张作霖不禁食指大动，曾认真考虑，并提出召开统一会议，商讨恢复旧国会的方案。

自认聪明的吴大头原以为与张作霖都是东北老乡，张能胜利，自己便是"新朝宰相"，没想到这一宝押错了，奉系大意战败，阴沟里翻了船。还是这一锦囊，吴景濂转托直系第二十三师师长王承斌，转售于吴佩孚。吴景濂与王承斌是表兄弟，都是奉天兴城人，吴字廉伯，王字孝伯，一文一武，时称"兴城二伯"。王进言于吴佩孚，此计正合吴的胃口。恢复法统，一石三鸟。

第一，孙中山与西南诸省是以"护法"揭橥政府大旗的恢复法统，自然失去南方军政府存在的法律依据。

广东军政府临时大总统孙中山

第二，徐世昌大总统是非法的安福国会选举出来的。恢复法统，徐世昌便要挟铺盖卷走人。

第三，恢复法统，本身便有统一南北，再造民国的含义，又能为曹锟选为副总统，继而再"高升一步"实行合理合法的过渡。

1922年5月10日，吴佩孚召集智囊团开会，旧国会众议院议长吴景濂，参议院议长王家襄和曹锟、吴佩孚的"军师"孙丹林等，在保定"光园"谋划恢复法统的步骤与方案。吴景濂得意地摇晃着大脑袋说："孔夫子曰：名不正则言不顺，言不正则事不成。恢复法统，名正言顺，大事可成。"

会后，吴佩孚即发密电征求南北方直系控制各省的意见。头脑机敏的孙传芳，通过孙丹林的渠道，立即意识到这是一个表现自我，又能讨好曹、吴，脱颖而出的最佳机会。

14日，吴佩孚致电各省直系督军征求恢复旧国会意见。苏、鲁、鄂均复电赞成，并拥黎元洪复位。还有一些军阀找来谋士商议办法之时，5月15日，孙传芳毅然决然，开了第一声大炮，赢得全国南北一致瞩目。

其时好多人都问："孙传芳是何许人也？"知根知底的便说："就是那个和湘军大战八昼八夜的拼命将军。"

"没想到，一个能打猛仗的武夫，竟是有政治头脑的人，对此人要另眼相看。"

孙传芳一电出，便身价十倍，名声大振。

孙传芳"恢复法统"的电报，在国内引起"轰动效应"。为了取得加深世人印象的"广告效应"，孙传芳再接再厉，将矛头对准最高极峰，使一柄两刃枪，刺了徐世昌，又戳了孙中山。

5月28日，孙传芳又放了第二声大炮：公开提出请孙中山、徐世昌南北总统同时下野。电文曰：

> 慨自法统破裂，政局分崩，南则集合旧国会议员，选举孙大总统，组织广东政府，以资号召；北则改选新国会议员，选举徐大总统，依据北京政府，以为抵制。谁为合法？谁为违法？天下后世，自有公论。唯长此南北背驰，各走极端，连年内争，视同敌国，阋墙煮豆，祸乱相寻，民生凋敝，国本动摇，颠覆危亡，迫在眉睫。推原祸始，何莫非解散国会，破坏法律，阶之厉也。传芳删日通电，主张恢复法统，促进统一，救亡图存，别无长策。近得各方复电，多数赞同。人之爱国，同此心理。既得正轨，进行无阻，统一之期，殆将不远。唯念法律神圣，不容假借，事实障碍，应早化除。广东孙大总统，原于护法，法统既复，责任已终，功成身退，有何流连？北京徐大总统，新会选出，旧会召集，新会无凭，连带问题，同时失效。所望两先生体天之德，视民如伤，敝屣尊荣，及时引退，适可而止，知机其神，标逊让之高风，促和平之实现，救人民于水火，奠国家于苞桑。无使天下扰攘，再为两歧。俾得大好河山，全归一统。从此庄严民国，得享承平。黄炎子孙，青受乐利。饮水思源，罔不知感，馨香顶

戴，于斯万年。传芳武人，粗知大义，爱人以德，缄默难安。贤达如两先生，当不河汉斯言。

孙传芳这两通电报，成为民国历史上之名电，他从此亦成为政治军人而活跃在政坛上。翰林出身的徐大总统，也有"秀才遇见兵，有理说不清"的时候。他心知肚明，真正的后台是曹锟和吴佩孚，他们催动各地督军开始"武力逼宫"。

5月29日，江苏都督齐燮元打电报给徐世昌，请其下野。电云：

我大总统本以救国之心，出膺艰巨，顿年以来，艰难斡运，宵旰殷忧，无非以法治为精神，以统一为蕲向；乃不幸值国家之多故，遂因应之俱穷，因国是而召内讧，因内讧而搆（构）兵衅，国人之苦怨愈深，友邦之希望将绝。今则关外之干戈未定，而西南又告警矣！兵连祸结，靡有已时，水深火热，于今为烈。窃以为种种痛苦，由于统一无期，由于国是未定，群疑众难，责望交丛。旷观大势所趋，人心所向，对于政府，欲其鼎新革故，不得不出于改弦易辙之途；欲其长治久安，不得不谋根本之解决。今则恢复法统，已成国是，万喙同声，群情一致。伏思我大总统为民为国，敝屣尊荣，本其素志，倦勤有待，屡闻德音，虚己待贤，匪伊朝夕。若能俯从民意之请愿，仍本救国之初心，慷慨宣言，功成身退，既昭德让，复示大信，进退维公，无善于此。

面对地方诸侯的咄咄紧逼，如徐世昌恋栈不去，那将是疤眼照镜子——自找难看。虽然抱着"无可奈何花落去"的悲怆心情，却装出一副富贵如浮云的姿态，5月31日发了一通试探性的电报：

阅孙传芳勘（28日）电，所陈忠言快论，实获我心。果能如此进行，使亿众一心，悉除逆诈，免斯民涂炭之苦，跻国家盘石之安，政治修明，日臻强盛。鄙人虽居草野，得以余年而享太平，其乐无穷，胜于今日十倍。况斡旋运数，挽济危亡，本系鄙人之初志，鄙人力不能逮，群贤协谋以成其意，更属求之而不得之举。一有合宜办法，便即束身而退，决无希恋。

徐世昌表明"愿意"下野的心迹，也希望借以引起各方争论，也好争取时间，有所转圜。不料6月1日，旧国会议员吴景濂、王家襄纠集203人联名发表宣言，指斥徐世昌为非法总统，"窃位数年，祸国殃民"。通电全国，宣告非法总统无效，另组合法政府。

传统旧戏开场前，先一人戴面具登台，先来一出跳加官；紧接着老旦出场，咿咿呀呀；最后压大轴的主角儿，才正式登台亮相，唱出大戏。这和政治舞台上的表演也差不多。到了节骨眼儿上，吴佩孚终于出场了。他在6月2日致徐世昌通电中说：

> 恭读大总统三十一电。虚怀盛德，天下为公，凡在国人，同深爱戴。犹复垂意办法，殷忧谋国，敢不殚虑，仰副隆意。窃以国是基于舆论，大政必由公决。开封冯督军（冯玉祥）三十一电，西安刘督军（刘镇华）电，宁羌刘绩之（刘存厚）先生电，均以法统恢复之义，示纠纷排解之方，大势所趋，今日以斯为宜。我徐大总统，于内乱方殷之日，出膺艰巨，本以统一为夙怀，万方多难，事与愿违。今大位既无虚悬之虑，即敛展十余月之尊荣，克偿二十二行省之统一，奉身而退，亦属私衷。我黎大总统，遭非常之变，延垂绝之统，虽韬隐之数年，以公意为进退，法亦当然，责无旁贷。六年旧会，议宪未成，旋遭威迫，本固有之职权，为依法之集会，返辔首都，新酞在望，寰宇之内，含生之伦，同心协力，共济艰难，斯则所馨香祷祝者也。除公派代表敦请黎大总统复职外，谨先电闻，伫候明教。吴佩孚叩。冬。

是日，一肚子苦水的徐世昌终于咬咬牙，狠狠心，发辞职电令：

> 各省巡阅使、督军、省长、各区都统、护军使、镇守使、陆海军各总司令钧鉴：
> 卅一通电，谅均传览。世昌衰病，值此时艰，难膺重任，应即通告全国辞职。本日已有命令，由国务院依法摄行大总统职务。徐世昌。冬。叩。

徐世昌又最后一次发布大总统令：

查大总统选举法第五条内载：大总统因故不能执行职务时，由副总统代理之。又载副总统同时缺位时，由国务院摄行其职务等语。本大总统现因衰病，宣告辞职，依法应由国务院摄行职务。此令。

徐世昌凄凄惨惨地告别总统府，携家眷前往前门车站，乘车赴津。

6月3日，孙传芳发江电，敦请黎元洪复职，电曰：

黎大总统钧鉴：

东海退位下野。我大总统亟应依法复位，重华日月，慰望苍生。传芳特派王参议金任，趋谒钧座，代表敦请，伏祈俯顺舆情，早日还京就任，无任企祷。长江上游总司令孙传芳叩。江。

孙传芳在敦请黎元洪复职的活动中，没有与曹锟、吴佩孚、齐燮元、田中玉、萧耀南、陈光远、冯玉祥、刘镇华、马福祥、张锡元等联袂，而是自己单独劝进，隐隐已有独树一帜、另立门户的苗头。

对于孙传芳的通电，孙中山则不像徐世昌，一吓就跑。6月3日，名流蔡元培等致电孙中山和广州非常国会议员说："今日北京非法总统业已退职，旧国会已恢复，护法之目的可谓完全达到，南北一致，无再用武力解决之必要，敢望中山先生停止北伐，实行与非法总统同时下野之宣言。"

孙中山在对外宣言中指

出："要知现在中国之内争为全国改造之一事实，吾人今日正从事于改造中国旧生活之事业，而使之适合于政治及经济的环境。欲此种改造须成为真正之政策，则唯有任中国人民自己求之，列强固不可加以干涉。假使列强现承认北京之伪新总统，则其行动仍为干涉中国内政，其结果将更劣于承认徐世昌也。"

孙中山依然指令国民革命军向江西边界进兵。吴佩孚收买孙中山的陆军总长陈炯明于6月16日发动叛乱，炮击观音山粤秀楼临时大总统府，孙中山蒙难"永丰舰"。后于8月上旬经香港回上海，实际上也和下野差不多。

为了酬答孙传芳的劝进之功，7月8日，黎元洪令：孙传芳加陆军上将军。7月19日，大总统黎元洪令：特任孙传芳为恪威将军。

4．直系后起之秀

孙传芳的事业有了一定的基础，家中又有一房美妾，琴瑟和谐，日子美满。但何洁仙体弱多病，经常感冒、咳嗽。后经大夫检查，是肺结核。当时属于绝症。

孙传芳安慰她说："不要胡思乱想，医生说你的病不要紧，就是太瘦，多吃多玩就好了。"

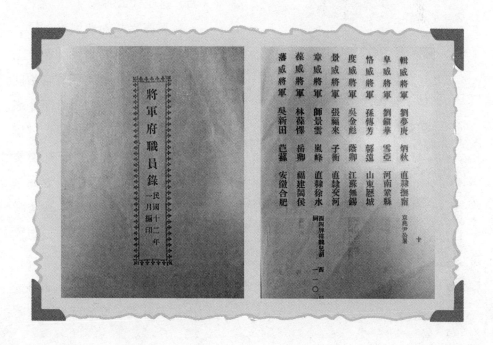

何洁仙惨兮兮地说："我只希望你百年之后，能带我到你身边，生不同床，死却同穴，好吗？"

孙传芳哄她："好好！我一定把你带在身边。"

这本是一句玩笑话，不料一语成谶。果然以后孙传芳于死前曾交代家人，如死，要将洁仙遗骨迁于墓旁。家人也完成了他的遗愿，此为后话。

话说徐世昌和孙中山都下野之后，西南各省军阀为了自保割据，又弹起湖南军阀赵恒惕"联省自治"的老调，在直奉战争中被打得灰头土脸的张作霖，也需要调养，以报一箭之仇，他也宣布"东北闭关自治"，以图对抗吴佩孚用"武力混一"之策略。

刚刚被吴佩孚推上台的黎元洪，又与曹锟、吴佩孚不一条心。上台伊始，便提出"废督裁兵"，提出："督军诸公，如果力求统一，即请俯听当言，立释兵权，上至巡阅，下至护军，皆克日解职，待元洪于都门之下，共筹国是……果能各省一致，迅行结束，通告国人，元洪当不避艰险，不计期间，从督军之后，慨然入都"，否则，"元洪虽求为平民，且不可得，总统云乎哉……"

当曹锟听到黎元洪提出的条件：不裁兵废督便不入京当总统时，气得拍着桌子大骂："岂有此理，老子捧他上台，他却要让老子下台，这是什么话？"

吴佩孚却劝曹锟忍一忍，没想到黎元洪却愈发登鼻子上脸。西南军阀提出联省自治问题时，黎元洪于7月1日下令表示尊重地方自治，并说："国会将来制定宪法，所有中央与各省权限，必能审中外情形，救偏畸之弊害。一候宪典告成，政府定能遵守，切实施行。"

赵恒惕、陈炯明、唐继尧决定召开关于联省问题会议。

　大总统黎元洪

西南六省代表齐集沪上，组成了一个促进省宪的团体。

吴佩孚不便自己出头，他物色了广西的沈鸿英为代言人，通电反对。孙传芳对吴佩孚的心思已经摸清了，此次他不做先锋，只做打手，8月19日，又是一番通电说："法统已复，乃有人提倡'联省自治'奸谋诡术，有意破坏统一"，痛斥联省自治为荛言邪说。认为一切问题可由国会加以解决，并无召开联席会议的必要。沈鸿英带头反对联省自治，孙传芳紧随其后，要维护"法统"。冯玉祥、萧耀南、陆洪

直系首领曹锟

涛、田中玉等直系军阀纷纷通电赞成。这样一来，西南的联省自治运动便又一次触了礁。

其实，孙传芳内心是对联省自治有同情之处的，但当他没有地盘而追随吴佩孚时，不得不摆出一副积极反对的样子，抢先表态。日后随着他有了地盘，防止他人进攻时，也提出"自治"和"保境安民"之说。可见他反对"联省自治"完全是为在政治上取得吴大帅的信任和团体的认可而已。

1922年7月5日，四川军阀、第二军军长杨森与第一军军长但懋辛因防地冲突，大打出手，杨森兵多，乘势夺了忠州、万县等地。但懋辛便与实力强大的第三军军长刘成勋联合，攻击泸州、重庆，使杨军首尾不能相救。渐渐无法抵挡一、三两军的联合猛攻，大败；残部分两支，一支退往湖北省施南一带，一支随杨森逃到湖北、四川交界处，向孙传芳请求援助。

孙传芳立即严阵以待，会同卢金山第十八师与第二师第三旅旅长孟昭月、陆军第八混成旅旅长兼荆州镇守使赵荣华、湖北第五混成旅旅长张允明各旅，前锋进入川东，以为杨森后援。川鄂间战云又起。

吴佩孚特派孙传芳为援川总司令。他密电孙说："馨远弟，望以川事为契机，努力奋进，或可将长江上游总司令部移驻重庆。"

孙传芳正思向外扩张，好像吃了兴奋剂一样，令各部速速图川。

四川省议会开会讨论这一紧急情况，决定电责孙传芳"带队入蜀"，揭露孙传芳与杨森勾结，糜烂地方，残害商民。电报中说："川省既宣言自治，川事川人决之。刘（湘）杨（森）弄兵横池，业就荡平，勿劳远道垂念。倘其不明顺逆，助彼穷寇，摇荡我边疆，我七千万父老子弟誓与同命。"

孙传芳不管这些，征得吴佩孚同意后，7月28日派卢金山第十八师继续西进，助杨森作战，不久即攻克万县等地。川籍北京国会中的参众两院的议员，联名反对直军入川，特电吴佩孚"速止前令，撤退入川之兵"。

8月16日，章炳麟、谭延闿就四川内战问题联名发出通电，曰："吴佩孚拥众洛阳，自谓北方第二政府，特派孙传芳为援川总司令，以两师两混成旅入川，预定川事得手，设长江上游总司令部于重庆。现渝、万虽复，而吴氏侵略之志未衰，又复纠合秦陇，规出川北，煽惑黔军，冀其响应。所以图川不遗余力者，非特报十年北伐之仇，实以铲西南自治之本。西南无川则湘孤，而滇黔无屏蔽；粤桂虽远，自在掌上矣。吴之兵略，只以远交近攻为主，诸公不欲自存则已，如欲自存，对于西南联省，不应徒以空言相结，其必同伸义愤，一致拒吴。"

国学大师章炳麟和孙中山联为一气的讨贼军总司令谭延闿都主张地方分权和西南各省"联省自治"，以对抗吴佩孚的"武力统一"。此二公大声疾呼，认为唇亡齿寒，四川如失，西南各省终将沦于直系统治之下，号召川、黔、粤、湘、桂、滇各省联合起来，同仇敌忾，反对直军入川。

川军8月18日占领巴东、秭归后，分兵三路，一路沿长江进攻宜昌，一路由长江北岸进攻当阳，一路由长江南岸进攻宜都。守宜昌的第十八师师长卢金山，第十八混成旅旅长赵荣华都抵挡不住，急电向吴佩孚请援。当时正赶上吴佩孚与赵恒惕在岳州签订停战条约，吴大帅已来不及驰往宜昌救援，但英、美两国联合日本，三国军舰水兵在宜昌登陆，英美日三国驻宜昌领事出面来调停川直之争，9月5日，三国领事赶到夔州，向川军代理第一路总指挥唐式遵接洽停战条件。利用这短暂的机会，吴佩孚迅速调第三师一团，第二十三师（师长王承斌），第二十四师（师长张福来）各一部及第八师（师长王汝贤）全部开到宜昌应援。

9月12日，川军因谈判破裂再攻宜昌。14日，吴佩孚与海军第二司令杜锡珪乘坐"楚泰"军舰赶到。吴在长江北岸大梁山、二梁山架炮轰击南岸川军，川军被迫退往朱家坪，北岸川军也退往南津关。从18日到27日，在海军协助下，直军先后占领南津关、平善坝、南沱溪，10月上旬又占领秭归、巴东、兴山。吴佩孚鉴于奉系军阀和广东国民革命军都有跃跃欲试之意，反向川军求和，所提条件仅有川军退出鄂西，随后吴与刘湘互派代表成立了川鄂停战分防条约，调孙传芳的第二师移驻宜昌，将对付四川的责任交给孙。

9月上旬，孙传芳因川军封锁三峡，商旅不通之事，乘轮赴四川巴东巡防，并与川军总司令刘成勋谈判，双方同意正常贸易往来。并将协议条款电告鄂督萧耀南，以示尊重。杨森请孙传芳收编其队伍，孙特电请示吴佩孚。

吴佩孚看了孙的电报说："馨远这人不错，虽不是我的嫡系，但收编以来却处处听话，指哪儿打哪儿，得心应手。不像冯玉祥桀骜难驯。"一高兴，便电令孙传芳予以收编。孙传芳收编杨森部为一混成旅，后改为陆军第十六师。吴佩孚仍令杨森部驻防鄂边，归长江上游总司令孙传芳节制。

军阀时代都视军如命，孙传芳平白得了一个混成旅，不急于收归于己，却只是节制。他小心翼翼地行事，并不在吴佩孚、萧耀南眼皮子底下大力发展，以免招忌。孙传芳的这些做法，很令吴佩孚满意，认为"孺子可教"，想给他一个向外发展的机会。孙自己处在地理上的有利位置，知道直系再欲武力统一，便可打出一个地盘，弯弓盘马，跃跃欲试。

一天夜里，何洁仙连续不断地咳嗽，突然被憋得喘不过气来，孙传芳大惊，立即喊人去请大夫，何洁仙自知不行了，用尽最后的力气去握孙传芳的手，孙传芳呼喊着"洁仙"，渐渐地，她闭上了双眼。

作为男人，孙传芳尽管马上挥戈，叱咤风云，刚毅勇猛，但是也有软弱、孤独的一面。一度他沉溺于无穷的回忆和痛苦中。他上衣口袋中总是露出黑绸手帕的一角，作为悼念何洁仙的象征。

不久，宜昌女子师范学校进行学生的毕业典礼，孙传芳作为长江上游总司令兼第二师师长，为宜昌当地最高长官，被邀请出席。一位面容姣好、身材匀称的二八佳丽，闯入了孙传芳的视野：着一条黑色的裙子，白袜子，黑布鞋、合体的蓝士林上衣，虽质朴无华，另有一种天然韵味。

姑娘是宜昌本地人，叫周佩馨，精工笔丹青，尤爱花卉；一手娟秀的毛笔字，得自名师指导。

姑娘家境小康，书香门第，其外祖父家也是当地望族，做过乡长。在校品学兼优，此次毕业为全校学生之冠。

孙传芳亲自给周佩馨发了毕业证，一看姑娘的芳名，不禁心中一跳。自己字"馨远"，岂不与"佩馨"为天造地设的一对。军人择妻，不像文人转弯抹角。当即便请周佩馨吃饭，师范学校校长坐陪，校长一看便领会其中的奥妙。孙传芳大胆求凰，校长从中牵线，很快与周家人便定下了这门亲事。

周佩馨的出现，仿佛给孙传芳带来了转机。是年秋天，宜昌的柑橘获得丰收，满山遍野，金黄一片。

周佩馨开玩笑似的说："馨远，你来后，才有了这样好的收获。"

孙传芳叹道："我也不知道什么时候才能有自己的地盘儿，干自己的大事！"

周夫人嫣然一笑说："这不是好兆头吗？"她指着金灿灿的橘林说，"只要你再耐心等上一段时间，机会就会出现的。"

直系军阀战胜皖系军阀和奉系军阀之后，不可一世。东南方还剩下浙江的卢永祥和福建的李厚基属于皖系，于是这两省便成为吴佩孚"武力统一"的下一个目标，正当他踌躇先在何处动手时，福建发生了内乱，给了吴佩孚一个平乱的借口，师出有名。

福建督军李厚基原属皖系，直皖战后，段祺瑞、徐树铮失败，曹锟、吴佩孚的势力如日中天，李厚基便投靠了直系。

吴佩孚利用李厚基所处特殊的地理位置，令其既对付浙江的卢永祥，又牵制广东的孙中山。

1922年10月上旬，皖系军师"小扇子"徐树铮携带80万元的运动费，偷越浙江仙霞岭到达福建延平，联合遭李厚基排斥的第二十四混成旅旅长王永泉和进入闽南的许崇智粤军第二军，三位一体，设立了一个不伦不类的"建国军政制置府"，自任"总领"，宣布"以至诚至敬，尊奉合肥段上将军祺瑞，中山孙先生文为领导国家根本人。何日见此二老共践尊位，发号施令，树铮……俾听质讯"。

在徐树铮的部署下，王永泉、许崇智两部联合进攻福州，李厚基抵挡不住，逃往海上兵舰上，被海军缴械。徐树铮任命王永泉为福建"总抚"，委以管理军民两政。并任命王永泉、许崇智、臧致平、李福林、黄大伟分任建国军第一至第五军军长。

在福建地盘可能落入皖系或国民党人之手的当口，曹锟立即任命孙传芳为援闽军总司令，出兵收复福建。事到临头，孙传芳反倒患得患失，拿不定主意了。

孙传芳一听说直系要派自己去边疆，大为不满。他想向中原发展，认为去福建只能啃啃甘蔗，没什么花头。于是从宜昌回到天津，一是探亲，二是以此表示消极对抗。

吴佩孚的参谋长白坚武，天天去电催。劝说孙传芳：援闽总司令只是第一步，待平定内乱后，你便可作督理福建军务善后事宜，实际上就是督军。这样，便有了自己的地盘。再向皖系或孙中山的浙江或广东发展，逐渐扩大地盘，何必一定非要到中原呢？

孙传芳手下的孟昭月、卢香亭、李生春、谢鸿勋等人也打电报，劝孙传芳回宜昌商量，不要轻易放弃这一机会，别学上次直奉战争时，因为犹豫，丧失了千载难逢的机会。

孙传芳左思右想，自己奋斗多年，寄人篱下，任人驱使，吃了许多苦头，就因为自己没有地盘，替人作嫁衣裳。而打出一块土地，别人无法轻易从自己手中夺走，骑驴找马总比什么没有强。

孙传芳回到宜昌，先令第二师集中武穴（今湖北广济）一带，进行必要的训练。自己则忙于处理曹锟与吴佩孚之间的关系。当时曹锟急于当大总统，与吴佩孚产生意见分歧，人传保（定）曹（锟）与洛（阳）吴（佩孚）二人矛盾尖锐，有拆伙可能。孙传芳则认为曹锟、吴佩孚仍会联合，一致对外。于是决定按先曹后吴的顺序，登门拜访。

福建督军李厚基

正好12月9日是曹锟六十大寿。孙传芳备下重礼，以庆贺为名，到了保定。此时国会议员、各省督军和内阁成员都到了光园，场面宏大，热闹非凡。在拜寿时，孙传芳双膝跪倒，连叩三个响头，口称："祝老帅福如东海，寿比南山。"

曹锟显得很是高兴，说"馨远，这次我以私人名义任命你去福建，总统和内阁总理都有看法，都不同意，不过，听拉拉蛄叫唤就不种庄稼啦？我给你当后台，你放手大干，不打出个样儿就别来见咱北洋！"

孙传芳离开保定，又去了洛阳。吴佩孚倒是很欣赏孙的才干，像老朋友一样欢迎说："馨远，这次要你独当一面，一番天地。我相信你不会给咱山东人丢脸的。"吴佩孚又说，"到福建要想办法、多动动脑子，立住脚不易，然后有机会还要打出来，搂草打兔子，将浙江卢永祥也收拾了，到那时东南完全是我们的天下。"

孙传芳说："大帅，传芳此次援闽，是否将第十八师也带去？否则兵力不够，还有饷械问题。"

吴佩孚早有安排，说："第十八师卢金山留在宜昌，对付上游。给你配个副手周荫人带第十二师去。他也是怀才不遇，跟了赣督陈光远那么多年。现在换了蔡成勋，俩人尿不到一个壶里。你们一起干吧。"

孙传芳表示："大帅，你放心，我一定拼全力支持你的武力统一，三年五载，天下便是直系的！"

吴佩孚拍着他的肩膀说："馨远，我相信这是你发轫之基础。地盘儿不是别人赐的，江山要靠自己的脑袋和枪杆打出来。北洋团体只要团结，别人是打不过我们的，打败北洋的只能是我们自己。"他转过话头，"回去好好准备，我让萧耀南接济你开拔军饷30万元，你再从汉阳兵工厂领足弹械。不要想得太简单，这次援闽很艰苦，路途上的遥远，军事上的无把握，都令人担心。"

吴佩孚是孙传芳发迹道路上的重要的人物，没有他的慧眼识才，孙传芳也不可能如此迅速地自立门户，鼎立东南的。

孙传芳拿着吴佩孚的手令回到湖北，萧耀南自然不能不理，令湖北财政厅支付孙30万元开拔费。孙传芳又去汉阳兵工厂找杨文恺，领了价值7万元的枪支弹械。孙传芳临行时对杨文恺说："大哥，等着吧，打下自己的地盘儿咱们一起干！"

带着一番野心与抱负，孙传芳从十多年的寄人篱下的发展中，终于走了出来，迈上开基立业的第一步。

孙传芳一生

·Biography of Sun Chuanfang

第四章

经营福建

1. 进退失据

孙传芳的部队陆续从湖北开往江西，从临川、抚州方向，向赣、闽边界前进。他本人却秉承吴佩孚的意旨，不显山，不露水，顺流而下，到了南京。

深秋季节，南京山水依然青绿，尤其是霜后的枫叶，红得似火，将江南大地点缀得魅力十足。孙传芳悄然来到督军署，求见齐燮元。

齐燮元，字抚万，河北宁河人。北洋武备学堂、陆军大学毕业，也是一个自视甚高的角色。古话说：卧榻之侧，岂容他人安睡。而在他的地盘儿上，浙江督军卢永祥却独占鳌头，将上海这块肥得流油的黄金宝地硬是控制手中，由何丰林担任淞沪护军使，成了齐督军的一大心病。

孙传芳的到来，点燃了齐燮元赶走皖系，夺回上海和吞并浙江的野心。两人密谋好一旦夺得福建，再夹击浙江的计划，待送孙传芳出来时，齐燮元说："我的希望就在你身上，有用得着我的时候打个招呼。环顾宇内，能帮我在东南成大事者，唯老弟一人而已。"

江西督军蔡成勋

12月26日，孙传芳以"援闽总司令"的名义，来到南昌。江西督军蔡成勋率第十二师师长周荫人及全省文武官员，在滕王阁为孙传芳接风洗尘。

蔡成勋是在赣督陈光远被孙中山的国民革命军打败之后，曹锟、吴佩孚派来接任赣督的。第十二师师长周荫人，是孙传芳的把兄弟、老同学。他从日本士官学校毕业后，在广西新军任炮兵教练，后为陈光远手下第十二师炮兵团长、旅长。陈光远赣督被免职后，周荫人便接任第十二师师长，也是一个野心勃勃的人物，只是有些鼠肚鸡肠。蔡成勋来后不久，又与蔡大闹意见，蔡成勋想夺其部队，正闹得不可开交，福建便出了乱子，曹锟、吴佩孚派周荫人为孙传芳副手，任援闽军副司令。

蔡成勋很高兴，恰能趁此机会"送"走周荫人，剪除了隐患，故而大摆筵席，又算给周荫人送行。他借王勃《滕王阁序》中的脍炙人口的名句说："胜友如云，高朋满座。孙将军传芳大名如雷灌耳，而我江西周师长荫人也是声名远扬。此番两人携手，腾蛟起凤，定能马到成功。"

孙传芳谦虚地说："此次传芳与荫人受中央之命援闽平乱，还要借助蔡督军为奥援。"

蔡成勋一口允诺："这个好说，闽赣山水相连，唇亡齿寒，你大可放心。"

孙传芳正欲组建自己的班底，网罗人才，求贤若渴。听说日本士官学校毕业的第六期同学刘宗纪在江西督署任参谋长，正好今天也到场。刘宗纪不喜穿戎服，故一开始孙传芳未认出来。蔡成勋听说孙传芳要见刘宗纪，便从人群中一把把他扯了出来。刘宗纪，山东人，是个矮胖子。原来一直跟着赣督陈光远。陈光远走后，虽然名为督署参谋长，却受排挤，正坐冷板凳。孙传芳一见大喜，表示请刘宗纪为其参谋长，参赞戎机，也可协调与周荫人的关系。蔡成勋当即同意。

孙传芳便与刘宗纪、周荫人在百花洲共同研究了入闽的路线，以及进军方案。正在这时，吴佩孚来电催行。原来，进入福建的许崇智的国民革命军改成东路讨贼军以后，孙中山命该军返回广东，又令桂军刘震寰、滇军杨希闵组成西路讨伐军，从两面夹击广东陈炯明。陈炯明被打得招架不住，一迭声地向曹、吴求救。吴佩孚令孙传芳火速入闽，一是平乱，二是牵制东路许崇智军，以达到解救陈炯明、保住广东地盘儿的目的。

孙传芳决定与周荫人的第十二师一道从抚州、临川向闽北边境开拔。1923年的1月7日抵达赣东临川。

谁料陈炯明是个"扶不起的天子"。1月2日，他派部往西江的封川、江口，抵御孙中山西路讨贼军的部队内变。1月9日，刘震寰等部攻克西路重镇肇庆，广州震动。陈炯明只得放弃广州，退往惠州。墙倒众人推，广东各地纷纷响应讨贼军，一处冒烟，处处着火。1月15日，陈炯明见大势已去，便灰溜溜带人退往惠州。连孙中山都没料到讨陈战争"成功如是之速"。

孙传芳自认行动不慢，但还是眼看着陈炯明战败，气得大骂："竞存（陈炯明字）之军难道是豆腐做的，那么不经打，好歹也支持几日才是。"

吴佩孚还留一手，此时命令桂军沈鸿英率部抵广州，也去那里"浑水摸鱼"。

就在孙传芳昼夜兼程，向福建开拔的时候，浙江卢永祥也秘密接济福建王永泉、臧致平的军火和军饷。王永泉、臧致平联合广东许崇智、李福林等联名通电，反对直军进入福建。当时的张绍曾内阁，却别出心裁，与曹、吴大唱反调，建议召集各省实力派代表、各政党领袖、在野名流在北京颐和园召开"国事协议会"，协商在国内实行"和平统一"问题，以反对吴佩孚的"武力统一"计划。张绍曾对孙传芳军的入闽行动持制止态度。1月22日，北京政府下令孙传芳"援闽军""停止前进"；并责成萨镇冰、刘冠雄、孙传芳协同办理所有福建境内主客军善后事宜。

孙传芳进退失据，不知如何是好，只得把大军停留在赣闽边界，被"将"在那里了。

再说桂系沈鸿英到广州后，盘踞官署、夺取税收，萌生督理广东的野心。并于1月26日，在江防司令部邀请在粤各军将领召开"军事会议"，以讨论地方善后和分配防务为名，妄图将各军首领一网打尽。沈鸿英大耍流氓派头，把枪拿出来，放在桌上，恶狠狠地说："今天的会议，有胆敢不服从命令者，老子用这个与他说话。"一时间秩序大乱。沈手下的人上前捉住魏邦平，胡汉民、刘震寰、邹鲁、陈策如受惊的野兔，四下钻隙狂逃，枪声大作，这就是有名的"江防事件"。广州又陷入惊涛骇浪之中。不久，东路讨贼军许崇智部由福建回师广东；刘震寰桂军移驻石龙；朱培德滇军抵达梧州；粤军集中于江门，沈鸿英又处在包围中。他生性反复多变，于是立即发表宣言，"援粤任务告终，应请孙（中山）、岑（春煊）二老迅速回粤主持"；又派人去沪接孙中山抵粤，纷乱的广东政局又安定下来。

孙传芳本来是与沈鸿英互相呼应，配合行动，一取闽、一取粤，眼见两头都抓了瞎，自己处在不进不退、不尴不尬的位置，只好一方面请示吴佩孚、曹锟机宜，一方面派人携带20万元巨款北上运动内阁总理张绍曾，希望他能说服黎总统和内阁，任命孙传芳为福建军务督理，便可名正言顺把军队开往福建。

此时，曹锟、吴佩孚也纷纷致电张绍曾，请即发表孙传芳为福建督理、沈鸿英为广东督理的命令。

张绍曾是向来主张和平统一的。1923年1月刚当国务总理，开宗明义第一章便是通电全国，倡导和平统一，永销内战之祸。1月26日，孙中山在上海家中，也发表和平统一宣言，主张裁兵救国。南北两方和平统一的主张竟得到黎元洪、段祺瑞、张作霖、卢永祥等人的热烈响应。一时间，"和平统一"的主张像和煦的春风，温暖人心。而此时吴、曹的"武力统一"不啻一股寒流，显得不合时宜。

国务总理张绍曾

张绍曾外号"张疯子"，疯劲儿一上来，决心做个廉政的楷模，孙传芳的20万元贿赂金正撞在枪口上。张绍曾拒不收纳。曹、吴的压力，他也咬紧牙关硬顶，亲手写下"忍辱负重"四个大字，压在自己办公桌玻璃板下，以示决心。

孙传芳出师便遇上闭门羹，才认识到打江山的艰辛。

2. 内阁辞职

张绍曾反对孙传芳、沈鸿英做福建、广东督理，真正面上难堪的是掌中央大权的直系军阀曹锟、吴佩孚，他们觉得张绍曾内阁上台，处处与自己为难，早知便令其滚蛋。于是曹吴两人真正动了火，合谋效法往日督军团的老办法，以曹锟、吴佩孚领衔，联名直系山东、河南、江苏、安徽、江西、湖北六省督军，催请北京政府任命孙传芳、沈鸿英分别为闽、粤两省督理。

孙传芳为何急于做福建督理呢？原来督理就是督军，民国元年称都督，为各省最高军政长官。"二次革命"后，袁世凯改为某某将军督理某省军务，袁死后改称督军。黎元洪上台时，以"废督裁兵"为条件，遭到军阀们的抵制，于是换汤不换药，新任各省督军改称为督理某省军务善后，简称为督理。孙传芳如被任命福建督理，便意味着有了自己的地盘儿，就成了封疆大吏，从此可摆脱替老板做"打手"的命运了。因此不惜花重金，出外四方活动。

曹锟、吴佩孚为了团体的利益也很够意思，不遗余力，反复保荐。曹锟在保定，长途电话不断打到北京去催问。曹、吴又以孙中山在广州组织大本营，宣布成立大元帅府，被推举为海陆军大元帅，事实上是"破坏法统"为借口，派代表项致中、李倬章入京，强迫国务院下令孙传芳督闽、沈鸿英督粤，以抵制孙中山。

孙传芳等不急了，将在外君命有所不受，当即命令所部5000人先开往福建延平。

张绍曾背着手在办公室里来回踱步，口中喃喃念叨"忍辱负重"，决定在3月8日召开国务会议讨论此事。在此之前，项致中曾闯进张绍曾办公室，指责他优柔寡断，竟拍案大骂他"全无心肝"；再加上曹锟一天之内几通电话，也将他逼得无路可走。在国务会议上，张绍曾和部分阁员越讨论越来火，决定效法蔺相如怀抱和氏璧，欲撞柱同归于尽之法，来与曹、吴做最后一搏，内阁会议用辞职的方式来回敬曹锟、吴佩孚方面的压力。

当天，张绍曾以内阁名义发出"庚"电称："绍曾等受任之始，即宣言以和平统一为职志，以促成宪法为指归。近日以来，粤中有僭名窃位之行，各方呈枕戈待旦之兆。和平立破，调剂无方。唯有引咎辞职，以谢国民。"

通电一出，立即在全国掀起轩然大波，咸称张疯子是一位"硬骨头"。但张绍曾却是假辞职，而事情的真相是：内阁中分成两大派，高凌霨、吴毓麟、刘恩源属于曹锟即保定派，彭允彝、李根源原是国民党，属政学系。张绍曾原定发两道命令：一是任命孙传芳为福建督理；二是"诰诫"孙中山勿在广州组织政府。保定派阁员同意第一道命令，而反对下诰诫令，应该下讨伐令。政学系阁员认为不应下诰诫令，有意左袒孙中山。于是从各执一词到破口大骂。吴毓麟大喊"内阁不能统一，我们不如及早下台"，张绍曾一想也不失为一招，便用拒绝发布闽、粤两省督理的命令为借口，提出内阁总辞职。

北京政府命直系孙传芳督闽，福建臧致平与王永泉联袂电京，力拒孙督闽。及孙入闽抵南平，臧致平于3月9日赴福州与刘冠雄等协商阻止，并调兵北上，联合王永泉部抵御孙传芳。

张绍曾"辞职"后，仍很恋栈，每日照常准点上班，忙得不亦乐乎，想等各方电报慰留。不料，只有皖系卢永祥、王永泉等人发电报挽留，搞不好便有弄巧成拙的可能。张便召开非正式阁议，以图转弯复职。又暗中致电吴佩孚，找个下梯的办法。

吴佩孚又掏出"武力统一"的老秘方，回电说："此间计划，拟先改编陈炯明所部，与沈鸿英、孙传芳联合，驱逐元帅府出粤，计不出两个星期，即可奏功……一候成为事实，再由中央下一命令，以一事权。"

张绍曾又密电曹锟，低三下四地表示：对孙中山和福建的方针，与老帅完全一致，闽、粤两省督理命令可以发表。曹锟见张绍曾已低头服软，便命令吴毓麟、刘恩源两总长回京。彭允彝、李根源闹来闹去，还是乌纱帽要紧，也同意照此办理。

3月19日，张绍曾内阁实行总复职。他在国务会议上说："我已大彻大悟，今天一定要发表孙传芳督闽、沈鸿英督粤这两道命令。前些日子，我们为了这个问题闹辞职是错误的。"

于是阁僚一起拍手同意。李根源再将写好的命令，找黎元洪大总统疏通，大印一盖，尘埃落定。

3月20日，黎元洪发大总统令：

特派孙传芳督理福建军务善后事宜，王永泉帮办福建军务善后事宜；任命臧致平为漳厦护军使。

特派沈鸿英督理广东军务善后事宜，杨希闵帮办广东军务善后事宜。

黎元洪、张绍曾在两督理问题上与曹锟、吴佩孚的矛盾，是和平统一政策与武力统一政策的矛盾。最后胳膊拧不过大腿，"和平统一"在穷兵黩武的军阀时代是根本行不通的。

孙传芳的目的达到，心花怒放。这时，吴佩孚"武力统一"方略的密旨又来，电示孙传芳图闽是第一步，第二步要进军广东。具体方略：第一招，先在福建联络王永泉、臧致平，徐图削其兵权。第二招，改编福建的自治军，一候布置妥帖后，即勒令缴械遣散，如有抵抗，照惩治盗匪例处置。第三招，由沈鸿英联合陈炯明进攻许崇智、李烈钧各部，孙传芳重兵于漳州、厦门、泉州等地，以为后援。第四招，集中力量，联合苏督齐燮元对付浙江卢永祥。

不料，此电报被浙督卢永祥和淞沪护军使何丰林所破译。3月25日，在上海《大陆报》上揭露出来。卢永祥派胡大酞率一个团虚张声势，移驻严州（今建德），分防遂安，为军事上防闽之措施。

孙传芳人还未到福建，便已将战争阴云带到了福建、广东、浙江。真可谓牵一发而动全身，搞得人心惶惶，各方大生警惕之心。孙传芳人主福建，对福建上层士绅、国民党福建籍人士及王永泉、臧致平来讲，心头都压了块大石头，他们心中的"福建自治运动""福建人做省长"的口号被残酷的现实击得粉碎，因此不满情绪像瘟疫一样四处蔓延。孙传芳督闽之初便有战战兢兢、如履薄冰之感。

3月下旬，孙传芳便令入闽军火速开拔，以免夜长梦多。周荫人率第十二师为前锋，孙传芳率第二师殿后，作了必要的准备，以防沿途遭到闽军的伏击与抵抗。这时候，坐困福州城的王永泉，左右为难。面对孙军的前来，不知如何对付。

王永泉，字百川，天津人。与孙传芳、周荫人有相似的经历，出身于日本士官学校，为第四期，比孙高两期，日语中称为"先辈"，即高年级同学的意思。王永泉一直跟随徐树铮。徐任奉军副司令，王为其副官长；徐任西北筹边使，编练边防军，王为其补充旅旅长，后入闽为第二十四混成旅旅长；徐树铮和皖系这棵大树被拔后，王大有载载孑立、形影相吊之感。既然现在人在屋檐下，也只好低头吞声，作"引狼入室"之举，再想其他的办法。

王永泉派其参谋长傅卓霖为代表去见孙传芳，先做一番自我"检讨"，表示"愿竭诚听候驱策，戴罪立功，将功折罪"。孙传芳哈哈一笑说："本是同根生，相煎何太急！回去告诉百川学兄，我等兄弟三人，同心携手，共同治理福建。"

4月6日，北洋军第十二师师长周荫人率第二十三旅李生春部进抵福州，另一旅驻闽北，以为掎角。王永泉识趣地一弹未发，退出防地。12日，孙传芳率第二师孟昭月旅抵福州。

13日，孙传芳、王永泉宣布就任福建军务督理和军务帮办之职。臧致平却对大总统的任命不买账。

两日后孙传芳在督署邀请王永泉、自治省长萨镇冰等开善后会议，划分驻兵区：周荫人驻延平，控制闽北地区；王永泉部驻泉州、永春地区；臧致平驻漳州、厦门地区。王永泉自动取消福建总司令之职。

因王永泉背着臧致平投孙传芳，臧致平于4月17日正式发表通电，反孙传芳而宣布独立。同时致电李烈钧，欢迎李率部驻闽南，协防共同对付孙传芳。

在孙传芳的提议下，4月23日大总统黎元洪任命王永泉兼建安护军使，周荫人兼泉水镇守使。

4月30日这一天，臧致平在厦门召集福建各军将领举行联合讨伐孙传芳的军事会议。会议决定民军、粤军、闽军分三路进攻福州。臧致平以厦门为中心，包括金门、同安、海澄、龙溪、南靖、平和、漳浦、云霄、东山、诏安、长泰等11县皆属其势力范围。厦门成为各派军队反孙的指挥部，联军总司令臧致平成为左右闽局的重要人物。

是年5月，因粤军许崇智被陈炯明部林虎击败，臧致平率部救援，不料赖世璜、苏世安两部战败向林虎投降，许崇智部黄大伟叛变，联军腹背受敌，臧致平无奈，退守厦门，联军解体。7月，林虎、王永泉联合海军三面袭击厦门，在多方受敌的情况下，臧致平坚守厦门，后在孙中山派许崇智等部援助下，转危为安。

3. 海军挡横

福建的局面刚刚稳定下来，东海海面上又突起风暴。

上海的海军第一舰队司令林建章突然将炮口对准孙传芳，宣布海军独立，以驱逐孙传芳相号召。

当时海军分第一舰队、第二舰队和练习舰队。第一舰队任务是担任海防，司令部建在上海高昌庙，林建章为亲近奉系和皖系卢永祥。第二舰队任务是担负江防，司令杜锡珪。站在吴佩孚一边，每月获得吴佩孚10万元协饷。在直奉大战时，杜力主参战助

海军总司令杜锡珪

直，林则反对参战，主张中立。吴佩孚委托海军耆宿萨镇冰进行疏通。萨镇冰以海军元老的身份，断然率"海筹""海容""永绩"三舰北上，会同第二舰队"楚观""楚有""楚泰"等舰开赴秦皇岛，威胁奉军后路。仅仅打了6天，奉军就溃败了。张作霖向东北撤退，经山海关遭到海军炮击，险些丢了性命。战后，北京政府成为直系军阀的一家天下，杜锡珪因功升任海军总司令。海军总司令部设在南京下关挹江门。

林建章下台，第一舰队司令由周兆瑞继任。林建章自然不甘心。这时，他的部下，"永建"舰舰长曾以鼎前来，并带来一张其兄曾毓隽的重金支票。曾家祖籍福建省长乐县。民国初年，为皖系段祺瑞的安福系成员。1918年，任国务院秘书，并被选为国会议员，同年10月，任交通部次长兼国有铁路督办。翌年冬擢交通部总长。直皖战争爆发，皖系失败，被通缉，逃进日本使馆，后转道日本返天津租界居住。

曾毓隽通过他在海军中的弟弟曾以鼎进行反直活动，去驻防青岛的"海筹""永绩"两舰舰长贿赂重金，使这两舰从青岛返回上海。企图以上海为根据地，联合孙中山、张作霖的力量共同讨伐直系，搞得声势很大。卢永祥、臧致平、张作霖纷纷通电响应。伙同驻沪的"建康"舰、"列"字舰发出通电，

宣布独立。

电文出自皖系干将、福建长乐鸿儒梁鸿志之大手笔，却以林建章领衔，于4月9日通电发表：

敬启者，窃以武人干政，本为祸国厉阶。我海军将士素明此理，是以谨守服从。十年以来，迭遭政变，均唯长官之令是从。在北如二年宁沪之役，九年鄂湘之役、鄂川之役，转战喋血，究为何事？我将士不知也。在南则忽而孙（中山）、陆（荣廷）相争，忽而孙（中山）、岑（春煊）相争，忽而孙（中山）、陈（炯明）相争。乃至海军内部，忽有省界之争，但得长官命令，无不一味盲从。政策不知，利害不顾。陆军各争地盘，就地尚可筹铜；而海军则皇皇无主，楞腹相从，一若宜为陆军之附属品，绝对应听指挥也者。我同人试默数前尘，能勿哑然失笑乎。客岁闽中有驱李（厚基）之役，海军将士半隶闽籍，于是回舟五虎，思尽力于桑梓；而所谓政府者，又听命于直系健将，蔑视海军，即使孙传芳提重兵直压闽境，复要挟政府下令，以孙为督理，肆侵略之手段，攫闽为地盘，以快其武力统一之迷梦。所谓和平统一，皆属欺人之谈，我同人岂能再受其欺而不谋正当之防卫？建廷等疾首痛心，忍无可忍，用是本联省自治之主旨，以闽人治闽为自治之先河，以与浙、粤各省相联络。诸公或情同袍泽，或谊切桑梓，凡非闽籍者，亦各有其乡邦，自可本互助之精神以图结合。其属闽籍者，欲各保其庐墓，更宜援缨冠之大义，以御凭陵。为国为家，责无旁贷。建廷等已于四月八日率舰移驻高昌庙、吴淞一带，即以此间为集合地点，并公举林少将建章为领袖，主持一切。凡我同人，希即率舰前来，到沪之后，除月饷按期发给外，并补欠饷三个月，借以维持饥军。至闽王（永泉）、臧（致平）两司令及自治各军，既有驱李之前勋，又抱联络之主旨。我同人自应推诚相与，悉泯猜嫌，戮力同心，以驱孙为职志，竟自治之全功。时不再来，辛勿坐失。不胜迫切待命之至。海筹舰长许建廷、永绩舰长蒋斌、建康舰长严寿华、列字舰长彭流率全体官佐士兵同谨启。

被海军推为领袖的林建章，也宣布就职，发表通电如下：

国家之有海军，所以卫国保民，原非供一二政争之武器。频年以来，我海军袍泽，屡为一二强权所利用，喋血冲锋，毫无宗旨。既无益于国家，复俯怨于人民。长此不已，诚恐为人诟病，无以自容，每一念及，辄用寒心。兹幸我海军同人应时势之潮流，顺群众之意志，本联省自治主旨，以闽人治闽为联治之先河，借解纠纷之时局，既可洗从前沁舰依人积习，又以树和平统一之先声，庶几不背国家设置海军之本意。承闻之下，欣作莫名。并承推举建章主持一切，自顾德薄能鲜，愧不敢当，惟是救国义举，易敢自耽暇逸，我海军同人既不分吵域，课咎及于鄙人，敢不勉执鞭弹，以从诸君子之后。拟暂行担任其难，维持秩序，一候大局稍定，即当退让贤路。尚冀我袍泽同心戮力，共策进行，愿以和平实现为息壤。区区此心，希谅察焉。林建章。佳（9日）。

海军林建章掀起大波，着实将北京政府吓了一跳，生怕再次出现1917年海军独立、南下护法之局势。而上海的舰队控制了江南造船所和轮机、军械、电务等部门，登陆设防，检查邮件。

刚刚宣誓就任闽督的孙传芳，使出浑身解数，联络各方，向卢永祥结好，说自己并非曹、吴直系之嫡系，决不侵犯浙江。又对福建士绅礼贤下士，虚心听取建议，并安抚控制在自己手中的王永泉。幸亏沈鸿英在广东捣乱，孙中山无暇北顾；加上海军总长李鼎新想出三条安定海军的办法。

主要一条是令财政部速筹海军欠饷，并交派海军部速发。钱一到手，很多原先想跟着呐喊、打太平拳的角色都忙于喝酒、赌博去了。再由李鼎新出面做林建章和杜锡珪的工作。

林建章本来就器宇不足，没有捅破天的胆量，一来二去，雷声大，雨点小，后来雷声也逐渐消失。

海军此举，直让新上任的福建督理孙传芳手心捏一把冷汗，提心吊胆地等风声过去之后，渐渐腾出手来。福建的现状，不容他立即实现吴佩孚治闽的方略，尤不能立即对虎视眈眈的王永泉下手，于是和王永泉联手对付闽清、永泰各地的民军。

4.“桃园三结义”

孙传芳的福建督理做得太窝囊，可以说外被群雄所困，内又见扼于王永泉，政令不出省城。说得严重一些：在福州城里相当多的地头蛇根本不买孙督理的账。很多政令，多受王永泉的掣肘，各军政机关都是王的亲信，卧榻之侧，一时半会儿，奈何他不得。

从省城往外看，更是荆棘密布，草头王各占山头，令人瞠目结舌。福建几经政局动乱，早已形成山中无老虎、猴子充大王的局面。有人有枪有地盘的民军有十几股，尤其闽南广大地区，大大小小的山头都被占完了，能叫上名来的就有闽清的黄炳武、卢兴邦，安溪的杨汉烈，永春的陈国辉，诏安的黄庭经，长泰的叶定国，德化的陈国华，以及分占南安、永春、德化的庄文泉、秦望山、王振南、苏万邦、尤赐福、林怀瑜、李金标等部。其中最大的一股就是闽清的黄炳武和尤溪的卢兴邦。

黄炳武，闽清县人，辛亥革命时，参加学生国民革命军，与浙江学生军编为陆军入伍生团，福建学生军编为第二营，1912年5月被遣散回籍。1917年，孙中山在广东成立护法军政府，福建当时为北洋军阀福建督军兼省长李厚基统治，1918年孙中山决定东征，在闽开辟第二战场，派陈炯明率领粤军和方声涛率领滇军分两路入闽。广东革命军（时称南军）入闽后，立即联络和收编散处各地的民军（地方武装），共同反对北洋军阀（时称北军）。黄炳武闻讯率部前去投奔，被任命为福建自治军第六路军司令，他的同乡许显时担任参谋长，第六路军负责在福建腹地袭扰，配合粤军正面攻闽。不久，陈炯明在福建占据了以漳州为中心的26个县，黄炳武奉命驻守南安。1922年，许崇智又率粤军入闽，黄炳武趁势扩大地盘儿，扩充队伍，成为一支劲旅。不久，陈炯明叛变革命，许崇智奉命率领在闽的粤军全师回援，北洋直系军阀趁机派孙传芳、周荫人带兵入闽，福建自治军势单力薄，为保存实力，纷纷接受“招安”，只有黄炳武、卢兴邦拒不接受改编，而是率部投奔当时的福建清乡办督办萨镇冰（后任福建省长），保存了建制和地盘儿。

卢兴邦出身贩土纸的小商，民国初年啸聚一群游民在尤溪、德化交界处为匪。由于闽省政局不断变动，官兵无力进剿，其势力遂得以壮大。1918年，陈炯明率粤军进入闽西，卢兴邦被许崇智收编，委为团长，后因助许击败李厚基部队，又被许升为第五旅旅长、第二路司令，逐渐控制了尤溪、大田、宁洋、永安四县。1922年8月，许崇智由赣南率国民革命军退入闽北，又委卢为东路讨贼军第二军第一独立旅旅长。是年底，许率粤军回广东讨伐陈炯明，又提升卢兴邦为讨贼军留闽第一师师长。

闽南还有个不好办的刺儿头，即臧致平。此人相貌凶狠，一口大黄牙向外掀着，人称"臧大牙"。早在民国二年就任北洋第四师第七旅旅长。随李厚基到福建，所部改成中央陆军第十混成旅，后扩编为福建暂编第二师；臧又历任汀漳镇守使、厦门镇守使。是个能打仗的"官油子"。乘徐树铮、王永泉驱李厚基之机，自任闽南总司令、厦门防守司令。人多势众，桀骜不驯。

在福建的第三大力量，便是孙中山的讨贼军，先有许崇智、李烈钧。后广东陈炯明之变，许、李回粤靖难，留下福建各军总指挥兼闽南善后总办何成濬和讨贼军第五旅旅长孙本戎，占据泉州、漳州部分地区。

福州马尾海上，还有海军舰船；林建章拒孙在先，海军抵制外乡人督掌本省在后；一旦有警，起锚开到海上，更是没人能治。

正是乱世英雄起四方的时代。扫灭群雄，又不被人所乘，这才是孙传芳的枭雄本色。他很珍惜这来之不易的督理官职和梦寐以求的地盘儿，大动脑筋。

孙传芳平日与周荫人、王永泉，吃五喝六、打麻将、喝花酒、拉关系，不亦乐乎。看上去疏于政务，实际上他已定下先外后内之策，放手让王永泉的手下为所欲为，以便更好地控制王永泉，再借王永泉这个最大的地头蛇去吞吃大大小小的地头蛇，最后腾出手收拾王永泉。

孙传芳常常在深夜酒醒后，独自绕阶而行，思索治乱之方。在孙、周、王三足鼎立、"三驾马车"同时为政的暂时稳定局面下，最最重要的，必须与契弟周荫人联手。而周这个人心眼儿太多，小肚鸡肠，只能笼络羁縻，所谓重赏之下必有勇夫。他秘密遣人召周荫人从后花园的边门来到督署，以防被王永泉的手下侦知。

"樾恩（周荫人之字），咱们是多年的老兄弟，你受蔡成勋排挤，我受吴佩孚排挤，来到这里，四处是陷阱，想必你也有所了解。"

"不错，二哥，这乱如麻的世局，你如何收拾？"周荫人不知不觉，进了孙传芳的圈套。

孙传芳眉头一皱："不是我如何收拾，是我们兄弟俩如何收拾。我们只要站住脚，再向外扩张，夺下浙江。二哥可以推心置腹地告诉你，到时候，福建是你的，我去浙江！"

周荫人眼前一亮："二哥，这话可当真？"

孙传芳一副仗义的模样："我可对天发誓。只要咱兄弟迈过眼前这道坎儿，绝不食言，否则天打五雷轰。"

周荫人的血往上涌，周身大振："好！有二哥这句话，赴汤蹈火，在所不辞。下一步，咱该咋办？"

孙传芳诡谲地一笑："老弟，你只要把好闽北大门即可，万一有个闪失，咱好有个退路；再说，别让人抄了咱的后路。我先借用王永泉的力量，去黑吃黑。"

周荫人摇头说："王永泉猴儿精似的，未必能听你的话，他也是不甘居人下之人。"

孙传芳早成竹在胸，说道："咱们哥儿仨不会结成金兰？名义上我是督理，他是帮办，但结拜之后，我是大哥，他是兄弟，他不就心里边好受一些？咱再让他调些部队回福州，名义上是保卫他，实际咱分了他的力量，将来对付他便容易，对不对？"

"二哥，还是你深谋远虑。"

"樾恩，你会下棋吗？我最近学下象棋，悟出一个道理。下棋只看到眼面前的一步，不考虑第二步、第三步怎么个走法，没有不输的。"

此时，有关孙传芳与周荫人意见不合，产生矛盾的消息传到保定曹锟耳朵里，由于两人同属直系，曹锟怕二人之争会影响到团体，特命巡阅使署参谋长陆锦密电询问。电曰：

万急。福州孙督理馨远兄鉴：

巡密。近日风闻樾恩与我兄有发生意见之说，无任驰念，究竟真相若何，务望详细赐复，无任盼祷。弟陆铣印。

孙传芳回电：

保定巡署陆参谋长绣山兄鉴：

巡密。铣电敬悉、具徵关爱,感纫良深。弟与樾恩情同手足,欢然无间,路言毫不可信,即使有人挑拨,弟亦当推诚相待,决不致发生意见也。承询特复,祈纾锦系。弟孙传芳叩皓印。

5月21日,黎元洪总统任命王永泉兼兴泉永护军使、周荫人为闽北护军使。

第二天,孙传芳在督署召集王永泉、周荫人议事,屏退左右,说:"今日我特意来为两位护军使庆贺,咱三个北方佬,又是留日生,今天在这里,佛家称这叫缘分,为了精诚合作,我提议,咱哥儿仁交换兰谱,结为异姓兄弟如何?"

周荫人在一旁大敲边鼓,说:"这主意不错,我很赞成。百川,你意下如何?"

王永泉脑子还未转过来,搞得不愿意也只得同意。于是三人各自写下庚谱,摆上香案,叩头为誓,结成拜把换帖的兄弟,孙传芳为长,周荫人行二,王永泉最小,排在最后。

孙传芳拉着王永泉的手说:"兄弟,为表哥哥的一片心意,你的队伍尽管开一部分到省城来,有福同享,有难同当。"

这一来,可真叫王永泉大为感动,过去只听说有抢地盘儿的,还未见主动让出地盘儿的。于是拍着胸脯说:"大哥,二哥,有用得着小弟的地方只管吩咐。"

孙传芳用一种关心的口吻说:"咱哥儿仁的队伍,二弟的部队我让他驻扎闽北,我居中,闽南的地盘儿全归三弟。你放心大胆去夺,我们给你做后盾。"

王永泉果然中计,兴冲冲地去闽清帮助孙传芳消灭黄炳武、卢兴邦民军,收复闽南。

5月26日,孙传芳、王永泉两部

与闽清、永泰民军黄炳武部交火。黄部好生了得，个个生龙活虎，几次冲锋，倒将孙、王两军打得连连后退。关键时刻，留日学炮科的周荫人，指挥优势炮火，压制住了民军的火力，减弱了攻势。相持至傍晚夕阳西下之时，民军便要鸣金收兵。孙传芳见时机已到，令全线总攻，三个日本士官生分别驱动部下拼力死冲。民军不支，大败而去。孙传芳用袖子擦着脸上的汗水说："咱三个北方汉子，今天演出了一场'三英战吕布'，我也领教了，这些华南虎不好惹。"

迟至6月初，福建民军盘踞的闽清才被孙传芳部攻陷，黄炳武残部才退往永泰地区。

因功，黎元洪大总统任命孙传芳部旅长李春生为福宁镇守使。不久，孙传芳手下旅长孟昭月升为陆军第十混成旅旅长。

孙传芳原想借臧致平和民军削弱王永泉的实力。不料，王永泉乘机扩充了其部的实力，占有富庶的闽南，控制税收；又有一部兵驻福州，内外呼应，渐有里应外合，逐孙传芳军出闽的势头。

就在这一时期，北京政局突然发生变化，直系的政客积极进行活动，北京张绍曾内阁总辞职，以逼黎元洪大总统下台，给曹锟腾位置。北京警察以索薪饷为名，全体警察罢岗，陆军检阅使冯玉祥、京畿卫戍司令王怀庆向黎元洪辞职，不再负责维持治安，以迫黎去位。"公民团"亦续围黎宅滋闹。

6月13日黎元洪因不堪北京军警当局的压迫避往天津。所乘专车抵津时，因总统印信未交出，直隶省长王承斌将黎扣留于津站，逼黎在代拟之三份电稿上签字：一、向国会辞职文，二、令国务院代行总统职权文，三、声明临行时所发命令无效。黎元洪被迫签字并电京交出总统印信后，始得于14日凌晨4时由车站回宅。

15日，曹锟通电全国："现大总统既已向国会辞职，自应听从国会依法解决"，暗示国会从速大选。随后，福建孙传芳、王永泉、萨镇冰（19日），洛阳吴佩孚（22日），陕西阎治堂（24日）等通电响应：表示拥戴曹锟，并赞成国务院摄政。

这时，孙传芳突然离开福州，乘"新济"轮去了上海，再打算由沪赴宁，转车去保定向曹锟、吴佩孚汇报和请示机宜。不料，此举引起江西督办蔡成勋的怀疑，生怕他有图赣之举。因此，蔡成勋特电保定曹锟参谋长陆锦探询情况。电曰：

万火急。保定陆参谋长绣山弟鉴：

亲译虎密。顷接馨远元电云：南昌蔡督理虎臣兄鉴，巡密。弟因筹商闽省善后事宜，定于本月寒（13）日由闽启行北上谒仲（珊）玉（吴佩孚）两帅及我兄面商一切。所有地方治安及防务即暂由王帮办（王永泉）负责维持把握匪遥，余容面罄。弟传芳叩。元印等语。当即转陈大帅。我弟谅已鉴。及唯馨远忽忽出此，有何商筹，百索不解。前奉大帅来电，有谓馨远将率一师一旅巡行闽西，联合王使肃清漳夏，彼时接到此电，以战略判断，由福州先经闽西再入闽南，舍近图远，深为诧异，且福州为根本之地，一旦弃之，尤属动出常规，而此间辄接探报，馨远与浙卢（永祥）厦臧（致平）有所联络，且浙之常山江山一带部队业已进至浦城，闽省并未拒止。似此举动，馨远联浙联厦本可证实，但勋终以北洋团体为观念，未敢以小人之心而度君子，故久默然，未置一语。乃近又据报馨远对于中央发表闽中护军使等命令以事前未徵其同意，极含愤怨，并闻去电质问政府等语，兹又接其北上商筹闽局之电，以此互相印证馨远此行，含有作用恐无异议，彼果若为赣而来，勋之一己位置业成，鸡筋毫无可恋。弟恐其含有决大问题，从此西南局势又将变化，即或勋言不中，而舍八闽根本之地，遽尔北上，闽省亦难归我有矣。现赣省东部异常空虚，省垣只有一团兵力，倘彼果挟特种目的而来，勋之成败固不足惜，如大局何统，上述务恳吾弟密陈大帅速示机宜，俾勋有所遵循。盼切祷切，伫候复示。蔡成勋寒印。

陆锦回复如下：

寒电敬悉，已转陈仲帅，日前仲帅接馨远来电，略谓关于闽局种种内容及东南大局情形，亟应会商同志，积极进行。现拟此时机北上密陈一切，计往返不过十余日。省事责成王帮办暂任维持云云。仲帅当经复电，以闽局未靖，端资坐镇，北上一节，务望从缓等语。拍发去后又接孙来电，已于寒日附新济轮启行。准铣日到沪，由沪赴宁，往保，去电阻止业经不及，但观其来电词意系闽省情形诸多困难，实欲北来商洽一切，并请款项，用资应付似无他项作用，至与卢臧连络之说，此间尚无所闻，仲帅嘱弟转达我兄，我辈北洋袍泽，遇事自有关照，请务过虑，特电奉达祈纾廑念。弟陆巧印。

从这件事也能看出孙传芳这时已经成为直系军阀中举足轻重的人物，一举一动就会引起敌人或团体内部袍泽的不安。

其实，孙传芳在保定见到曹锟以后，自然也向曹锟发牢骚，不该让他去东南一隅的福建。认为自己只有在中原才能干一番大事，在福建偏僻之地难以伸展，想另谋高就。

曹锟答应，如果自己能如愿以偿，做上大总统这把交椅，一定替孙传芳转圜此事。吴佩孚也认为把孙放到福建，非长久之计，孙是战将，才堪大用，正应借重。孙传芳见吴佩孚、曹锟口气有所松动，于是找人放风说：北京政府将对孙督理另有任用。一时间消息沸沸扬扬，传到福州王永泉耳中，自然是很高兴；而更加重了赣督蔡成勋的杯弓蛇影。

而吴佩孚的参谋长白坚武却大为反对，摇着头说："不可！不可！大帅，孙传芳是员能战的猛将，但并非我嫡系，阳奉阴违，这是其一。此人勇猛过人，类似三国时代之西凉马超，不宜在中原各省安置。"

吴佩孚遂好言劝慰孙传芳，答应他剪除王永泉的势力后，派他督浙。孙传芳一肚子怨气，又不敢十分表露，便南下汉口盘桓，表示消极。

其时，陈炯明部下林虎、洪兆麟，为牵制孙中山，向潮安、汕头的许崇智部发动进攻，许抵挡不住，败走揭阳。盘踞闽南的臧致平一看来了机会，联合泉州、漳州的民军，向潮、汕进攻，想扩大闽南与粤东北一带的地盘儿，没想到给背后留了个空当。而闽南讨贼军何成濬也后背空虚。王永泉便以福建军务帮办名义，命令高义为第四旅旅长，与杨化昭混成旅，于7月中旬由涵江向闽南讨贼军何成濬所部的莆田、仙游进窥，一举夺得两地，乘胜又力克泉州。

王永泉兵驻泉州，联络民军一部，消灭其他，未几便基本上肃清闽南各股民军势力，只剩臧致平部在漳州与厦门。

8月8日，陈军林虎部刘志陆攻占漳州，臧致平部刘长胜不战而退，许崇智部亦哗变。紧接着，陈炯明军自漳州南下，迫近厦门；王永泉部也从同安攻厦门。臧致平死守厦门，对各界宣言誓与厦门共存亡。孙中山致电臧致平及闽南同志："文即亲督许崇智、蒋光亮两军赴援，公等稍能坚持，则敌必全灭于闽粤之间。"

王永泉、林虎各部围攻厦门；8月21日，福建海军练习舰队司令杨树庄，奉总司令杜锡珪令，率领"海容""应瑞""楚同""楚观""江元"五舰及"定安""华乙"两运兵船，载陆战队杨砥中旅两千人出发，攻打臧致平的地盘儿厦门。臧致平在漳州闻警，亲率队回援，漳州空虚。正在关键时刻，广东方面陈炯明军猛攻博白，孙中山的援军不能到厦门。一度，臧致平表示愿意休兵。吴佩孚分别致电孙传芳、王永泉说："臧致平果诚意退兵，应令将武装全数解除，否则仍合力会攻，免留后患。"

9月17日，北京政府内阁秉承直系之意，以漳厦护军使臧致平"破坏统一，负隅抗命，朋比附乱，扰害地方，均属内乱重犯罪"，命令将臧与其部下一并被夺官职、勋章，通缉惩办。

这时，陈炯明在惠州被粤、桂各军所围，林虎、洪兆麟部奉命开回粤省赴援，王永泉、王献臣、黄大伟、林虎、洪兆麟等围攻厦门各军，伙同海军，计划对厦门发动总攻击，因内部有矛盾，各部行动不一，臧致平得以坚持下来，暂时维持地盘。

但是福建督理孙传芳只待在汉口。后经曹锟、吴佩孚一再催促，答应给饷助械，孙传芳在9月中旬，才姗姗回到福州。

孙传芳突然回来，却把王永泉吓了一跳，本来福建的军务由他一人当家。见孙传芳回来，王永泉以为他又要什么花招，观察多天，只见他垂头丧气，说想离开福建，曹大总统同意，而吴大帅却让他攻浙江。王永泉不明就里，安慰道："大哥，你如果攻浙，有困难只可说一声。小弟全力相助。"

孙传芳则对王永泉叹了口气，摇着头说："曹锟、吴佩孚、卢永祥等人，都是不明智的长官，我并不甘心臣服。本拟解甲归田，但因为第二师的袍泽情深，不忍中道忽置，故重作冯妇，再回旧部同甘共苦，只求以后饷糈有着落，不再为这个问题发愁，其他的事情，什么我都不问，如果有机会就向外发展。现在你我假如能团结一致，维护地方的利益，把福建的军队练成精锐之师，为咱们自己创造一种军事优势，又何必仰人的鼻息，看人家脸面去行事呢？"

王永泉只道孙传芳想调离福建不成，受了刺激，便生几分恻隐之心，说：

"大哥，机会总是有的，你如今是潜龙在田，会有飞龙在天的时候。饷糈嘛，我尽力设法接济便是。"

孙传芳嘴上说"谢谢"，心里却骂道："我这个督理却处处受你这个帮办的掣肘，军队的饷糈要靠你接济。你让我们吃不饱又饿不死，你却吃香的喝辣的，活得有滋有味儿，看我怎样收拾你。"

王永泉愈发胆大，发号施令；孙传芳只是揣着明白装迷糊，可把手下的旅长孟昭月、卢香亭、谢鸿勋一帮人气得捶胸跺脚，攒着劲要打王永泉，孙只是不允。

王永泉对孙传芳的一举一动，还不放心，派其弟王永禄去延平任百货捐局局长，一方面收取捐税，控制财源；一方面暗中侦察周荫人部的动静。周荫人将计就计，也派出两名心腹去王永禄处当科长、秘书，两人投王所好，赌牌九，打麻将，有意输钱给王；三天喝酒，两天打牌，混成狗肉朋友。

一次趁王永禄喝得酩酊大醉，趁机盗得王永禄给王永泉通报的密码本。从此王永泉的活动，便在孙传芳、周荫人的掌握之中。

只待收网，便有大鱼。

5．韬晦之计

1923年10月5日，曹锟贿选总统。这便是直系由盛而衰的一个转折。10月10日，曹锟由保定入京，在怀仁堂正式就任总统，发表就职宣言。曹锟贿选成功，遭到全国的反对，在曹当选的次日，孙中山就下令通缉贿选议员，并积极提倡"反曹三角联盟"出兵讨伐曹锟，又发表致各国宣言，指出："中国人民全体，视曹锟之选举为僭窃叛逆之行为，必予以抗拒而惩戒之。"并警告各国不得承认曹锟贿选政权。奉天张作霖、浙江卢永祥、云南唐继尧、广东杨希闵、廖仲恺等均先后通电反对贿选，并宣布与曹锟断绝一切联系。随后，上海、广州、杭州、太原等地市民和学生举行大会，掀起大规模的反贿选示威游行，杭州的反对贿选大会还通过了一项决议，即在西子湖畔铸一座曹锟的铁像，像岳飞墓前秦桧夫妇的铸铁跪像那样被国人所唾骂。曹锟贿选成功，也使孙中山、段祺瑞、张作霖结成三角联盟，紧锣密鼓，加紧反直活动。原来，1920年直皖战争后，皖系段祺瑞兵败下野，但不甘寂寞，派人各处奔走联络，妄图东山再起。1922年，第一次直奉战争后，奉军退出关外，整军经武，伺机报复。当时，全国范围尚未被直系曹、吴所吞并，并且敢与直系对抗的，除奉军外，只有南方孙中山所领导的广州政权。在这种形势下，孙中山、段祺瑞、张作霖三方多次联络，共同反对曹、吴直系势力。孙中山的目的，是利用东北张作霖的力量和东南皖系浙江督军卢永祥和上海护军使何丰林等的力量，牵制直系的兵力，从而达到北伐中原的目的。在这种情况下终于形成了所谓的孙、段、张三角反直同盟。

孙传芳此时仍在韬晦，暗中发展。10月20日，他电北京陆军部：闽省各师旅病亡假革，缺额甚多，拟向直隶河间一带招募新兵四千名，请迅转交通部饬津浦、京奉、京汉各路局备车，将新兵运闽。当然，曹锟与陆军部自然照准。

福建一带，文风很盛。孙传芳为了交结当地知名士绅，礼贤下士。重阳插茱萸，秋分赏菊花，哄得一群遗老遗少纷纷交口称赞。孙还经常请当地名流来督署，请教治理之策，虚心纳谏，一时政声颇佳。

平时他则亲自练兵，严格要求。又从山东、河北、河南招募了几千名新兵，陆续到达防地，补充各部，以浙江为假想的敌方，抓紧训练。

11月13日，曹锟大总统任命周荫人为陆军第十二师师长。

一日，福州城里，来了名神秘的客人，原来是孙传芳在宜昌时的前任，皖系原长江上游总司令吴光新。当年，王占元以请客为名，设下鸿门宴，诱捕了吴光新。吴佩孚急令王占元杀之。王占元是久在江湖上混的人，深知没有五年的仇人和十年的朋友的道理，命人好吃好喝招待吴光新。后来，湘军攻鄂，直军援鄂不援王，王占元见大势已去，秘密遣人放了吴光新一马，才使他逃得性命。福建本皖系的地盘儿，段祺瑞时时不能忘怀。吴光新自告奋勇，前来游说孙传芳、周荫人和王永泉三兄弟。

王永泉因徐树铮在福州搞得"政变"，吃了一次亏，多了个心眼儿，说："福建不是我说了算，只要你说服了姓孙的猴子，我猪八戒自然跟着走。"

那么，作为皖系二号人物徐树铮的"政变"又是怎么回事呢？1922年元月18日，徐树铮赴桂林见到孙中山，徐建议孙中山与段祺瑞、张作霖成立"三角同盟"，以打倒直系。没想到陈炯明叛变，孙中山下野。8月下旬，徐树铮与孙中山在上海会谈。徐树铮准备到福建策动时任闽北镇守使兼第二十四混成旅旅长王永泉部，驱逐李厚基，占领福建。

9月初，徐树铮携带80万元经费，从上海出发，经由浙江的仙霞岭间道至延平，力劝王永泉与许崇智结成联军，采取一致行动。双方商定的合作条件为：彼此合力驱逐李厚基，实行孙中山、段祺瑞携手，闽、浙联防，开创东南新局面；闽局定后，公推王永泉主持。9月，王永泉部在长汀将李厚基部王献臣旅缴械，在延平宣布独立，并致电李厚基要其交出军民两政，即日离闽。同时，许崇智军亦从粤赣边境向福建进军，通电讨李。

同时，徐树铮还组织起"建国军"，在延平宣布独立。"建国军"由王永泉部，许崇智、黄大伟、李福林所部国民革命军，黄展云所统领的福建民军以及驻福建漳厦的臧致平部北洋军组合而成。徐树铮任命王永泉为第一军军长，许崇智为第二军军长，臧致平为第三军军长，李福林为第四军军长，黄大伟为第五军军长，黄展云为福建民军总司令。

10月初，徐树铮命"建国军"各部进攻福州。李厚基见势不妙，逃出福州城。王永泉部与李福林、黄大伟部会同攻占福州。北京政府黎元洪免去李厚基原兼省长，任命萨镇冰为福建省长。徐树铮偕许崇智、王永泉到达福州。以"总领"名义任命王永泉为福建"总抚"。下设军政、民政、财政三个署，与以前的督军、省长制不同。不久，徐树铮将"总抚"改称总司令，专管全省军政，同时增设省长一职，专管全省民政，暂且实行军民分治；并任命王永泉为福建总司令，国民党人林森为福建省长。后在一片讨伐声和反对声中，徐树铮离开福州返回上海，"建国军政制置府"取消。李厚基携现款10万元及大批枪弹抵厦门，与高全忠协谋反攻福州。臧致平先已抵厦，是晚纵兵至李处索饷，旋借端围攻，李逃至鼓浪屿日租界，高亦受伤潜逃。次日，臧以总司令名义宣布维持地方秩序。11月8日，林森通告就福建省长职。次日王永泉通告就总司令职。正是因为福建有可能落入皖系和孙中山之手，因此，曹锟、吴佩孚才命令孙传芳为援闽军总司令，从湖北经过江西，最终抵达福建。

王永泉吃一堑长一智，此番任凭吴光新怎么忽悠，就是不愿再出头。于是吴光新便去找孙传芳商量。

吴光新与孙传芳彼此很熟，孙又善于交际，特在督署东街不远的三山座菜馆，请吴光新吃福建名菜"佛跳墙"，王永泉、周荫人作陪。

席间，吴光新多喝了两杯，便口无遮拦地说："馨远，咱们是日本士官学校的先后同学，北洋正宗，说错了，大不了你一根绳索绑了我去，但有几句肺腑之言我不能不说。"

孙传芳拍着胸："我孙某不是出卖朋友的人，自堂（吴光新字）兄，有话尽管就说出来。"

吴光新端着杯一饮而尽，声音颤抖，激动地说："前年王子春（占元）对待我的那种行动为的是什么？卖友求荣罢了，时过境迁，仍旧被人撵走，他毁我的时候，以为替曹、吴立了功，可以保全禄位，结果又如何呢？我们在北洋时，受过段合肥（祺瑞）的恩惠，段合肥有马厂起义再造共和及对德宣战的殊荣；孙中山对他依然尊重，奉军虽退出关外，张作霖的实力是存在的。孙、段、张即将联盟讨伐曹、吴，共谋国是，消灭直系乃旋踵间事，你等还替他卖什么力？！王子春是你们的一面镜子，你可考虑，对照一下。我这次到福建来为的是挽救你们，不要走错路，假如你们还顽固不化，有朝一日臧致平进兵闽南、卢永祥进兵闽北，试问你们的外援从何而来？"

孙传芳素以机变出名，听了此话，点头同意："不错，王二哥的教训是要记取，但应该怎么办，还望自堂兄拨冗。"

吴光新见"孺子可教"，便说："东南一地，能与曹、吴抗争的，只有浙江卢永祥，闽浙联手，与奉军、孙中山夹击直系，大事可成。"

孙传芳正欲去摸浙江的实力，便说："自堂兄，你帮我引见卢子嘉（即卢永祥），了解浙江对直系的计划；我回山东原籍探亲，并招募新兵补充缺额。"他又对王永泉说："百川，我走后，请你按时给我部发饷；省内一切军务，悉由你来主持，但须与老二（指周荫人）商量着办。"

王永泉不疑有他，说："大哥，你只管放心去，家里交给我了。"

吴光新认为是自己三寸不烂之舌，妙语生花，说服了孙传芳，自然得意。对王永泉来说，自然是大生反感。待吴光新、孙传芳联袂北上去沪以后，其弟王永彝提醒说："大哥，我看孙传芳绝非善类，要多长个心眼。再说卢子嘉也不是什么好东西。孙、周率部入闽时，我们向他求援，要求接济饷弹那一码事，不是被他坑苦了吗？"

原来，卢永祥曾派其大儿子，当时著名"四公子"之一卢筱嘉造访福州（其余三位是袁克文、张伯驹和张学良），信誓旦旦：说决不会袖手旁观，让孙传芳进福建，一定援助弹械。

王永泉信以为真，盼星星、盼月亮，终于盼到了运来的弹械，开箱一看，恨不得吐血，原来王永泉部使用的枪支全是六五口径子弹，而卢永祥接济的子弹却是七九口径，根本无法使用。仓促之间，王永泉昆仲才决定"引狼入室"，放孙传芳进福州的。

经王永彝一提醒，倒让王永泉警惕了。如果孙传芳与卢永祥接触后，两人联手，那自己更岌岌可危。于是他暗中派人去招兵买马；一面又令秘书程光肇赴南京结好苏督齐燮元。一旦孙、卢联合图闽，齐燮元如与王永泉一起，前后夹击，将会出奇制胜。

其实，孙传芳到上海，是学刘备东吴招亲的故技，大肆张扬。除礼节性地拜访卢永祥、何丰林等人，便公开提出要见皖系的灵魂人物，小扇子徐树铮，徐却扭扭捏捏，不愿与孙接触。孙传芳又去了杭州，一一拜访浙江的军事要人，与浙军中的佼佼者陈仪、炮兵团长张国威拉上关系，这两人都是日本士官学校毕业生，自然能找到共同的语言，彼此留下很好的印象。

孙传芳在浙江杭州逗留期间，还认识了一个重要的实权人物，此人名夏超，字定侯，浙江青田人。

两人一见面，便令孙传芳打了个寒噤，此人看人时，眸子忽闪忽闪，给人一种心术不正的感觉，一看便是有野心的人物。夏超时任全省的警务处处长，但与孙传芳谈得很是投机，竟结为男闺蜜。夏超表示：一旦孙有机会攻浙，定做内应。

孙传芳可谓不虚此行，虚虚实实，结识不少朋友，拉上秘密关系，这些都是瞒着他人的耳目，由夏超穿针引线，代为联络的。此时，浙江正与安徽、江苏各省进行和平公约，准备实行自治，夏超想借助外力赶走卢永祥，实行"浙江自治""浙人治浙"。

是年年底，由浙江与江西两省绅商呼吁下，浙督卢永祥、省长张载阳在《赣浙和平公约》上签字，赣督兼

浙江警务处处长夏超

省长蔡成勋也在合约上签了字，该和约规定：一、两省军民长官，以保境安民为职志；二、两省军队各驻原防，不相侵越；三、若客军侵入两省区域，应由两省军民长官各自负责，设法防止；四、该公约两省军民长官签字后，由两省商民公证宣布。

继《赣浙和平公约》成立后，杭州公团及浙省代表迭次联衔致电闽督孙传芳请签订《闽浙和平公约》。

孙传芳致电浙江省议会，声明闽军决无攻浙之意，周荫人部向闽北调动，纯粹是冬防需要，目的是为了保境安民。

孙传芳还口头对前来采访的记者表示：和平公约为疆吏私订盟约，不便擅行，当候呈中央核准才能签订。

6. 回马枪

1924年2月，南国福建，万象更新。孙传芳、周荫人、王永泉表面上还是拜把兄弟，明的一团火，暗地一把刀，乌眼鸡似的，恨不得我吃了你，你吃了我。

王永禄那方面，又有新的情报传来。某日，王永禄在麻将桌上，连坐八庄，得意地说："我大哥的军需处处长钟礼近一个月来，不断通过福州台湾银行将巨额款项汇至日本订购军火，已经到了浙江，卢永祥正帮忙运输，准备从杭州运至浦城，再用民船走水路经延平运至福州，我要的日本货也快带来了。"

卧底的人连夜将此消息报告周荫人。周立即前来督署，将睡梦中的孙传芳叫醒："大哥，王永泉要向我们动手了。"于是连忙将事情的经过叙述一番。

孙传芳拍着头说："我想起来了，昨日海军马尾警备司令部检查处报告：王永泉派人赴外省招募的新兵，分批乘船到达马尾，已有五六千人。我想王永泉没有那么多枪械，也没引起我的重视，如此看来，现在已到你死我活的时候。"

当断不断，反受其乱。

孙传芳脑子不停地转动，一个声东击西的方案逐渐形成。他说："现在赣督蔡成勋地位不稳，屡向北京政府告急。我们出动人马北去延平，必然引起江西方面和浙江方面的恐慌。一石打三鸟，派人放风，说我们攻赣、攻浙都行，得让王永泉深信不疑。"

周荫人诧异地问："干脆派兵包围就行了，何必费那么大的劲？"

孙传芳老谋深算地说："别忘了，王永泉还有两个团在福州，手下还有个叫'小诸葛'的杨化昭，围着如打不下来，福建人必会谴责、通电，搞不好，打不着狐狸惹一身骚。我不但要收拾他，还让他借我一团人，再送我一笔军饷。"

"哪有这等好事？"周荫人不信。

孙传芳得意万分："老弟，等着瞧大哥的手段。"

第二天，孙传芳一袭长袍马褂，乘一辆马车，来到王永泉的帮办公署。王永泉也在动收拾孙传芳的脑筋。见其主动上门，也热情得不得了，宾主坐定，泡上功夫茶。滚水一泡，散发出馨香。孙传芳放在鼻子下嗅了嗅，喝了一杯，不由说："好香的茶。"

王永泉说："我这儿还有上好的烟土，是闽南各县种的，很不错，要不要尝尝？"

孙传芳烟瘾大发，两人进了里间，一榻横陈，对着吞云吐雾。

孙传芳长长地吐着烟，半晌说："三弟，大哥眼下有难事，曹锟大总统来了密电：令我部三月上旬由闽北入赣，协助蔡成勋。我已决定本月二十七日便开拔。但我出师的名义是校阅军队！"

"大哥留谁镇守？"王永泉问得很巧。

孙传芳放下烟枪："这还定不了，我想李生春、卢香亭两个旅协助你镇守省城。其余各部全部开拔，否则不够调用。"

王永泉装作不懂的样子问："蔡成勋那里有这么严重，大概会取彼而代之吧？"

孙传芳支支吾吾："这个上面没说，不过到了延平，半途改道攻浙江也未可知。"

王永泉暗自为卢永祥担心。孙传芳怕他不上钩，又大放钓饵："福建督理一职，由帮办代理，大哥如不归，你便实任督理一职。"

王永泉喜上眉梢。

孙传芳又说："三弟，大哥有两件事相求。一是要借你一团人马随我同往，二是想借开拔费四十万现款。"

王永泉着实心痛得很，但一想请神容易送神难，免去一场内战，把孙传芳礼送出福建也不错，长痛不如短痛。于是一咬牙说："大哥，你放心，三天以后，款子我给你送去。城外李团归你指挥。"

孙传芳高兴地说："到时候你来办理移交手续。另外，你的一团人等兄得手后定还给你。"

第二天，福州大街上都张贴着孙督理的布告和训令，大意为"本督理将赴延平校阅军队，所有督理军务善后事宜，都由帮办王永泉代理"云云。

2月27日，孙传芳的部队行列整齐，开出城去。弹械、辎重也排列有序，依次出城。

王永泉和孙部卢香亭、李生春等旅长前往送行。孙与王热情话别后，有意对卢、李两人说："你们好好协助守城，待我命令即立即开拔。"王部李团果然随队开拔，实际上王永泉的目的是想派李团监视孙传芳的行动。

大军北去，王永泉回到官署，睡了平生第一个高枕无忧的安稳觉。而且还是在福建督署内睡的。但王永泉也不是轻易能被人骗的，他已向泉州的杨化昭旅拍发了电报，令其火速前来填防。

孙传芳大军北上的消息传出以后，果然在浙江和江西引起了震动，众说纷纭。报纸上纷纷发表评论，有的说：孙部是奉了曹锟的命令，去接管江西；并有鼻子有眼地评论道：孙传芳志在中原，本不欲到边陲，如果得了机会，当然不会放弃。有的报纸说：孙传芳狡诈过人，是利用假途灭虢之计，偷袭仙霞岭，直奔浙江。于是，蔡成勋调动部队前往赣东设防；卢永祥调兵遣将前往浙闽边界，严阵以待。不料，孙传芳军却偃旗息鼓，在闽江中游一带，停顿下来。

孙军动于九天之上，藏于九地之下的做法，将各方搞得风声鹤唳，草木皆惊。但谁也搞不清他葫芦里卖的什么药。连王永泉也怀疑起来，莫非他要杀回福州？急忙找其弟王永彝商量对策。王永泉忧心忡忡地说："兵书云：兵者，诡道也。你说，孙猴子将部队带部北上，到底要干什么？"

王永彝也不无疑惑："孙馨远诡诈多谋，不可不防，但何必舍近求远呢？想占福州可以就近发动嘛。"

正商量时，孙传芳来了电报，请王永泉督促卢香亭、李生春两个旅北上支援。王永泉看完大喜，说："看来我们是多虑了，孙传芳定是要谋浙江，军队不够，故不敢行动。"于是命人去请卢香亭与李生春两位旅长，让他们看孙传芳的电报。

卢香亭也是孙传芳的老同学、老搭档，曾在湖北卢金山部下任营长。1921年任第二师第三旅第五团团长。孙传芳接管第二师后，立即将他提为第三旅旅长。此人作战凶狠，因与孙传芳、周荫人是老相识，平时也是个无人敢惹的角色。

卢香亭对王永泉大大咧咧地说："不瞒督理说，我们兄弟也接到馨帅的电报，只是手头不方便，故未行动。"

卢香亭有意称王永泉为督理，使王心花怒放，认为孙的部下这样称呼，孙定是不打算回来了。于是忙问："不知两位需款多少？多了我也无能为力。"

卢香亭笑着："不多不多，给几万便成，到了浙江，自然不再多要。"

王永泉心说：想要我也得给呀！他当即电话要到省财政厅，令其立即准备筹拨四万元开拔费。卢、李两人心满意足，告辞而去。

王永彝骂道："上次已给过一大笔，这次明明是敲竹杠。"王永泉劝道："花钱消灾，走了便万事大吉了。钱是身外之物，福建是咱哥儿俩的地盘，还愁没有钱花？"

3月5日这天，卢香亭、李生春两旅也吹响了出发的军号，福州城里好不热闹，万巷皆空，都争着来看孙军北上。北洋第二师挺胸扛枪，辎重随后，都出了城，向着延平方向急行军而去。王永泉心里高兴，想到虽然花了不少钱，总算将孙传芳的部队都礼送出境。福建的天下又将属于自己，真是费尽心机，得来全不费功夫。

卢香亭、李生春两部北上到达离福州约100多里，位于闽江左岸的水口镇后，孙传芳来了密电，让他们分别驻扎在水口上游的谷口、黄田、三都口待命；并严密封锁消息，检查过往行人。孙传芳在樟湖坂召开军事会议，商议以迅雷不及掩耳之势，返旆福州，杀个回马枪。

卢香亭、李生春和悍将谢鸿勋个个自告奋勇，要争头功。孙传芳令卢香亭、李生春从正面返回，攻击王永泉；谢鸿勋率第四旅直趋白沙镇，占领大、小北岭一带的有利地形，从后面给卢、李两部以有力支援。通知周荫人，一旦截获王永泉从水路运输的枪械弹药后，便立即回师福州。

上游周荫人那边也撒开大网，沿闽江两边，已命苏埏团布防，以机关枪数十挺和迫击炮数门封锁了江面。另外两个营布置在闽江两岸的夏道、斜溪一带；一个营安置在北岸葫芦山、吉溪、岳溪一带。任你有飞天的本领，也教你插翅难逃。

闽江两岸皆是葱笼的树木，密林丛中，无数枪口对准江面，使宁静的江山之中，充满腾腾杀气。

负责押运枪械的船队，是王永泉手下耿团官兵300多人，由副官长丁树人指挥，他命令士兵高度警戒，枪和小炮对准岸上，随时都准备开火。一路上倒也平安无事。前面的船报告，已经到了延平境内。丁树人千叮万嘱，尤其要小心谨慎。上兵们则背地里嘲笑他疑神疑鬼，在自己的地盘儿上用不着这等如临大敌。

3月5日中午，船队来到延平码头。延平在清代叫延平府。民国元年，福建省实行省、道、县三级地方政制。延平属北路道，为道所在地。闽北护军使署就设在这里。

闽北护军使周荫人早在此恭候，一见丁树人，满脸带笑，互相拱手致意。周荫人说："愚兄特备午宴予弟接风洗尘，请上岸一叙。"

丁树人推辞道："弟重任在肩，今日过延平便不上岸了，抓紧时间赶路好早点交差。"

周荫人道："副官长真是不给面子，吃一顿饭，耽误两个时辰，又有何妨？何必拒人千里，弄得大家扫兴。"

丁树人手下听说有酒席招待，口水便流了出来，不约而同地劝："副官长，我们看周护军使是一片好意，何不就此歇歇脚，让弟兄们也放松片刻。"

周荫人见其起疑心，便说："我的酒中有蒙汗药，是喝不得的。好心也能当作驴肝肺。"

丁树人听此一说，反而不好意思，便说："周兄不必生气，恭敬不如从命，小弟上岸便是。"他索性命押船的弟兄们都上岸去休息，以探虚实。自己带着几个亲信来到护军使署。果然，周荫人摆下山珍海味，与丁树人推杯换盏，大快朵颐。席间，周荫人谈笑风生，一个劲儿地说，一个劲儿地劝，将丁树人灌得头晕目眩，被人架着上了船。幸而丁树人还没有将自己的重任忘记，便令人发电报给王永泉报告平安。电文简单六个字："械过延，请释怀。"

电报发完，丁树人下船舱，便呼呼大睡，船队沿江而下，顺风顺水，日薄崦嵫，进入夏道镇附近江面时，两岸军号齐鸣，苏埏团已在此恭候多时。苏团长命副官向船上喊话："孙督理有令，请来船靠岸。"并派小船送去周荫人的手令，意谓：福州方面有战事，奉孙督理之命扣留这批枪械。酒尚未醒的丁树人，醉醺醺地说："老子不知道什么孙督理，只听王督理的命令。有本事便来抢好了。"

于是两岸枪声大作，机关枪、迫击炮夹杂其间，密如雨点般射向船队，几个不要命的士兵开枪还击，显得力不从心。丁树人命令："不顾一切向下游冲。"但船篷桅杆被打飞了，无法行动，丁树人这才知道大事休矣，正待举白旗时，却被几发子弹击中身亡，掉入水中。其他未死的纷纷喊"投降"。

苏埏令船队靠岸，清点船上的枪械：计日本三八式步枪6000支，重机枪和迫击炮各数十尊，并有子弹、炮弹500余箱。

周荫人立即电告孙传芳：夏道截船成功。孙传芳大喜，随即下达作战命令：卢香亭、李生春立即将借王永泉的一个团实行缴械，卢李二部即以后队为先锋，火速开回福州；又令谢鸿勋旅乘船直趋白沙，三路大军飞速前进，借着溶溶月色，人衔枚，马裹蹄，向福州而去。

福州城内一派歌舞升平的景象。王永泉正在大发脾气。原来，3月5日下午，福州《台南日报》登出一则消息曰："孙督理用回马枪之计，将回师福州，行将不利于王帮办。"王永泉阅后认为是有人有意制造紧张气氛，扰乱人心，盛怒之下竟要枪毙该报编辑。是日，福州台南电报局还送来孙传芳致海军总司令杨树庄之密电，未能破译，这些都令王永泉很恼火。但运械船平安过延平又使他认为不会有何问题。

正在此时，忽然手下慌慌张张地来报告说：收到周荫人的万急电报，不知何事。王立即命人赶译出来，原来是一份宣布他罪状的电报。王永泉顿时气得要吐血。这时又有人送来李生春旅长的亲笔信，王拆开一看头几行眼前一阵发黑，信是这样说的："百川帮办钧鉴：我公罪大恶极，请即离闽，以免糜烂地方……"这封信未及看完，那边卢香亭的最后通牒亦接踵而至，信中称："奉吴巡阅使马电：王永泉祸闽有年，罪大恶极，近复私买外国军火，扩充队伍，图谋不轨，着孙传芳、周荫人等部相机围剿，除恶务尽。"信中还声称："念与足下共事年余，不忍不教而诛，为避免生灵涂炭，殃及无辜，暂不攻城。尚望幡然悔悟，服从马电，自行撤退，并限二十四小时答复。"

王永泉跳着脚大骂孙传芳不讲信义，传令洪山桥兵工厂中的驻军加紧戒备，抢筑工事。洪山桥的驻军被孙传芳"借"走一团人，还剩一团多人，本来对防守就缺乏信心。此时，卢香亭、李生春两旅已扑到洪山桥，枪声大作。守军立即四下作鸟兽散，李旅一马当先占领兵工厂。卢香亭旅赶至福州城外，勒令王永泉立即做出选择。

王永泉长叹一声，决定前往泉州投奔杨化昭军。临行前，特别邀请省长萨镇冰、省议会议长林翰、副议长雷寿彭和商会负责人开会讨论办法。萨镇冰等人决定出面维护地方。王永泉拟好三通电报：一电致孙传芳，"攫城而战，徒贻地方之害，愿接受劝告，赴泉（州）待命"。请其令前线卢、李各部停止军事行动；二电给段祺瑞，报告事情经过；三电致北京政府，请辞本兼之职。

3月7日凌晨，天边寥落的晨星，伴着王永泉的腮边残泪。他仓皇带着人马出了福州城，留下参谋长杨杰等候孙传芳办理交接手续。

孙传芳懂得追穷寇的道理，任周荫人为讨逆军总司令，率第十二师第二十四旅孔昭同部和第二师第四旅谢鸿勋部，配备山炮营、工兵营、辎重营等猛追王永泉残部。

王永泉、王永彝兄弟带领三千残兵逃至峡兜之乌龙江边，征用了许多木船，正渡江之际，海军杨树庄听从孙传芳调遣，从下游驶来两艘兵舰，并不开炮，只是在江中横冲直撞起丈余浪头，王军乘坐的木船大多被打翻，士兵纷纷落水，一江人头，哭喊哀号，剩余的都被海军缴械和被李生春部俘虏。王永泉等残余不到百十人，向着泉州方向落荒而逃。过了仙游，正碰上前来接防的杨化昭军，王永泉等才逃得性命，同回福清。

王永泉甚是不甘心，与杨化昭商量多时，决定派人去厦门与臧致平修好，捐弃前嫌，一致抗孙。臧致平正受民军张毅、赖世璜、王献臣的牵制，无法动弹，见王永泉前来要求和好，立即爽快地同意，并派出代表，共同商量反攻之事。而周荫人容不得王永泉喘口气，分路进兵，卢香亭为右路司令，孔昭同旅长为左路司令，分向永泰、福清方向进攻；同时海军杨树庄司令派军舰游弋涵江，侧翼支援张毅、赖世璜各部来攻泉州，王永泉急令所部旅长高义率部防御。其时，张毅已遣人与高义联络，高义答应做内应，反戈一击。正是屋漏偏遭连夜雨。盘踞福建十年的王永泉终于认清楚他这条地头蛇斗不过孙传芳那条强龙，只好将残部交给杨化昭，请其接受臧致平的改编。

3月10日，孙传芳关于袭击王永泉的前因后果，向大总统曹锟致电汇报：

（衔略）传芳于本月冬日移驻延平，适值周护军使奉到吴巡帅密令，略以王永泉操纵闽局，罪大恶极，命将其新械扣留以消隐患等。因周使遵于歌日办理，并将护械之耿团解散。伯川闻风遂于阳日离省，其驻省军队亦纷纷向下游逃去，行抵乌龙江，复经海军截堵，收容二千余人，获械六百余支，合前解散之耿团将近四千人，所余实力已无几矣。省垣治安赖有李卢两旅协力维持，安静如常，人民因百川纵容王永彝在惠安，晋江，仙游等处横肆恣睢，屠洗乡村，尤为切齿，故于百川兄弟去后各界欢声如雷，纷纷来电颇多溢量之词，披读之余益增叹慨回愤，传芳与百川相处将及一年，法语巽言，久敝唇舌，讵彼终难感悟，缘有结局如斯眷念，私交曷胜伤感，现因闽南等处，尚有其残散部队，若不迅谋收束，势必贻害地方，周使业于佳日督队前往，传芳迫于公谊，既已无法两全，只得挥泪会师，以期绥定闽疆，维护大局，兹恐传闻异词，用陈概略，敬祈鉴察，尚希惠鉴，孙传芳叩。蒸印。

孙传芳收拾了王永泉，好比去了心腹大患，但还是装出一副委屈无奈的样子，打出为民除害、公而忘私的旗号，尤其是"只得挥泪会师"之句，让人看了哑然失笑。

而曹锟在电报上批：此电可询子玉，馨远有无用意之处，甚为不解。

这批语更是耐人寻味。

3月13日，王永泉与王永彝一道，携家眷由泉州赴厦门前往上海，又转至天津做寓公去了。王永泉万万没料到，纵横多年，一着不慎，竟栽在"把兄弟"手中，从此心灰意冷，退出行伍。

3月15日上午，孙传芳、周荫人在萨镇冰、林翰和福州士绅、各团体的迎接下，又重新进入福州城，"前度刘郎今又来"，自然又要革故鼎新，干一番大事业。

是日，孙传芳致电曹锟：

北京大总统钧鉴：

良密。传芳因上游各军已部署就绪，以省垣关系重要，善后诸务尤应从速进行以慰民望，遂于盐（14）日自延平启行，本日上午八时返署，各界颇为欢慰，地方亦极安宁，堪以上慰廑系，探悉王永泉已于文夜离泉，遗部尚众，亟须根本解决，芳部早经分道驰往，周使亦于今晨前往献率矣，特电奉闻，伏乞鉴核。孙傅芳叩。咸印。

3月17日，大总统曹锟令免帮办福建军务、兴泉永护军使兼第二十四混成旅旅长王永泉本兼各职，听候查办。

对于孙传芳驱逐王永泉一事，当时著名的《东方杂志》第二十一卷第五号中题为《王永泉被逐与闽局变化》文中评论道：

……事变突发，孙传芳军队反旆福州，联合周荫人部，把阴险狡猾、人民共愤的王永泉逐出福州。国人对于这件事，一方面颇惊孙传芳手腕的厉害，设计的巧妙，而一方面却不免对于闽事益增奇异的感想了。孙传芳、王永泉同以机变著名，同以态度不定引人注意。两雄相处，彼以诈来，此以诈往，自去年孙氏施展手段，安然入福州，任督理全省军务后，福建的变化，早在我们意料之中，不过我们料不定变化得这样奇妙罢了……

7. 孙周拆伙

此时，臧致平在厦门召开军事会议，决定乘孙传芳、周荫人与王永泉冲突，联合各属民军及王永彝残部大举反攻，围攻漳州，恢复闽南。是日下午，下令封船。15日下午，集合出发部队5200余人于南普陀前磐石炮台，次晨炮轰屿仔尾投陈炯明之赣军赖世璜部，渡海进攻，赖部败逃，臧部登陆，20日攻占石码。孙中山委臧致平节制闽南民军。臧致平约集各属民军并联络王永泉残部经数日战斗，于是日攻占漳州，赖世璜率余部向永定撤退，逃往汕头。23日何成濬亦随臧入漳州，自称民军总司令。

周荫人率部入莆田，急速解散莆田、仙游王永泉部降军。之后，他回福州，在督署与孙传芳匆匆见了一面，周荫人豪气十足，大包大揽地说："二哥，你该歇歇了，坐镇福州，下面剿平闽南的事都交给兄弟代劳。"

孙传芳不疑有他，只是认为周荫人表现不错，当即同意周荫人为讨逆军总司令，并拨第二师谢鸿勋旅归其指挥。

周荫人原认为杨化昭和臧致平不堪一击，便传檄民军各部及赖世璜赣军、王献臣直军联合围剿臧、杨。

臧致平是皖系有名的勇将，原属李厚基部，骁勇善战，能攻能守，被困于厦门长达八个月，仍毫无怯意。杨化昭足智多谋，人称"小诸葛"，两人一勇一谋，相得益彰。此时的合作，实力大增，总兵力在1.7万人左右，重新编为三个师，臧致平自称闽军总司令，杨化昭为副总司令。两人合谋，第一步要夺取漳州，先恢复闽南的旧秩序，再伺机北上。臧命杨放弃泉州，退守同安，只留民军高义防守泉州。周荫人军姚建屏部攻入泉州，民军高义出城迎降。29日，周军前锋300人进泉州城。

孙传芳电委高义为福建陆军第二师师长。

此时，杨树庄率舰赴金门，扬言将攻厦门，臧致平一面派方声涛等向杨疏通，一面布防。臧致平亲自到同安，与杨化昭面商大计。决定一致反对孙传芳、周荫人，占据闽南，联合浙江卢永祥、奉天张作霖和广东孙中山，以共同推翻曹、吴统治。

周荫人原拟不战而屈人之兵，派出杨化昭的旧友边佩璋来同安，与杨化昭谈议和条件。杨化昭与亲信第二团团长张义纯商量对策，张义纯说："我们和臧致平协约在先，否则别人将认为我们是反复无常的小人。与周荫人没有什么好谈的。"杨化昭频频点头称是。

边佩璋无功而返，接下来只能是兵戎相见。周荫人驱动闽南民军谢定国、张毅各军，并联络陈炯明部下洪兆麟部共同行动。

周荫人自认为资质不在孙传芳之下，能在北洋军中，经历无数磨难、宦海沉浮而未被淘汰出局，也有一定的实力与过人之处。在日本士官学校虽然专业是炮兵，但孜孜研习韬略，战法、布阵无一不精。再加上他不甘人下，对于扫平闽南，也着实动了一番脑筋，决定利用臧、杨两军相距较远的这一弱点，自己会合张毅、王献臣、赖世璜各部，攻打同安。

周荫人大军前锋抵达苏厝山下，向占据顶溪头的杨化昭部下张义纯所在之中坚部队发动猛攻。周荫人不愧是学炮兵出身，猛烈的炮火打得杨部阵地上一片火海，张义纯指挥部院内的一株老榕树，六七人都合抱不过来，也在炮火中被击毁。周部在炮火掩护下，连续三昼夜猛攻，都被杨军拼死打退。周荫人见攻势受挫，乃令所部转攻梅山，守军伤亡惨重，向总部告急。张义纯命营长杨振邦率部援助，终于在疾风暴雨的战斗中，稳住了阵脚。双方大战七天七夜。终于，在杨军两个支队中间出现了空隙，周军在其右翼渡河，威胁杨军之侧背。

张义纯见情况危急，对杨化昭说："不如向漳州撤退，臧总司令已进入漳州，合兵一处，保存实力，待机再战。"

杨化昭考虑多时，后同意撤出同安阵地，向漳州方向突围。臧致平军正在漳州与粤军洪兆麟部苦战，见来了生力军，大喜过望，双方携手，打退了洪兆麟，保住漳州。而高义却献了泉州。

卢香亭来见周荫人说："你这样硬拼，费的力气太大，得不偿失。"

周荫人忙问："你有何妙计？"

卢香亭说："馨远打仗，善于用巧劲，他也打硬仗，但不像你打呆仗。"

周荫人一下子将脸拉了很长，说："我就要和馨远一比高低。"

卢香亭见他真动了气，劝道："算了算了，杀猪杀屁股，各人的法儿不一样。我教你一手，去运动海军杨树庄，攻击臧、杨之侧后，再令漳州方面的军队袭击江东、水头一带，断 那儿和厦门的联系。臧、杨进退无路，必被生擒。"

周荫人依计而行，答应海军杨树庄，攻下厦门，地盘属他。于是杨树庄命舰队和陆战队去攻厦门。臧致平闻讯大惊，立即在漳州分了刘长胜部去救厦门，行至半道，被民军截住，死缠烂打，不但未冲过去，反而折了许多人马。

杨树庄部两舰驶入厦门港，臧致平眼睁睁厦门被海军夺去，只得率军退往漳州。此时，杨化昭只好同臧致平军和广东何成濬军同心协力，坚守漳州。

周荫人与粤军洪兆麟两面围攻，洪兆麟由云霄进迫，至距漳州15里处与臧军发生战事。臧致平与杨化昭都认为漳州势难久守，臧军向南靖撤退，以杨化昭部断后。次日，洪部入占漳州。

臧致平与杨化昭商量，不如按原定的计划，全军突破重围前往浙江去依卢永祥。

臧致平军中有个叫范绩熙的参谋，系湖北人，日本士官学校毕业，绰号

"范猴子"。一是他身材瘦小，另是他多智善谋，故有此称。

范绩熙制定了一套由闽经赣入浙的完整方案。他说："如向北去，孙、周军控制闽北，肯定不会让我们过去，不如西出龙岩、上杭，进入赣东再向北去，经弋阳、玉山进入浙西就脱离险境了。"

臧致平笑着说："江西蔡成勋是个不经打的，就从他那儿借道。"

周荫人收复厦门，打跑了臧致平，功劳不在孙传芳之下。1924年4月7日，曹锟任命周荫人为帮办福建军务善后事宜。

再看周荫人，平定闽南，打起得胜鼓，班师而归。他并未返回延平任所，而是大模大样、趾高气扬进入福州城，暂借城内乌石山沈葆祯祠堂下榻，却不急着来见孙传芳。福州城又笼罩在紧张的气氛之中。有先见之明的人士评论说："看罢，一山不容二虎，又有麻烦了。"

孙传芳知道周荫人是有意让他难看，找督署参谋长刘宗纪商量对策。刘宗纪说："先不急着动手，派人前去摸清虚实再作打算。"

于是孙传芳派督署副官长张世铭带着福建军务帮办兼兴泉永护军使之任命状去沈葆祯祠慰问周荫人。不料周一脑门子官司，脸拉得很长，生硬地问："帮办之职，向属虚设，只帮不办，要它何用？兴泉永护军使是闽南护军使，延平护军使是闽北护军使，拿鸭蛋换鹅蛋，这不是瞎捣（倒）蛋吗？请回去告诉孙馨帅并转告曹大总统，请收回成命。"周的态度强硬，吓得张世铭未敢多说，只好回去如实报告。

周荫人之弟周荫轩借酒撒泼，拍着桌子指着督署方向大骂："老子拼老本送老命，让孙猴子做齐天大圣，为什么他在台上我们却在台下？有道是皇帝轮流坐，明年到我家，也该挪挪窝了。"

孙传芳与周荫人的矛盾陡然升温。在福州大街上第二师的兄弟和第十二师的士兵相遇互相争长、互不买账，从互相谩骂，到双方大打出手，头破血流。常言说：打狗还要看主人的面子呢，这分明是找茬惹事，长此下去，矛盾激化，确实有孙、周大战，一决雌雄的可能。

这下可使孙传芳左右为难。自己已经下手拾掇了一个副座王永泉，在全国引起了非议，尤其是浙江卢永祥大肆攻击直系的"不义之举"。如果再收拾周荫人，肯定会落个不仁不义的恶名，以后再无人敢与自己合作。如果让周得逞，手下的大将卢香亭、谢鸿勋便要认为在孙手下干太窝囊、无前途，或会另攀高枝。一连几天，他将自己锁在后院，闭门谢客，苦思冥想着对策。

一日，刘宗纪硬闯后院，大嚷着"要见督理"，死活都不走，相持到月上东山，后院的门终于开了个小缝，刘宗纪侧身进去，只见假山后的大榕树下的石凳上，正坐着孙传芳。

刘宗纪说："馨远，来福州这么多天，也顾不上出去逛逛，今夜月色如水，咱哥儿俩何不外出走走？"

孙传芳正愁闷不堪，便随刘宗纪出了督署，信步来到风景名胜鼓山，观赏月色，别有一番情趣。孙传芳心情为之一爽，说："福州还有这个优美的去处。"

刘宗纪接上去说："好山好水看不足，馨远，好男儿志在四方。当年，你为何离开泰山老家？"

孙传芳苦笑一声："还不是受到婶娘一家的欺侮。"

刘宗纪点点头说："馨远，听说你到福建前回泰安一趟，这次婶娘一家待你如何？"

孙传芳叹道："世态炎凉，现在我才能体会到，他们见我像见祖宗一样。"

"你呢？对他们一家如何？"刘宗纪追问一句。

"过去的事不提了，干大事的人如何与他们一般计较。我还得感谢他们呢，不然，我只是乡下一个种地郎，哪会有今天？"

刘宗纪见孙传芳已入其彀，不失时机地说："馨远，你是个干大事的，看不出这点我不会来帮你的。今天你遇到的麻烦与你二十多年前在老家遇到的情况是一样的。何必非在这一亩三分地里争呢？再说，福建地处边陲，无法向外发展，你再干十年，难免不像李厚基一样，不如早作他图，再创一番天地，也教世人另眼高看。什么时候与周荫人再见面，还是好兄弟，你遇到难处，求他帮忙，他肯定会还你一个人情的。"

孙传芳豁然开朗："对，我明天就给曹大总统打电报，请其任命周荫人为福建军务督理，我请任闽粤边防督办，看看有无机会向广东或浙江发展。"

孙传芳学做孔融让梨之法，向北京政府恳请调任，说：为了直系的团结，不与自己人争地盘儿，要一致对外云云。

116　曹锟大为感动，对左右说："看看孙馨远，那才是条汉子，打出的地盘儿让出去，自己再去夺。咱们团体中人如都是这样，天下何愁不平？不像有些人，专算计自己人，窝里啃。"他说的"有些人"，虽未点明，其实是指吴佩孚，他夺了冯玉祥的河南督军，弄得冯到北京向曹锟哭诉，说吴佩孚要"吃掉"他，搞得曹锟没办法，只好说："你上我后面待着吧！"冯玉祥后调北京任陆军巡阅使。吴佩孚还夺了王承斌的第二十三师师长职，惹得王承斌也上曹锟处发牢骚。还有王占元，虽然也到保定来瞧曹锟，但明显牢骚满腹，对吴佩孚十分恼火。

5月13日，曹锟大总统特派孙传芳为闽粤边防督办；周荫人督理福建军务善后事宜。

周荫人得知，正是孙传芳的举荐，自己才做了福建军务督理，心里甚觉内疚。常言道：你敬我一尺，我敬你一丈，于是周荫人亲自登门，负荆请罪。

孙传芳大度地说："咱们兄弟之间，谁和谁啊？不必如此。何况有言在先，我如得了福建，便让给老弟。我只是按约行事的。"

周荫人惭愧地说："亲兄弟尚为个人利益翻脸无情，何况金兰兄弟。你对我够意思，我姓周的也不能让天下人骂我不仁义。只要你用得着老弟，我一定为兄两肋插刀，在所不辞。"两人解开了心里的疙瘩，欢欢喜喜，"添酒回灯重开宴"，关系比以前更近了许多。

从让地盘儿给周荫人这件事看，孙传芳在处理人际关系上是相当有手腕的，而且已具备了干更大事业的胸怀和驾驭能力。军阀内战，主要原因不外乎争地盘。对孙传芳来讲，刚刚取得一小块地盘，正是站稳脚跟的时机。为了获得更大的利益，毅然决然，放弃到手的地盘，这绝非一般军阀所能做到的。他的发展眼光和积累多年的智慧，已经为他开府金陵，统治东南五省打下了基础。他不乏气度与气量，所欠的只是时机而已。

4月下旬，漳州城四门大开，臧、杨军和何成濬军一起冲出，玩儿命般的端着明晃晃的刺刀向前冲，不数日到达龙岩，遇到王献臣部的截击，一战即胜，进入长汀，直军王献臣部700余人被缴械，蔡成勋部千余人亦几全被缴械。王部向赣边瑞金溃退。臧、杨及何所部获弹极丰，即趋上杭。又和赣军赖世璜部大战。赣军士兵头戴红箍帽子，臧、杨部也不开枪，用刺刀乱捅，吓得赣军闻风而逃，蔡成勋部几千人几乎全被缴械，臧杨军进入江西境内；何成濬经武平向寻邬、虔南抵粤东。臧、杨部经赣东弋阳，进入浙江玉山，最终到达常山。卢

117

永祥特派其子卢筱嘉和第十师参谋长程长发前来慰问。6月19日，臧致平、杨化昭通电愿归浙督收编。这是后话，暂且放下不提。

闽粤边防督办孙传芳也没有中断对臧致平、杨化昭部的追踪，他将臧、杨部经赣入浙，及赣督蔡成勋有意放水，令臧杨军假道赣境而防止孙军入赣等情形，两电报告给大总统曹锟：

北京大总统钧鉴：

新密。顷据张旅长卅电称，顷接光泽县第十二师高团长艳电称，据派赴赣探报臧杨残部窜至硝石，即函令资溪县知事于桐埠地方预备柴米万斤，嗣后改道南城之小竺珀珍，后因该处大桥猛水冲断，残逆约数千人即于马（21）宥（26）两日围，其部向噪溪之黄逐孔回奔窜，拟经贵溪、广丰方面入浙。又据柴团长派赴赣省密探报告，残逆已由广方窜至南城属硝石石硖等处，职拟由资溪、广丰入浙各等情，谨电秉闻等语，除电饬各军追剿外谨禀，伏乞钧察。孙传芳叩。世（5月31日）印。

北京大总统钧鉴：

新密。顷据孟旅长虞电称，顷据职旅参谋王福昌电称：据报赣军于上月马日回黎川属卢口地方与敌接触，因大受损失，遂与敌约限勘日前部出发，故于养梗等日，敌由硝石分三批安然北窜，赣军并无截阻，现赣南各县军队节节布防，对于闽赣往来行人盘诘极严，依此情形似有疏敌防我之意各等情形。赣既利敌假道，臧杨须逆谅已入浙，前蔡督前次来电，内称：敌在金溪、弋阳等处被围各节，纯系堵塞之词，意在阻止我军出境，除将前情转呈李、王两团长饬队注意，并随时严行侦查外，谨此据情禀闻等情谨闻等语，谨禀。伏乞钧察。孙传芳叩。佳（6月9日）印。

孙传芳指责蔡成勋"疏敌防我"，阻止孙军入赣，追剿臧杨残部；而蔡成勋指责孙传芳坐视敌人沿边北窜，协剿不利，而将责任推给赣方。曹锟没有指责任何一方；却授孙传芳为陆军上将。

常言道：一山不容二虎。周荫人与孙传芳同在福建，早晚会死掐，孙传芳也动了经营广东的想法，他向曹锟筹饷三百万元，子弹五百万发，拟以偏师出潮梅，诱惑粤军，而以主力军经赣南间道出北江，突然进攻广州，一举端掉孙中山的大本营，之后做广东督军。此项计划曾得到曹锟的嘉许，答应给饷械支持。由于孙传芳提出具体进军路线由赣南经北江入粤，遭到江西督军蔡成勋的反对，他担心孙传芳会以借荆州为名，乘机夺得江西地盘，于是，蔡成勋多次向吴佩孚进谗言，说孙传芳别有用心，理由是进攻广东，可取道闽西闽南，何须舍近求远取道赣南而入北江？孙传芳进军北江的目的就算可以直达广州，但广东有陈炯明和沈鸿英经营多年，孙传芳入广东，未得到陈炯明的同意，此举只能加剧他与陈炯明和沈鸿英之间的矛盾，破坏了团体，"不图无益而反有害"。在蔡成勋的挑拨下，孙传芳进军广州的计划最终在吴佩孚处搁了浅，未能实现。如果不是直系内部的矛盾，孙传芳的计划如能实现，那么中国的历史又是一番走向了。

8．大难不死

天有不测之风云，人有旦夕之祸福。

一伙人，要暗杀孙传芳。

一连几天，福州东街的三山座菜馆出现了一些可疑的人。

三山座菜馆位于离督署不太远的大街上，店主名叫张可淦。三山座菜馆原经营日本料理，后逐渐融入本地特色菜肴，生意一直很红火。临街的二楼上为雅座，客人可开轩观赏街景，再找几位卖唱的姑娘助兴，喝酒品尝佳肴，是个享乐寻欢的好去处。

孙传芳偶尔也来这里招待客人，享用海鲜和"佛跳墙"。

1924年5月26日，海军总司令、海军上将杜锡珪回到家乡福建，协调福建海军杨树庄占厦门之事，设法劝杨让出。杜属直系，在海军拒孙运动中持反对态度。此次来到福州，由海军界普宿、福建省省长萨镇冰做东，在省长官邸设宴为杜锡珪接风，特请孙传芳前来作陪。不知何故，请的新任督理周荫人未到。杜锡珪、萨镇冰、孙传芳等人觥筹交错，尽兴而归，分乘三辆汽车。孙来时乘坐的是第一辆汽车，回去时，他和卢香亭换了车，卢便坐了第一辆汽车。三辆汽车依次从东街驶回督署，因街上人还很多，汽车放慢速度，鸣着笛，以示行人避开。

此时，三山座菜馆二楼临街的一间雅座中陈炳麟、陈子由、陈春第、王天锐等刺客，已等得不耐烦了。此次行动分成数个行动小组，除三山座这几人外，主要路口，负责把风的，接应的，发信号的，还有一帮人。

其中王天锐是个彪形大汉，肌肉发达，负责扔投炸弹，这是一种自制的、药装在圆柱形罐头盒中的土造炸弹。陈春第负责店内的电灯总开关，即一旦听到爆炸声便立即关掉电闸。

陈炳麟负责菜馆通往泰山巷的后门，事先配好了一把钥匙，因后门到晚上是锁着的，待爆炸声后，陈立即打开后门上的锁，接应王天锐等人迅速逃脱。街上还有一些行动队员假作行人，或聊天、或买食物。待三山座里的刺客逃出来时，掩护他们逃上早已准备好的黄包车，然后奔赴南门。在台江码头上雇好一只小艇，待王天锐等到达后便驶往马尾。

计划部署得周密完善，陈、王等人事先多次前往三山座"踩点"，观察地形，反复练习，以便一击成功。

孙传芳车队亮着雪亮的灯，离三山座菜馆越来越近。王天锐兴奋得太早，还未行动，两手掌便汗津津的，肌肉也僵硬起来，呼哧呼哧大口喘气，右手臂高举着。

孙传芳却浑然不知，靠在后座上。刚才宴会上喝的酒过量，晕晕乎乎的。

车队转眼间来到菜馆前，王天锐见状，使劲一扔，炸弹飞向路对面的一个水果摊，卖水果的是个中年妇人。飞来横祸，"轰"的一声，水果四下乱飞，妇人倒在血泊中，成了替死鬼。

陈子由是负责观察的，大喊"劲大了，再扔！再扔！"王天锐手忙脚乱，又抓起一枚炸弹扔向头一辆车，"轰"的一声，这次很准，正落在车前，火光一闪，玻璃碎了，司机当场血流如注，身旁的副官被炸死，扒在车门上的马弁也受了重伤，不久亦死去。坐在后面的卢香亭仅手指受些轻伤。

第二辆车和第三辆车骤然刹车，卫士掏出枪，向三山座二楼开了火。突然，菜馆中漆黑一片。陈子由哆哆嗦嗦，竟吓得走不动了，王天锐喝道："快逃！"拉着他的手，摸着黑，跌跌撞撞下了楼梯。灯一黑，守后门的陈炳麟也慌了神，紧张得钥匙丢在地上，怎么找也找不到。王天锐急了，顺手抄起一条板凳朝门上砸去，"咣当"一声门开了，几个人争先恐后，忙忙如漏网之鱼，摆尾而去。

街道上警笛声声，人声嘈杂，乱成一锅粥。孙传芳镇定自若，下了车，慰问一下受伤的司机和卫士。这时警察赶到，拘捕了大批嫌疑犯以及三山座菜馆的老板张可淦和16名厨师、伙夫。

27日，福州省防司令李生春、警务处处长张藻衰布告悬赏缉凶，命令展开全城大搜捕，一时人心惶惶，鸡犬不宁。

省长萨镇冰、海军总司令杜锡珪亲自到督署慰问。孙传芳谈笑自若，迎到门外。

萨镇冰用手绢擦着汗说："馨帅，真是险极矣，大难不死，必有后福。"

孙传芳淡淡地说："萨老，没什么了不起，百万军中，枪林弹雨，什么样的危险我没经过？这只是小事一桩。"

刺杀孙传芳事件发生后，谣言纷纷。有人说是王永泉为了复仇，派出的杀手；也有人说是周荫人为了夺督理之位，使出的昏招；还有人说是闽南民军卢兴邦所为。总之，说什么的都是有鼻子有眼，搞得云山雾罩，扑朔迷离。

周荫人急得百口莫辩，不敢见孙传芳，而孙却上门当面安慰周荫人说："兄弟，闽督是二哥让予你的。你看……"他从口袋中掏出致北京政府的电报草稿，已编了档号。周荫人接过一看，只见上面写着："周荫人迭著勋劳，堪升福建军务督理。王永泉部残余散在闽南，若与各民军结合谋变，汀漳一带尤为可虑，拟亲往实施扫荡工作，督理一缺，请任周荫人接替，俾专责任。"

孙传芳又说："对暗杀之事，我全未放在心上，怎么会怀疑你呢？再有这种离间咱兄弟感情之事，千万别再上当。"

周荫人大为感动，说："二哥，咱兄弟往后安危共仗，甘苦共尝。"

没想到，谋杀事件反而增加了孙、周之间的团结和信任。这也是孙传芳的手腕，否则面对面树起一个仇敌，对人对己都是不利的。

三山座菜馆的刺杀事件牵连了很多无辜的人，被警察局抓去审问、拷打，自然一点蛛丝马迹也没有。最可怜的是那个被炸死的妇女，丢下一大家子，幼小的孩子无人照顾。还有便是三山座的老板张可淦，事后吓得魂飞魄散。幸而他在当地有些关系，人托人，脸托脸，最后托到省长萨镇冰处。萨亲自登门说情，终于被敲诈一笔而释放。到8月2日，16名伙友亦被开释。

6月下旬，厦门鼓浪屿各报收到署名为"中国打倒军阀同志团"所寄宣言，承认在福州行刺孙传芳，声称该团是为打倒军阀而进行的暗杀，显然这个所谓组织是虚构出来的。

谋杀孙传芳的案件，直到1934年，陈仪任福建省政府主席兼保安司令时，才将此案审得水落石出。主谋人是福州大黑帮头子林寿昌。林寿昌，字奥村，福州英华中学肄业。1919年"五四运动"以后，他利用学潮，纠集了一批社会闲散青年，组织黑社会性质的帮派势力。开山堂、收门徒、勾结官府、包办捐税、谋财害命、敲诈勒索，成了当地为害百姓的恶势力。民国十二年（1923年）3月，孙传芳、周荫人率军分两路入闽。林寿昌等人在各界开展，反对孙、周入闽活动。4月初，孙、周部开至闽清时，福建自治军黄炳武部和寿昌的学生军对其进行阻击，被孙、周部击溃，学生军损失较大。此后，福建政权重新被直系军阀控制，国民党人大部分被撤换。林寿昌于5月26日谋炸孙传芳未遂，只得避往上海。

林寿昌有复杂的背景，与上海青帮杜月笙，与王永泉、卢兴邦都有关系。至于林寿昌为何要刺杀孙传芳，主要还是孙在福州未买帮会的账，堵了他们的财路，故有所为。加上又有王永泉、卢兴邦的指使，不无关系。

10年后，陈仪任福建省政府主席，为了刷新政治，威摄地方，派人抓了林寿昌这"福建唯一大哥"，将其绳之以法，肃清地方，也了结了这一著名的无头案。

孙传芳一生

Biography of Sun Chuanfang

第五章

江浙战争

1. "明年请诸君观钱塘潮"

孙传芳学刘备让出了"徐州"，惹得手下一班将领牢骚满腹。卢香亭说："福建的地盘是兄弟们玩儿命、流血换来的，怎么能轻易拱手让人呢？如果我们夺一处地盘，馨帅让一处地盘，以后谁再去为他打冲锋呢？"谢鸿勋、孟昭月、李生春等人个个垂头丧气，像霜打的茄子。孙传芳心里有数，便请众人到孙宅后花园赴宴。等他的亲信们都到了以后，孙传芳一挥手，卫兵们托出四个盖着红绸的大盘，放在卢香亭等人面前，卫兵揭去红绸，全是一块一块白花花的袁大头。孙传芳说："这里是二十万现大洋，分成四份，每人五万块，买房产、置田地、娶二房三房随你们的便。我孙某人讲的就是个'义'字，兄弟们有福同享、有难同当，是我们打江山时立下的誓言。"

谢鸿勋赌气说："大哥，我们不光是冲着钱，大伙认为你把福建白白让给周荫人，实在太冤了。"

孙传芳笑了笑："地盘儿没了，只要兄弟们一条心，还可以打出来。诸位，有些事情你们可能不知道，让参谋长告诉你们。"

刘宗纪笑嘻嘻地站起来，从口袋里掏出一封电报："这是吴佩孚给曹大总统的秘密电文，曹大总统令秘密转发给我们，吴佩孚在电报中主张以鄂、苏、赣、闽几省的兵力，围攻浙江、上海，由江苏齐燮元和福建孙传芳主持其事。皖系卢永祥以浙沪一隅的力量，同直系力量相较，众寡悬殊，万难抵挡。诸位，我们以一个福建，换一个浙江难道不合算？"

孙传芳说："齐燮元和卢永祥都在苏浙边境调动军队，等他们双方都将主力调上去，打得难解难分之时，我们从卢永祥之后背打进去，不用花大本，便能大获全胜。"

卢香亭等人听了皆激动起来，摩拳擦掌，议论纷纷。孙传芳端起酒杯豪爽地说："听说钱塘江在农历八月十八，海水倒灌，气势不凡，形成几丈高的钱塘潮。犹如玉城雪岭，际天而来；又似万马千军，擎鼓动地。君子一言，快马一鞭，明年我请在座的诸君去杭州六和塔观潮。来一干杯！"

1924年7月上旬，浙江督理卢永祥收编皖系臧致平、杨化昭两部共五六千人，改编为浙军边防军，臧致平部改为补充旅，杨部仍称第二十四混成旅。暂住常山、江山、开化三县。与衢州防卫军共同维持治安，并委臧致平为总参议，督练边防部队，杨化昭为边防司令官。对此，直系吴佩孚大为不满，三次电卢永祥，请解散臧、杨部队。在遭到卢永祥拒绝后，苏督齐燮元以"收留叛徒"为名，作为攻打浙江的借口。

8月16日，苏督齐燮元召集各师长、各旅长及镇守使及其他重要军官在南京秘密开军事会议，决定对卢永祥用兵。苏军4万人编为8个支队，以宫邦铎、卢凤书、李殿臣、黄振魁、朱熙、杨春普、白宝山、马玉仁为各支队司令；齐燮元自任总司令，驻节苏州，刘玉珂为总参谋长；设总兵站于下关；镇江、无锡、常州、苏州、昆山分为五兵站，苏军陆续开往苏州、江阴、平望、吴江、昆山等地。

18日，海军总司令杜锡珪密令驻闽海军司令杨树庄率领"应瑞""海容""永健""楚同""楚关"各舰从厦门出发北上至上海，以助苏省攻浙；该舰队于8月31日抵达浙东镇海附近。

浙江卢永祥拥有实力如下：陆军第四师，师长陈乐山；陆军第十师，师长由卢永祥自兼；第六混成旅，旅长何丰林；第二十四混成旅，旅长杨化昭；独立旅，旅长李墨林；浙江第一师，师长潘国纲；浙江第二师，师长张载扬。军事布置如下：浙军第一师、浙军第二师为南路军，布防仙霞岭一带，堵截孙传芳；陆军第四师师长陈乐山为西路军司令，负责太湖以西一带军事，由长兴经过蜀山，向宜兴、常州攻击前进，切断沪宁铁路；淞沪护军使何丰林为东路军司令，徐树铮为副司令，率领第六混成旅、第十师、李墨林的独立旅，布防黄渡、嘉定、浏河一带，迎击齐燮元的部队；杨化昭的第二十四旅为总预备队，从常山坐民船到桐庐，兼程南下，集结嘉兴待命。

同时，奉军也乘机进关，报第一次直奉战败的一箭之仇，希望与卢永祥、孙中山三面夹攻直系。奉军参谋长致函卢永祥称："自伪选（指曹锟贿选）后，彼方屡使来谢绝，决心可见，兹所斟酌者唯军事问题，窃以为愈迟妙。盖彼方非战，无以维系内部人心，且尤利在速战。故尊处若不发动，彼必先下手。届时动在彼方，而公之筹备，又较目前为周。"

战云聚集，苏浙一带百姓、商旅人心惶惶。浙江士绅张一磨、黄炎培、史量才、黄以霖、沈恩孚等致电苏督齐燮元称："近日报章披露，人心惶惶，似确有征调运兵之事实，请明白示覆，以息谣言。"齐燮元则轻描淡写地复电说："队伍均驻原防，并无军事动作。"

卢永祥也绝非好包的粽子，于8月24日召开军事会议，进行部署，浙军分为南北二路：北路由卢永祥自任总司令，该路又分三路：上海、松江方面为右路，取守势，司令为何松林，杨化昭、朱广生、臧致平等属之，负责黄渡、浏河、青浦、嘉定一线；中路向宜兴取攻势，司令为陈乐山；左路泗安方面由王宾担任司令，以拒广德方面之来敌。南路以张载阳为总司令，潘国刚为副，其军队除原有4个师外，加上边防军及沪军各部，总兵力达7万人。

8月27日，上海《字林西报》记者在南京采访苏督齐燮元，询问有关江浙战争之风闻。这时的齐燮元已毫不避讳，公开指责卢永祥破坏《江浙和平公约》，使"叛徒"臧致平和杨化昭"于浙军中享有优崇地位，利用其来侵犯江苏；江浙战争为本政府及邻省之同僚所赞成，允共合作"；"余非意在攫取土地，仅在使上海再入江苏版图后，可绝内争破坏中国之行动"。为发动江浙战争找冠冕堂皇之借口。

卢永祥在出兵时，曾经在杭州召集浙江文武官佐和士绅谈话。卢即席慷慨陈词说："我在浙江多年，把浙江当作第二故乡。此次兴师讨贼，出于大义，胜也不回来，败也不回来，我决心还政浙人，实行浙人治浙。"他当场决定把省政交与张载扬，把军事交与潘国纲。卢永祥总部移到了上海，指挥军事，下了破釜沉舟、孤注一掷的决心。

9月1日，反直三角之广州孙中山决定乘江浙战争爆发进行北伐，令建国湘军、豫军、

浙江督军卢永祥

赣军、张达民师、中央直辖第一军朱培德部，于半月内集中韶关，以备攻入江西。

同月关外张作霖根据卢永祥电告齐燮元举兵侵浙，召开军事会议决定：（一）定战费5000万；（二）假秋操为名，陆续向山海关进发；（三）第二、六两旅先行开拔，分据锦州、绥中，观察形势。次日，奉军开始出动。

是日，吴佩孚在洛阳召开御奉援苏军事会议，直系将领张福来、杨清臣、靳云鹏、王汝勤、田维勤、胡景翼、曹瑛、冯玉祥、王承斌、马联甲、刘振华参加。吴佩孚主张：（一）先调靳云鹏部东下，暂驻浦口，为苏声援；继派杨清臣一部驻防徐海道属，巩固后方；（二）电令常德盛等赣军牵制孙中山粤军助浙；（三）援苏御奉并重，除分电驻滦州之彭寿莘部十五师戒备外，传檄调二十六师一旅布防外，并集合二十六师、十三师、第四混成旅即第三师同时御奉。

再看苏浙战场：9月1日，昆山苏军已经对浙军取进攻态势，第二师混成一团前进至陆家浜。浙军第十师第四十四团出发至安亭，两军相距10华里。苏军安亭前敌司令朱熙、宜兴前敌司令陈调元、太仓前敌司令宫邦铎均亲往前线指挥。

2．第一次江浙战争

9月3日拂晓，苏督齐燮元同浙督卢永祥的军队在上海与苏州间的安亭、黄渡终于乒乒乓乓打了起来。

当江浙战争开始的时候，卢永祥本与奉天张作霖有约，南北夹击直系。张悉倾关外之师，入关讨直，与吴佩孚激战于长城一带，没有取得进展。在卢永祥方面，远水不救近火，得不到奉张的援助。在齐燮元方面，吴的兵力要对付奉张，大敌当前，无法分兵援齐，只派了湖北张允明一旅、河南绰号李蛮子一旅增援江苏。

浙军东路军何丰林部当面之敌为苏军第六师宫邦铎、第十九师杨春普、第二师朱熙，还有江苏四个旅。浏河方面，当面之敌为马玉仁、吴恒瓒部队，苏军攻势很锐，异常吃紧。浙军总部本来准备把杨化昭部队增加在西路方面，协同陈乐山部切断沪宁铁路，后因浏河吃紧，临时变计，决定把陈乐山和杨化昭第二十四旅兵力，一部分增援浏河，一部分增援嘉定。当嘉定、黄渡、浏河前线战事激烈的时候，吴佩孚所派增援的河南李蛮子一旅钻到空隙，突然在后方马陆镇出现，离南翔只有十几里路，大大威胁前线。陈乐山的第四师已经从西线调了回来，人强马壮，前线紧张，但是坐视不理。这时，臧致平在黄渡前线抽调了一部，杨化昭在嘉定前线抽调了一部，双方夹击，才把李墨林窜犯的部队击溃逃回。

杨化昭命令第一支队司令张义纯带领第一营营长谭炳衡、第二营营长杨振邦、第三营营长何若亭从罗店驰援浏河。第十师暂编团长郑俊彦部队已经顶不住，纷纷溃退。等援军到达，全面进击，浏河前线才转危为安。这一次战斗结果，苏浙双方伤亡甚重，苏军团长冀汝桐被俘。自杨化昭部队参加前线以后，杨本人带了第二支队司令杨赓和、第三支队司令李启佑在嘉定前线作战，打退了当前的敌人，把嘉定的危局也挽回了过来。东路一线士气大振，所有黄渡、嘉定、浏河全线，阵地均非常巩固，造成了双方对峙的局面。

齐迭电请援，吴要派兵也派不出来，因此齐燮元也无进攻的能力。战事相持了40余天。浙江后方忽然发生突变，前方军事正在进行，后方突然发生变化。

苏浙一开仗，孙传芳来了精气神，立即动员部队，作攻浙部署。他亲自去找周荫人要开拔费："樾恩，第二师已做好离闽准备，但我是罗锅上树，前（钱）缺，你给凑点儿。"

周荫人巴不得孙传芳立马离开福建，忙说："不成问题，我先给你凑二十万元咋样？你只管出发，福建的财力和人力给你作后援。"

孙传芳冷笑一声："二十万不够，一个团也不够，三天之内，你给凑五十万，我见钱开拔。"

周荫人知道他在敲竹杠，但还是捏着鼻子答应了。三天之后，果然送上五十万"袁大头"，孙传芳一声令下，福州的部队排着整齐的队伍，开出城外，向北而去。

孙传芳前脚走，周荫人后脚便将主力部队调入省城，名义上支援孙军，待机出发，其实是防止孙军再杀回马枪。

其实，孙传芳对此次行动，是胸有成竹。浙江全省警务处处长夏超已答应做他的内线，等待机会里应外合。

一天，杭州城内的警察在梅花碑省长公署附近，盘查到一个行迹可疑的人。此人在被抓到警察分局时，要求局长屏退其他人，才能说实话。局长后来同意了他的要求，此人说：“要见全省警务处处长夏超，有故人带来的书信一封。”

警察分局局长搜遍其人所带的东西，什么也没有发现。后来派人在其所住的旅馆的行李中，发现一部线装的《水浒传》，书的扉页上有夏超的签名。于是，警察分局局长通报给警务处处长夏超。

以夏超为首的浙江籍军政官员，包括陈仪、潘国纲、周凤岐、张国威等，对卢永祥等北方人内心都存不满情绪，他们主张“浙人治浙”，不愿意让战火祸及桑梓。

孙传芳在福建时，曾派浙江籍秘书朱伯房去杭州活动。朱伯房在拜访潘国纲时，曾以试探的口气问道：“如果闽军入浙，贵军将如之何？”潘国纲像是漫不经心地说：“那要看他是干什么来了，如果他们找卢永祥的麻烦，干我们屁事？何乐不为？要想统治浙江，那另作别论。”

当时浙江人心中大体都有这种想法。而夏超，却是个野心勃勃的人物。他掌握着全省的警察局、所，加上宁波、省城内河外海的水陆警兵，约有一万多人，再加上兵轮17艘，有一定的实力，但对于卢永祥几个师的人马，却无法与之抗衡。孙传芳早有图浙之意，夏超也掂量过了，孙充其量有一师多人，若与孙联手，或能赶走卢永祥。再联合陈仪、周凤岐、潘国纲等人，控制浙江，抵挡孙传芳是绰绰有余的。正是这种借孙驱卢的心理，使他与孙传芳已秘密结成同盟。

夏超闻讯赶来，一见《水浒传》，便明白了其中的奥妙。

他立即请来人到公署，用化学药水，涂在书上，果然是孙传芳的一封密函，信中云：闽军将攻仙霞岭，请代为与老同学张国威联系，令其做内应，引闽军入浙，一旦成功，定将浙江大权，交定侯兄负责，决不食言。

夏超内心一阵狂喜，但表面上不露声色，对来人说：“转告孙馨帅，如期发动。浙江一切由夏某负责，万无一失。”

正是有这些充分准备和铺垫，孙传芳对于夺取浙江是信心十足的。

孙传芳的第二师很快便到达闽北延平，当即部署，分三路入浙。自任闽赣联军总司令，分编六支队：以第三旅旅长卢香亭为中路总指挥，率第十混成旅孟昭月部，由福建崇安、浦城入浙；第二十四混成旅张俊峰为左路指挥，率第二师炮兵团、骑兵团，由闽西北光泽沿江西边界的上饶、广丰入浙；第二旅彭得铨为右路指挥，率崔锦桂团由福建的福鼎入浙。孙传芳本人率卫队团设总司令部于建瓯，居中策应。

8月28日，孙传芳总司令部亦向右路福鼎前进，其中第二路第四旅悍将谢鸿勋部及第二十四旅张俊峰部亦抵政和，向寿安前进。从阵势上看右路成了孙军攻浙的主力所在。中路因有仙霞岭横亘于前，只有枫岭关为唯一入浙通道，且浙军有重兵把守，一夫当关，万夫莫开。

仙霞岭位于浙江省西南部，绵延浙、闽、赣边界，呈东北、西南走向，西南接武夷山，为钱塘江、瓯江及闽江的分水岭，主峰在浙江江山县境内，海拔1413米，枫岭关则在其南，为入浙锁钥。

卢永祥得悉孙传芳率大军攻浙的消息后，十分狼狈，急令浙军第一师师长潘国纲和炮兵团团长张国威增强仙霞岭的防务，并加派张国威为浙江边防副司令。

孙传芳将主力大张旗鼓布阵在右路，有意将精锐之师摆在左右两侧。其实他要学三国时邓艾攻蜀，偷袭阴平的办法。故意派一些衣着破烂、头戴斗笠的军队，看上去像土匪，又像民团，在仙霞岭方向活动。

孙传芳暗中将右路的谢鸿勋旅调往中路万山崇岭的仙霞岭下，亲自检阅军队。当时孙传芳的部队像一支"叫化军"，头上戴着破斗笠，上身是破烂的短袖衫，下身是短裤，脚上全是草鞋。部队的装备也很差。孙传芳跳上一块大青石，带有煽动性地说："弟兄们，我带你们千里迢迢从湖北到了福建，刚刚站住脚跟，又被他娘的周荫人占了窝，让人家撵出来了。缺食少衣，也没有后路，我们只有一条路，就是打到浙江去！回福建是不可能了，是死是活要靠我们自己去打、去拼杀。翻过前面的大山，就是鱼米之乡浙江。那里有饭吃，有衣穿，要不要啊？"

"要！要！"千百个喉咙一起吼着。

孙传芳拿出自己编的一本《入浙手册》，又说："弟兄们，这本《入浙手册》是告诉我们怎样才能在浙江站住脚的，要想站得住，就要让浙江的老百姓拥护我们，要让他们觉得我们是正义之师，是来救他们出苦海的。这样，我们就要让他们把我们同卢督办的军队来比比，我们要纪律严明，秋毫无犯，我们要与他的军队去抢，不抢老百姓，就能夺取浙江，在浙江站住脚。"

孙传芳这一手，是他总结了多年的经验与教训得出来的。要想在混战中立于不败之地，军队训练为第一要务；统帅的战略、战术也很关键；但最最要紧的还是要收买人心，得到老百姓的口碑。这是他从吴佩孚那里学到的。当年吴佩孚率孤军被困衡阳，如果不是与当地百姓打成一片，闾阎不惊，秋毫不犯，早让南军消灭掉了。

孙传芳已具备了占据一方的能力，只是还没有风云际会的机遇。在军阀混战中，他能提出军纪问题，想收买人心，这便是他日后崛起的一个成功因素。孙传芳的军队纪律确实要比别的军阀军队好，一方面他的士兵都是来自北方农村的一些贫苦农民子弟，对民众有天然的同情心和感情上的联系；另一方面，孙传芳注重军纪，形成一种风气，上行下效。他编的《入浙手册》，成了军队教育的必学课本之一。

在行军过程中，孙军不论在扎营过夜和吃饭打尖时，都由连、营长高声朗诵《入浙手册》，甚至在行军时，由下级军官领着念，士兵跟着念，死记硬背。孙军把手册念熟了，在无形之中军士们都有了一个较强的观念：福建是不让我们再回去了。倘若再进不了浙江，尤其是"上有天堂，下有苏杭"的杭州，只有死路一条了。在这种环境逼迫下，孙传芳诱导士兵遵守军纪，自然而然提高士气，对于战胜对手十分有利。

3．孙传芳袭夺浙沪

防守浙江仙霞岭的浙军司令官张国威，是1906年与孙传芳、卢香亭一船到达日本的，是日本士官学校毕业的老牌炮兵团长。技术好，有能力，领袖欲望很大。他与浙江第一师师长陈仪（也是日本士官学校毕业的高材生），在浙江混了十来年，由于受卢永祥这个没有正规学历的军头压制，都郁郁不得志，盼着能有个改朝换代的机会，出人头地。因此，对防守仙霞岭并不用心。他是学炮兵出身的，在山岭上布置了炮兵阵地，目标直对枫岭关下唯一一条入浙通道。如果认真防御，孙军是毫无攻入的可能的。

卢香亭派了一个团的人在枫岭关实行佯攻，以探虚实。山上各阵地，大炮轰鸣，山岳震动，打得"结棍"。卢香亭知有重兵在此，另想"绝招"。他派谢鸿勋带了两个团，轻装绕到仙霞岭左侧，出其不意，突然从侧背向张国威的炮兵阵地发起攻击。正在这时，卢香亭派人送来三万块银圆；杭州城里来了一通电话，张国威抓起一听，原来是全省警务处处长夏超的青田口音："张副司令，你还等什么？这是千载难逢的好机会，助孙倒卢，大功一桩，不比你当炮兵团长强？"

张国威恍然大悟："定侯兄，感谢拨云见日。"他立即命令炮兵和守军挥动白旗，自己亲自前往枫岭关外去见卢香亭，将仙霞岭作为向孙传芳投降的一份晋见大礼包。

孙传芳不费大力，便夺得浙江重要门户，立即派张国威为炮兵总司令。张亲自率部分军队为孙军之向导，直攻杭州。

9月13日，孙传芳全军均已攻入浙境，即电闽督周荫人："自佳（9）日全队进攻，谢（鸿勋）旅长攻克庆元、龙泉；卢（香亭）旅长攻克保安桥、洪口。敌向衢州方面溃退。现正分令各路纵队猛力攻击。"

守浙东的浙军南路衍防总指挥潘国纲率领浙军第一师和张载扬部浙军第二师，负责衢州和温州的防务。孙军直扑衢州，潘国纲措手不及，急令所部退出衢州。卢永祥听说江山失守，又闻潘国纲退出衢州，怀疑潘国纲等浙军全部投降孙军，指责潘国纲抵抗不利，有通敌之嫌。潘国纲为表明心迹，所部退至宁波，通电下野。

卢永祥在杭州梅花碑省长公署召开会议，宣布："将浙江省交还浙人治理。本人移沪督师。"省长张载扬声明卸职，委警务处长夏超代理省长，所兼第二师师长委任警备队总参议周凤岐代理。

孙传芳就任讨逆南路总司令率军入浙攻占衢州等地通电：

大总统钧鉴：

国务院钧鉴：

各部院、各衙门、冯（玉祥）检阅使、王（承斌）巡阅使、洛阳吴（佩孚）巡帅、南京齐（燮元）巡帅并杜（锡珪）总司令、武昌萧（耀南）巡帅、天津王（怀庆）副帅、南昌蔡（成勋）督理，安庆马（联甲）督理、各省督军、督理、省长、各护军使、镇守使、各师旅长、各法团、上海、北京、汉口及各省报馆鉴：

顷奉大总统电令、叛督卢永祥，聚集叛党，反抗中央，祸国殃民，罪不容诛，前已明令褫夺官勋，并免去本兼各职，由齐燮元督率部队，相机剿办在案。现据前方报告，该叛督持凶徒众，顽强抵抗，不惮糜烂地方，以图一逞，人心共愤，国法难容，亟应一致进行，共张挞伐。兹特派齐燮元为讨逆北路总司令，马联甲为副司令，孙传芳为讨逆南路总司令，蔡成勋、周荫人为副司令，两路进兵，前后夹击，以期近扫逆氛，早定大局。用副本大总统渴望统一，除暴靖氛之意。此令。等因。奉此。传芳遵于本日就职，并由衢州即日督师前进，以期迅扫逆氛，奠安大局，谨电奉闻。尚祈惠赐教言。同心匡济，无任企祷。

如狼似虎的孙军像尖刀一样直插杭州，9月22日，孟昭月、卢香亭两旅进入杭州，并沿沪杭铁路向北猛追卢永祥军，卢的浙沪联军害怕孙军接踵追至，将沪杭铁路嘉兴车站以东的七十八号铁桥及嘉善、嘉兴间七十一号铁桥炸毁。25日，卢香亭旅占领嘉兴，布置向上海外围松江发动进攻；陈调元率苏、皖联军亦自宜兴进占嘉兴。

孙传芳从仙霞岭下来，势如破竹，一路所向无敌，于25日中午到达杭州城外南星桥。此时代理省长夏超率浙江军政要员在道迎候。夏超手捧省长大印趋前献上，阿谀说："馨帅，一路顺风，来得好快。这是省长的大印，请接收。从此浙江愿在馨帅领导之下。"

雷峰塔在1924年9月25日倒塌

孙传芳满面春风，心里却想："你今日能卖卢永祥，他日定有卖我的一天，此人必须多加提防。"他堆出一副亲热模样，拍着夏超的肩说："传芳今日能进杭州，定侯功不可没。帮了大忙，不能不报！"他拿过省长大印，放在手中掂了两掂，又说，"大印归你，省长就是你啦！我致电曹锟大总统委你是职。"

夏超欣喜地说："谢谢大帅，夏某愿为馨帅效犬马之劳。"

孙传芳为了站住脚，立即提出要见几位浙江籍的日本士官同学，第一个便是在日本士官中夺魁，被日本天皇授刀的蒋方震（字百里）；第二位便是陈仪（字公洽）。夏超答应为之引见。一行人有说有笑，沿着波光潋滟的西子湖而行。

此时正是"三秋桂子，十里荷花"的季节，下午1时半，众人正欣赏湖光山色，突然半天里传来"轰隆隆"一阵巨响，霎时烟尘蔽天，原来，位于西湖畔的雷峰塔倒塌。

雷峰塔是由吴越国王钱俶因其皇妃得子，为祈求国泰民安，于北宋太平兴国二年（977年）在西湖南岸夕照山上建造的皇妃塔。因为塔建于西湖南岸夕照山的雷峰之上，约定俗成，当地人叫它雷峰塔，反而少有知道叫皇妃塔的。后人将雷峰塔景致称"雷峰夕照"，列为西湖十景之一。

孙传芳进杭州的这天，正赶上雷峰塔倒塌。随行人员大惊失色，以为不祥之兆。唯有孙传芳哈哈一笑，自为解释："此乃好兆头，雷峰塔倒了，白娘子由蛇成龙，自由行空。这不正预示我辈的出头之日吗？"

孙传芳、卢香亭与蒋方震、陈仪、张国威等日本士官学校的毕业生在西湖楼外楼把酒叙旧，气氛十分热烈。在当时的北洋军阀中，基本上没有由日本士官毕业生结成疙瘩的地方。而在孙传芳这里是个另类，一群士官生扬眉吐气，也是他们合作的基础。

孙传芳随即重新委任陈仪大学长为浙军第一师师长，周凤岐也是保定前身，北洋陆军将弁学堂出身，与孙传芳也有渊源。因此，被孙传芳委以浙军第二师师长。

曹锟大总统非常高兴，于1924年9月20日，特任孙传芳督理浙江军务善后事宜兼闽浙巡阅使。

　　9月29日孙传芳通电：

窃传芳奉大总统令，特任为闽浙巡阅使兼督理浙江军务善后事宜等因。现于敬日行抵杭州，遵即宣布就职。自维德薄能鲜，值兹时局，深惧弗胜，尚祈教言时赐，俾奉周旋，勉图匡济，不胜企祷之至。

孙传芳在杭州略作安排之后，马不停蹄，又赶往松江前线。

从10月初开始，孙传芳部势如破竹，捷报频传，不断向北京大总统曹锟、吴佩孚和各方报告攻占金山、龙华等地战况。

10月3日电：

急。北京大总统、吴巡帅钧鉴：

传芳抵金山后，选接前方报告如下：

（一）卫队团李（俊义）团长报称：职团于冬日攻击张堰，激战多时，敌军被我包围，遂即投降，俘虏营副一，连长二，排长四，目兵二百余，获机枪二，步枪二百余，子弹六万余，并击毙营长一，排长四，目兵无数。（二）谢（洪勋）旅长报称：冬日占领蒋沙滨松隐一带，时击毙敌之连长一，排长二，目兵数百，俘虏敌之副官一，排长一，目兵八十余，获山炮二，机枪二，步枪二百余，枪炮弹百余箱。（三）据卢司令报告，我第六团已过大柳港，并击溃对岸之敌人，沪杭火车开来三次，被我炮火击退。（四）统计松江南方之敌，被我右翼队击溃者，约有三四营矣。内有卅七团一营四连之工兵营，卫队团第一营等。

10月4日电：

万急。北京大总统、吴巡帅钧鉴：

昆山齐巡帅、下关杜总司令、福州周督理、萨省长钧鉴：

江日得战况如下：（一）据李团长报称：职团占领张堰后，即攻金山卫，时有敌步兵一营，炮工兵各一连，机枪四架，凭险抵抗，激战一日，经我三面进逼，敌由东南两门溃退，我预备队沿河截击，敌人纷纷落水，其机枪及步枪并子弹等，多抛弃河中，敌众凫水溃散。马朋、新街等处之敌人，亦闻风潜逃，遂占领金山卫一带。是役毙敌营长一，连长二，目兵无数，俘虏敌官长五，目兵卅余，获山炮二，迫击炮一，机枪二，步枪二十余及军装杂件甚多。（二）据谢旅长报称：职部占领松隐后，即行猛烈追击，敌经徐家堰，节节溃退，至姚家滨一带，时敌得增援队步兵约一营，并附炮兵及机枪若干，据险抗战，经我步七团由左翼袭其侧背，敌势不支，向松江溃退，我军遂占领姚家滨一带，是役毙敌百余，俘虏敌官长六，目兵二百余，夺获步枪七十余支，子弹无算，我军伤连长一，目兵二十余，阵亡连长一，目兵十余。（三）据卢司令报称：第六团已占领沙滨一带，我野炮兵阵地已进至姚家滨北侧，正向松江及黄浦江对岸之敌人猛烈射击。横潦泾对岸之敌，被我炮火扫射，已有摇动之势。（四）总核各报告，黄浦江以南，已无敌人，我军可直迫松江。传芳即移曹家渡，电报仍由枫泾转。

10月5日电：

北京大总统、吴巡帅钧鉴：

传芳于支日进抵柳港，查黄浦及横潦泾南岸之敌人，业已扫尽，我军定于麻日拂晓渡江，直攻松江城。

卢永祥的浙沪联军死守最后的阵地，孟昭月等连日指挥部队攻打，均未奏效。孙传芳研究了地图，认为松江背靠上海，故能坚持。于是决定以四个营的兵力，乘木筏从黄浦江中上游的叶榭镇偷渡石湖荡，埋伏于明星桥，以突然袭击方式，直捣浙沪联军后路；同时令各部从张泽、金山卫、叶榭等地，分进合击，猛攻松江。

10月6日电：

北京大总统、吴巡帅钧鉴：

我军第四旅全部，已于鱼日午后三时，完全渡过黄浦江，直迫松江城矣。

孙传芳进兵到松江时，防守松江的只有何丰林部下第六旅王宾保安团抵挡，第四师陈乐山不肯驰援，形势十分危急。杨化昭由嘉定抽出了一部分人，由浏河各连抽出120人，组成一个突击队，增援松江一线，但众寡悬殊，已经无济于事了。正在这个时候，吴佩孚所派增援江苏的湖北张允明一旅，与徐树铮、臧致平接洽，投降卢永祥。张允明原与皖派有关系，经过徐、臧策动，谈好条件，答应张为淞沪护军使，张允明的部队准备从黄渡开过来支援。防守松江的第三军司令王宾，认为石湖荡为大片水域，敌人过不来，并未设立严密的防御工事。不料孙军偷渡成功，截断松江与后方的联系。10月8日，孟昭月部以猛烈的炮火轰击松江城，并架云梯爬城，守军不支纷纷溃逃。王宾携家小逃往上海，孙传芳进入松江。

10月9日：

> 大总统、国务院、吴巡帅钧鉴：
> 各部院、各机关钧鉴：
> 我联军连日鏖战，幸各官长指挥有方，士卒用命，于十月八日午后六时半已完全占领松江，敌人纷向上海方面溃退。孙传芳、白宝山、史俊玉、卢香亭、谢鸿勋、赵光戴叩。

卢永祥、何丰林等急红了眼，决定反击孙军。卢永祥任何丰林为第三军总司令，以第十师第十九旅旅长郑俊彦任前敌总指挥，下了命令，无论如何要收复松江。

10月10日，淞沪护军使何丰林亲自督战于明星桥，指挥郑俊彦所部向孙传芳军反攻。

郑俊彦，字杰卿，河北省宁晋县人。早年毕业于北洋陆军速成学堂。后任曹锟第三镇十二标三营督队官；后为卢永祥中央陆军第十师第十九旅旅长，作战凶狠，是卢手下第一员大将。

此番孟昭月乘胜前来，迎头撞上了郑俊彦，猛将对猛将，好似两把锋利的钢刀刃碰在一起，双方都在较劲，仗越打越激烈，你来我往，杀进杀出，激战一天，郑竟将孟昭月击溃。孙传芳从福建一路斩关夺隘，尚未碰到过打硬仗的对手，没想到此次吃了苦头。第二天，两军又战于明星桥之正南方。孟昭月要报昨日一箭之仇，亲自在前线督战。不料对方又是劈头盖脸，毫不留情，孟昭月成了打败的鹌鹑斗败的鸡，几个回合下来，又折了一阵。浙沪联军又向南推进了数里路。

孙传芳看着垂头丧气的孟昭月，不由"扑哧"笑了出来，孟昭月大为不解。孙传芳拍着他说："子明（孟昭月字），别耷拉着个脑袋。应该高兴，这种将才应该派人去游说，归到咱们的帐下。还有，我听说上海宪兵司令马葆衡也是个人才。以后咱们地盘越来越大，不注意搜罗人才不行。我已派人去与郑、马两人联络了，你等着好消息吧！"

果然，在孙传芳派人活动下，在明星桥与孙军对峙的郑俊彦部斗志有所懈怠。孟昭月为了证明不弱于郑俊彦，于11日晨亲自率部攻击浙沪联军，联军竭力抵抗，弹尽后继以肉搏，终因寡不敌众，退守莘庄以西五里多的曹家庄。卢永祥急得大骂："不准再退了，你们退进上海，我退到哪里去？"可惜，兵败如山倒，无人再听卢督办和何护军使的命令了。

10月12日凌晨1时许，浙沪联军总司令部在上海高昌庙召开军事会议。在座的将领纷纷诉苦，说不堪再战。卢永祥泪如雨下，坐镇沪浙十数年，没想到竟是如此结局。他打电话给莘庄前线的何丰林说："茂如（何丰林字）你赶快回来吧，我已拟了下野通电。一起去大连吧！"

当日上午，卢永祥发通电下野。是日，卢永祥偕何丰林、臧致平登上日本"上海丸"轮东渡。卢永祥临行前将龙华的防务交由第二十旅旅长朱声广担任，第六混成旅及松沪护军使之关防交上海防守总司令刘永胜；并令各师师长旅长自行收束各路军队。

12日，孙传芳率军收编了郑俊彦第十师残部，直趋上海龙华，并发出通电：

谨布者，顷据上海宪兵司令马葆珩派冯副官来称，敌被我军攻击，节节溃退，已不成军，卢、何等见大势

淞沪护军使何丰林

已去，于本日通电解除职务，乘船逃走，上海制造局暂由该司令维护等语。传芳一面指定地点收容溃兵，一面饬所部停止军事行动，传芳拟即日率带卫队进驻龙华，暂维治安，候齐（燮元）巡阅使莅止，特此电布。孙传芳。

当时，卢永祥弃军逃走，但黄渡、南翔、浏河、吴淞尚在卢军手中，包括第四师、第十师、第六混成旅和臧致平、杨化昭的军队，也不下三万人，这些军队群龙无首，都退进闸北和南市一带。当时，皖系要角徐树铮也在上海，他想拥有这些部队，于是积极活动，召集陈乐山、杨化昭等开会。但徐树铮住在公共租界南洋路，公共租界工部局担心徐树铮兴风作浪，于10月15日将其软禁在家，后干脆递解出境。群龙无首，卢永祥、何丰林的部队只有等待被孙传芳和齐燮元所改编。10月15日，曹锟下令嘉奖齐燮元、孙传芳平定浙沪，着查明出力各员呈候奖叙，并派李厚基、王瑚南下宣慰，妥筹善后。

孙传芳驻节龙华淞沪护军使署，当即委苏军第一师师长白宝山为上海防守总司令，办理地方善后及收抚事宜。

10月16日孙传芳电告大总统曹锟：

> 我军前线自元日克复龙华后，当经电请齐抚帅，即日来沪主持一切，并暂派苏军第一师白师长宝山为上海防守总司令，办理地方善后一切事宜。所有传芳直辖各部队，均令驻扎郊外，妥为警戒。传芳现驻龙华附近之华泾镇，因浙省待办要事甚多。俟抚帅到沪会晤后，立即班师回杭。

10月17日闽浙巡阅使孙传芳和苏军第一师师长白宝山先后抵达上海，会同苏皖赣巡阅使齐燮元的代表与浙沪联军磋商改编和遣散条件，战败一方由代理第十师师长朱声广出而接洽，先自行召开军官紧急会议，大家认为卢永祥等已弃军出走，徐树铮又被扣留租界，群龙无首，再战无力，决致函齐燮元，军官按级加给。这封信交由齐燮元的驻沪代表转致齐燮元。

齐燮元复函表示，愿受改编的在原防听候点名改编，不愿改编的，则给饷遣散，孙传芳亦赞同齐的决定。10月19日败军集中至龙华、吴淞、江湾等处待命。两天后，孙传芳携白宝山由沪西南之梅家弄到上海主持收束卢、何军队，并邀上海总商会会长虞洽卿商谈收编与遣散浙沪联军之条件。

孙传芳和齐燮元向败军发表训词：

国内战争无胜败荣辱可言，况此次作战官兵伤亡甚多，言念及此，不胜痛惜，想各官兵转战月余，备经困苦，各该家属定必悬念，本使等久历戎行，深知此情，有愿回家者，每兵给川资廿元，司务长卅元，排长四十元，连长五十元，其愿改编者，即可收编，无兵之官则以原薪暂行候差。本使等对于各军一视同仁，绝无歧视，幸勿观望，其各凛遵。孙传芳、齐燮元。

孙传芳的参谋处发布结束战事的通告如下：

各报馆钧鉴，敬启者，孙巡阅使旅沪以来，积极办理善后诸事，并与齐巡阅使代表刘参谋长迭次会议，现已完全结束，各部队已于本月十九日午后起分头开拔，遍赴各地驻防，沪埠既无游骑无归之兵，则地方治安及商业市政一切自可逐渐恢复原状矣，知关廑注，特此奉闻。闽浙巡阅使署参谋处启 十月十九日

一日，龙华淞沪护军使署的门外，一辆小轿车停在门口，一位很有派头的绅士打扮的人下了车，向卫士递上名片：上海市总商会会长虞和德（洽卿）。此人在60岁左右，风度极佳，一副饱于世故、见多识广的模样。孙传芳急忙迎出署外，拱着手说："德老大

上海总商会会长虞洽卿

驾光临，传芳不知，未曾恭候，失敬，失敬。"

虞洽卿拉着孙传芳的手，上下打量道："没想到馨帅这样年轻，春秋正富，战功如此赫赫，老朽在上海滩混了大半辈子，中外各路豪杰都曾见过，但像孙馨帅这样的英雄还是第一次得见。"

一席话，将孙传芳恭维得甚是舒服，立即拉近了两人的关系。他们进到客厅坐下。虞洽卿说："馨帅，此次驱走卢、何，实在劳苦功高。"他端着茶，轻轻地吹了一下水中的茶叶，慢慢呷了一口，说道："上海，乃全国之商业中心，外国人在这里有巨大的利益。上海的商业活动和市民生活不能乱，一乱，外国军舰就要开进黄浦江，引起国际干涉就麻烦大了。现在，上海是人心惶惶呀。"

孙传芳倒很虚心，"德老，传芳是初来乍到，地面上的事情，正是向您请教的，点拨一二，卢永祥、何丰林逃走了，他们还有三万多的残兵败将，散布在上海及周围地区。这些人群龙无首，但有枪杆子，打家劫舍、扰乱商旅的事情肯定免不了。现在要想个收编的办法，特别是要严防散兵游勇进到租界中去。"

虞洽卿点点头，又说："悠悠万事，吃饭为大。你们打了四十多天，各地通往上海的运输频频受阻，现在上海市内已开始闹粮荒；军队和败兵都要吃饭。这个问题要立即解决。"

孙传芳一听也不由心里着急，问道："有什么好办法呢？上海有没有储存的大米？"

虞洽卿沉吟道："码头上有一批大米，原是经上海转口外销的，因战事滞留下来，能不能将这批米暂时扣押下来？"

孙传芳立即同意，派人去码头扣留这批大米。

虞洽卿又说："这些救命的大米，各方面都眼巴巴望着，但如批发给米商，一定要哄抬米价，那样，还是会乱的。"

孙传芳说："这个好办，每个粮店派上几个兄弟去维持秩序，一经发现有哄抬米价者，立即正法。我倒要看看哪只粮老鼠不怕死？"

这个办法果然好。原先米贩子们想到孙军进上海，秩序肯定要大乱，囤积居奇，必有好处。孙传芳这一手立即得到市民的拥护。市面粮价稳定，人心方定。他又接受虞洽卿的建议，颁发布告，命令散兵、溃兵不得进入各国租界；

并在上海北站设立伤兵、溃兵收容所。

孙传芳与齐燮元还商定了收编卢永祥军队的办法：原卢军第十师及臧致平、杨化昭所部归齐燮元，收编为苏军；原卢永祥第四师及第六混成旅，由孙传芳重编为浙军。

1924年10月16日，孙传芳到上海主持收编浙江军队；10月19日，孙传芳的闽浙巡阅使署参谋处发布通告：宣布江浙战争结束。各部分头开拔，返回各地驻防；并委苏军师长白宝山为上海防守总司令，办理上海善后及收抚事宜。

11月11日，孙传芳调回白宝山，派齐燮元部宫邦铎到沪，并率部队驻于闸北。齐燮元还任命宫邦铎为第十九师师长并兼淞沪镇守使。此时其他援苏之军队均已撤回，只有湖北第五混成旅旅长张允明据沪不退，并称奉孙传芳令任驻沪浙军总指挥，驻军龙华。

11月7日，奉系控制的北京政府任命张允明为淞沪护军使。于是，上海南、北市各有一个镇守使、护军使。孙传芳此次出福建、夺浙江、战上海，在四十多天时间里，取得令世人刮目相看的战绩，有几点尤其值得注意：

首先，在军事策略上孙已注意到打硬仗与打巧仗的互相结合，不再是湘鄂之战时的一介武夫，而是用计谋瓦解、收买敌人，用炮弹和"银弹"相结合的方针，故能取得事半功倍的效果。

其次，注意军纪，讲求与新占地区和老百姓的关系。民国时期，军阀混战，很多省份的人民非常讨厌外省军队入境。军队除了互相伐杀以外，扰民祸民是令老百姓憎恨的主要原因之一。孙传芳的《入浙手册》说明他是个有头脑的军阀，军队上下按手册要求规范行为，也是其取胜的因素之一。

再次，注意保护外国资本和买办阶级的利益。孙传芳听取虞洽卿的建议，维护市民的生活，保护租界的利益，此举为以后开府金陵，统治东南五

1924年10月，孙传芳摄于上海法大马路八仙桥塊慧芳照相馆

省打下一定的基础。福建、浙江、江苏、安徽、江西等沿海沿江地区，是外国资本企业的集中所在。如果处理不好与列强的关系，是无法在这些省份站稳脚跟的。孙传芳与大买办虞洽卿的初步合作，也是他事业成功的开始。

最后，孙传芳重视对军事人才的搜罗。在江浙战争中，他挖空心思收买、拉拢对方的军事人才，如张国威、陈仪、郑俊彦、马葆琦等，这些人后来都成为孙传芳军事集团中的重要人物和统治东南五省的基础力量。

从江浙战争来重新认识孙传芳其人，可以说这是他一生中发展的最关键阶段。不仅仅是他夺取了浙江一省的地盘，更重要的是他已经掌握了一套军事统治方法和策略，以后开府金陵，成为五省领袖，只不过是他这一套办法和策略的扩大和改进而已。

4．第二次直奉战争

南方战火方殷，北方烽烟又起。

直系军阀端掉皖系军阀在东南最后一块地盘。反直的奉系军阀张作霖乘机便作战争叫器，通电全国，指斥曹锟与吴佩孚十大罪恶，宣布要"谨率三军，扫除民贼，去全国和平之障碍，挽人民已绝之生机"，表示要进关参战。

1924年9月15日，张作霖发出通电，表示要用飞机去问候曹锟大总统的起居，同时奉军兵分三路，向关内杀来。第二次直奉战争爆发。

曹锟任命吴佩孚为讨逆军总司令。吴佩孚从洛阳进京，在中南海四照堂点兵，也分三路御敌。第一路以彭寿莘为总司令，率三个师负责山海关，正面顶住奉军主力进攻；第二路以王怀庆为总司令，负责朝阳方面的战事；第三路以冯玉祥为总司令，负责赤峰方面的战事。

其实，冯玉祥接触了孔祥熙、黄郛、徐谦等国民党人，早就想推翻直系统治，暗中联络了大名镇守使孙岳和陕西第一师师长胡景翼，一起倒曹。因此，他慢慢腾腾出了古北口，一走三停，迟迟不与奉军接仗。当时直奉主力血战山海关、九门口，直军受挫，急呼援军。吴佩孚亲赴秦皇岛督师，命冯玉祥火速进兵，兜剿奉军锦州后路。而冯玉祥在前线已与张作霖及在天津的段祺瑞联络好了。10月24日，冯军从古北口回师京师，负责把守北京城门的大名镇守使孙岳的手下，打开城门，让冯玉祥属下的孙连仲带人闯进中南海，发动政变，将总统曹锟囚禁在延庆楼。在冯玉祥支持下，由黄郭组成摄政内阁，通电邀请广州大元帅孙中山北上入京，共商国是。

冯玉祥将其军队改称国民一军；胡景翼部改为国民二军，胡景翼任河南军务帮办，沿京汉路南下，占领河南，并收编直系部队、和毅军及刘镇华镇嵩军残部，胡本人任河南督军；孙岳部改称国民三军，孙岳任直隶军务督办。

曹锟被迫下令：（一）前敌停战；（二）撤销讨逆军总司令吴佩孚、副司令王承斌等职；海关一带军队着王承斌、彭寿莘维持；（三）吴佩孚免本兼各职；（四）派吴佩孚督办青海屯垦事宜。

冯玉祥这一招的确凶狠，一下子将直系军阀这条巨蟒的蛇头给剁了。直系军阀的元气大伤。

吴佩孚在前线闻变，立即将直军指挥权交给张福来、董国政、王维城等人负责，自己率第三师和张福来第二十四师一部返回天津，与占领杨村的冯玉祥军激战，以图打回北京，夺回政权和解救大总统曹锟。同时急令在河南、湖北、安徽、江苏和浙江的直系军队北上救援。吴佩孚盼星星、盼月亮，迫切盼望直系留在江南的猛将孙传芳北上勤王。

大名镇守使孙岳

发动北京政变的陆军检阅使冯玉祥

这种波诡云谲的局面，委实令孙传芳大伤脑筋。直系在东南，最强大的实力只剩下苏督齐燮元和他。头上的婆婆已不复存在，正是十年的小媳妇熬成婆的机会。他决定推齐燮元在前面挡着，自己退回杭州，静观待变。但是，大面上总得应付过去。

10月27日，齐燮元、孙传芳联合江浙赣闽军头们对北京政变之事，进行表态，通电云：

> 逆贼冯玉祥，反骨外张，祸心内蕴，豕突京邑，虎踞中枢，胁夺政权，矫发伪令，邻邦骇怪，民众仓皇，首善神州，将沦沉陆，祸迫眉睫，敢援披缨……今三军讨逆之众，当九仞垂就之时，国本存亡，民族生死，决于此行，众所共见……燮元等投袂先驱，属鞬受命，业已陈师鞠旅，云集星驰，众志成城，前锋既接，荡平逆丑，指日可期。更望薄海同盟，共发普天义愤，以万千义勇之士，破二三反侧之徒，成败昭然，义无顾虑。宪典重光于日月，国基再造于河山。小丑歼除，永昭炯戒，勋在民国，时不可失。惟同志诸公，幸垂勖焉，大局幸甚。齐燮元、孙传芳、杜锡珪、

大总统曹锟

吴佩孚

蔡成勋、周荫人、马联甲、杨树庄、李景曦同叩。沁。印。

这群人表面上声势颇大，其实是黄鼠狼跟着猫跑，起哄抓老鼠。真临到事头上，却各怀异志，同床异梦了。

吴佩孚一个劲地催孙传芳出兵，孙传芳却不愿再替他人作嫁衣。吴佩孚情急之中想起一个人，即与他本人与孙传芳都有交谊的孙丹林。

孙丹林，山东蓬莱人。曹锟得势时，孙丹林曾署内务部总长，后督办郑州商务事宜。

光绪三十年（1904年），孙丹林考入山东大学堂。加入同盟会山东支部。辛亥革命后孙丹林任山东军政府总秘书长兼军事参谋、高苑知县。1919年，孙丹林前往湖南充吴佩孚戎幕，力促吴佩孚支持"五四运动"，为吴佩孚起草电文，通电全国。1922年，孙丹林任北洋政府内务次长、内务总长。1923年，孙丹林因母丧脱离政界。此时人在汉口，吴佩孚便托湖北督军萧耀南去请孙丹林。

一天，孙丹林接到萧耀南参谋长张国溶的电话，请速往督署一谈。到达后，萧耀南一副着急的样子说："翰丞，大帅那里火上房了，特请你办两件事。第一，代我草拟讨冯援吴的电报。"孙丹林说："这个容易！"

萧耀南搓着手："还有一件为难的事，非你莫属。现在能救大帅的，只有孙传芳，我知道他对大帅貌恭心贰。你与孙传芳关系熟稔，请你速往杭州，效秦庭之哭，面促他派兵北上，我派'吴淞'号江轮送你赴南京，再由南京登车去杭州。到上海时见到鄂军旅长张允明，让他火速带部队返回汉口，打赢了冯玉祥，让张允明当师长。"

孙丹林连夜替萧耀南起草了一份电报稿，表示要救护元首计，为维持宗教计，为主持正义人道计，不能不立起义师，誓讨国贼，肃清内乱，攘除奸凶。云云。

第二天孙丹林便约曲卓新，共同乘"吴淞"号江轮顺水而下，到达南京。

这个曲卓新又是什么人呢？

曲卓新，山东牟平人，1877年（清光绪三年）生。1904年，甲辰科进士。后留学日本，毕业于日本早稻田大学。历任北京政府财政部会计司司长、山东省关税厅筹备处处长、署山海关监督、财政部杂税整理处总办、安福国会众议院议员等职，是山东人中有头有脸的角色。

孙丹林与曲卓新联袂，乘沪宁铁路头等车去上海。两人搭乘孙传芳驻沪办公处处长宋雪琴代洽的专车抵达杭州。

孙丹林等在杭州西湖边新新旅馆住下，立即向督署拨通了电话，接电话的是孙传芳的副官长章某，告称孙传芳与王金钰外出游山，归期不定。

第二天一清早，孙丹林、曲卓新便来到督署，由章副官长负责接待，说："孙督理和王三哥还未回来。"

孙丹林奇怪地问："湖北萧督军和上海宋雪琴处长处有电报来吗？"

章副官长说："都来有电报，我们大帅都看过了。"

孙丹林便不悦，拂然说："我等此次来，是奉吴大帅之命请孙督理出兵的，请将来意转告你们大帅，他不必躲在湖山深处，如不愿见，决不勉强。"当即便告辞。

此时，屏风后面传出一阵哈哈笑声，人未至，声先闻。

孙传芳浓重的山东口音传到耳畔："翰丞兄、荔斋兄，别来无恙？传芳失敬，乞谅、乞谅。"只见孙传芳布袍、瓜皮帽，与王金钰一同出来。

孙丹林笑着："没见过像你如此装弄的，老乡来了连见都躲着不想见。"

原来这四个都是山东人。

孙传芳问："玉帅那里的情形如何？是在秦皇岛，还是在天津？"

孙丹林说："目前可能已回天津，正组织队伍向北京反攻。"

孙传芳皱着眉头说："天津决非久居之地。奉军钳其背，冯玉祥卡住杨村，北京回不去。如果山东督军郑士琦响应段祺瑞，扼住津浦线，玉帅只得泛海而逃了。"

孙丹林万分焦急地说："这就需要你速派军队北上援救了。援兵如救火，这个道理你不会不知道罢？"

孙传芳便沉下脸，恼怒地说："这我当然知道，三年前，我在羊楼司，孤军奋战数倍于己的湘军，盼救兵如大旱之望云霓。那些没良心的王八蛋坐山观虎斗，尤其是萧耀南最不是个东西……"

"馨远，消消气，先不说这个，是不是去楼外楼给二位接风洗尘？"王金钰在一旁劝道。其实他们早已合计好了，一个唱红脸，一个唱白脸，要耍孙丹林和曲卓新。

孙传芳拍拍脑袋："哎，怎么就光顾说话啦，对，先给两位接风。"

西湖边上楼外楼是著名的饭店。最享誉中外的，便是醋溜鱼，又称宋嫂鱼。相传在南宋杭州灵隐一带，有一宋姓居民，叔嫂以捕鱼为生。其叔偶患重病，宋嫂将鲜鱼加上酱和醋烧制，味极鲜美，食后病愈。这种烧烹方法传至后世，演变成西湖醋鱼。

几个人上了楼，开轩面湖，只见秋高气爽，湖平如鉴，在阳光下波光粼粼。四人慢慢品着西湖龙井，浏览艳丽的菊花。孙丹林心中有事，沉甸甸的，忍不住问："馨远，你给个痛快话，到底出不出兵？"

孙传芳只是细细品茶，并不答话。

王金钰接过话头："翰丞兄，天大的事也要先吃了饭再说。"

王金钰1884年生，山东武城人。1910年毕业于日本士官学校第九期骑兵科。曾在湖北宋大霈第十八师任参谋长。孙传芳任十八师师长后，王金钰便跟着孙传芳。孙对其较尊敬，他称王占元为二哥，称王金钰为三哥。

孙传芳拿起细瓷青花碗，说："来，都动动筷子，快尝尝西湖醋鱼！别处可吃不到这么好的东西。"

孙丹林开玩笑地说："只怕是'暖风吹得游人醉，直把杭州做汴州'。"

孙传芳装听不懂，上去便夹了一块鱼划水放到孙丹林的碗中。

孙丹林吃了一口，赞不绝口："名不虚传，鱼肉鲜嫩润滑，酸甜可口，还带着蟹肉味呢。"

曲卓新也叫好。四人边吃边喝，一坛子绍兴老酒喝得见了底。

孙传芳喝得最多，吃完饭便喊不胜酒力，回到督署便呼呼大睡。孙丹林和曲卓新便在外闲聊，心急如焚。一直到太阳偏西，王金钰出来，邀孙丹林去了烟室。孙传芳正在吞云吐雾地过瘾，孙丹林不吸烟，就坐在榻上等。孙传芳并没有睡午觉，只是在考虑应付之策，现在已有了点子，便坐了起来。

"翰丞，这里没外人。我先说说情况。浙江局面初定，人心未附。夏超居心叵测，陈仪、周凤岐亦非嫡系，搞不好便要造反。卢香亭这个旅须留在杭州坐镇，监视他们。只有孟昭月旅驻在上海，你来了，这面子不能驳，必要时可调孟旅赴徐州一带，听子玉调遣，上海我再调谢鸿勋去填防。如今家大业大，开销也大，不得不如此。"

孙丹林等了一天，原以为孙军会派大部北上，听说只派一个旅，便说：

"馨远，远水不解近渴，我不耽搁了，告辞。"

孙传芳、王金钰都留孙丹林吃晚饭。饭后又进入烟室。

孙传芳问道："翰丞，你作为局外人，来评论子玉的前途如何？"

孙丹林推心置腹地说："子玉虽已蹉跌，但人心未失，不久仍当东山再起。可是，吴有特识而无常识，善善不能用，恶恶不能远，再起之后，终有最后失败的一天。"

孙传芳放下烟枪说："子玉如能再起，我与三哥一定帮他！你告诉曲卓新，我很器重他，他是早稻田大学学经济的，我打算借重他为浙江省财政厅长。"

两天后，孙丹林、曲卓新来向孙传芳辞行。孙传芳说："我已派孟昭月旅开赴徐州待命了。"孙丹林知道这纯属敷衍，只好借此下台阶说："回汉口后一定向萧琦珊（耀南）转达馨远兄的问候。"

孙丹林、曲卓新走了。孙传芳对王金钰说："三哥，你等着罢，等吴子玉、曹仲三垮了，今后直系的天下，不就是我孙某人的天下了！"

10月29日，吴佩孚特派王荫棠（奉天海龙人，众议院议员）到杭州与孙传芳商议出师计划。吴佩孚打算先由东南七省会商共出十混成旅，浙江担任一混成旅。孙传芳即任命孟昭月为浙江援军总司令，先率第二团及炮兵一营、机关枪16挺，共2000余人援吴。30日，孟旅果然北上援吴。

正如孙传芳所料，山东督军郑士琦宣布"中立"，派兵至沧州、马厂一带扼守津浦路，阻止吴佩孚军败退假道鲁境，并拆毁利国释、韩庄间铁路，阻止孙传芳等援军北上。11月4日，孟昭月旅从徐州返回上海。

孙传芳达到虚晃一枪的目的。

11月6日，吴佩孚率残兵败将乘"华甲"舰泛海南逃；12日由吴淞口进入长江，但他没有从苏州顺运河去杭州找孙传芳，而是经南京去了汉口。

5. 孙齐联手

北京政变后，张作霖奉军入关，骤然间对南方各省直系军阀很不利。孙传芳也感到一种无名的恐惧，这意味着浙江的地盘有可能再被卢永祥和张作霖等夺去。江苏齐燮元当然危机感更强烈，他于11月10日，与孙传芳、萧耀南、蔡成勋、马联甲、周荫人等联名拥护皖系段祺瑞出山，以维大局。又联名通电：

梁鸿志（左1）、冯玉祥（左2）、张作霖（左3）、段祺瑞（左4）、卢永祥（左5）、胡景翼（左6）、吴光新（左7）、孙岳（后立者）天津会议，拥戴段祺瑞出山

"中央政府中断，在正式政府未成立前，北京所发伪令概不承认。"即表示不承认冯玉祥支持的黄郛摄政内阁。

11月15日，张作霖、卢永祥、冯玉祥、胡景翼、孙岳通电推戴段祺瑞为中华民国临时执政。这时，南京下关的江面上，来了五艘兵舰。原来是吴佩孚率残部从天津塘沽泛海南下，进入长江口，溯江而上，抵达南京。齐燮元登舰相见，两人密谋，由吴佩孚到汉口策动长江流域各省组织"护宪军政府"；吴佩孚还反对齐燮元、孙传芳等拥戴段祺瑞，主张维护法统，出兵讨伐冯玉祥、张作霖。

11月17日，吴佩孚抵达汉口，发出"组织护宪军政府"通电，苏、浙、鄂、陕、皖、赣、闽、豫、川、湘10省代表齐燮元、孙传芳、萧耀南、刘镇华等列名其中，宣称在武汉组织护宪军政府，代表中华民国执行对内对外一切事务。

次日，段祺瑞、冯玉祥、张作霖、卢永祥在天津开会，决定对吴佩孚及长江各省进行讨伐。

孙传芳立即意识到再将直系这块破旗顶在头上，将遭到奉军及卢永祥的攻击，于是于19日电询齐燮元：护宪军政府究竟是怎么回事？从何而起？为何将我名列其中？

　　齐燮元见孙传芳带头发难，正好自己也不愿让一个失去威风的"婆婆"吴佩孚管着，于是耍了个滑头，把孙传芳的质问电报，转交给吴佩孚，暗示自己也反对组织"护宪军政府"的主张。并且还授意江苏省长韩国钧发出反对吴佩孚设立"护宪军政府"之通电。

　　齐燮元、孙传芳、萧耀南三人立即通电赞成，借韩国钧的主张，共同抵制"吴婆婆"的主张。真是墙倒众人推，鼓破乱人捶，吴佩孚终于尝到众叛亲离的滋味，决定不再留在汉口招人嫌、惹人烦，黯然神伤，灰溜溜地离开武汉，前往湖南督军赵恒惕处避难。

　　齐燮元一跃而起，成了直系新掌门，召集长江十省代表暨海军联防会议，决定各省联防，保境安民；并电段执政：请阻止任何方面的军队南下。

　　段祺瑞只是张作霖推出的一个傀儡，根本当不了奉军的家。12月7日，张作霖在天津曹园召集奉军将领和皖系卢永祥、吴光新等会议，研究解决齐燮元的问题。决定请中华民国临时总执政段祺瑞下令免去齐燮元的江苏督军等职，令其下野。齐如不服，起兵反抗，即令卢永祥、吴光新等率奉军南下，夺取安徽、江苏、上海等地，并推张宗昌先行率部从天津沿津浦路南下。

　　12月11日，段祺瑞令免江苏督军齐燮元职，江苏督军一缺着即裁撤，以江苏省长韩国钧暂兼督办江苏军务善后事宜；特派卢永祥为苏皖宣抚使；以李景林暂行署理督办直隶军务善后事宜。

　　齐燮元见风头不利，立即致电段祺瑞，将巡阅使署印信及一切军务事宜交韩国钧接收办理，令宫邦铎任第六师师长，督署参谋长刘玉珂继任第十九师师长，做好抵御卢永祥南下的准备。齐燮元又积极联络孙传芳，共同御敌。

　　是时，北方冷空气的南下，令孙传芳不寒而栗。大敌当前，事不宜迟，一是致电段祺瑞，请裁撤自己的闽浙巡阅使之职；另是匆匆赶到南京，去参加齐燮元召开的军事会议。

　　齐燮元说："奉军假道只是借口，假道灭虢，古来有之。望各位齐心合力。共同抵抗卢永祥和奉军张宗昌。"会议决定：

　　（一）徐州归陈调元部防守；

　　（二）海州归白宝山部防守；

　　（三）吴恒瓒部调驻南京，听候指挥；

　　（四）宫邦铎部抽调十二营移驻苏（州）、常（州）；

（五）由孙传芳监视淞沪护军使张允明之行动；

（六）朱熙部驻守省城各要塞并巡游各处；

（七）马玉仁部充后备队。

会后孙传芳赶回杭州去部署，没想到此时陈乐山宣称奉了段执政府秘书厅的密令，于12月24日赴松江复任第四师师长，现任师长夏兆麟被逐回杭州。

陈乐山，字耀珊，1903年毕业于日本陆军士官学校。在卢永祥手下做到第四师师长、宪兵司令和杭州卫戍司令。1924年9月，被曹锟夺官职，免去本兼各职。曹锟令夏兆麟任第四师师长。卢永祥此番卷土重来，陈乐山秘密至沪，与他的旧部一联络，第八旅旅长范夺魁立即响应，拥护陈乐山为第四师师长。陈乐山为防止孙传芳对其下手，于12月26日命令范夺魁所部离开浙江嘉善，退守枫径，并炸毁第63号铁路桥，以防止孙传芳来攻。

陈乐山来武的，国民党人褚辅成来文的，正所谓"文武之道，一张一弛"。

褚辅成为浙江省秀水（今嘉兴）人，12月22日，他在上海租界中召集旅沪浙人举行临时会议，由褚辅成任主席，决定乘卢永祥卷土重来之际，展开一场声势浩大的驱逐孙传芳运动。临时会议议定三条决议如下：

（一）即日组织驱孙大会；

（二）推定徐建侯等五人北上联合旅居京津浙人一致行动；

（三）全浙公会即日发出五电：一电段祺瑞、张作霖，赞成废督裁兵；二电段祺瑞，告以旅沪各团体公决驱孙，并推代表来京面呈；三电孙传芳，请自动下野；四电"北京全浙公会，告以请一致进行驱孙；五电浙省各县各团体，告以孙祸浙不已，唯有鼎力鼓吹驱孙，将所有已缴未解各款项设法扣留，俟浙局底定后再行缴纳。

孙传芳认为情况非常不利于己，于是召集军事会议。在会上，孙传芳气愤地说："陈乐山在松江复职，是卢永祥进逼浙江的先声。他们要来，我们到哪里去？是不是再退回福建？周荫人会不会让我们返回？"一句话激怒了卢香亭，捋起袖子说："先打陈乐山这个兔崽子，再打卢永祥，谁来夺我们的地盘，我们就揍谁。打了陈乐山，褚辅成就老实了！"

孙传芳立即委卢香亭为司令，集中军队于嘉定以谋攻陈乐山。陈乐山部自嘉善撤至枫泾一带，让出浙境以示不争。孙传芳不理这一套，快刀斩乱麻，一面令卢香亭进攻枫泾；一面通电捉拿陈乐山。陈军由枫泾退至石湖荡，陈乐山令部下死守38号铁路桥。

从12月26日起，松（江）嘉（兴）战事突起。孙军第一路总指挥谢鸿勋率队猛力进攻枫泾。陈部不敌，溺死者不计其数，又被孙军击毙数十人，打伤百余名，下午6时30分占领枫泾。

12月27日，孙传芳致电段祺瑞，电曰：

北京总执政钧鉴：

各部院、各省、各省区督军、督理、督办、省长、都统、陆军总副司令、海军总副司令、护军使、镇守使、各师旅、各法团、各报馆钧鉴：

自中枢有主，全国人民无不渴想和平，凡属军人，应如何激发天良，保卫地方，以副人民之望。陈乐山前在第四师任内，骄奢淫逸，不理军政，淞沪之役，竟舍多年部曲，先自逃亡，当此之时，四师之危，间不容发，赖夏兆麟竭力维持，吁请保留。传芳等念多年袍泽，不忍其沦胥，是以委曲求全，加委改编，即令业经中央任命之夏兆麟为该师师长，所有将校概仍其旧，数月以来，甚为安辑。今大局略定，陈乐山假窃名义，蓄意扰乱，威逼师长，阑入浙境。传芳受浙省父老付托之重，来安兹土，为人民疾苦计，为地方治安计，不得不派兵前往，严行拿办，以整军纪，而靖地方。除陈乐山一人外，概不株连。凡我四师同胞，尚望各安职守，其毋惊扰。谨此布闻，伏惟谅察，孙传芳、夏超、陈仪、周凤岐、卢香亭同叩。

29日，孙军分别沿黄浦江由佘来庙攻浦南，袭松江后路。金山卫、朱径、佘来庙、叶榭等地枪炮不断。第二次江浙战争终于爆发。

淞沪护军使张允明以战事迫近松江，派其部一个混成团开赴莘庄、新桥，防守淞沪门户，与陈乐山军互为掎角，抵抗孙军。张允明原与皖派有关系，经过徐树铮、臧致平策动，谈好条件，答应张为淞沪护军使。张的部队准备从黄渡开过来。

29日，段祺瑞执政府秘书长梁鸿志电孙传芳即停止军事行动，称：第四师易师长本系出于曹锟任内之伪命，此次政局初定，仍令陈乐山前往接任，并非假借名义，不得以镇抚为话，轻开战衅。

孙传芳不管三七二十一，仍令卢香亭部猛攻。

1925年1月1日，孙、陈大战石湖荡、李塔汇等地。次日，捷报传来，孙部第二师占领松江，苏军陈调元率苏皖军攻占嘉兴；陈乐山逃回上海，第四师分路退却。

孙传芳的军事行动，遭到上海总商会会长虞洽卿的严厉斥责。他通电说：孙传芳"为保浙则浦南并非浙属，为安民则人民弃窜，商业保顿，适时其反；为师长问题，则任命出诸中央，应诉之政府，不应决之武力，更不应累及人民。"

孙对此则不予理睬。

1月5日，孙传芳发出通电质问执政府，反对奉军南下。电报很有分量：

北京段执政钧鉴：

陈乐山假窃名义，扰乱地方，传芳不得已饬部防御，幸得驱除。然松江一带已不胜迁移焚掠之苦矣。陈乱未已，里巷又复纷传奉军南下，意不专于苏，证以齐督离宁，而奉军到宁，无的放矢，必更有的。传芳本无所虑，亦常深省其咎，攻浙乃军人服从之天职，事纯被动，既不敢妄承戎首之罪。入浙乃浙江军民所欢迎，兵不血刃，亦不敢妄居克敌之功。至于入浙以后，市廛无惊，苟欲罗织为扰民，浙人先不忍罗织。舍此数端，百思不得。敢乞钧座勿对传芳一人别有难言之隐，遂使浙人万姓，日陷恐怖之中。有罪而当夺职，固望明示其罪以肆诸朝市。无罪而当避贤，亦恳明示其贤以公之天下。倘于两者皆有难言而疑传芳诚有未至，即恳明示，对国对浙如何而后可谓之诚之条件。传芳仅当商之浙士，质之国人，决不敢违众而抗所当从，亦不敢固位而默所当辩。若于宣布罪状之先，遽以巧取豪夺相试，是直弃毳政府，毁堕纪纲。惟当视同穿窬，御以盗劫。上肃国宪，下去害群，一息苟存，百死不惜，遭时方屯高位难据。钧座天人顺应，尚有省愆弭劫之痛文，传芳忧患备尝，宁以厝火积薪为得计地，所为吁请明示者，上欲政府示天下以光明，下求浙江勿连类而涂炭。至于一身生死，且等鸿毛。进退更无足计矣。临电迫切，祈候明教。孙传芳叩，歌印（5日）。

同日，孙传芳致电国民军系统的冯玉祥、胡景翼、孙岳，意谓诸君发动北京政变，目的是制止战争，谋求和平，现在曹锟被囚、吴佩孚败逃、齐燮元解职而去，无一存焉。而奉军五六万人，又浩荡南下，明目张胆声言要到江浙来报复。此种局面，非诸公之意，请向张作霖呼吁："先止南下之兵，一切留善后会议、国民会议解决。"电曰：

> 北京冯总司令焕章兄、开封胡督理丽生兄、保定孙省长禹行兄钧鉴：
> 诸公所为蒙极大之牺牲，以仆此而兴彼者，为欲违停战之目的致国家于和平。今者或幽囚，或败遁，或遵命解职而去，无一存焉。然则战争可停，和平可致矣。诸公亦闻陈乐山勾煽传芳所部军队战事复起乎？松江一带，又焚掠一空乎，亦又闻奉天军队五六万众，浩荡南下，路人纷传为景公复仇不专对苏乎？传芳个人进退不足惜，浙江一省治乱亦不足计，独惜诸公蒙极大之牺牲，以求停战者，乃以挑四方之战，以求和平者，乃以开破坏之端。往日之战虽不祥，尚托名于国家相争以政见，今日之战，直明目张胆标寻仇报复之名，树争城争地之帜，而无所顾忌矣。诸公手创此局，岂能毫无预闻？诚未闻耶，则一询之道涂，一考之事实，诸公初志，向即如是也，则请缄口闭目以听天下之相残，斯民之无孑遗可也。万一非诸公之意，传芳即敢再顿首以求诸公，先为浙人呼吁于有权者之门，如天之福，回天之听，先止南下之兵，一切留候善后会议，国民会议解决。能如是尸祝诸公者，岂独浙人哉。设有权者必欲寻仇报复，必欲争城争地，亦求诸公代叩当复者几仇，当争者几地，诸公但能保证此仇者相率避去，此数城数地者拱手献出，即可停战和平，传芳岂惟不求罪状之避，且献城以解诸公之难，且任劝告其他当避且献者，均无问所犯之条，惟当速避速献，毋使天下人既加诸公以大不韪之名，以挑天下之战，开破坏之端，逮狱于诸公也。别上执政一电，特附录奉阅，执政本爱和平，然而在位无权，无以贯彻其爱，以后种因，造自诸公，人曰有权者，可钳天下之口，而不能纳诸公之言，诸公幸勿以局外自遁，而使所种善因尽成恶果也。当战当停，待命进止，临书迫切，立盼赐复，弟孙传芳。歌。

1月7日，孙传芳要求段执政尊重民意，做到淞沪两地各不驻兵，电文曰：

北京段执政钧鉴：

歌电计蒙明察。此次陈乐山回任四师，事前既未奉中央明令通知，复宣言攻浙，浙人惊疑，群请制止。传芳为贯彻保境为民计，不得不出于正当防御，经过情形，前经电陈。迨奉钧府秘书厅转达停止进兵电令，立即遵饬前方进兵停战待命，并电复秘书厅恳代上陈各在案。东日四师在松江城内放火抢掠，职部卢（香亭）师因循绅民请求，于冬日进驻松城，维持秩序，并将四师一部分妥为抚辑，饬知路局限日通车，恢复交通。现沪杭交通之枢纽，上海又中外商业之中心，现浙中父老佥以欲保安宁，必须办到松沪两地双方各不驻兵，环请转恳钧座俯顺民意，维持以保江浙永久和平，倘蒙鉴察，允准电商卢宣抚使同意传芳，谨当首先奉行，用副钧座和平统一之宏愿，谨电陈明，伏乞训示祗遵。孙传芳叩阳印。

段祺瑞于1月7日答复孙传芳如下：

歌电呈悉，陈乐山本非假窃名义，业经退回，已在成事不说之列。至子嘉（卢永祥）酌带奉军南下，事诚有之，始因齐（齐燮元）之负隅，继因花旗营（注：在南京浦口）之毁路设防，子嘉不能不有以自卫，余亦不能责子嘉以单骑赴苏也。今齐虽在沪，尚有密谋，浙沪毗连，岂无闻见，盖攻浙之事，吾弟既无所惭，何所谓咎？昔日因服从而攻浙，今日亦当本服从而不扰苏；昔日入浙为浙军民所欢迎，今日苏未欢迎，更不宜侵入苏境。中央本无责难之意，吾弟又何必有引咎之辞，即令谦冲为怀，则安民保境，正足为补过之资，余以诚待人，当不轻事吹求也。吾弟英年重寄，笃实为先，欲宏远猷，必勖明德。段祺瑞。虞。

孙传芳致电段祺瑞和冯玉祥等人的目的即：解决陈乐山有理，奉军不能南下江南。

1月8日全浙公会致电段祺瑞，揭露孙传芳联合齐燮元"占松窥沪"，请明令罢免，饬其率队离浙。就在孙传芳与段祺瑞互相电报指责，浙江人又要求其撤离的同时，卢永祥、张宗昌率军南下，已抵达浦口，齐燮元遂放弃南京，将所部布防于镇江一线，张宗昌大军陆续过江，集结于南京。

6．第二次江浙战争

第一次江浙战争后，卢永祥下野去了日本。段祺瑞出任中华民国临时执政后，卢永祥自日本回国，与段祺瑞、张作霖3人在天津开会。张作霖拍胸说："我保嘉帅回江浙。"

1925年初，段祺瑞发表卢永祥为苏皖宣抚使，并委为江苏督办兼省长。卢永祥带了张宗昌部队南下，张宗昌派先遣第二梯队司令方振武和白俄兵为先头部队，方部阮玄武率领两营人，坐第一列车先行，方振武后继，沿津浦线南下，先到徐州。当时徐州镇守使是陈调元。

张宗昌辛亥革命时在江苏第三师冷遹（御秋）部下，"二次革命"讨袁失败后，想投奔冯国璋，介绍人就是陈调元。当时，陈调元任北洋第二军（军长冯国璋）高级参谋，第二军宪兵营长，负责维持南京治安及军纪，他建议冯国璋收编了张宗昌所部，陈、张结为金兰。张宗昌拜陈调元的母亲为干妈。此番张军南下到徐州，陈部让道，张部列车很顺利地通过徐州。张宗昌部在滁州下车，部队以备战姿态向浦口进发；方振武也到达浦口布防。

方振武与张宗昌原在江苏冷遹（御秋）部下时，张是团长，方是辎重营长，相处很好。奉军入关，张宗昌为第二军军长，方振武到天津找张宗昌，张委方为先遣第二梯队少将司令。但方振武是光杆，恰好李景林为了抢夺直隶省地盘，不奉张作霖的命令，独断专擅，缴了二十三师王承斌的械。李景林就此接充督办兼省长。王承斌留下的徒手部队，被方振武收编了2000多人。成立了3个营（每营4个连）和迫击炮连、机关枪连、教练连，成为张宗昌的先锋。齐燮元闻讯，命令浦口的部队撤回南京。第二天，张宗昌大军开到浦口，齐又放弃了南京，所部撤往镇江。

孙传芳知道张宗昌来者不善，决定联齐燮元，共同抵抗。1月9日，孙传芳与齐燮元分别在杭州与上海召集军事会议，决定组织江浙联军总司令部。齐任第一路总司令，孙任第二路总司令，联合出兵驱逐上海北市的张允明军。当时，北京政府任命的淞沪护军使张允明和江苏第十九师师长兼陆军第六师师长宫邦铎，分别控制着上海的闸北和南市。齐燮元运动宫邦铎的下属，拒受其命，逼宫邦铎去职，借以控制其部。并于1月11日凌晨，齐、孙二部突然对张允明部驻军发起攻击，双方在徐家汇、龙华、闽行等地激战至中午。张允明逃往租界，张部撤出上海，孙传芳、齐燮元联衔宣布占领上海。随即江浙联军水陆两路进攻苏州，时任苏常镇守使秦洸，是张允明委任的，由苏州地方士绅出面，以筹饷五万元为条件，请其让出苏州城。

上海的苏军与从南京退守镇江的苏军连成一气，再由孙传芳浙军做后盾，胆气也壮，全力对抗卢永祥及张宗昌南下的奉军。

卢永祥则在南京城组织宣抚军，以奉军军长张宗昌为宣抚军总司令兼第一路军总指挥，参谋长臧致平兼第二路军总指挥，军务帮办陈调元兼第三路军总指挥，江苏全省水陆警备司令冷遹为戒严总司令。

双方军队调动频繁，又是一场大战即将爆发。段祺瑞老奸巨猾，认为要设法瓦解江浙联军，以图各个击破。1月13日，段执政召集特别紧急会议，讨论苏沪问题，决定发表四令：

1. 奖励孙传芳撤兵回浙；
2. 派陈调元帮办江苏军务善后事宜；
3. 任白宝山为海州护军使；
4. 任马玉仁为淮扬护军使。

孙传芳迫于形势，与齐燮元联名通电，宣布撤退上海地域内所有两省驻军；废除护军使及镇守使等名目，且反对以后再设置此类军职；上海兵工厂亦即日择地迁徙。

他明知道对抗奉军未必是对手，上海是保不住的，但又不甘心将上海让出，于是他率先提出"上海永不驻兵"的主张；并为以后夺回上海留下了伏笔。

1月15日，段祺瑞发布处置上海事变三项决定：

一是裁撤淞沪护军使；

二是停办上海兵工厂，移交上海总商会，改名商业制造厂，着陆军部派员到沪会同总商会办理接收事宜；

三是上海永远不得驻扎军队及设置军事机关。

北京政府通过外交渠道与驻京公使团交涉，要求各国驻沪领事驱逐齐燮元及其在上海租界内党羽，并勿与往来。公使团照会北京外交部说：领事团为保安宁计，对于上海租界附近握有实力之军事长官尽量不与往来或接洽。

上海五马路商界联合会眼看战火要烧向上海，致电段祺瑞，呼吁和平。

略谓：上海一隅，有苏、浙、闽、鄂四省大军压境，沪宁、沪杭两路断绝交通，华界居民，流离迁徙，城内市面，寂若荒村，兵士公然抢劫，视人命如儿戏……事危时迫，务乞迅予设法制止，责孙、齐从速罢兵，令各军离开淞沪，并即调回奉军，免延战祸。

齐燮元放弃了南京以后，张宗昌的大军分两路，主力褚玉璞部队由铁路向龙潭、高资前进；程国瑞指挥从下蜀向镇江侧击。

苏州、无锡的苏军在前方与张宗昌的奉军打得热火朝天；浙军卢香亭率部开往长兴、宜兴，与奉军褚玉璞旅和苏军陈调元师进抵宜兴部队相持。此番孙、齐合作，孙传芳也有小算盘，满以为驱走张允明后能掌握沪埠，不料齐燮元熟人熟事，下手很快，尽委其部属分据沪上各机关和有油水的部门，搞得孙传芳内心十分不痛决。

1月16日，北京执政府令："此次苏浙军队发生冲突，闻齐燮元有从中煽惑情事……应另派员查办外，嗣后各该省军长官，务各严饬所部，恪守疆界，不得轻信谣琢，致启衅端。如再有前项情事，定唯各该长官是问。"

段祺瑞又令："暂兼督办江苏军务善后事宜韩国钧，准免兼职。特任苏皖宣抚使卢永祥兼督办江苏军务善后事宜。特任孙传芳督办浙江军务善后事宜；周荫人督办福建军务善后事宜。"

段祺瑞的目的要离间孙传芳与齐燮元的合作。只针对齐燮元，放过孙传芳。

1月17日晨5时许，镇江一带炮声隆隆，火光闪闪，张宗昌下令部队向齐燮元军发起进攻。张宗昌的白俄雇佣军打起仗来不要命，嗷嗷叫着，一个劲儿往前冲，苏军未见过这种阵势，抵御不住，便向后退。中午奉军占领了镇江车站，下午克复镇江全城。苏军节节败退，丢了丹阳，又丢了横林、常州。齐燮元急忙率部赶到无锡布防，在皋桥车站设立了司令部。

孙传芳在浙江的督军之地位获得保障；与奉军和卢永祥的矛盾有所缓和。这样，孙传芳采取置身事外的态度。命令卢香亭班师回防；还打出了"拥护中央"的口号，置齐燮元于不顾。

齐燮元在孙军走后，本来就已底气不足。听说敌方的前锋是一批人高马大、蓝眼睛、高鼻子、大胡子的洋兵，吓得连滚带爬地想往火车上逃走。谁知他的兵比他跑得还快，早已将火车车厢挤得没有插针的地方。可怜威震东南的齐大帅只得拔脚向后狂奔，途中幸好碰上一辆铁篷车，也不管是拉煤拉货用的，爬上就走，饥饿不堪，浑身泥水像个活鬼，逃往上海去了。20日，段祺瑞令：褫夺齐燮元官勋，缉拿解京讯办，所有私产概行抄没。

段祺瑞派陆军总长吴光新南下查办齐燮元，并协助卢永祥处置上海事变。

1月28日，齐燮元宣布下野，乘船逃往日本，所部交孙传芳接收。孙传芳令浙军第二师第三混成旅第五团团长李俊义为上海防守司令。江苏督办军务卢永祥则命令宫邦铎复职，去收拾江苏第六师和第十九师溃兵，却晚了一步，大部分都成了孙传芳的囊中物。是日下午，奉军先锋部队白俄雇佣兵500余人，乘装甲炮车开抵上海车站。

卢永祥南下的时候，陈乐山的第四师原被孙传芳改编，通过陈乐山的策动，在松江、嘉善一带准备倒戈。事泄，为孙传芳所知，被孙所打败，撤至龙华，把武器交与法租界。张宗昌打到上海，卢永祥又把他们收容到南京，准备编置成师。但张宗昌不许，把第四师官兵全部给资遣散，卢永祥已收编的杨化昭旧部杨赓和、李启佑两旅，也被奉张直接改编。至此，奉军逐去了山东郑士琦、安徽王揖唐、江苏卢永祥，得有江南财赋之区。在这样演变之下，江苏的陈调元、安徽的王普、江西的邓如琢等都在栗栗危惧，心怀不安。

孙、奉两军近在咫尺，而奉军时刻威胁浙江，这时，孙传芳知道，如果丢了浙江，东南数省虽大，将没有他孙传芳的立足之地，于是拉出一种拼命的架式。

2月1日，孙传芳致电段祺瑞、卢永祥和全国各省区军民长官，表示反对奉军继续开赴上海。他说："若云讨齐燮元，则齐已自退；若云与传芳对敌，则为正当防卫计，势不得不饬部严防，相与周旋。"

眼看沪浙战火又起，吓得上海各公团奔走调停，结果孙、奉两军划分沪南、闸北两个区域，各自在区域内收拾散兵游勇。后孙传芳驻龙华的部队退守松江、莘庄一线。张宗昌派代表童好古赴杭州，与孙传芳谈判上海问题。孙传芳提出两项退兵条件：

（一）奉浙两军同时撤出上海；

（二）奉军不攻浙，否则浙军将准备再战。

经过谈判，双方协定：奉军退至昆山，浙军退回松江，并将上海兵工厂封存，即日停止生产。

在吴光新主持下，双方签订合约，规定：

> 孙传芳将上海兵工厂交出，于三日内撤退上海附近的军队，孙军退至松江，奉军退至昆山。孙传芳、张宗昌两人会衔电令前线一律停止军事行动，所有宜兴、长兴一带驻军，着克日向后方适中地点撤退。

从2月5日起，孙传芳的军队开始向松江一带撤退。但是，2月11日江苏省长韩国钧给执政府电报，兹据金山县执事赵尔枚报告：

> 浙督派兵两营移驻该县，并于本月鱼（6）日由浙督经委张晋为金山县执事，时赵尔枚因公在省（南京），国钧以该县为苏省区域，当饬迅速回县照常任事，旋接该县电报，张晋庚日到县，武装胁迫交卸，并将县署科员刘凤笙、赵鼎桢看管，文卷、税款尽行占夺等情。查孙督办既经表示和平，而于所部军队不令开回浙境，复行移驻金山，已属自相矛盾，乃又将苏省地方官吏擅自更委，殊堪骇诧，上年十一月间，松江县执事吴镇南经孙传芳督办撤换，另行委员接任，昨以军务粗定，电商孙督办请将苏省管辖区域任免官吏，循章办理，迄未允行。当次执政奠定东南，力谋统一，疆吏治事，同属受命中央，浙省撤兵，应亦未望息壤。国钧以衰病之身，迭陈休假，岂有意气之争？惟念国家体制与省政权限，职责所在，不容迁就，应请严电孙督办，务将金山县驻兵开驻浙境，所有松江、金山两县仍由江苏省委任，以免紊乱，大局幸甚。伫候电示。韩国钧叩印。

但是无论如何，第二次江浙战争结束。

孙传芳在战争中非但未受损失，反而收编陈乐山、齐燮元的军队，实力有所扩大。但奉军南下，陈兵黄浦江，与孙军咫尺相对，朝夕相见，又将上海兵工厂从其手中夺去，都使孙传芳和其部下恨得咬牙切齿。而且孙的政治野心绝不是以控制浙江一省地盘为满足的，奉系的咄咄逼人和扩张态势使他坐卧不宁，寝食难安。孙、奉双方矛盾难以调合而终将一战。但是，孙传芳刚刚取得浙江地盘，后方未稳，一旦发生奉浙战争，可能被浙江人和奉系联手逐出。这是不能立即放手与奉军大战的原因之一。

原因二，在政治上，直系军阀遭到了惨败，各地直系将领或投皖、或投奉、或自成一系，如冯玉祥。总之是分崩离析，自寻出路。苏督齐燮元与皖督马联甲被段执政免去了职务，能够撑起直系门面的只有孙传芳了，他成为段祺瑞与张作霖下一步攻击的主要目标，其地位岌岌可危。而旅沪和旅京、津的浙人还在大张旗鼓地鼓吹"浙人治浙"，开展驱孙运动。这都是他极为被动之处。

原因三，在军事上，孙军力量也还是有限的，装备又差，加上上海军工厂被奉系夺去，无法扩充力量。而陈乐山第四师的叛变和潘国纲率浙江第一师在宁波宣布"自治"，他的军队真正可靠的只是自己原来的一师两混成旅。这些队伍是无法与从东北进关，又打到山东、安徽、江苏、上海的奉军精锐和后续部队相抗衡的。

原因四，江苏、安徽、浙江等省的军队，为了自保，各存异心，又不能团结合作，这都是无法立即与奉军大战的重要因素。

所以，孙传芳能守境自保，以屈求伸，这是当时最聪明的决策。常言道，打断的胳膊藏在袖子里，打落的门牙和血吞在肚子里，藏强示弱，以蓄积力量。

此时，孙传芳已经自成一系。据丁文江《民国最近军事记要》中说：孙传芳自击败陈乐山、张允明后，锐意扩充军备。首以中央第二师第四旅旅长谢鸿勋为第四师，召集陈乐山之残部，旋改为护路队，驻松江。继收张允明暂编第二混成旅，以王金钰为旅长，旋改任杨镇东，驻笕桥。苏浙和约成，孙乃调驻浦东之第六混成旅刘永胜驻金山，至则围攻而缴其械，于是改浙江第一师为第一师，浙江第二师为第三师，与中央第二师并称，另招新兵补充训练。调闽北之二十四混成旅张俊峰驻衢州。改暂编第一混成旅为第六混成旅，第二混成旅为第七混成旅。杨镇东为第八混成旅。旋复收赣军张庆昶降，初令驻闽北，九月移驻江山。浙江总兵力约5万余人。

这一年的3月12日，孙中山在北京逝世。冯玉祥北京政变后，邀请孙中山北上，共商国是。1924年11月13日，孙中山偕夫人宋庆龄等北上，至天津。舟车劳顿，一到天津便病倒了。后至北京，入协和医院。经医生会诊为肝癌晚期。后逝世于北京铁狮子胡同顾维钧的公馆中。孙传芳对这位伟人的逝世，送了一副意味深长的挽联：

上联为：大业垂成宏愿誓为天下雨；

下联为：英灵永闭悲思遥逐浙江潮。

孙传芳涌动澎湃，借挽孙中山，一吐心中块垒，念及孙中山的大业垂成，而自己的打拼计划也暂时遭到挫折，在奉军的威逼下退回浙江，就像浙江潮一样，以退为进，以屈求伸，只待农历的八月十八日，便会形成真正闻名天下的浙江潮。

7．韬晦之计

奉军张宗昌部进占上海，陈兵苏浙边界。在重兵压境的形势面前，孙传芳必须缓和与奉方的紧张关系。

段祺瑞任中华民国执政后，将汉阳兵工厂总办杨文恺换下，任刘文明为总办。当时正是孙传芳在上海前线攻打陈乐山之时，段祺瑞托杨文恺去劝说孙传芳停止行动。当杨文恺赶到杭州时，孙军已打跑了陈乐山。

孙传芳一见杨文恺，很是高兴，说："大哥，来的正是时候，我正缺人

孙传芳的浙军总参议杨文恺

手，拉不开栓呢。你替我办外交，联络各方，等待机会再揍奉军。"

从此，杨文恺便留在杭州，加入孙传芳的戎幕。奉军张宗昌近在咫尺，双方虎视眈眈，稍不留神，难免擦枪走火。于是，孙传芳便亲自赴沪，去见他的山东老乡。

常言说：老乡见老乡，两眼泪汪汪。一谈及家乡，地域渊源使两人关系异常近乎。于是三天一宴，两天一请，你江湖，我义气，亲热劲儿简直使人怀疑他们还是不是敌人。其实，也没什么朋友敌人，都是为了各自的利益在互相算计罢了。

一日，孙传芳请张宗昌在美心酒家吃粤菜，两人喝得高兴，猜枚行令，都喝得晕晕乎乎的。这时张宗昌的副官拿了一封电报匆匆上楼，附耳说："大帅，参谋长王翰鸣从宜兴前线打来急电，要求迅速沿太湖进兵，夺取杭州。"

张宗昌接过电报，乜斜着眼看后，笑着递给孙传芳说："看看吧，我的参谋长要打你。"

孙传芳机警地用眼角余光扫了一下，也半开玩笑地回答："你可以通知他一声，咱俩正喝酒呢。"

张宗昌哈哈大笑，将电报往桌上一扔："我才不告诉他呢，让他闷闷吧！来，馨远，他说他的，咱喝咱的。来划拳，哥俩好啊——"

"八匹马呀……"

……

两人称兄道弟，成了酒肉弟兄，这仗就没法儿打了。孙传芳与张宗昌化敌为友后，自然不担心奉军攻浙，他认为皖、苏的奉军兵力有限，难以兼顾；而宁沪财富之区，这块大肥肉，早晚要夺过来。正所谓卧榻之侧，岂容他人酣睡？孙传芳、杨文恺决定对奉系虚与委蛇，使之不备；联络各方，结为同盟；养精蓄锐，枕戈待旦。

孙传芳暗中准备，联络各方。为了探听张作霖的动静，派浙江盐运使王金钰为代表，常驻奉天，与张作霖应酬，以便探听消息。

这年3月间，孙传芳突然通电，发表废督裁兵的意见，表示自己首先不愿做督军，并要实行裁军，建议将各省军务督办及师旅长同调邻省，三年任满，必再更调；军队由陆军部订定检阅兵械条例，由各省派军官会同法团代表检阅，核定各省军额，分别遗留。

这在当时军阀割据的状态下，明明是不可能实现的，他为什么要这样做呢？目的只有一个，为了掩盖自己的野心与企图，迷惑对方，暗中行动。

一天，孙传芳派人请来杨文恺："大哥，该你亲自出马了。你先去福建，告诉周荫人，一方面对广东严加防范；另一方面，帮我筹措五十万至一百万元的军费，作为浙江备战之需，以便我们将奉军赶回关外。然后你再前往张家口，去见冯玉祥，届时我们在东南动手，他在北方动手，一起行动，让老张家顾头不顾腚。顺道再去趟开封，联络胡景翼，届时由他们出兵徐州和山东，将奉军拦腰截断！"

这里需要交代一下的是冯玉祥怎么又去了张家口呢？

原来，冯玉祥与胡景翼、孙岳发动了北京政变后，与张作霖一起，推出了下野几年的段祺瑞出任中华民国总执政，很快黄郛摄政内阁就卷起铺盖滚蛋。这时，冯玉祥却与张作霖的矛盾尖锐起来。在反直前，双方订下攻守同盟，张作霖的奉军不进关。哪晓得张作霖野心大得很，不但进了关，占领天津、北京，又南下山东、安徽、江苏、上海，一路势如破竹。

冯玉祥为了不与奉军发生冲突，向段祺瑞辞去所兼各职，请求下野。段祺瑞令冯玉祥任西北边防督办，将京畿、察哈尔、绥远、甘肃、宁夏几省划为冯玉祥的势力范围，于是冯玉祥就移往张家口，出任西边边防督办一职，他的军队在北京政变后改为国民军，此时又改成西北边防军，简称西北军。

杨文恺欣然领命。出师第一站就很顺利。到福州见到周荫人后，将孙传芳的计划一说，周荫人拍着胸脯说："大哥既然来了，军费之事全包在小弟身上。你回去告诉馨远兄，到时岂止是军费接济他，我的队伍也开到浙江，助他一臂之力。"

杨文恺又风尘仆仆赶到张家口。在张家口市区西部群山之中，有一座山峰叫赐儿山，山峰秀丽，风景如画。在山腰深处有古云泉寺，它建于明洪武二十六年（公元1393年），叫云泉寺，是取"白云深处有清泉"之意。它是佛、道建在一处的寺庙。上部为道，下部为佛。寺内有子孙娘娘殿，旧时每逢农历四月初八庙会，来此登山焚香祈求"赐儿"的人络绎不绝。故称此山为"赐儿山"。冯玉祥在赐儿山下，由士兵新建成的一栋草房中接见了杨文恺。在座的还有参谋长曹浩森。

杨文恺首先向冯说明孙传芳准备进攻奉军的决心，并掏出一份孙传芳亲自写好的，同冯玉祥结盟的兰谱递上。冯玉祥和蔼地说："馨远有如此胆识，敢率先反奉，我十分钦佩。古来便有桃园结义，歃血为盟之先例。我很愿意与馨远结为金兰之好，风雨同舟，患难与共。我是壬午年生的，属马，今年四十四岁；馨远是乙酉年生的，属鸡，今年四十一岁。我是哥，他是弟。"

冯玉祥谈到反奉大计时说："馨远出兵攻打奉军，想让我配合，这个方案我极赞成。不过，从目前形势来看我还不便与张作霖公开决裂。如果馨远对奉军发动攻势，我在北方一定作出预备作战的姿态，牵制奉军，使他们不能抽调队伍，南下增援。"说到这里，还用双手钳住杨文恺的胳膊，"嗯"了一声，表示要牵制奉军。

冯玉祥还派幕僚段其澍为其代表，与杨文恺回杭州向孙传芳复命，孙异常高兴。

段其澍，1887年生，字雨村，直隶威县人，1908年陆大毕业，先后在直系第二十师，将军府、两湖巡阅使署任职。1921年在西安加入冯玉祥第十一师，先后担任高教团团长、顾问，凭其在直系的关系替冯与各方联系。冯对他很尊重，很客气，但不让他带兵。

5月初，杨文恺又与段其澍联袂前往开封。其时，河南军务督办胡景翼右臂患疔疮不治，已于4月10日在开封病逝。是月24日段祺瑞令：特任岳维峻署理督办河南军务善后事宜；郑士琦督办安徽军务善后事宜；张宗昌督办山东军务善后事宜；特派姜登选任苏皖鲁剿匪总司令；准免安徽省长王揖唐军务督办兼职；并令河南省长孙岳着速就职。杨文恺、段其澍见到继任的河南军务督办岳维峻，双方商定好：在孙传芳进攻奉军时，由国民二军出兵山东，攻打张宗昌，互相策应收夹击之效。

杨文恺同段其澍见过岳维峻以后，又同赴汉口，段其澍留在那里，杨文恺独自一人前往岳州，代表孙传芳敦吴佩孚出任十四省讨贼联军总司令，并

携5万元赠给吴佩孚。

吴佩孚在第二次直奉战争失败后，曾一度驻在鸡公山。杨文恺提取汉阳兵工厂代造枪弹加价专款20万元，派员送给吴佩孚，以济军需，因而吴对杨颇表好感。

杨文恺返回杭州的途中，又分别会见了江西军务督办方本仁和赣北镇守使邓如琢，劝说他们拥戴吴佩孚，合力讨奉。邓如琢与吴佩孚关系很深，表示唯吴、孙马首是瞻，义无反顾。方本仁的态度很冷淡，所谈未得要领。原来，方本仁已经与广东方面取得联系，准备参加北伐了。

岳维峻

孙传芳除对各实力派进行了一系列的联络活动外，还抓住江苏人民痛恨奉军纪律败坏这一有利条件，竭力交结江苏巨绅张謇、张一麟等，通过他们在上海、南京等处发动江苏人民举行了抗议奉军暴行的游行请愿，为尔后进攻奉军制造借口。

5月上旬，"东北陆军校阅监"姜登选就任苏皖鲁三省剿匪总司令；张宗昌回济南就任山东督办军务善后事宜。孙传芳为了摸清姜登选的底细，派第二师参谋长冯家骏到蚌埠见姜登选，侦察奉军的虚实和动向。姜登选是日本士官第五期学生，冯家骏是第六期学生，他们在日本留学时，曾在一起讲求革命之理，过从甚密。此次，姜登选对冯家骏说："我来安徽，未带军队，我绝不能作战。上海、南京都有奉军驻扎，怕有战事发生，希望馨远万勿轻动。"

当时安徽地方部队王普、高世读等，都是倪嗣冲的旧部，王普又是倪嗣冲的女婿，他们对待奉军阳奉阴违，孙传芳趁机与之联络。王、高等都愿意听从孙的指挥。

这年8月下旬，段祺瑞令杨宇霆、姜登选分别就任江苏、安徽军务督办以后，孙传芳发动战争，箭已在弦上。孙传芳派杨文恺到南京去见江苏军务帮办陈调元。杨和陈在保定速成武备学堂同学，又在武昌陆军第三中学共事，交谊很深。见面时，杨文恺劝陈调元参加对奉军的战斗，许于战胜之后优予酬报。陈调元对杨宇霆的傲慢无礼，十分愤恨，一拍即合。

孙传芳还有一步棋，即主动派代表与临时执政段祺瑞拉关系，以弥合他们之间的裂痕，取得段祺瑞的谅解与支持。他在信中称段为"老师"，自称为"学生"，说虽然过去做了一些对不起皖系的事情，还希望"合肥恩师"捐弃前嫌，大人不计小人过。段祺瑞自然洞悉孙传芳的意思，他自己已成为一个既无军队又无实力的傀儡"执政"，也不便与拥兵割据的地方实力派人物为敌。于是也有意与孙传芳"修好"，拉拢孙传芳，并任命杨文恺为贾德耀内阁农商部总长。

孙传芳却让杨文恺复电说："事前未征询本人同意，遽尔任命，形同儿戏。"以示反对。

1925年5月14日，上海日本纱厂工人为抗议日本资方无理开除工人举行罢工，日厂方开枪打死工人顾正红（共产党员），打伤十余名工人，激起上海工人、学生和市民的强烈愤怒。5月30日上午，上海各校学生两千余人在租界内散发传单，发表演说，抗议日本纱厂资本家镇压工人大罢工、打死工人顾正红，声援工人，并号召收回租界，被英国巡捕逮捕一百余人。下午万余群众聚集在英租界南京路老闸巡捕房门首，要求释放被捕学生，高呼"打倒帝国主义"等口号。英国巡捕竟开枪射击，当场打死十三人，重伤数十人，逮捕一百五十余人，造成震惊中外的"五卅惨案"。6月3日，上海公共租界各路口要道由万国义勇队及各国海军陆战队分兵把守。上午9时，日本巡捕又向小沙渡渡河工人开枪射击，打死三人，伤十几人。午后6时，义勇队开枪向南京路西段射击，打死行人一名，伤二名。

上海领事团分电香港、小吕宋、渤海、威海卫等地，调大队兵舰来沪"镇慑"。是日，意舰"兰乔治号"、法舰"亚尔古号"先后至沪。4日，港督派英海防舰"卡律斯尔号"亦到。5日，港督再派"大爱米特号"炮舰，载一千名陆海士兵驶抵上海。同日，日海防舰"安全号"载海军三百名抵沪。3、4日两日，英、美、日等国加派来沪之海陆士兵，已达四千名之多。

4日，孙传芳、夏超为"沪案"会衔颁发布告，要求各界各安其业，"以严静之态度，作挽救之筹议"，"切勿叫嚣跳荡，徒逞意气，……为越轨之行"；并称，"倘有不法暴民，假借名义，乘机思逞，即着军警严行究办。"

守在上海跟前的孙传芳、夏超等要求平定事态的发展，如果中外再起冲突，会给奉军遗以口实，趁机干涉，再度进入上海，打破上海永不驻兵的承诺。果然，在5天后，张作霖、李景林、张宗昌、张作相、吴俊升、姜登选、阚朝玺联合致电段祺瑞，略谓：沪案英领"不顾是非，一味强硬，是直蔑视公理，不顾邦交"，"应请睿谋立断，严厉主持，作霖等悍卫国防，义无旁贷"。打起爱国的旗号，以实现扩张之目的。

果然，奉军以"五卅惨案"为借口，要求执政府收回上海租界之主权，派兵进驻上海。

6月13日，张学良率其参谋长喻建章和卫队团一千多人南下上海，进入市区，违反了江浙和平条约中的"上海永不驻兵"的条款。张学良解释说："此行来沪有两个任务，一为调查五卅惨案真相及保卫国土与华界居民之生命财产；二为顺道视察沪宁线驻军。"其实，这只是试探浙江方面的反应。

邢士廉，字隅三，奉天沈阳人，满族，早年入日本陆军士官学校第八期骑兵科学习。第二次直奉战争，邢士廉率部一路领先，进占上海。1925年6月16日，任上海戒严司令。邢士廉上任后的第三天，即6月18日，就下令解散上海总工会，拘捕工会干部，通缉李立三，实行白色恐怖。22日，奉军第二十师师长邢士廉所部开进上海。

"上海永不驻兵"的口号，是孙传芳提出来的，而奉军破坏此条款，便给孙传芳发动战争，提供了一个极好的口实。他立即做出强硬姿态，派谢鸿勋第四师开进松江。而松江属江苏的地盘，奉军立即大叫大嚷，强硬要求孙军撤走，双方秣马厉兵，发出战争叫嚣，一时间江浙上空，战云骤紧，气氛紧张起来。张作霖派孙传芳的老同学，日本士官学校第六期毕业的邢士廉到杭州，企图转圜紧张

邢士廉

169

气氛。

邢士廉说："馨远学长，咱们是同学，最好不要兵戎相见，沪浙要相安无事，张大帅之所以派我来上海，是因为知道你讨厌卢永祥，张大帅的意思让他滚蛋便得了。你看杨宇霆、姜登选与鲍贵卿，都与你关系不错，你挑一个合得来的到江苏任督军如何？"

孙传芳何等聪明，立即借坡下驴说："我这点破军队，哪里是你老兄的对手？我根本不想惹麻烦。再说沪宁线有你们那么多精锐之师，出兵松江，是装装样子，明天我就让谢师长撤回来。至于苏督之人选，那就请麟葛（杨宇霆）来吧！咱们弟兄对脾气。"

邢士廉表示担心："麟葛兄才华出众，但自视太高，目空一切，你与他不一定能相处得好。我觉得姜超六（即姜登选）比较活顺，人也厚道，容易相处。又是与你同船去日本的同学。"

孙传芳另有打算，固执地说："请转告大帅，杨麟葛是最佳人选。"

孙传芳的目的就要一个狂妄自大的人来江苏。

果然，张作霖让卢永祥辞去苏皖宣抚使之职，电招其北上。可怜卢永祥被人耍得团团转，从日本回来，被张作霖封为苏皖宣抚使之职，引狼入江苏、上海，最后像破袜子一样被甩了。只能以"病体难支，不胜艰巨"为由，辞去了本兼各职。

孙传芳的军队撤出松江，奉方以为孙传芳胆小怕事，于是放松了警惕。

1925年7月14日（农历五月二十四日）杭州督署张灯结彩，喜气洋洋，原来是孙夫人周佩馨生下一个男孩儿。孙传芳非常高兴，给孩子取名为孙家裕。

在此之前，孙传芳之张夫人兰君给孙传芳生了两个儿子，老大孙家震，老二孙家钧。

孩子满月时，孙传芳夫妇大摆酒席，招待各方宾客。各省督府都派人前来送礼祝贺。段祺瑞借机派孙传芳在保定速成武备学堂和日本士官学校的老同学龚维疆为代表，专程来杭州贺喜。

龚维疆为安徽庐州（合肥）人，比孙传芳小一岁，时任北洋陆军部军务司司长。

农历乙丑年，也就是牛年。孙传芳一见龚维疆送来的贺礼，爱不释手。原来是一整块新疆和田玉精雕细琢而成的玉牛。

龚维疆说："这是段老师特地托小弟带来的礼物。他知道孩子属牛，特地找北京著名的工匠制作的。"

孙传芳对龚维疆说："段老师是我在保定时的前辈老师，段老师既然不怪我打陈乐山，我当拥护段执政，请老师放心。"

是年8月29日，段祺瑞令：特任杨宇霆督办江苏军务善后事宜；姜登选督办安徽军务善后事宜。

在此以前，5月8日张宗昌已在济南就任山东任督办军务善后事宜。

此时中国的版图，从东北的白山黑水到河北、山东、安徽、江苏、上海，都成了奉系军阀的天下。

张作霖狂妄地叫嚣着："他妈拉巴子，十年之内，除了我打人，没有人敢打我。"

此时，江苏军务帮办陈调元秘密召集江苏陆军第一师师长白宝山和江苏第三师师长马玉仁在南京秘密会议，议决一致拒绝奉军，并将陈调元所属的第十师郑俊彦部（卢永祥旧部），陆续向宜兴移动，以防浙为名，待机而动。

杨宇霆

奉系军阀也个个趾高气扬，不可一世。派到江苏任军务督办的杨宇霆，是张作霖手下炙手可热的人物。

杨宇霆，奉天法库县人，日本士官学校第七期炮科毕业。回国后历任奉天军械局长、陆军炮兵上校兼盛武将军署参谋长。助张作霖治理东三省，深获张作霖信任。足智多谋、精明干练，人称"小诸葛"。他"挟天子以令诸侯"，谁也不放在眼里。

狡猾的孙传芳正是看准了杨宇霆自高自大的特点，"欢迎"他来和自己做邻居，并欲乘杨立足未稳之机，打他个措手不及。

杨宇霆是作为江苏新统治者南下的，加上奉军赫赫军威做后盾，和他本人狂妄自大的个性，自然不可一世，气焰熏天。

9月21日，杨宇霆的专车从天津南下，到达南京对岸的浦口，慌得江苏省长郑谦、军务帮办陈调元以及江苏著名的士绅代表和各界团体的代表几百人过江迎接。

杨宇霆一下车便盛气凌人，全然不将江苏的大员和各方代表放在眼中。他与郑谦、陈调元等人略一寒暄，便摆起谱说："江苏弄得太糟，军不像军，政不像政，全不如奉天。我是不想到这里来，可是雨亭兄非让我来，我也是不得已而为之啊！雨亭这个人，什么都好，只是他想怎么就得怎么，唉，没办法。"

雨亭是张作霖的字，杨宇霆当着众人"雨亭长、雨亭短"，搞得他好像比前来欢迎他的人高一辈似的。陈调元赔着笑脸："张老帅如今已成了全国军人的领袖，杨督办来江苏，自然是我们的荣幸。从此我们一定在督办号令之下，努力奉公！"

杨宇霆对陈调元十二分看不起，早听说陈大个子庸碌无为，人称"陈大傻子"，今日一见，果然不错。他鼻子里"哼"了一声，便转过头去对苏绅冯熙说："我一路走马观花，江苏的民风太坏啦！很不像话！我原以为江苏如何富庶，如何文明，今日才知很差很差。"

冯熙字梦华，江苏金坛人。生于1844年12月（道光二十三年），1886年（光绪十年丙戌）进士，授翰林院编修，历任知府、按察使、布政使、提学使、安徽巡抚等职，民国后，受聘篆修《江南通志》，是年已经81岁。

冯熙听了杨宇霆的话，满脑门的官司，当即便回敬了一句："民风坏不坏与我无关，我是来欢迎督办的呀！"

杨宇霆目空一切的样子，惹得在场的士绅们都很反感，暗暗摇头。陈调元撇着嘴偷偷对省长郑谦发着牢骚："别人称雨亭还可以，他配吗？小人得志。"

当欢迎杨宇霆的车队都开进督署大院中后，杨宇霆下车便对副官说："这还叫督军署吗？告诉卫兵，从今往后，除了本督军的车外，其余的人，除了省长的车外，一律都停在外面。”

陈调元听了，非常恼火，却堆着笑说：“应该的，打明儿起，我的车就第一个停在外面。”

陈调元与杨宇霆本极陌生，临时佛脚亦抱不及，杨以战胜者之威，将陈调元等人视为齐燮元时代的残余分子，对其很是蔑视。陈便起了反心，欲驱杨以解恨。

9月22日，新任督办江苏军务善后事宜的杨宇霆，在督署大堂中，从省长郑谦手里接过大印。郑谦是8月3日暂兼督办江苏军务善后的，才个把月就把大印交给杨宇霆手中。

此时，淞沪市政促成会以江浙再战之谣诼日盛，致使沪上米价飞涨，致电杨宇霆、孙传芳，要求通饬所属防军保护米船通行。

是月下旬，孙传芳的外交代表杨文恺由汉口赴杭州，路过南京时，到陈宅访陈调元。一见面，陈调元便大诉其苦：“杨宇霆气焰熏天，我恐怕不能干了，回家算了。”

杨文恺心中窃喜，劝道：“雪轩，不可操之过急，听其自然变化为宜。”

陈调元说：“建章兄，你到杭州，和馨帅替我想个办法才好。”

杨文恺回到杭州见了孙传芳，当即告诉孙陈调元的处境与所说的话。孙传芳听完喜上眉梢说：“有办法啊，咱先拿了上海，随即再拿南京。大哥，你再去南京一趟，去见杨宇霆，与之通好，麻痹那个小子；主要与雪轩商议如何打杨宇霆。”

杨文恺马不停蹄，又返南京，正好杨宇霆不在，仅见到省长郑谦。

郑谦祖籍江苏溧水柘塘郑家村，后迁居南京城南三坊巷。其舅父陈文园是南京有名的学者。1897年，东渡日本政法大学深造，两年后毕业返国。历任黑龙江督署秘书长、黑龙江省政务厅厅长，北京政府陆军部参事，奉系军阀张作霖的秘书、秘书长、秘书厅长兼东北交通委员会委员等职。奉军大举南下，张作霖以文人当政和苏人治苏之名，擢拔郑谦任江苏省省长，在任期间，曾拨款整治玄武湖。

杨文恺与郑省长一番应酬之后，便告辞径直去陈宅，告诉陈调元，孙传芳要打奉军的计划。陈调元高兴地握紧拳头说：“请大哥放心，回去向馨帅说，由南京到徐州这一段由我包打，必操胜券。"

杨文恺回杭州后告之孙传芳，孙传芳兴奋地说："有陈调元做内应，咱们的计划要重新修改，先攻上海和南京，然后统一苏皖，以树起东南一面新旗帜。"

孙传芳一生

·Biography of Sun Chuanfang

第六章

八月浙江潮

1. "太湖秋操"

随着秋风渐紧，江浙两省将重新爆发战争的谣言日盛。两省的军队，各自在自己的防地上修筑工事，操练新兵；拦截运米船只的事件也时有发生。战争阴云笼罩在东南一带，人心惶惶。上海的米价成了时局动荡的晴雨表，一有风吹草动，米价飞涨，老百姓开始排队抢购；粮耗子乘机囤积居奇。淞沪市政促成会致电杨宇霆和孙传芳，要求克制，通饬所属防军保护运米船通过，以平息上海市民的紧张情绪。

孙传芳断然否认浙苏间会发生战争；而杨宇霆则认为孙传芳根本不敢动手。他说："孙馨远那点儿破烂军队都是收编别人的，我不揍他已便宜了，他小耗子敢舔老猫的胡须？这不是找死嘛！"

杨宇霆根本不知道，孙传芳以卧薪尝胆的精神，整顿和训练军队、招募新兵；并专程到山东招来一批新兵蛋子。这批来自北方的大汉，四肢发达，头脑简单，没有兵痞习气，而训练刻苦。他的直属部队也从卢香亭的第二师，扩充到了谢鸿勋的第四师和孟昭月的第十混成旅。此外周荫人又调给他张俊峰的第二十四混成旅和张庆昶第四混成旅。孙传芳的核心将领从原来的卢香亭、谢鸿勋、孟昭月等人，迅速扩大。马葆珩、李宝章原是皖系卢永祥手下战将，为孙收编后，上马金、下马银，诚心接纳，委以重任。这些人遂死心塌地，为孙传芳卖命，出谋划策，披坚执锐。他们在苏浙一带多年，地理极熟，批亢捣虚，都是好手，在以后的一系列战争中，为孙传芳东南霸业，立下汗马功劳。孙传芳大胆起用降将的做法，为一般只认嫡系、排斥异己的军阀所不能为。

鱼米之乡太湖水，又养壮了孙传芳的"花子军"。这时的浙军兵强马壮，士气高昂。孙传芳在战前召集团以上军官开会时，鼓动性地说："现在秋高马肥，正好作战消遣。我们已到了讨奉的时候。"孙传芳特别强调军纪问题，他说："奉军的军纪之坏，是出了名的。他们敲诈勒索、强卖强买、奸淫妇女，无恶不作，天怒人怨。江南的老百姓夜晚哄孩子时会说：'你再哭，奉军就来了。'说明了他们在老百姓心中的模样。我们的军队，饷源充足，不缺吃穿，要想战胜强大的奉军，就要注意军纪，禁止扰民，一有发现，当严惩不贷。我们一定能将奉军赶出江南。行动的时间定在十月十日'双十节'这一天，借'秋操'为名，一举发动。"

这里且放下孙传芳如何进行战前动员不提，再看关外张作霖，此时，他正在黑山县高山子的张家地窝棚为祖上监修祠堂。

俗话说，当局者迷旁观者清。几千里之外的张作霖风闻苏浙将发生战争的消息，坐不住马鞍轿了。他一个劲儿地叨叨："麟葛大意，必失荆州。"急令张学良升迁奉军的后起之秀：刘翼飞和赵鸣皋两员将领为第二十师第四十四、第四十二旅旅长，并速速来见。

刘翼飞，奉天铁岭人。保定军校第五期毕业。

1922年，第一次直奉战争前，刘翼飞为"镇威军"司令部参谋处任中校参谋，战争爆发不久，奉军在前线失利，张作霖心情极为沮丧。刘翼飞在旁宽慰张作霖说："报告大帅，胜败乃兵家常事，我们还有这么多的军队，元气无损，留得青山在不怕没柴烧，总有一天还会打回来的！"因而给张作霖留下良好的印象。回奉天后即被委任卫队团团长；不久又被张作霖擢升为团长。在第二次直奉战争中，刘翼飞所部自石门寨乘胜追击，最后占领北戴河。刘翼飞在第二次直奉混战中立了大功，深为张作霖信任。

刘、赵两人不敢怠慢，火速赶到高山子，张作霖一见两人劈头便说："你们快到上海去第二十师就旅长吧！告诉邢士廉师长，快把兵额补招齐全，好好勤加训练！"

刘翼飞说："总司令，我从天津来时，听江苏来人说，南方在'双十节'要通电护宪，可能要发动战争。"

张作霖听后，口出狂言："他妈拉巴子，三五年内我不打人，绝没有人敢打我。你们赶快去吧！"

刘翼飞

刘翼飞随即到沈阳，向军团长张学良辞行，又将南方不稳的消息告诉张学良，张学良未置可否，拿出三封亲笔信说："请面交姜登选、杨宇霆和邢士廉。"

赵鸣皋因病留奉天养病未到任。

刘翼飞不敢怠慢，火速南下。头一站到了蚌埠，这天正是10月10日，大街小巷悬挂着五色国旗，参谋长戴翼翘和作战主任参谋何柱国在车站迎接，并将刘翼飞接到安徽督办公署见姜登选，当面交了张学良的信，说："听闻江南有战争之说，不知这里可有消息？"

姜登选从容深沉，只是皱着眉头说："只是风传，并非空穴来风。上海非驻兵之地。我曾让麟葛多多考虑，另易防地，他总是不以为然。我备有信一封，请你面交麟葛。"

刘翼飞吃了顿饭，又匆忙赶到南京见杨宇霆，又将所闻面告，杨宇霆毫不介意，说："风言风语总是有的。孙传芳也曾致电浙省军政要员，'兹因陆军学校第四期教育终了，照例应行校阅，特定于月内举行秋操。宣示人民，以免误会。'他早已明告我们要秋操，我们如若风声鹤唳，草木皆兵，不显得我们太虚弱了吗？"

刘翼飞则忧虑地说："实则虚之，虚则实之，孙传芳诡计多端，我们还是提高警惕为上。"

杨宇霆哈哈笑起来："我与馨远都是日本士官的高材生，英雄惜英雄，惺惺相惜，个人关系很融洽。姜超六（登选）劝我收缩兵力，不要将奉军分散于沪宁、津浦线上，这我何尝不知？但我们来以前就是这态势，我一来就变，不是自己吓唬自己吗？"

杨宇霆所说是有根据的。"双十节"这天，段祺瑞执政府便派出浙江

　陆宗舆

海宁人陆宗舆以省亲之名，到达杭州。陆是来探孙传芳的底，相机进行劝说，希望他澄清江浙战争的谣言，以平息国内外的各种战争传闻。

陆宗舆字润生，浙江海宁人。1913年任驻日本公使，1917年任中日合办的中华汇业银行总经理，多次向日本借款。1919年任币制局总裁。"五四运动"时因涉及他参与谈判"二十一条"之事，被爱国学生视为卖国贼，后被免职。是时任山东龙烟煤矿及铁矿公司督办，又是临时参议院参政。他抵杭州时，孙传芳、夏超等大批军政人员去火车站迎接。

中秋节前后的杭州，是四季最有魅力的季节，三秋桂子，十里荷花，西湖澄澈，波光潋滟。杭州的大街上遍插五色国旗，家家户户门首点燃着红红的灯笼。督署门前用葱绿的松柏扎成高高的牌楼，缀以五颜六色的小灯泡，煞是好看。整个杭州城洋溢着一派歌舞升平的太平景象。

孙传芳和陆宗舆同坐一车。孙传芳指着外面说："润生兄，你看杭州秋景，美不胜收，有人造谣我要打仗，你能闻到火药味儿？"

陆宗舆恭维说："馨帅来杭州仅年余，变化之大，令人刮目相看，实在佩服之至。连日来江浙开战之谣突然大起，说浙军在长兴方面有所行动。段执政很关心，特派鄙人来了解情况，不知孙督办和杨督办之间是否有误会？"

孙传芳连连摇首："我与麟葛交谊多年，同为袍泽，绝无误会。浙军的行动，只是为举行太湖秋操，例行公事而已。且为'国庆节'壮壮声色。本人拥护和平，始终如一，外间谣言，均不足信，请润生兄在段执政面前代为解释。"

"目前关税会议将在上海举行，各国代表云集沪上。不论何人，若于此时轻启衅端，不但为国人所不容，亦为列强所共弃。"陆宗舆提醒孙传芳，语气中含着警告的成分，他观察孙氏的表情，想从中窥探出一些秘密。

孙传芳收起了笑容，用手拍着腰间所佩的德国勃朗宁手枪起誓："这手枪随我多年，颇有定见，未肯轻易伤人，我以它来发誓。"

陆宗舆急忙说："馨远，千万别误会，我不是这个意思。"他话头一转，"今年钱塘潮，为百年最盛。农历八月十八日是最高潮，不知馨帅可有雅兴，随弟一同赴海宁观潮？"

孙传芳说："润生兄所言正合我意。农历十八我们海宁盐官镇见。"

是日夜晚，孙传芳在督署举行了盛大的宴会欢迎陆宗舆。特邀京戏名角谭派老生贵俊卿唱堂会，演出《状元谱》，一出励志的传统剧。大意为：

> 陈伯愚老而无子，素行善。时值荒歉，陈伯愚开仓放赈，此时，其兄
> 之子陈大官也来领赈。先是陈伯愚兄嫂临殁时，以子陈大官托陈伯愚，陈
> 伯愚亦爱之如己出，年十五即补弟子员。嗣以交结小人，陈伯愚不得已，
> 乃与以家产之半。不数年，陈大官赌博冶游，挥霍净尽，甚至流为乞丐，
> 至是迫于饥，亦腼颜来叔处领赈。陈伯愚不禁气愤交加，怒不可遏，将其
> 打伤。幸其妻将侄儿救醒，赠以金，命其改换衣装，隔日再来。不料陈大
> 官之金即被偷儿盗去。时适清明，陈大官于市上乞得数钱，忽念及爷娘，
> 遂将所讨来的钱购买纸帛，上父母坟哭祭。忽陈伯愚夫妇亦至扫墓，见坟
> 前已有纸灰，陈伯愚见陈大官落魄至此，尚不忘祖先，知稚子犹可教焉。
> 于是好言抚慰，携之归家。陈大官从此痛改前非，发愤攻书，后大魁天
> 下，故剧名就叫《状元谱》。

其实，孙传芳点这出戏是有寓意的，戏文中塑造了一个穷小子发奋励志，
最终名扬天下。其中就有他的影子。可是陆宗舆一个富家子弟，哪懂穷人奋斗
的艰辛？再加上多喝了几杯状元红酒，头重脚轻，被人架到旅馆便呼呼大睡。
也就在这天深夜，孙传芳在督署召开紧急军事会议，督署会议厅中气氛热烈。
皖、赣、苏、闽、浙五省代表都在座。会上，议决五省联盟，公举孙传芳为总
司令，树起"拥段反奉"大旗。

灯火通明的大厅内，墙上挂着敌我态势图。孙传芳站在图前说："诸位请
看，奉军北起天津，南至淞沪，迢迢数千里，摆成一溜长蛇阵，主力置于天津
和徐州之间，首尾难顾。北方有冯系国民军，钳制奉军主力；郑州有靳云鹗、
开封有李纪才，沿陇海线可侧击奉军，将其拦腰截断。我们攻打南京和沪宁线
上的奉军。一旦战争发动，奉军势被分割成数段，对江苏就鞭长莫及了。江苏
的奉军有两个师，加上安徽的兵力不过两三万人，我们解决他们毫无问题，各
部行动要快、狠、准，一举成功。奉军在江苏为害人民，我不攻彼，明春彼必
攻我，如不先发制人，我浙江亦难保无虞。"他为了鼓舞士气，大声说："刻
下我国混乱已极，我军一旦成功，共和再造，在座的诸位都是首义之功。"

孙传芳决定浙军兵分五路：第一路司令陈仪，第二路司令谢鸿勋，第三路

司令孙传芳自兼，第四路司令卢香亭，第五路司令周凤岐，定名为"浙闽苏皖赣联军"。同时下令各路开始军事行动。

当即，浙军由江浙边境分三路出击：以李宝璋师直扑上海，以卢香亭师渡太湖袭占丹阳，切断沪宁线；以谢鸿勋经长兴、宜兴，攻取南京。此三招，招招致命。先看李宝璋师从松江等地，轻车熟路直插上海，而上海虽有奉军第二十师，两个旅长尚未到位，无人指挥，邢士廉只有仓皇撤退。卢香亭师渡太湖直插丹阳，目的是将沪宁线奉军撤退路线截断，又可阻止南京奉军第八师南下救援；再加上谢鸿勋师由长兴、宜兴，直攻南京，杨宇霆自顾不暇，何敢再令第八师救援第二十师，只能是全线溃逃而已。

就在浙军行动前几小时，新任奉军第四十四旅旅长刘翼飞抵达上海，下榻于静安寺附近的大东旅馆。当晚，第二十师师长邢士廉派参谋长徐紫栋接刘翼飞到设在龙华寺的师部叙谈。刘翼飞一见面便说："孙传芳有可能在这几天发动军事行动。"

邢士廉却自信地说："我与孙传芳是日本士官同学。我新由杭州回来，我们感情极为融洽，可保无虞。你先休息休息，明天就举行布达式，即行接任旅长职。"

刘翼飞返回旅馆后，洗了澡上床关灯就寝。不久拍门之声大作，一开门，第二十师副官长金伯恭慌慌张张闯了进来："情况紧急，邢师长请你立即去师部商量对策。"

刘翼飞一边穿衣服，一边上车，赶到师部后，邢士廉神色紧张地说："据报孙传芳假借夜间演习，大军来袭，"他看看表，"大约拂晓前其先头部队即可到达龙华。我军为避免冲突，拟向南京撤退。你先率所部的柴士尧团和赵旅的刘团立即乘火车撤到丹阳附近，占领阵地，掩护师本部撤退。"刘翼飞席不暇暖，又匆匆带队登车出发。上海市区，一片混乱。到处是仓皇行动的奉军，军容不整，杂沓无章，连夜向苏州和常州方向逃去。浙、奉两军仅差个把钟头，没有相遇，来的和跑的功夫都堪称一流。

15日黎明，上海的市民便发现，市区的兵佩着浙军的番号，李宝璋师顺利地占领上海市区。

孙传芳在杭州自封为"浙闽苏皖赣联军总司令"，并于10月16日与夏超、周荫人发出铣电曰：

段执政钧鉴：

各省军民长官各法团各报馆暨全国国民公鉴：

去岁传芳视师江表，深感东南战祸之惨伤，用策永久和平之大计，于是有上海永不驻兵之议。人民既历次请求，政府且特颁明令，传芳即首先遵令撤兵，盖不唯顺从民意，亦以重言责也。不料我方振旅而归，彼即乘机而入，然犹谓少数武装用以维持治安也。五卅案起，全国震骚，国民椎心泣血之时，为私人攘利夺权之举。人民既敢怒不敢言，政府亦熟视若无睹。使传芳独负言责，实无颜对我东南人民。唯念国难方殷，深不愿再肇兵祸，以为苟能约束，犹可相安。数月以来，喋血贩烟，腾笑中外，杀人越货，苦我人民，秽德彰闻，众目共见。愿传芳犹啮齿忍痛，静从公论，冀其自觉。乃人民日增饮泣之声，彼凶益肆猖狂之技，视江南为私有，窃政柄以自恣。甚至长官方喜色就任，部兵即公然抢劫，事隔兼旬，曾未闻一申军法。夫沪上为东南精华所萃，友邦观瞻所系。时至今日，传芳纵可忍，而士兵不能忍，士兵可忍而人民不可忍。用敢宣言，告我同志，永不驻兵之议，自我言之，当自我行之，所以顺民意者在此，所以服从中央者亦在此。是用率我六师，缴其枪械，放归田里。唯念奉方戎兵，皆我同胞，万恶实为戎首，今与同志连师，当世贤豪，戮力同心，唯彼祸首张作霖一人是讨，此外皆所不问。至我军职志所在，厥有四字，曰永久和平。惟和平可以保国家，惟和平可以对友邦，见我族麾，共求福利，邦人君子，其共鉴之。孙传芳、夏超、周荫人叩。铣。

李宝璋师袭击上海，驻上海的奉军纷纷撤退，由沪宁线已先退苏州。奉军淞沪警备厅长常之英所部宪兵一营未及撤退，被全部缴械，常亦被扣留。

第四军卢香亭部进展很快，占领宜兴。

此时，谢鸿勋部从长兴、宜兴，袭夺镇江，进攻南京，捷报频传。

10月17日，五省联军总司令孙传芳大马金刀抵达上海。当即召开军事会议，部署下一步行动。随即返回嘉兴。

此时，奉军第二十师邢士廉部已推至常州、丹阳、镇江一带。杨宇霆通电段执政表示尊重和平，听候政府裁决苏浙争纷。并谓："毋我负人，宁人负我，是非所在，听之公评。"

段祺瑞令孙传芳所部撤回原防，略谓：

> 近来谣诼繁兴，浙省复有调动军队之举。查淞沪永不驻兵，早有明令宣布。自沪案发生后，苏省为维持地方计，曾调邢士廉部前往，暂资镇摄（震慑）。今人心已定，据杨宇霆称，业照商民所请，于本月15日将邢部完全撤退，与孙传芳铣（16日）电用意不谋而合。……孙传芳所部应即各回原防，以符本执政爱护永久和平之心，而慰东南人士之望。

10月17日苏军第一师师长白宝山、第三师师长马玉仁、第四师师长陈调元、第十师师长郑俊彦、江宁镇守使朱熙等通电讨奉，电曰：

> 只以我苏战后，元气已伤，仅能自固吾圉，久宜宁人息事。乃奉方视为征服之地，戍兵沪宁，肆行无忌，贩鸦片，造伪币，纵兵焚劫，勒索绅富，种种秽德，罄竹难书。近复苏皖易督，津浦增兵，并探悉以苏产押外款三百万元，谋复上海兵工厂。又向某国购械十五万支，以驻防各省奉军，取缔人民抵制某国商货为条件。如此悖谬，岂独祸苏，直欲亡国，虺将成蛇，难再坐视；宝山等保国卫民，责职所在。兹已响应浙军，会师浦镇，驱逐奉军，沪浦路线，旦夕肃清。已电恳吴玉帅、孙馨帅主持大计，全苏将士愿听指挥，并请同志诸帅，分逮进剿，直捣胡巢。大寇不除，国难未已，全国志士，盍共图之。

此时，联军各路兵马水陆并进，到处攻击奉军。

10月18日，浙闽苏皖赣五省联军第四军司令卢香亭由陵口向丹阳前进，晚9时占丹阳，奉军退至镇江。次日，联军第二军前线总指挥杨震东部占镇江，晚又占龙潭。五省联军第二军谢鸿勋通电报告奉军溃退情形，谓：

> 敌军于筱（17日）午为我军在苏州击溃，纷纷退往无锡，旋于筱夜在无锡为我军击败，退至常州。巧（18日）晨又为我军击溃，向镇江退却。敌将常（州）、丹（阳）间铁道破坏，刻正修理追击中。是役俘敌千余，获子弹枪械无数。

浙闽苏皖赣联军总司令部发布戒严令，略谓：张作霖派兵入关，"内则软困北京政府，外则先占直隶，次占鲁、占皖、占苏，蚕食鲸吞，贪心不已"，"奉军所到之处，搜刮民间财产，奸淫良家妇女……种种罪恶，擢发难数"，宣布联合各省义师，声罪致讨。

19日，谢鸿勋通电告捷：

敝军前卫第二支队王团长咨知，于皓日午前六时行抵镇江南方，与敌军约二千人接触。敌军沿山扼守，顽强格抗。我军猛攻，敌死守不退，迄十一时十分，我军第四支队王团长廷栋，率部到达，抄袭敌军右后，将敌包围，敌势摇动，喊声大震，全线冲锋，大部被俘缴械，小部向四乡溃窜，遂于午后，完全占领镇江。是役毙敌二百余名，俘虏约千人，缴枪九百余支，机枪三架，迫击炮十余尊，军用品无数。前已饬我第二、四支队，向南京前进。除报敝总司令外，谨电以闻。军长谢鸿勋叩。

孙传芳反奉，给直系军阀打了一剂强心针。靳云鹗自河南鸡公山致电孙传芳，响应浙军，一致反奉，并告以："今日赴议会商，一面请吴帅出山，一面约同各将领按以前计划积极进行，以为声援，即日出发，互相策应。"

吴佩孚亦通电孙传芳等："奉读铣日通电，我六师，共伸天讨。风声克树，底定可期。义正词严，整肃此致复。"

鄂督萧耀南、赣督方本仁、赣皖联军总指挥邓如琢、海军总司令杜锡珪等纷纷通电，响应孙传芳，讨伐奉系张作霖。

2. "孙郎"战"诸葛"

刘翼飞率奉军匆匆忙忙地登车出发，赶到丹阳后在车站附近占领阵地，立即在车站附近构筑工事，工事尚未构成，载有邢士廉第二师师部的列车便呼啸而过。这时前方枪炮声大作，原来，浙军卢香亭沿太湖到宜兴，斜插而至，截击奉军的退路。刘翼飞立即命令开枪，双方激战，刘翼飞所乘列车的玻璃多为流弹击碎，车厢里满是碎玻璃碴。战至19日中午，传来师部的命令，要刘翼飞速向南京撤退。邢士廉率队一旅一团分乘三列火车自浦口沿津浦路北上，在乌衣遭陈调元部苏军伏击，邢车疾驰脱险，于当日抵蚌埠。另一列车奉军与苏军激战，奉军溃散，死伤甚重其后一列火车奉军士兵被缴械，辎重悉为苏军所得。

原来，孙传芳突然大吹反奉号角之后，陈调元见时机已到，立即将军队在南京城内外及江北的浦口、乌衣一带部署妥当。然后他向督军杨宇霆、督署参谋长臧式毅和第八师师长丁喜春发出请柬，说要设宴欢送杨宇霆等离宁。

臧式毅认为有鬼，一定是鸿门宴，主张尽快离宁。

杨宇霆认为：如果不敢去，便证明奉方很混乱肯定会遭到陈部的攻打。他故作镇静，一面同意去陈处赴宴，一面通电各方，表示尊重和平。同时，杨宇霆命各部迅速撤出南京，渡江北逃。

当杨宇霆等人进了陈调元请客的下关一枝香菜馆后，便发现周围的气氛不对。杨宇霆不愧"小诸葛"，问陈调元："雪暄兄，以往请客都在下关万国番菜馆，怎么今天换成一枝香了？"

陈调元乐呵呵地说："万国嘛，四面八方，一枝香嘛，为我所有嘛。"

杨宇霆听出话里有话，又假意与陈调元寒暄一阵，喝了两杯酒便起身说要"方便一下"，转至后门，拔关而去，从下关江边登上早已预备好的小火轮，渡江至浦口车站，立即登上一列生火待发的火车，逃之夭夭。

陈调元左等右等不见其来，知道事情有变，一掷酒杯翻了脸，臧式毅等人和丁喜春的第八师无数在下关争渡的奉军，成了陈大傻的瓮中之鳖。

当刘翼飞所乘列车驶抵南京尧化门时，前方铁路已遭破坏，城墙上苏军突然发炮轰击奉军。这才知道南京城已在苏军陈调元等部的控制之中。形势苍黄，只在指顾之间。当刘翼飞的专车行抵尧化门之时，当即遭到苏

陈调元

军炮火的拦截。听到城上的炮声，江边青龙山和狮子山的炮台也向奉军的军车开炮，火光闪闪，炮声隆隆，打得车仰人翻，刘镐团长吓得面无人色，慌忙跳下车，坐在地上抱头大哭道："这下完蛋了，要回老家了。"刘翼飞还要组织抵抗，刘镐坚决反对："右有大江，后有追兵，前面有敌人拦截，兵械两无，拿什么作战？"刘翼飞眼看无法，便扔下部队带十余人翻过栖霞山绕小道到江边，寻了一叶木船渡过长江，来到浦口车站，又爬上一列火车北上。谁知就走了二十来里，在乌衣车站便遇到陈调元的部队的阻击，枪声大起。

原来，陈调元发现杨宇霆逃跑后，立即打电话通知江北乌衣防地的安树珊部截击杨宇霆的列车。当安树珊带人赶到乌衣车站时，刚有一辆列车风驰电掣般向北冲去，车上正坐着惊魂未定的邢士廉，差一步便成了苏军的俘虏，而跟在后面的刘翼飞坐的列车已插翅难逃。列车上，张团长指挥少数士兵拼死反抗，被乱枪打死。大部分兵举手投降。刘翼飞趁乱逃出，来到浦镇狮子林。

此地有座兜率寺，既无围墙、山门，又无大殿，只有以藏经楼为主体的建筑。刘翼飞进了寺，见大殿正门有一木质对联：

上联是：世间重任实难挑，狮子林中，也好息肩聊倚石；

下联是：天下长途不易走，兜率寺里，何妨歇脚漫斟茶。

刘翼飞觉得这副对联颇能表达当时的心境，张作霖派他到上海协助邢士廉，不料重任难挑，被孙传芳联军打败，落难来到这兜率寺中，息肩歇脚，于是径直去见方丈，说了自己的来历，于是方丈便收留他在寺中藏了数天。等风声一过，刘翼飞又潜回南京下关，乘江轮去上海转赴天津，途中巧遇见南京宪兵司令杨毓珣。

杨毓珣，安徽省泗县人，北京陆军大学第五期毕业。他的伯父杨士琦是袁世凯的心腹谋士，因这层关系，他后来娶了袁世凯第三女袁静雪，成为东床驸马。袁世凯死后，跟着张作霖；奉军南下，杨毓珣跟着到南京，任了南京警备司令。

刘翼飞见他穿得破烂不堪，差点没认出来，一问才知，杨毓珣是化装成赶脚的驴夫逃出来的。可见奉军的北窜有多狼狈。

随即陈调元联络了位于下关"和记洋行"以东，老虎山下，上元门一带的海军鱼雷营的鱼雷艇司令甘英一致行动，包围了下关码头和江面上乘船过江的乱哄哄的败兵，将其俘虏缴械。

杨宇霆只身北上后，火车过蚌埠时，与安徽督办姜登选匆匆见了一面，介绍了孙军的大致情况。姜登选告知："皖军第一旅旅长倪朝荣、第二旅旅长马祥斌等已通电响应孙传芳，并打出保境安民的旗号，倪朝荣部已抵泗州，逼我离境。"

杨宇霆说："目前紧要的是缩短战线，集中兵力，防止冯玉祥在北方再来一手。超六兄，你也赶快作好准备，北撤吧。留得青山在，不怕没柴烧，早晚咱们还得回来。"

赣军方本仁密电第一师师长邓如琢速出兵九江，乘姜登选在蚌埠防务空虚之际，抄袭安庆。该师第一旅刘宝题部业已开拔。

江苏陆军第四师师长陈调元、第十师师长郑俊彦在南京联名通电，宣布起义。略谓：杨宇霆、郑谦业已逃离南京。杨之参谋长臧式毅及奉军第八师师长丁喜春，均被苏军拘捕。丁部未及撤退之官兵，被苏军迫令缴械。省垣秩序由陈调元暂时维持。

奉军北逃后，暂集合于蚌埠。安徽督办姜登选还希望与孙传芳和平，以同学之谊进行劝说：

孙督办鉴：囊在徐州，辱蒙遣使远来存问，并以时局方针垂询下走，弟曾掬诚相告，共策和平。自弟移皖驻蚌以后，又复信使往还，重申此义。方期东南半壁，兵气暂消，匕鬯不惊，与民苏息。不意近数日中，道路流传，苏浙战起，车马征发，壤堑布置，风声所播，木草皆兵，商市停顿，居民惊徙，去冬现象，复见于今。窃意一年以来，中央政局，略觉安然，各省情形，亦皆自理。其在中央各省间如有隔阂情事发生，皆可疏通情商。讨论方法，以期归入和平一途。庶几各地人民，不致年年苦于兵资。若夫无正当之名义，与不得已之事实，而动执兵饵以相周旋于战场，不特中外舆论，讥为黩武，即吾人自返天良，果以何因而必如此。今以苏浙近事而论，苏督杨君，决不犯浙，弟所深知，亦曾奉函敬告执事，彼此皆为同学，并无相煎太急之情，而必大逞干戈，以争胜负。弟以和平为旨，深觉此义不安。即弟为执事计，舍浙图苏，未必遽为得计。今事势已亟，知非空论所能挽回，唯以公谊私交，不能不一尽其忠告。传闻执事调动军队，意在秋操。如其果然，实为大局之幸。极望宣布宗旨，以安人心。设或对苏真有何种问题，未能谅解，即乞我公明白相示。弟如可以尽力，必当力与调停。总期东南人民，不催战祸，区区之心，唯祈谅察。临电不胜迫切待命之至，弟姜登选。

但是此时孙传芳的战车，追亡逐北，乘胜前进，哪里还能刹住？

孙传芳下达攻取上海、南京的命令后，当夜离开杭州，从水路出发督师，由嘉兴上船前往苏州，参谋长杨文恺、参谋处长崔可亭、政治处长万鸿图和副官长张世铭等随总司令部行动。他们到达苏州后，立即乘火车直抵南京。

孙传芳的总指挥部便设在列车上。16日午后，向各军下达会攻南京的总攻击令。

此时，海州白宝山等为响应孙传芳，会师浦镇，驱逐奉军发出通电：

略谓：……宝山等保国为民，职责所在，兹已响应浙军，会师浦镇，驱逐奉军，沪浦路线，旦夕肃清。已电吴玉帅、孙馨帅主持大计，全苏将士愿听指挥，并请同志诸帅分途进剿，直捣胡巢。大寇不除，国难未已。全国志士，盍共图之。江苏第一师师长白宝山、第三师师长马玉仁、第四师师长陈调元、第十师师长郑俊彦、江宁镇守使朱熙、通海镇守使第七十六旅旅长张仁奎、第一旅旅长杨赓和、第二旅旅长杨启佑率全体官兵同叩。篠。

当苏浙军渡江北上时，安徽陆军第一、二混成旅旅长倪朝荣、马祥斌通电响应孙传芳讨奉。

18日，浙闽苏皖赣五省联军第四军司令卢香亭由陵口向丹阳前进，晚9时占丹阳，奉军退至镇江。次日，联军第二军前线总指挥杨震东部占镇江，晚又占龙潭。

联军第二军谢鸿勋通电报告奉军溃退情形，谓：敌军于筱（17日）午为我军在苏州击溃，纷纷退往无锡，旋于筱夜在无锡为我军击败，退至常州，巧（18日）晨又为我军击溃，向镇江退却。敌将常（州）、丹（阳）间铁道破坏，刻正修理追击中。是役俘敌千余，获子弹枪械无数。卢香亭部攻城东紫金山，占领制高点；周凤岐攻城南雨花台，杨震东、谢鸿勋夺幕府山；陈仪过江到六合，沿江回攻南京。阵势很大，但各路人马均兵不血刃进占南京城。

是日，孙传芳在无锡致各省通电：

吴玉（佩孚）帅、冯（玉祥）督帅、各省督办、省长、都统、护军使、
各路司令钧鉴：大江以南之敌，业经溃走，我联军正向南京方面急追中。江
南小丑，不难指日荡平也。浙闽苏皖赣联军总司令孙传芳巧酉印。

10月20日下午，孙传芳抵达南京，为追穷寇，便将联军总司令部设在艳江
门外下关的花园饭店中。同时立即召集军事会议，讨论进兵方略。孙传芳高兴
地说："我们胜了，奉军兵败如山倒。追击越快，战果就越大。第一路司令陈
仪和第四路司令卢香亭两部迅即过江，沿津浦路两侧向北猛追。"

张作霖急令奉军死守徐州，派张宗昌由山东济南南下徐州，派施从滨为
直、鲁、苏、皖防御司令，姜登选为前敌总指挥，分三路防守，东在邳县，西
在砀山，南面在宿州夹沟部署防线。

形势一片大好。

江西九江镇守使兼中央陆军第一师师长邓如琢致电孙传芳，响应浙军
讨奉。

略谓：……所幸浙闽苏皖赣联军孙总司令首举义旗，赣皖联军方总
司令共匡国难。如琢秣马食士，擐甲服兵，挟经秉武，载橐建鼓，誓平元
凶，希光颜重膺之荣，毋望夫差，雪勾践会稽之耻，敢附群公骥尾，原为
赣皖前驱。指日会师，犁庭扫穴，行看获丑，发腐摧枯，各友军相互提
携，实同忧乐，无南北进行一致，以永和平，谨布愚忱，诸希鉴察。赣皖
联军总指挥邓如琢叩。敬印。

邓如琢在九江通电就"皖赣联军总指挥"职，赣军第三师师长冯绍闵为赣
军副指挥，赣皖组成联军，赣皖联军总指挥邓如琢发表通电声讨张作霖，表示
拥护"五省联军"孙传芳"举义旗"。皖南镇守使王普为皖军副指挥，邓部先
锋已开拔。

江西方本仁通电讨奉。

安徽陆军第一混成旅旅长倪朝荣通电响应浙军讨奉，宣布所部已陆续抵
达蚌埠，共张挞伐，并联合皖军将领，一致拥戴吴佩孚、孙传芳。倪朝荣自泗
县移扎临淮一带，并电姜登选表示与孙传芳一致行动，请速将驻蚌奉军解除武

装，即日出境。驻寿县皖军第四旅旅长高世读、驻颍上第五旅旅长华毓庵，均联合与倪朝荣一致行动。

福建周荫人通电反奉，并敦请吴佩孚"即日出山，吊民伐罪"。

吴新田、孔繁锦、柴云升、张治公等通电反奉。

海军总司令杜锡珪致电吴佩孚、孙传芳暨浙、闽、皖、苏、赣、鄂，豫、陕各省督办省长，宣布讨奉。同日，海军第二舰队驻宁各舰长代表各舰全体谒孙传芳，表示欢迎一致讨奉。

陈调元通电宣布：奉孙传芳委任，是日就代理江苏总司令职。

津浦线南段，联军的军车隆隆向北，一列又一列，道路两边还有成千上万以急行军前进的联军队伍，这是联军谢鸿勋部从浦口至滁州，奉军推至张八岭。是晚，卢香亭、陈调元等部陆续抵达，会攻张八岭，奉军退蚌埠，联军继续向北推进，张八岭、明光等地的丘陵地带，到处可见联军向北前进的部队。

3．老将出马

年近花甲的山东军务帮办、第四十七混成旅旅长施从滨，身着蓝色中将大礼服，回到济南镇守使府衙，被老家人接进了书房。他脱下中将军服，换上了一身家常穿的纺绸裤褂，随手拿起桌上的茶盅，细细地呷了一口，又放在桌上。他垂头丧气，不停地长吁短叹。二十岁的大女儿施谷兰进来，她个头不很高，发育得很好，一条黑油油的大辫子垂悬腰间，小脚上穿着粉红绣花鞋，走起来好像迎风摆柳，袅袅婷婷的。她关心地问："爹，你的气色不太好，是不是军事会议开得太紧张，身上又不得劲儿啦？我来给你捶捶背。"以往施从滨最受用的便是劳碌回来，太师椅上一靠，由女儿轻柔地捶捶腰腿。而今天，他心情的确很乱，便轻轻地挥挥手："兰儿，你去陪你娘吧，让爹独自安静一会儿。"女儿知趣地退去。

施从滨，字汉亭，安徽桐城人，1867年生。早年毕业于北洋武备学堂，在北洋第五镇任军官，1913年7月，随冯国璋南下进攻南京，因战功升任第一混成旅旅长。1918年改任山东陆军第一混成旅旅长兼任兖州镇守使。后为第二十五混成旅旅长、济南镇守使。张宗昌督鲁后改任第四十七混成旅旅长。1925年2月26日段祺瑞派：施从滨帮办山东军务善后事宜。

施从滨生于文风极盛的皖南桐城，却未受方苞、姚鼎等名士流风影响，而是投笔从戎，军务倥偬大半生。而今老之将至，最不愿意重披战袍去南征北伐了。命运偏偏嘲弄他，白发苍苍却刚刚"荣升"奉军直鲁苏皖前敌总指挥。在他脑海中又浮现出刚才在张宗昌督办公署中的情景："小诸葛"杨宇霆衣冠不整，神情惨然对气势汹汹的张宗昌说好话："效坤兄，宇霆特来向你负荆请罪，江南已沦敌手。"

张宗昌绿林出身，平时被日本士官派这些有学历、文凭的军官压制得抬不起头，现终于到了大吐恶气的时候，讥讽道："你们都是士官派、陆大派、保定派，老子是绿林大学毕业的，这会儿来求我山大派的替你们报仇？你还是'小诸葛'，足智多谋，还不如我这大老粗。"

杨宇霆还在拉客观原因，嘴强牙硬："天亡我，非战之罪也。我督苏才几天，没有可靠的军队供我指挥，孙传芳三路大军来攻，陈调元又在后院点火……"

张宗昌不吃这一套："你他娘的还有理？老子带人玩儿命从关外打到上海容易吗？老子的兵血白流啦？当兵的也不是石头里蹦出来的，也是父母养的！你们稀里哗啦一枪没放就拱手让人啦？"

杨宇霆声泪俱下："效坤兄，我对不起你，你血战得来的东南半壁，从我手里丢了，扪心自问，我无颜回奉天再见雨帅了。"他伸手摸腰间枪套中的手枪，"麟葛以死来谢雨帅和三军。"

张宗昌吃软不吃硬，赶快上去夺过手枪劝慰道："麟葛，你这又是干啥呢？算了，算了，胜败乃兵家常事，还得靠我老张亲自率人马与孙传芳较量一下，他不自称'孙郎'吗？让他知道俺老张的厉害。"

他环顾身边几位大将。程国瑞，山东掖县人。早年去东北修筑中东铁路，与张宗昌一起沦为土匪。辛亥革

张宗昌

191

命时期任沪军李徽五旅张宗昌团营长。1916年受袁世凯指使刺杀了上海都督陈其美。跟随张宗昌一起投效奉军，时任第二十八旅旅长；绿林出身的第二十九旅旅长褚玉璞，从民国初年来投张，可谓嫡系；第三十九旅旅长许琨，陆大出身，有恩于己。当年引荐老张去投曹锟，无奈曹锟不接纳，一气之下，和老张一起去投奔张作霖，这才有了今天，也是自己人；第三十旅旅长毕庶澄是山东省文登老乡，1914年初转入江苏军官教育团学习，就得教育团监理张宗昌的赏识，从副官一直干到旅长，都是亲一窝。只有这第四十七旅混成旅旅长施从滨？是个空子！

"谁可为先锋呢？"他暗忖只有施从滨是皖系老人，又是山东军务帮办，在军旅中堪称身经百战，又是德高望重。于是他目光盯住施从滨，干笑着说："汉亭兄，你是安徽宿将，此次收复皖苏，由你来担任前敌总指挥最为合适，你克日出师，去淮北大平原堵住孙传芳的大军。"

施从滨闻言打了个寒战，神色大变："张督办，从滨老矣，何堪言战？常言道，猫老不逼鼠，更何况人乎？孙传芳是当今屈指可数的能战之将，后生可畏。请督办另选高明。"

张宗昌摇头："汉亭兄，老将出马，一个顶俩，何必长孙氏之威风，灭自己之锐气呢？再说安徽又是你的家乡，打下安徽，我在张雨帅和段执政处保举你为安徽督办。"

施从滨对安徽督办一职十分神往。幼年离乡，浑浑噩噩打了三十年仗，图个啥？不就是为升官发财吗？荣升安徽督办一职，对他来讲即到了头，这种诱惑力是巨大的。他口气有所缓和，开始与张宗昌讨价还价："从滨身为第四十七混成旅旅长，应对几千名弟兄的生命负责。督办，你对我旅的基本情况可能不太了解。我旅下辖九十三和九十四两团。九十三团团长胡玉振驻登州，九十四团团长董鸿逵驻济南。每团有步兵三个营，马、炮、工兵各一营，士兵基本是本地人，官兵中穆斯林者占其大半。这些兵士守土则地理熟，不扰民，风纪军纪堪称第一。但官兵多有家室之累，恋乡心切，暮气日深……"

张宗昌听得不耐烦了："好了，汉亭兄，这些我了如指掌，你谈谈要求吧！"

"督办，我旅军械陈旧，现有双响铜炮四尊，七生五炮八尊，水压机关枪八挺，步枪都是三十年前的日本式，而且多时未发军饷了……我想求督办先给

兄弟们发两个月饷钱，再补充一些新
式大炮，并调动督办您指挥的第一梯
队涅恰耶夫的铁甲车队参加。"

　　张宗昌的部队中最新式、最精锐
的要数他的白俄雇佣兵和铁甲车队。
每次战斗不利时，只要调上铁甲车队
为前锋，白俄雇佣军尾随其后进攻，
无往不利，但这也是不肯轻易让人指
挥的"宝贝疙瘩"。他在东北任绥宁
镇守使时，在当地召募了一支白俄雇
佣军队，白俄雇佣军首领叫涅恰耶
夫，是沙俄一个公爵的后代。俄国的
十月革命，把贵族都以放逐的方式扫

施从滨

地出门，流放到西伯利亚。在厄运面前，涅恰耶夫被磨炼得异常凶狠和冷酷。
他带领一帮白俄兵，所到之处，疯狂报复，会使用开膛破肚，剖心挖肝的野蛮

白俄士兵在擦铁甲车上的大炮

手段来对付他的敌人。他手下的几千名白俄雇佣兵也和他的生活经历差不多，且个个身材魁梧，骄横善斗，闻枪炮便不要命地往前冲，战斗力极强。但这种野兽麇集的军队没有纪律约束，到处奸淫烧杀，无恶不作。张宗昌便以攻下一城，放假三天，用人头人耳论功行赏的办法，来维持这支队伍的战斗力，作为他的制敌法宝。他的军队还有先进的铁甲车队。铁甲车上有炮、有机关枪，钢甲坚厚，枪炮又打不透，可谓无人能敌。铁甲车也都是白俄雇佣兵操纵的。这些都是张宗昌的"命根子"。现在，施从滨居然提出这些苛刻的要求，张宗昌一肚子火，但还是强压下来，哈哈笑着说："汉亭兄，都依你，为了打败孙传芳，我同意将铁甲车队归你调遣，给你配上涅恰耶夫的白俄雇佣兵。另外，你的部队士兵每人发一个月的军饷，全给你白花花的袁大头。每人发套新军装，子弹五百粒。限你两日之内，将所有军需用品开单领齐，部队即日出发，不得有误，一个星期之内，收复蚌埠，反攻南京！"

他拍着施从滨的肩头："汉亭兄，我与你一样，何尝不希望过太平年景？孙传芳出兵，夺了沪宁，又快打到咱家门口了，决不能轻饶他。等消灭了五省联军，一候全国统一，偃武修文，宗昌当与诸位袍泽解甲归田，优游林下。"

施从滨还有什么可说的？但他打安徽与孙传芳打山东一样，都是为了炫耀于桑梓，两虎相争，必有一伤，这又怎能叫他不烦恼。他回到家便将自己关到书房中整整两个时辰，还是把奉命南征的消息告诉了家人。

是夜，镇守府衙中红烛高烧，妻子董锡英，儿子施中杰、中桀、中达和施从滨宠爱的长女谷兰、次女纫兰都围坐在他身边。一桌丰盛的酒菜，无人动箸，大家内心都沉甸甸的。

谷兰给父亲斟满了酒，恭恭敬敬地端上："爹，这杯酒给你壮行，望你马到成功，收复失地。我们盼着你能早早回来。"

施从滨接过酒，强作欢颜："谷兰，你已长成大人了，我不在时要孝顺你们的母亲，照顾好弟妹。等我回来，就给你选个佳婿，这件事不能再拖了，我一直放心不下。"

谷兰含泪答道："您放心去吧，我们都很听话，都会孝顺母亲的。"

施从滨对儿子说："中杰，给我盛饭。"也不知是气氛太凝重还是太紧张，"啪啦"一声，施中杰手中的细瓷碗掉在地上，摔成几瓣。施从滨说："孩子，你把我的饭碗打了，今后，我怎么吃饭？"

谷兰打记事起，父亲便经常出征，哪次也没有像这次说出如此不吉利的话，一种不祥的预感袭上心头。

三天后，施从滨的先头部队从城外的辛庄列队出发，当经过济南二马路小纬六路省银行时，只见身穿上将宝蓝军服的督办张宗昌站在三楼晾台上检阅部队，指挥官一声令下：士兵们一起扯开喉咙大喊："张督办万岁！张督办万岁！"

第四十七混成旅官兵昂首挺胸走在前面，只有旅长施从滨精神不振，骑一匹五花马按辔而行。紧跟在施从滨后面的是一个满脸络腮胡子的高加索的军官，骑着耀眼的大白马，手中挥舞着一面一丈二尺长的大幅红旗，上书"第一军旅"四个大字，耀武扬威，不可一世。一排排战马步伐整齐，白俄雇佣兵端坐马上，不断站立在马镫上，挥舞着军刀。最后面的是涅恰耶夫的第一军第一梯队，在阳光照耀下，白俄雇佣兵的枪上的刺刀闪闪发光，他们不断地狂呼："乌拉！乌拉！"

中午12点整，济南德国式车站的大钟"当当当……"悠扬地响了12下，第一列满载官兵的军列开出了，十分钟后又开出一列。就这样，将南下反攻的部队一列一列开往徐州。

张宗昌铁甲车"长城"号

站台上，张宗昌率文武官员为施从滨送行。张宗昌说："施老将军，你先行一步，祝你旗开得胜。我带大队人马随后接应你！"

施从滨默默行了一个军礼，转身上车。车轮徐徐转动，不一会儿，把泉城远远抛在后面。

10月21日，张宗昌赴徐州就任直鲁苏皖防御总司令，将其所部编为五个军，约十万人，积极备战。张宗昌自兼第一军军长，方永昌为副；施从滨任第二军军长，毕庶澄为副；孙宗先为第三军军长，程国瑞为副；褚玉璞任第四军军长，吴长植为副；许琨任第五军军长，张绪荣为副。

在皖北这片大平原上，双方军队摆开决战的战场。

4．施从滨的脑袋

10月24日，浙军卢香亭、周凤岐、谢鸿勋三部及苏、皖两大队进攻南宿州（即安徽宿县），与奉军小有接触，奉军退守夹沟，联军追击，连占南宿州及符离集两车站。傍晚，联军分三路进攻夹沟，在夹沟站南与奉军发生剧战。张宗昌部，东西南三面皆取攻势。联军稍退。施从滨部赶到蚌埠，便命士兵挖战壕、修工事，布置鹿砦，安排火力，但已来不及了。五省联军卢香亭和谢鸿勋两路大军，恰如两条搅海的蛟龙，取钳形攻势，从东西南三面将蚌埠紧紧包围。枪声、炮声、喊杀声，彻夜不停。拂晓，联军像决了堤的潮水一般从四面八方冲入市区。施军豕突狼奔，弃甲丢盔，向北逃窜。施从滨身不由己，好不容易在固镇设立了第二道防线，固守待援，并多次派人去向涅恰耶夫求救。

此刻，白俄雇佣军约4000人从福履集赶来。张宗昌为鼓励士气，特派专车送来好几百只活羊，几十箱大炮台香烟和法国白兰地洋酒，白俄雇佣军气焰嚣张，气势正盛。

联军李俊义旅马葆珩团为先锋，一路向北穷追猛打。

马葆珩原是卢永祥警卫团团长，保定军官学校炮科毕业。改投孙传芳门下后，要立头功，自任先锋。其先头尖兵五十余人搜索前进时，在津浦线以西，小汜河以北的曹老集与白俄雇佣兵遭遇，立即被包围。白俄雇佣兵第一次碰上敌人，个个"嗷嗷"怪叫，很快便将对手冲了个七零八落，除少数人被打死外，多数人举枪投降，做了俘虏。他们原以为缴枪能免一死。没想到白俄雇佣

白俄士兵与张宗昌部士兵

兵对他们进行了惨无人道的报复，将俘虏绑在大树上开膛破肚，有的被挖出了眼珠，割掉鼻耳；还有的被拉在马后活活拖死；更为残忍的是将俘虏捆绑后扔进正在熊熊燃烧的房屋中活活烧成炭灰，惨不忍睹。俘虏们临死前的哀号哭骂之声，传到数里之外。

白俄雇佣兵杀完俘虏后，兴高采烈地围着篝火烧烤羊肉，抽着烟，大口大口地喝白兰地，唱着俄罗斯小调，以庆祝胜利。

马葆琦团的士兵愤怒至极，发誓为死难的战友报仇。

在马葆琦的指挥下，分两翼包抄了涅恰耶夫团，双方展开了殊死的白刃战。疯狂的白俄雇佣兵对黑压压冲上来的联军丝毫不放在眼里，他们醉醺醺地乘着酒性，赤裸着上身，袒露出黑鬃似的长毛。一手拿着酒瓶"咕嘟咕嘟"往嘴里灌酒，一手拿着上了刺刀的长枪向冲上来的联军士兵乱扎乱抢，联军士兵从来没有见过这种阵势，几个人围着一个白俄雇佣兵也对付不了，非死即伤。这场空前的肉搏战几乎使马葆珩团全军覆没。没有战死的士兵拼命往回逃。马葆珩一看，根本无法与之近战，急令撤退，同时命令集中全团的大炮和水压机关枪，对准白俄雇佣兵猛烈地轰击和扫射，成群的白俄雇佣兵胳膊、腿被炸得乱飞，一排排倒下，后面的醉鬼们又打上来，被炮弹炸得粉身碎骨。活着的人酒都被吓醒了，在机关枪的"点名"之下，不少人扑倒。他们扔掉手中的酒瓶和枪，没命地向北狂逃。联军猛烈地展开追击，加上白俄雇佣兵穿着大马靴跑不快，当即被活捉了几百人。

马团的士兵将俘虏带到车站上，将其倒吊在大树上，让新兵来打活靶，锻炼胆量。有的将其一排人用绳索捆绑好，架起机关枪扫射。只等到旅长李俊义赶来，连骂带训，费了很大劲才阻止了士兵们的报复行为。

27日，五省联军总司令孙传芳正式委任各军司令官：第一军陈仪，第二军谢鸿勋，第三军孙传芳（兼），第四军卢香亭，第五军周凤岐，第六军白宝山，第七军马玉仁，第八军陈调元，第九军郑俊彦，第十军张仁奎，第十一军倪朝荣，第十二军王普，第十三军邓如琢，第十四军马祥斌，第十五军高世读，第十六军华毓庵。

31日，孙传芳亲自北上，进驻临淮关。此时，孙传芳与张宗昌两部在皖北固镇激战。

11月1日，施从滨在固镇终于盼到涅恰耶夫指挥的铁甲车"长城"号和"长江"号，顿时又觉得有了反攻的把握。他当即指挥部队，令铁甲车沿铁路猛攻，部队紧随其后，他将指挥所也搬上了"长江"号上，亲自指挥反攻。

乘着夜幕，铁甲车直冲联军的阵地。铁甲车上有两盏明亮如雪的探照灯，将前方照耀得如同白昼，将联军的阵地、火力点照得一览无余。车上装备的大炮、机枪和步枪向四处喷着火，火力极为猛烈。联军的机枪和步枪打在钢甲上溅出一串串火星，丝毫阻止不了铁甲车的攻击，只好放弃阵地往后退走。施从滨异常兴奋，不断催促部队跟进。铁甲车每行进一段，便突然打开探照灯搜寻一阵，后面的部队便一起开火，就这样一段一段向前冲。

谢鸿勋一看硬顶不行，便命令正面的部队迅速撤往铁路两旁的麦地和小树丛中，吩咐副官传达命令："放过铁甲车，专打跟在后面的步兵！"同时派上官云相团迂回敌后，从冷河上游徒涉，绕过固镇去拆毁铁道，断了鲁军的后路。

正在前进中的施从滨旅步兵被铁道两侧地里的谢鸿勋、卢香亭部的侧击打得无法招架，纷纷停下来并向后跑，当官的堵都堵不住。马葆珩命令集中炮火，先猛烈轰击铁甲车前面的探道车，探道车被炮火击中了，无法再往前开，又影响了后面铁甲车的前进。施从滨发现后面的步兵没有跟上来，只得令铁甲车往回急驶。

固镇以南是一座坚固的大铁桥，横跨在宽阔的冷河上，桥下水流湍急，无法徒涉，铁桥成了部队北撤的唯一通道。当施从滨乘坐的"长江"号和"长城"号退到铁桥以南时，在灯光照耀下，他只见一公里长的路上和桥面上拥挤着几千名逃跑的士兵。此时，桥南响起了激烈的枪炮声，追兵又跟踪而至。

再看桥上的溃兵秩序大乱，你推我挤，争先恐后向桥北挣扎而去，越挤越糟，乱成一团，有的人被推倒了，后面的人践踏着倒地的躯体，仍拼命向前，惨叫之声此起彼伏。谢鸿勋旅大队赶到了桥边，机关枪、白格满冲锋枪横扫，一条条火蛇蹿上桥面，许多人中弹倒下，掉进河中。第四十七混成旅的士兵都想逃又无法挪动，闭目祷告真主来保佑他们。施从滨眼看过不了桥，只得命令铁甲车再度向南开，并令人从铁甲车上挑出一面白旗左右摇摆。联军士兵看见是投降的信号，欢呼跳跃，奋身向前，嘴里还不断吆喝："捉住施从滨！"当他们快冲到铁甲车前时，里面又响起了清脆的机枪声，最前面的士兵纷纷倒下，上了施从滨诈降的大当。

马葆珩火了，命令炮火进行压制，在炮弹爆炸声中，铁甲车上的炮筒被击毁。施从滨身边的团长、副官见情势紧急，纷纷跳下车，向大桥上逃去，活命的欲望促使更多的人拥上桥头。

施从滨跳下车，挥舞手枪大声命令："闪开！快闪开！我是施旅长，让我先过去！否则我要开车冲过去，轧死活该！"

"去你奶奶的……"黑暗中传来一阵破口大骂，"你算个屁，有本事就轧过去！"有的伤兵躺在地上大嚷："去你妈的旅长，老子不活，你也活不了"，端起枪便向施从滨开火。局势完全失去了控制。施从滨慌忙爬进铁甲车，不顾一切命令："快！快！立即强行冲过大桥！"

铁甲车呼啸着，开足马力，疯狂得像个吃人的怪兽，向着满桥的人吞噬而去。几分钟的时光，桥上拥挤的千余人在铁甲车轮上血肉成泥，碾成肉饼，鲜血成河，掉在河水中的不计其数，铁桥成了奈河桥，鬼门关，宰人场……

"施旅长，行行好！再补我们一枪吧！"他的部下，有的被铁甲车轧掉了双腿，有的失去了胳膊，鲜血淋漓，躺在桥上凄厉地呼喊着："施从滨，你这老混蛋，开枪啊！别让我们活受罪了。"

施从滨捂起耳朵，不忍再听这悲惨的叫骂声。机枪开始扫射了，疯狂的火

张宗昌的白俄兵与铁甲车

舌，像青蛇口中的信子吐向四十七混成旅尚未断气的军官和士兵，在震耳欲聋的枪声之中，再也听不到部下的哭喊声了。就连开车的白俄驾驶员也吓得面色惨白，不断地在胸前画十字祷告："上帝保佑！"

上官云相团动作也很迅速，他们已到达固镇以北，拆去了铁轨，布置了阻击阵地。

突然"轰隆隆"一声巨响，天旋地转，施从滨的脑袋狠狠地撞在车厢壁上，便失去了知觉。原来铁甲车倾覆了，十八丈长的铁轨都被掀到路边。当施从滨醒来时，被人从颠覆的车里拽了出来。满目都是持枪的联军士兵。他和"长江"号、"长城"号都成了联军的战利品。

施从滨整整军衣，系好武装带，交出腰间的手枪，小心地戴上军帽，很镇静地对联军士兵说："你们打得好，弟兄们都辛苦了。带我去见你们的孙总司令。"

随即，施从滨被联军士兵押上敞篷车，驶往蚌埠车站。

就在这天下午，孙传芳的专车隆隆地驶进蚌埠火车站。他视察了军队，命令陈仪的浙江第一师在蚌埠以北担任警戒，并将五省联军总司令部及大本营均设在蚌埠车站。

半夜，孙传芳的卫队团长李宝章押着施从滨来到灯火通明的蚌埠车站，进了联军总司令部。

李宝章大声报告："联帅，鲁军前敌总指挥、山东帮办施从滨被俘虏，已被押来，现在门外！"

孙传芳正躺在床上吸大烟，吞云吐雾，心里却暗暗盘算如何处置施从滨。此番大战，没想到如此顺利，不到一个月，从上海打到淮北，已经取得决定性胜利，但离他夺取北洋整个天下的目标还差得很远。在新获得的地盘上，各省将领心怀叵测，对他还不是真心顺从。张宗昌的大军还虎视眈眈，随时准备突然冲过来再决一死战。为了树立自己的权威，巩固取得的地盘，威慑对手，他已想到了好主意，要借施从滨这个"鸡"去吓群"猴"。

他考虑好了，烟也吸足了，命令："把施帮办给我请过来！"

施从滨进来之后，"啪"的一声，脚后跟并拢，来了个立正，规规矩矩行了个军礼："馨帅，您辛苦了！"

孙传芳既未动弹，也未回礼，只是抬起眼皮假装吃惊地说："哟，我当是谁？这不是施老将军吗？我曾给你三封电报，并派人与你联络，你为什么不理我？哦，原来张宗昌是让你来安徽当督办的吧？难怪不理我。这样吧，你马上去上任吧！送客！"

他对李宝章使个眼色，做了个砍头的手势。李宝章押着施从滨出去。

参谋长杨文恺急忙上前劝道："馨帅，我们这是打内战，是不宜杀俘虏的。"他从口袋中掏出一封信，"谢鸿勋师长有信，要求优待施从滨。是不是把他押送到南京老虎桥监狱？"

孙传芳沉下脸说："特殊时期有特殊办法，换成你我成为阶下囚，还不是被杀吗？"

杨文恺还希冀有所转圜："要杀也可以，何必在今夜？明天再审一次，杀也不迟。"

孙传芳此刻野心膨胀，只想到建立、巩固东南五省政权，完全听不得别人的意见，固执地说："参谋长，这是妇人之仁。我借汉亭的头，稳定东南半壁，汉亭亦死得其所。我听说汉亭也是一员大将，征战一生，没想到和我一对阵便解决了，我看以后还有谁敢与我对抗？我这是杀鸡吓猴，就是要给江苏陈调元、江西邓如琢等人一点颜色瞧瞧。"

11月2日凌晨，启明星就在头顶，东方微白。施从滨昂首立在寒风飕飕的车站南面的旷野中。他对着身后的执法队说："就在这里执行吧，烦劳把活儿做得漂亮利索一些。"说完便双膝跪倒。

此刻，他想起了在济南家中倚闾而望的妻儿老小，止不住老泪纵横，多么盼望再见一面啊：锡英、谷兰、中杰、孩子们呐！

明晃晃的鬼头大刀，带着风，落向施从滨的颈项，寒光一闪，他未及吭一声，"咕噜噜"一颗白发苍苍的头带着喷涌的鲜血滚出数尺开外，身躯沉重地倒在血泊之中。

天亮以后，孙传芳集合被俘的一万多名鲁军讲话，浓重的山东腔，使俘虏们听了很亲切。他说："谁再胆敢反抗，施从滨就是榜样！张宗昌是土匪，俺们山东老百姓被他害苦了，我们一起干，把张宗昌这个土匪赶跑，咱们回老家好过太平日子。"

被俘的鲁军一致高呼："愿跟孙大帅走！"

孙传芳即令人将被俘官兵改编，发还枪支，每人还发两块大洋，美美地吃了顿猪肉白菜馅饺子，重新开往前线，与鲁军作战。

施从滨被枭首后，头颅挂在蚌埠车站的电线杆上，暴尸三日，后经红十字会派人前往收尸，据说还被孙部副官所拦阻，经红十字会人员以慈善与人道和不卫生等理由进行交涉，才被允许进行草草收殓。施从滨的家属闻讯，由三弟施从善和堂侄施中诚，秘密赴蚌埠，以安徽同乡会的名义，移棺赴桐城原籍。孙传芳杀俘行为，为许多军官所不满。马葆珩说：

"内部将领都认为此次战争，是出人意料的顺利，很轻易地就占领了上海、江苏、安徽，致使孙传芳得意忘形，儿戏般的枪杀了施从滨。"

6日，五省联军司令部又向北推进，设于固镇。孙传芳致电联军总司令部驻沪办公处，告以：皖军已编成四个支队，第一、二支队先锋已达萧县，第三支队在固镇下车跟进中。赣军先锋支队已由浦口北上，即日在皖军之左，向萧、砀间进攻。苏军白宝山、马玉仁、郑俊彦、张仁奎各部队，连日在宿迁、沭阳、小伊山将奉军击溃。

豫军分三路出师：右翼为靳云鹗督率王为蔚、陈文钊等部，沿陇海路东下，左翼及中路由李虎臣、李纪才指挥，分向曹州、大名一带进逼。陇海铁路开封至徐州间兵车络绎，客货车完全停驶。豫军陈文钊、王为蔚各部到达萧县、砀山，正向徐州急进。

浙军卢香亭率谢鸿勋、豫军陈文钊两部乘胜进逼符离集，靡战竟夜，任大桥被奉军拆毁，联军修复后，集中宿州，进攻夹沟。浙军陈仪部对奉军右翼包抄，奉军急退。

6日起，河南岳维峻所部国民军二军准备进攻津浦路之奉军；7日拂晓，五路联军三面攻徐：一、五两军从右路进攻；二军在左，由符离集进攻；四军及三军一部正面进攻。奉军担任防守之兵力在四混成旅以上（10万人以上），白俄兵千名。张宗昌亲出督师。此时，冯玉祥在近畿地区国民军兵力日见增加，形势甚紧，张作霖无力两面对抗，采纳了杨宇霆建议，将津浦路南段奉军撤退德州以上，集中京奉路及天津附近，以保全原有之军力，并对付冯玉祥国民军。故奉军于7日放弃徐州，张宗昌部退守韩庄。

11月7日，张作霖斥责孙传芳无故兴兵，侵扰苏皖并示和平之意，致北京中华民国省议会联合会等电：

> 北京中华民国省议会联合会诸君鉴：
>
> 各报馆钧鉴：
>
> 东电敬悉。诸军弭兵甚切，救国情殷，语重心长，至深钦佩。此次浙孙无故兴兵，甘为戎首，霖以爱护和平之意，不忍国民重罹水火，严令所部节节退让。乃孙传芳好乱乐祸，甘为戎首率其部下，骄狠之卒，扇诱苏皖反侧之师，其理由本以沪上撤兵为题，而乃侵苏扰皖，节节近逼，政府制止之命令，视若弁髦，元老忧国之呼号，曾无听睹，恣睢凭陵，且将席卷北上。山东张督办为自卫封疆计，是以有徐州防御之举，事实俱在，孙为乱天下，当有公论也。作霖戎马，半生饱经忧患。年来鉴于兵祸之相仍，痛念人民之涂炭，是以上年之役，不忍穷追，释釜底之余魂，置沙中之偶语，含容隐忍，以迄于今，自谓爱护和平，可与邦人共谅。今虽时机愈迫，第阋墙之争，贤达所鄙，即使一战而胜，于历史上亦不足增长荣光，倘有一丝和平之望，仍期无负初心。诸君为地方代表，人望所归，苟有平和之方，谅无偏袒之说。敬陈衷曲，伫候教言。张作霖鱼。

11月8日，联军进占徐州。

孙传芳于11月9日，带着胜利的微笑，由南宿州专列进了徐州城。在前呼后拥中，进了徐州的道署衙门。这里曾经是张勋和张宗昌的衙门。

当晚，孙传芳在子房山的留侯祠大摆庆功宴，将预先从绍兴运来的醇酒数十坛以及各种山珍海味俱备，招待联军少将以上的人员和各方代表暨当地士绅。此时，国民二军总司令岳维峻也专程从开封来到徐州。

宴会过后，孙传芳与岳维峻召集军事会议，孙传芳说："下一步我们还要扩大战果，我决定分三路夹攻山东。东路由苏军白宝山、马玉仁等部，从海州窥取鲁南沂州；中路以浙、闽、赣联军为主，沿铁路进攻临城；由鄂、豫联军为西路，从沛县、丰县进袭济宁，最后攻取济南。"

三天后，皖赣联军总指挥邓如琢率部由安庆抵蚌。次日接孙传芳电邀赴徐州会商军事。邓到徐后即与孙接洽一切，越二日乘原车返蚌。

纵观孙传芳反奉战争，恰似一场汹涌澎湃的浙江大潮，锐进速退，来去匆匆，给东南大地造成的影响却是巨大的，而军阀间为争夺地盘与财富的残忍的内战，给东南、皖北乃至山东带来的血腥与破坏也是巨大的。而孙传芳草率的杀俘行为，也为他十年后的一场血光之灾埋下了祸根。

5. 威震东南

孙传芳发动讨奉战争之初，担心自己的力量不够，曾劝吴佩孚东山再起，与己共同打击奉军。吴佩孚自第二次直奉战争失败以后，灰头土脸，躲在岳州，伺机卷土重来。见孙传芳、周荫人推戴自己，便兴冲冲浮出水面，1925年10月19日，在岳州发出效电曰：

> 奉军深入，政象日非。孙馨帅兴师讨奉，坚请东行。福建周樾帅电称，唯吾帅之命是听。湖北萧琦帅率湖北全体将领电称，此次共伸大义，欲动人心首资号召，拟请钧座出山，希早命驾等语。救国锄奸，岂容袖手，兹定于二十一日赴汉，特先奉闻。

10月20日，孙传芳发号电，以个人名义迎吴佩孚赴南京，"主持至计"；次日，孙又与苏军将领陈调元、郑俊彦、马玉仁、白宝山等联衔致电吴佩孚，请其主持"北上申讨"奉军大计，通电中说："胡匪横暴，举国欲得而甘心，我帅悲悯为怀，仰恳出山，北上申讨。传芳等不才，愿执鞭镫以从其后。"接着方本仁、马玉仁、王普、倪朝荣、刘建章、杜锡珪、邓如琢、吴新田、张治公等将领纷纷通电，表示拥吴讨奉。

10月21日，吴佩孚乘"决川"舰抵达汉口后，即在查家墩成立了川、黔、桂、粤、湘、浙、闽、苏、皖、鄂、赣、豫、晋、陕"十四省讨贼联军"总司令部。

吴佩孚复出，是打出讨奉的旗号骗取拥戴，真正的目的是讨冯玉祥。决定湖北出兵两路，"会师徐州"。要求河南督办岳维峻假道河南以攻打奉军。河南的国民二军与冯玉祥国民军为一个系统，自然洞悉吴佩孚攻徐是假，夺取豫省地盘是真。冯玉祥见吴佩孚死灰复燃，知道定会对己不利，也密嘱岳维峻以"保境安民"为主旨，暂时力持镇静。

岳维峻本与孙传芳约好，沿陇海路东出徐州，截断奉军长蛇阵之蛇腰。冯玉祥为了自身利益，嘱岳应付一下即可。岳维峻便将原来攻鲁的三个师改成李纪才一个师，从鲁西南攻入，其余按兵不动。而冯玉祥却与张作霖的代表关系密切，对孙传芳讨奉战争抱隔岸观火的态度。

在第二次直奉战争中下野的江苏督军齐燮元也兴冲冲从日本返回上海，转抵南京。他是来想重新收拾江苏地盘的。不料，陈调元、郑俊彦等苏军将领却如见瘟神一般，都唯恐躲之不及。他们都"良禽择木"，改换门庭。齐燮元又去见孙传芳，不料孙已非吴下阿蒙。只是淡淡地说："你来这里，只能做我的副手，做我的五省联军副司令如何？"齐燮元原本眼睛是斜的，人称"齐瞎子"。这一来，眼睛气得更斜了，只得灰溜溜离开南京，前往武汉投奔吴佩孚，做了吴的十四省讨贼联军副司令。从此恨透了孙传芳，不断在吴佩孚处进谗言，挑拨吴孙关系。

11月13日：段祺瑞下令孙传芳停止军事行动。令曰：

前以淞沪驻兵问题引起兵争，曾经明令制止。不意衅端一发，苏皖骚然。吴佩孚复潜赴汉口，假借名义，希图一逞。若听其肆行无忌，扰及中原，何以奠民生而维国纪？所有京汉铁路沿线，应责成冯玉祥、岳维峻极力维持，相机制止，以遏乱萌。至孙传芳前次通电，本以淞沪驻兵为言，今仍前进不已，武力是图，殊违本执政倡导和平之意。着即通饬所部停止军事行动，听候解决。其在津浦铁路前线，仍责成张作霖、李景林妥为办理，毋任蔓延，近畿驻兵，均着即日恢复此次军兴以前原状。自奉令后，均应将办理情形随时分别具报。

张作霖致电段祺瑞，表示服从中央命令，称：已电商直鲁二省，停止战争，待中央命令，一切听钧座主持；所属各部，均严令撤退。

11月15日，孙传芳突然将自己亲自率领的浙军第三军调离徐州前敌，转

陈仪

赴沪、浙驻扎；第二师第三旅旅长李俊义抵沪后，乘车赴松江布置一切。难道他果真服从段执政的命令，而踩下前进的战车的刹车，这究竟是怎么回事呢？

据当时《民治通讯社》分析，这是联军内部发生了内讧所致。原来孙传芳派苏军郑俊彦第十师将江苏第三师马玉仁部解散后，被其收编；马玉仁于11月12日潜离清江，乘小火轮于13日抵达上海。孙传芳委派郑俊彦为淮阴后防总司令。

江苏第一师师长白宝山所部也在12日被第一旅旅长杨赓和和第二旅旅长杨启佑缴械改编，白宝山逃出海州；陈调元因为与白宝山、马玉仁订有攻守同盟之约，鉴于白、马二人相继被孙传芳排挤，不免有狡兔死走狗烹之感，因此，将苏军总司令部由南京迁往江浦，陈本人也赴清江。江苏出了问题，万一上海与浙江再出问题，大后方不保，所有的努力将化为乌有，于是他立即将所部两万多人开回上海布防，固守吴淞，其余部队由谢鸿勋率领，开回杭州，以免浙江空虚，发生不测，再被周荫人钻了空子。所以孙传芳北上的计划胎死腹中。

孙传芳靠自己的力量，攻下徐州，将奉军赶入山东之后，苏浙皖赣闽连成一片，形成气候。孙传芳的野心亦随着胜利的步伐大为膨胀。他不再需要请"吴婆婆"骑到自己头上指手画脚，公开请吴佩孚主持东南五省以外的事务，将自己打下的五省划出吴佩孚的十四省的范围之外。这意味着由孙传芳自己执东南五省牛耳的时代已经到来了。

陈调元揣摩透了孙传芳的心思，决定带头劝进，推戴孙传芳另立山头，成为五省盟主。将讨奉时期的军事集团变成为统一的政治、军事、经济乃至文化思想的一个统一体。

11月15日，陈调元带头致电东南五省军政、议会、法团，推戴孙传芳为五省领袖，开府南京。提出"凡联军范围内军国大计，均由孙总司令处理"。劝进电如下：

"惟是政府尚在张作霖劫持之手，我五省军民大政无所秉承，联军根本之地，不可不谋协一。调元军次淮扬，熟思深虑，以为前方将士统帅，固不可无人。然关于五省政务，应如何解决，外交应如何应付，非有威望崇高之领袖，居中策应，断不足以资提携而任艰巨。调元之愚，拟由我五省联帅，开府南京，以资坐镇。凡联军范围内军国大计，均由馨帅与吴（佩孚）帅、齐（燮元）帅共同主张，即徐州前方军事与江苏全省政务，亦非由馨帅主持，不足以收兼顾统筹之效。"

陈大傻子眼皮活，马屁拍得正是地方，其实此人心眼儿颇多，拥戴孙传芳和拥戴杨宇霆的目的都是一样的，先捧杀，后砍杀。正是陈调元的劝进电，动摇了孙传芳进攻山东、扩大战果，最终赶张作霖出关的计划与决心。他与河南督办岳维峻在徐州会晤，放弃了联军三路攻鲁计划；改为由豫军为主，担任攻鲁主力；联军为辅，进行配合。豫军李纪才进攻鲁西济宁，田维勤、王为蔚、陈文钊各部进攻鲁南，然后各部合攻兖州后，直抵济南。联军白宝山部由海州进攻沂州，以分奉军兵力。

常言说：人无远虑，必有近忧。孙传芳的讨奉胜利，浙军将领陈仪、周凤岐等人是出了大力的。可是最令他不放心

周凤岐

的也是这些人。

他们都不像陈调元宁弯不折，而是宁折不弯、有思想、有军事才能的角色。这些人再加上一个野心家夏超，便能载舟覆舟。于是孙传芳将浙系将领调换开来，决定将浙江第一师师长陈仪放在江苏的北大门徐州驻防，以防备奉军从北方南下。他在南返前，对陈仪说："公洽，你是东南五省将领中唯一一位在日本士官学校毕业并在日本陆军大学毕业的人。以你的学识才干能力，做浙军师长真委屈你了。我决定将你升为徐州总司令，率第一师防守江苏和东南五省的北大门。这里是防御奉军南下的枢纽，委别人我是不放心的。如果你嫌兵力单薄，我派第二师第三旅李俊义部协助你布防，归你指挥；另外我派谢鸿勋师驻防蚌埠，可随时策应你。"

陈仪貌恭心狠，当下保证"一定不辜负馨帅的期望"，但心里隔阂已生，他明白，自己的军队已处在李俊义的监视之中，稍有不慎，谢鸿勋师便可能解决浙军第一师。只好骑驴找马，等待时机，再图发展。

11月21日，孙传芳通电由徐过宁回杭，将前敌作战事宜委前敌总指挥卢香亭、白宝山，徐州防务委第一军军长陈仪，分别担任。

此时，身在蚌埠的皖赣联军总司令邓如琢声言进行查办事宜，由蚌埠率所部回师当涂、安庆、芜湖等处。皖南军事当局召开紧急军事会议，并宣布戒严。皖军总指挥王普亦急电芜湖戒严司令，阻止邓军过芜，并调各路驻军集中芜湖，进行军事布置。

是日夜，星光灿烂。孙传芳擂起得胜鼓，班师回宁。次日清晨，天刚蒙蒙亮，孙传芳专车抵达浦口，当即过江。孙传芳不先去东西辕门督军署，在杨文恺带领下，驱车来到新街附近的一幢两层洋房前停下。这里是陈调元的公馆。当时正是早晨7时许，陈调元正在楼上高卧，尚未起床，闻副官来报："孙联帅已在楼下客厅等候。"惊得陈调元魂飞魄散，立即踉跄下楼相见，连衣服扣子都来不及扣好，忙不迭说："馨帅辛苦了，没想到来得这样快，我正要起床过江去接你呢！"

孙传芳哈哈大笑："不必多礼。雪轩，这次我们取得如此大的胜利，你是立了大功的人，我要酬谢你，将安徽总司令一职，委你担任，孟星魁可为你的参谋长，崔庆钧给你做秘书长如何？"

陈调元见孙传芳都安排好了，自然一个劲儿地点头，奉承说："没有馨帅的大智大勇，苏军、皖军、赣军、闽军谁敢挑头反奉？此次成功，全仰仗馨帅领导。"

孙传芳说："此次胜利，乃是官兵用命，不避困难，故能一挥而就。"说完哈欠连天。

陈调元一见，知孙传芳烟瘾犯了，于是邀孙进入烟室，两人同榻吞云吐雾，待过足瘾后，孙传芳一跃而起："走，雪轩，去上将军公署，我要宣布五省军政首脑人选。"

当下孙、陈等人驱车来到东西辕门的前上将军行署大院。各省的军政要员和江苏官绅都已齐集大厅。孙传芳与江苏官绅讨论江苏省善后问题。禁止各军政机关自由提款，所有苏省政费各用途，统由省财厅按照应发数目，分别解交联军总司令部总收分发，由各领款机关盖章具领。防止地方军阀各行其是。

11月25日，段祺瑞令：免督办江苏军务善后事宜杨宇霆之职，以孙传芳继任；免督办安徽军务善后事宜姜登选之职，以邓如琢继任。

孙传芳也于是日通电委派张俊峰为联军第三军军长，五省联军第三军军长张俊峰通电报告，是日进占临城，向兖、济前进，协同豫军进攻兖（州）、济（宁）。

11月26日，江浙士绅张一麐、褚辅成、沈恩孚、陈陶遗、黄炎培、张君劢、史量才等人联名致电孙传芳，主张发动五省废督运动，希望孙传芳以五省总司令名义直接指挥各军，声称："最近两年，战祸皆起于江浙区域问题，为杜绝以后纠纷计，军事权限，不宜分歧。"并建议将"所有督办帮办，某省总司令、护军使、镇守使等职务，一律取消"。暗示江浙士绅愿与联军合作，使东南五省成为独立于北京政府控制之外的地区。

12月3日，学界泰斗章太炎出面，联合苏、浙等五省旅沪士绅，出面组织"五省协会"，拟举孙传芳为总司令，另选省长，减轻战乱，安定人民。电曰：

> 江浙两省，比年以来，人民苦兵已极，民政财政，俱受绝大影响。今后两省军权统应请总司令抱定兵贵精不贵多主义，严禁所属添招军队，并统一军需支放机关，一候时局渐平，力谋裁减，庶两省财力，渐轻负担，而民政亦得依次进行。

孙传芳占有东南五省之地，趾高气扬，根本没将北京政府放在眼中，决定自己任命五省军政大员之职。在五省之内，军事最高长官称总司令，不称督办。他先任命陈调元为安徽总司令，王普为安徽省省长。这令邓如琢大为不满。邓与段祺瑞同乡，是安徽阜阳人。原为中央第一师师长兼九江镇守使。孙传芳反奉时，江西督军方本仁欲排斥邓如琢，乘势令其出兵，抄袭安庆，邓袭占安庆后，又抵蚌埠，准备接任督办。见陈调元、王普夺了大权，心中愤愤不平，回师芜湖、安庆等地。王普恐其夺己地盘，急令芜湖戒严司令阻止邓部过境，双方发生冲突。孙传芳令邓如琢去安庆，委其为江西总司令。后委卢香亭为浙江总司令，夏超为省长；周荫人为福建总司令，萨镇冰为省长。李定奎为江西省省长。孙传芳自任五省联军总司令兼江苏总司令。不久，又调虎离山，任命周凤岐为南京卫戍总司令。

孙传芳开府金陵，俨然以东南盟主自居。

五省联军总司令部设在原江苏督署，即前清两江总督衙门内。孙传芳任命杨文恺为联军总部总参议，刘宗纪为参谋长，陈阊为总司令部秘书长兼浦口商埠督办，张世铭为副官长，万鸿图为政务处长，孙基昌为军务处长，陈锡璋为军法处长，金振中为军医务长，赵正平为宣传处长，最重要的军需处长一职，给了他的外甥，大姐的儿子程登科。

当时，正是孙传芳最得意的时代。五省将帅，悉秉号令，意气风发，声威远播。"联帅"之称自此始。南通巨绅张謇致孙传芳贺电中有一联称：

> 钱武肃开府十三州，吴越奉其正朔；
> 郭令公中书廿四考，朝野仰若天神。

此上联将孙传芳比作五代时吴越国建立者钱镠（852—932年），尽有两浙十三州之地；下联将孙传芳比作唐代平定安史之乱的名将历官中书令的郭子仪（697—781年）。因此可见孙传芳威震东南，群流庸附之一斑。

孙传芳以"十大信条"作为其治民、治军之主旨，十大信条为：

一宜统一军权；二宜实行民治；三宜财政公开；四宜罗致人才；五宜慎重外交；六宜尊重法律；七宜整饬教育；八宜开发利源；九宜崇尚公德；十宜化除私谊。

他满怀勃勃野心，开始建立和巩固他的东南五省以军绅为基础的独立王国。

孙传芳一生

·Biography of Sun Chuanfang

第七章

开府金陵

1．网罗人才，革故鼎新

从1923年以来，孙传芳三年迈了三大步。第一步是由鄂入闽；第二步是由闽入浙；第三步是进据五省，可谓平步青云。环境变了，地位变了，孙传芳的野心开始膨胀，开始萌发问鼎中原之意。他进一步想控制中央政权，企图推倒段祺瑞执政，捧出江苏巨绅张謇任北京政府临时总统。

1925年12月10日，段祺瑞的心腹，考察各国专使徐树铮，在近一年的时间里考察欧、美各国与日本后，抵达上海。段祺瑞此时，见支持他上台的张作霖和冯玉祥都无暇顾及中枢，又想找个新的地方实力派为己撑腰，孙传芳强劲的势头，使段产生拉拢和依靠孙之意。于是特电徐树铮去杭州访问孙传芳，接洽关于整理及收束军事两项问题。

孙传芳也想利用徐树铮，一是缓和与段祺瑞的关系，二是想达到自己推张謇上台做总统的目的，便热情招待了小徐。（民国史上著名的大徐即徐世昌，小徐即徐树铮。）孙传芳与徐树铮这两个人都是对军事、政治起着重要作用的旋涡式的人物，两人异乎寻常的接触，是否会产生一种新的政治格局，会给中国的命运带来什么样的后果，一时成了国内各方所关注的焦点。

孙、徐二人在杭州谈风月，谈政治，海阔天空。孙传芳在入闽时与皖系徐树铮是死对头，正是孙军的进兵，搅了徐树铮的"建国军政制置府"的局，而今时过境迁，彼此却又握手言欢，颇具戏剧性。徐树铮是个誉者钦其壮猷远略，毁者病其辣手野心的人物。此番孙徐相见，孙却产生一种惺惺相惜的感慨。他向徐树铮透露了自己的打算，而徐也想乘此机会了解一下张謇的情况。于是两人又专车抵沪，于12月17日乘轮前往南通会晤张謇。

张謇字季直，号啬庵，清季状元。曾在淮军吴长庆和袁世凯处做幕僚。甲午战争后，痛感国家贫弱，受外人欺凌的命运，于是走上实业救国和教育救国的道路。他在家乡南通创办了大生纱厂和以大生纱厂为首的大

张謇

生资本集团；又办起以通州师范学校为首的一系列小学、中学、中专、职业学校和大学等教育系统。在清末他主张君主立宪，为江苏士绅领袖，江苏咨议局局长。民国后曾任北京政府中农商总长，还兼任过全国水利局总裁。胡适曾评价张謇说："张謇做了三十年的开路先锋，造福于一方，影响于全国。"

20世纪20年代，由于外国棉纱棉布大量涌入中国，给民族工业以巨大的冲击，到1925年，张謇的大生纱厂连年亏损，风雨飘摇；而张謇本人亦是风烛残年，可用"艰难苦恨繁霜鬓，潦倒新亭浊酒杯"来形容。

张謇对齐燮元及杨宇霆在江苏的所作所为大生反感。因此对孙传芳起兵驱奉持支持态度。孙传芳亦向他通报战局，张謇致电表示祝贺，曰：

> 叠奉捷电，欣承战状。卢（香亭）陈（调元）虓奋，将士铺敦。徐方既同，淮浦斯截。苏圉之戢，总司令之赐也。克日会师，谋定而动。既就不留不处之绪，益振如山如川之声矣。元。

孙传芳开府金陵，风光备极，却携小徐，纡尊降贵来拜访张謇，令张喜不自胜。他遣下人在南通码头至"状元府"沿途多处，高搭彩牌，并令其子张孝若乘小火轮到江心迎接。主宾相见甚欢，张謇设宴隆重款待。

席间，孙传芳谦恭地说："啬老，传芳仰仗江东父老支持，规复东南。我

想改良政治，请您教诲。并请啬老出山，共济时难。先掌省政，再推广邻省，待北方政局平定下来，军人的总统就大可不必了，免得你攘我夺，天下不太平。请啬老出任总统，将再好不过。"

徐树铮此时方悟孙传芳欲问鼎中原的野心，却虚以委蛇，敲着边鼓说："我刚考察了一圈欧美与日本的政治，西方多采用元首制，日本为天皇制。西方的军人是不干政的，所以政治稳定，总统多为德高望重之著名政治家、实业家；军人只管戍边保国，各司其职，国家自然能富强起来。馨帅请啬老出任总统这一建议，我认为是极为合适的，请啬老先治省，继而治国。"

张謇微微摇头说："两位雅意，老朽心领了，只是近年来，我的大生纱厂亏损达119万两银，老朽已焦头烂额，外表偌大资产，实际内囊已尽，哪还有心去问政治？老朽的希望只寄托在两位将军身上。"

孙传芳劝道："虎老雄心在，我等还有待啬老挽狂澜于既倒。"

徐树铮有意搅局，端起酒杯说："来来，我们共同干一杯，请啬老出山之事待酒后再议，不要扫了雅兴。"待酒喝得三分醉时，徐树铮又问："啬老，这里可有丝竹，我想为在座的助兴，唱上一曲。"

张謇早已预备好戏班子，于是找乐师拍着檀板，合着宫商，徐树铮站起来扯开喉咙来了一曲《浪淘沙》：

> 伊吕两衰翁，历遍穷通，一为钓叟一耕佣。若使当时身不遇，老了英雄。
>
> 汤武偶相逢，风虎云龙，兴亡只在笑谈中。直至如今千载后，谁与争功。

其实，小徐唱这曲《浪淘沙》，弦外之音，张謇一听便知。词中借商代大臣伊尹和周代大臣吕尚的故事暗示张謇壮年不遇，而今"老了英雄"。而伊尹后篡位自立，七年后，太甲潜回，将他杀死。徐用此典故之意，作为状元出身的张謇不可能不明白其中寓意。

张謇和孙传芳都拍手叫好，张即命人取来笔墨，即席赋诗一首，以诗言志，委婉地拒绝孙传芳的"雅意"：

将军高唱大江东，气与梅郎角两雄。

识得刚柔离合意，平章休问老村翁。

诗中梅郎指名角梅兰芳，意为小徐歌喉，气势堪与梅兰芳相比，并借音符起伏变化，暗喻刚柔离合。平章为唐宋元时官位，置年高重望之大臣，实际任宰相之职。张謇意思已表达得很清楚，即说自己年高气弱，甘心做个不问政事的村翁。孙传芳至此心领神会，不再相劝。

孙传芳请教说："欲想将江苏建设成一模范省，最要紧的是做啥？"

张謇眉头微皱，叹道："江苏自古膏腴之地，鱼米之乡。但近年征战不已，天灾人祸并至。要治理江苏，首要收拾人心，令苏人治苏，保境安民，军民分治。"

孙传芳说："苏省政务，我决不采干涉主义，将来省长一席，亦以民意为然。我在南京召开的江苏政务会议上，讲出五点主张：（一）请省长厉行考绩，肃清吏治。（二）统一财政。新任的江苏省财政厅长李锡纯在上海对中国社记者发表谈话说，苏省财政亏欠之多，骇人听闻，国库亏欠三千三百万，省款亏欠五百八十余万，合共三千八百八十余万。整理全省财政和年内财政过渡，最为紧要。我已电令禁止各军政机关自由提款，所有苏省政费各用途，统由财政厅按照应发数目，分别解交联军总司令部总收分发，由各领款机关盖章具领。"

"如此最好，联帅，千万别再增加赋税了，军费要公开，这样才得民心。"张謇赞许说。

孙传芳接着往下说："（三）警务、司法、教育、实业关系民生，应从扫除旧弊入手。（四）保卫团必须寓兵于农，不要增加军费负担。（五）道尹职司监察，至为重要，防止省侵道权。"

张謇频频点头，说："这些办法都是重兴江苏的大政方针，但联帅，最最要紧的是人才。我老矣，但为桑梓，特举荐一位名士任省长。"

孙传芳脱口问道："不知是哪路高人？"

张謇捻须，微微一笑，用手指蘸着清茶，一笔一画，写下"陈陶遗"三个字。

陈陶遗是何方神圣？原来此君名公瑶，号道一，是江苏金山（今属上海市）松隐镇人。早年东渡扶桑，入早稻田大学攻读法政，后加入中国同盟会。回国任同盟会江苏分会会长兼任暗杀部副部长，携带武器准备暗杀清两江总督端方，在上海十六铺码头被捕，转押江宁监狱。张謇等多方营救，端方予以释放。端方自号"陶斋"，陈改名"陶遗"，作为虎口余生的纪念。并以"死别未成终有死，生还而后始无生"之诗言其志。又有说法云，他担任同盟会暗杀部副部长时，章太炎取意于"陶唐于之遗民"，为其更字为"陶遗"。

陈陶遗与柳亚子、陈去病、高天梅等发起组织文学团体"南社"，以诗文鼓吹民主革命。南京临时政府成立后，陶遗为临时参议院副议长。"二次革命"时，陶遗参与其事，后"闭门养晦"，弃政办实业。国民党改组时，朱执信从广东派人邀其去参政，终被拒绝。

孙传芳与徐树铮出了张謇家，孙传芳回南京，徐树铮也回上海南洋路私寓。此时徐接到段祺瑞的来电，叫他暂时不要回京。当时关外，有郭松龄与张作霖的战争；而天津附近有冯玉祥部张之江与李景林的战争。但是，狂傲的徐树铮于19日乘顺天轮由上海赴天津，并于26日乘坐天津英国领事馆的汽车去了北京。

徐树铮见段祺瑞复命，段祺瑞立即要他离京。原来此时北京城控制在冯玉祥的大将鹿钟麟的手中，而从京郊至廊坊一带都是冯玉祥大将张之江的地盘。原来冯玉祥与徐树铮有仇，徐树铮在天津枪杀了冯玉祥的恩人，也就是其妻舅陆建章。此番徐树铮自投罗网，引起段祺瑞的担心。28日夜，徐树铮乘专列从北京去天津，在经过廊坊时，被张之江枪杀，事后找来陆建章的儿子陆承武以替父报仇的名义出面顶缸，此案遂不了了之。

"大徐"徐世昌挽以联曰：

> 道路传闻遭兵劫；每谓时艰惜将才。

张謇挽联云：

> 语谶无端，听大江东去歌残，忽然感流不尽英雄血；
> 边才正亟，叹渤海西顾事大，从何处更得此龙虎人。

孙传芳自从与徐树铮会面以后，事业蒸蒸日上。在张謇这位老伯乐的推荐下，孙传芳终于拍板，请陈陶遗出任江苏省长。而陈陶遗却躲在家乡松隐，呼之不出。此时，又有一位被外国人（法国记者菲迪南·法容纳）称作"精明的矮个子"，一个老派学者张一麐出面"劝驾"。

张一麐，字仲仁，江苏吴县人。袁世凯做临时大总统时，为机要局局长，1915年为教育总长，在职时推广注音字母。袁世凯撤销帝制时，专门请他去京草拟"退位"文字，可称得上是袁世凯的"文胆"。张一麐亦是天下名士，在他多方催促下，陈陶遗到南京去"驾辕"。这样一位名人做了东南五省的"阁揆"，引得一些有头脑有事业心的人士纷纷来归，著名的实业家武进人刘垣（字厚生）以及著名的地质学专家丁文江（字在君）与陈陶遗共同组成了"三人团"，或称为"三驾马车"。

引而不发跃如也，在他们的带领下，章太炎、李根源、张嘉璈、张嘉森、傅筱庵等一批名士都加入了孙传芳的顾问团，都认为孙传芳是"可造之材"。"孙要做的事，多提出来和大家商量，诸人爱其风格峻整"，但也认为他最大的缺点"只是脑筋，缺乏现代智识"。

陈陶遗走马上任以后，以理财为先，废除一些苛捐杂税。首先是裁撤农田农业的附加捐税，减轻农民重负。著名报人徐一士评论：此举深得民心，农民以负担减轻，种田有利可图，于是"农田以负担减轻而涨价，闻最贵者至每亩值一百五十元云"。

有趋炎附势之苏绅，向孙传芳献策："请行亩捐，每亩征银二角，以助军费。"传芳弗许也。

1926年1月8日，孙传芳致电段祺瑞，指责北京临时政府财政开支挥霍无度，电云：

> 北京段执政钧鉴：
>
> 顷据报告，政府年来收入共一万三千余万。属财政者，比、法、意三国金佛郎费二千二百万，公债一千八百余万；国内银行团借换券八百万，交通银行借款九百万，天津电料借款二百五十万，津沽、沪宁，无线电话供款美金九十五万，约五千万。用于奉张约二三千万，用于国民军者，不过数百万，其余全部，均已挥霍罄尽等语。钧座一生廉洁，皎然无汗，凡有血气，莫不钦服。今收支相悬若是之巨，其中必有宵小舞弊情事，若不彻底清算，恐为盛德之累。即请钧座乾纲独断，转饬所司彻底算清，明白公布于世，以释群疑。传芳久托师门，受恩深重，区区之心，实愿钧座廉洁，令誉与日月并存，不愿钧座代人受谤，致滋误会。冒昧之处，伏乞垂察。受业孙传芳齐叩。

"受业"即段祺瑞在北洋保定陆军行营军官学堂兼任学堂督办，孙传芳毕业于那个军校，所以执帝制礼。

此电一出，顿使段祺瑞狼狈不堪，很是被动。孙传芳获得清誉，段政府遭到指责。12日，段祺瑞致电孙说："现新阁成立，庶政公开，前任账目，钩稽更易。顷已交院严行彻查，档案俱存，自可与国人共见也。"

孙传芳在整理财政方面，还是取得了一定的成效。与陈陶遗密切合作，偿还省债900万元，受到全省各方交口称赞。

1926年1月23日，北京临时政府国务公议讨论发行800万元的春节库券，以应付年关各方需款迫切之严重形势，并通过该库券的发行条例，顿时遭到孙传芳和陈陶遗联名通电抵制。

正是因为有孙传芳与陈陶遗的完全合作，东南五省革故鼎新，经济繁荣，政治刷新。在这种局面下，才有"大上海"计划的实施。

2. 政治家风度与"大上海"计划

丁文江是中国的大学者、著名地质学家。江苏泰兴人。英国留学生,曾担任北京大学地质研究所所长,在推动中国现代科学发展方面有不可磨灭的大贡献。

孙传芳与丁文江之间有不解之缘。两人的相识,是丁文江啧啧称道的佳话。

孙传芳钱塘出兵前,便与科学家丁文江有一夕长谈,真能称得上是"夜半虚前席"。

孙传芳问:"丁先生,你是文人,我是武夫,请你想想,你在哪一个方面可以帮我顶多的忙?"

丁文江胸有成竹,不慌不忙地说:"我早已想过了。"

"哪一个方面?"

丁文江娓娓道出,令孙传芳瞠目结舌。

"我曾想过,这时候中国顶需要的是一个最新式的、最完备的高级军官学校。现在的军官学校,甚至于所谓'陆军大学',程度都很幼稚。里面的教官都太落伍了,不是保定军官学校出身,就是日本士官出身。这些军官学校的专门训练当然比不上外国同等的学校,而且军事以外的普通学科更是非常缺乏……"

或许学者放言无忌,孙传芳不但耐着性子听了下来,对丁文江的批评,也认真地点头称是。

丁文江说:"中国的军事教育比任何其他的教育都落后,例如用翻译教课,在中国各大学已经废弃了二十年,而现在陆军大学的外国教官上课,还用翻译;学生没有一个能直接听讲的。足见高等军事教育比其他高

丁文江

等教育至少落后二十年。现在各地军官学校教出来的军官都缺乏现代知识，都缺乏现代训练，甚至军事地图都不会读……"这简直是指着秃头骂和尚了，然而言之有理。

一方眉峰紧蹙，一方仍滔滔不绝："所以我常常有一种梦想，想替国家办一个很好的、完全近代化的高等军官学校。我自信可以做一个很好的军官学校校长。"

"哈哈哈哈……"孙传芳一阵大笑。

"丁先生，你是个大学问家，我很佩服。但是军事教育，我还懂得一点，现在还不敢请教你。"说完又是一阵大笑。

孙传芳到南京以后，也认为军事教育落后，为培养一批年轻有知识的军官，真得成立一所"金陵军官学校"。自诩"懂得一点"军事教育的孙传芳自兼校长，而不敢请大学问家丁文江来帮忙。

其实，丁文江是个懂得军事学的专家。搞现代科学的学者治学态度是很严谨的，所谓出家人不打诳语，颇有精辟之见。他常说："地理是军事学的一个骨干。明末顾亭林、顾景范，他们身经亡国之痛，终生研究地理，其实是终生研究军事、研究战略。他们都是有远见、有深意的。"

丁文江理想中的高等军事学校，至少有这样几条标准：

第一，教员的选择，必须采严格的学术标准；

第二，学生的选择，必须废除保送制，用严格的入学考试来挑选最优秀的人才；

第三，学校必须有第一流历史、地理、政治、经济等学系，要使学军事的人能够得到军事以外的现代知识。

功夫在诗外，可惜曲高和寡，又有几人识得？只因为丁文江从没有带过兵，没有打过仗，所以他自信最能够办好的一项事业——为中国办一个完全现代化的高等军官学校，谁也不会请他去办，不论是孙传芳还是蒋介石。但是丁文江对军事有瘾，也有专门研究。1926年，商务印书馆出版了他的《民国军事近记》，详尽地记述了北洋军阀统治时期北洋各系的形成、师旅建制与沿革，直皖、直奉、江浙战争等。虽然写于孙传芳驱奉战争以前，但已专门将"孙传芳部"单列，对其评价颇高，很有见地。

1926年2月，丁文江从北京南下上海，住进礼查饭店，加入"中英庚款委员会"的卫灵敦"中国访问团"。

庚款即据《辛丑条约》清政府向列强的赔款，共计四亿五千万两，年息四厘，分三十九年还清，英国所得赔款比例居第四。1922年12月1日，英国通知中国政府，即是日起中国应付的庚款，英国政府准备用于中英两国互有利益的用途上。后决定用于教育，规定组织一个"顾问委员会"。从1922年12月1日起到1945年庚款付清时止，总数有700万英镑，加上历年利息400多万英镑，合计为1118万英镑。

依照原定分期付款表，英国每年可得48.5万英镑。丁文江、王景春、胡适三人为"中英庚款委员会"中国委员。1925年英方指定三名英国委员和三名中国委员合组"中国访问团"，以卫灵敦子爵为团长，到中国各地征求庚款用途的方案。丁文江又到上海，与孙传芳是老友相见，一个是大名鼎鼎的学者，一个却是东南五省顶天立地的霸主。

俗话说：道不同不相与谋。而孙与丁的"道"肯定是合辙的。孙传芳的目光落到上海宝地，准备实施"大上海"计划。

所谓"大上海"计划，是要改变上海南市、闸北、沪西、浦东、吴淞地区互不统属的状况，即把租界四周的中国地区统一起来，建立一个行政总机构，即淞沪商埠督办公署。公署有权改善整个区域的市政；可以解决许多外交悬案，如越界筑路、越界收房捐、会审公廊等问题。胡适评价道："总而言之，那个'大上海'的理想是'要使上海租界四周围的中国地区成为一个模范城市'，其结果应该成为我们要求取消外国租界的基础。"即上海市区建设得和租界区一样发达时，便可自然而然收回租界。

过去上海没有统一的行政总机构，南市是由江苏省政府直辖的，闸北归上海道尹管辖。加上直系、皖系军阀分别统属，行政权限互相冲突，根本无法实行统一的行政管理。

孙传芳在东南五省自成一个体系后，"大上海"的理论从梦想变为现实。陈陶遗省长计划：完全用江苏省的权力来建立这个行政中心机构，由孙传芳自己出任淞沪商埠督办。

由谁来落实和实现孙传芳的蓝图，使之变得丰富多彩、有声有色呢？他想到了那位要做高级军官学校校长的丁文江，这个人久久盘旋于脑际。对！就是他。

孙传芳多次与陈陶遗详细商讨这些问题，决定请丁文江全权做督办公署总办，把上海交涉使、上海道尹、上海警察局局长，都指定为督办公署的各局当然首领，都受之于手无缚鸡之力而胸有锦绣文章的丁总办领导，丁受江苏省政府的指导和督办的指令，不再存在行政权限互相冲突的问题，就是一句话，放心大胆地让丁文江干。

孙传芳在记者招待会上说："本人和陈陶遗省长曾经详细商讨这个问题。今天说的话可以代表我们两个人的共同意见。照现在情形看来，只有江苏省政府能够做这样的一个试验，而可以有成功的希望。"

丁文江做总办前，与留美博士胡适、王景春反复交换过意见。胡适鼓励说："既然孙传芳给了你这么大的试验机会，你就应该有大抱负来进行试验。在军阀地方割据的时期，中央政府的命令行不到割据地方的，大胆地挑起这副担子干吧！"

丁文江又去请教卫灵敦子爵，把这件事告诉他。并诚恳地说："我知道卫灵敦子爵在英国议会多年，又有多年的行政经验，是英国一位有名的政治家。我想请你依据你的政治经验，给我一点宝贵的意见。"

卫灵敦很友好地说："孙总司令建立一个统一的'大上海'的计划是有远见的，没有开创性的决心与魄力，这个建设大事业的计划是不可想象的。"他很诚挚地鼓励说："这种机遇对每个人来说不多，我衷心地希望你能勉力担负这一重要而艰难的责任。"

卫灵敦曾与丁文江长谈了几次，交换了各自对"大上海"计划的看法。

最后，丁文江与孙传芳推心置腹地作了一次深谈。他说："孙总司令，我只希望你能完完全全地信任我，给我全权，不要干涉我的用人行政，这样，我们的合作才能成功！"

孙传芳拍着胸："丁先生，这个你大可以放心。还是那句话，疑人不用，用人不疑。从你想办军官学校那件事开始，我就非常佩服你，尊重你！"

5月5日，红光满面的孙督办出席上海总商会招待上海各界的茶会，发表有关"大上海"计划的演说，并指着身旁一位戴着瓜皮帽，身着浅蓝色大褂，戴一副深度眼镜，其貌不扬的先生，介绍给众人："诸位，这位便是享誉中外的大学者丁文江先生。这次，我请丁先生做淞沪商埠督办公署的全权总办。"

一语惊四座，所有的目光都对准丁文江。

"丁先生这回本是为了中英庚款的事到上海来的。因为我相信他的能力可以使'大上海'计划实现，所以我特别请他来做这件事。他现在肯担任这件事，也是因为他对这个计划有信心。"孙传芳接着又宣布《淞沪施政方针》："督办署之设置，在改良市政，为将来收回租界，拟造成一规范市，请市民与试验机会，与外人尽量合作，以备解决多年悬案。"

在谈到与洋人关系时，他说："凡有条约上外人的权利，没有废约之前，自然要尊重。"

到20世纪50年代，著名的学者胡适回忆这段历史："我们在30年后回想起来，

胡适

丁在君（丁文江字在君）当日担任的建立一个统一的'大上海'的工作确是一项有远见、有开创魄力的建设大事业。若没有孙传芳与陈陶遗的完全合作，这个试验绝没有成功的希望。陈陶遗是一位公道的绅士，平日佩服在君的道德和才干，他能合作是意中的事。孙传芳向来不认得在君，居然能完全信任他，给他全权，在他八个月任内从没有干预他的用人行政：这不能不算是孙传芳的政治家风度了。"

然而，由于当时的动荡局面与后来的北伐战争，孙传芳和丁文江的"大上海"计划未能进一步进行，最后不了了之。蒋介石打败孙传芳之后，1927年11月，设立大上海设计委员会，重新提出以避开旧有的租界，建立新市区为发展的"大上海"建设计划。1930年开始逐项建设，后因日本帝国主义发动"一·二八事变"和经费困难，"大上海"计划最终失败。

作为军阀的孙传芳，他提出"大上海"计划的目的，无非是想统一上海地区政出多门的混乱管理，从而获得更多更丰厚的税收，巩固自己的反动统治。但作为一名军阀，能够尊重科学人才，完全信任和放手使用知识分子，这点胸怀和气度还是难能可贵的。这正是孙传芳与丁文江两个风马牛不相及的人物合作的基础，并在民国史上留下一段佳话。

3. 收回会审公廨

1926年4月下旬的一个晚上，半轮明月从紫金山后爬了上来。南京城内，暖风醉人。万家灯火处，一派繁华春色。

沪宁铁路的下关车站，一列上海至南京的二等列车上，下来了四位上海总商会、律师公会等各法团的代表。他们是陈霆锐、赵晋卿、李祖虞和前司法总长董康。出了火车站便乘马车匆匆赶往五省联军总司令部。孙传芳、陈陶遗立即接见了他们。

陈霆锐是沪上著名的大律师，留美的法学博士，40岁左右，瘦高的个子，戴着眼镜，穿一身合体的条纹花呢西装，说一口苏州白话。

"孙联帅、陈省长，上海总商会、律师公会各法团，推举我们四人为代表，向联帅及省长要求，立即向沪上各领团交涉，收回会审公廨，我们是来请愿的。"

孙传芳看看陈陶遗问："陈省长，这会审公廨我不甚了解，大致情况是咋样的？"

陈陶遗解释道："这个问题说来话长，鸦片战争后，洋人除取得割地、赔款、开埠等特权外，还获得领事裁判权。在通商口岸设外国陪审员制度，以中方审判为主，这就是会审公廨的设立。辛亥革命时期，局势动荡，洋人乘机攫取会审大权，自由任命中国承审官，设立洋人主持的检察处，掌管公牍及诉讼事务。原先西人与华人争讼，由领团代表会审；到现在，纯粹华人的民事案件，也归领团代表会审。"

孙传芳道："你是说在咱们的地面儿上，外国人掌握着司法主权？那就是说有作奸犯科者，我们的法庭竟不能审判？"

陈陶遗说："对！就是这个意

思！联帅，我们不是正计划'大上海'统一行政主权吗？会审公廨就是阻挠'大上海'计划的一颗钉子。"

听说外国的司法机构要妨碍"大上海"计划，孙传芳顿时便热血上涌，劲头也上来了，大声说："派些兵去将他们轰走便完事。"

董康急忙摇手："使不得，使不得。从1913年到去年春天为止，由外交部出面，前前后后共交涉了五次，终无结果。"

孙传芳奇怪地问："那是为啥？"

董康说："领事裁判权是不平等条约规定的，会审公廨只属于这其中的一部分。北京政府及司法当局的目标是废除列强在华享受的整个领事裁判权，此类问题，政府认为不宜枝枝节节为之，所以交涉毫无结果。"

孙传芳想了想说："政府废除领事裁判权的交涉尚未有结果，我看不必取小舍大，致将来贻人口实，于事实方面反生障碍。"

陈霆锐吴侬软语，但很有道理："联帅，条约只是国家与国家签订的，会审公廨却在你的管辖之内。听说你有个'大上海'计划，要建立一个总的上海行政机构，你可以用这个总机构的名义来进行交涉，可以做个试验。再说按原来的《洋泾浜章程》规定：公廨隶属上海道管理，即行政系统原属江苏省范围，由江苏省出面交涉，岂不更为有利？"

孙传芳很佩服陈霆锐的法律知识和勇气，虽然不是铿锵有力，却句句千钧，于是说："这样吧，几位先去休息。我和陈省长再商量商量，明天给你们一个答复。"

是夜，联军总司令部的灯一直亮到天明。

第二天下午，陈陶遗面带高兴之色，对上海来的代表说："我和联帅达成一致意见，由江苏省政府派员主持，进行交涉。至其他条件，有应由中央解决的，尽可暂为保留，另行交涉，但是如法院的编制，事属内部，等公廨收回后，主权在我，怎么商量都行。我们的政策叫标本分进，统筹兼顾，机不可失，及早收回，以防夜长梦多，枝节横生。"

代表们没有辱没使命，高高兴兴返回上海。收回会审公廨的交涉，紧锣密鼓开始正式进行。

5月3日，江苏省长陈陶遗致电上海各法团代表，正式表示：江苏省政府接受公廨移沪交涉之主张。刻已会同孙总司令电令许沅交涉员，妥为洽商办理，并嘱丁文江君就近会同商办。

5月4日，孙传芳乘沪宁头等快车赴上海就任淞沪商埠督办一职。设在上海龙华古寺旁的督办公署即日挂牌剪彩，正式成立。

第二天，上海总商会赵晋卿、律师公会代表陈霆锐及李祖虞三人，来到督办公署见孙传芳。说："督办，对你支持收回会审公廨，我们代表沪上各法团表示感谢。根据《洋泾浜章程》所订公廨原则，我们草拟了一份收回标准，大致为刑事改革、民事改革、收回前之准备、收回后之措施四大部分，各部分又分子目若干项，详细说明交涉程序与步骤之建议。"

孙传芳接过文件说："省方收回公廨的方针已定。这件事已委淞沪商埠总办丁文江与江苏交涉员许沅会同办理，具体谈判，还要仰仗陈、李两位大律师多多尽力。我此次来沪，拟对整个沪案，即'五卅惨案'向沪领事团商洽交涉，希望在本年5月30日以前，得一相当解决。"

几天后，孙传芳、丁文江礼节性会晤了驻沪各领团之领事。他们向领团表示了江苏省收回会审公廨的决心与方案，并就沪案问题进行了磋商。孙传芳说："我近来才知道这个会审公廨是个非法组织。清末鼎革之际，上海道员出走，本由上海道委派之公廨员，却为领事团直接委任，公廨内部组织，却为领团操纵，而且没有上诉机构，都由你们说了算，这是事实罢。"

英国驻沪总领事巴尔敦说："孙督办，你说的不无道理。近来由于沪案，中国人的排外情绪很严重，已危害到各国的商业利益。我们也希望贵方能通过会审公廨的收回，缓和一下我们之间的关系，这一点，我们领团原则上都表示赞同。"

孙传芳高兴地说："好嘛，这样看来，双方的意见还算接近。具体事情，由丁总办、许交涉员将公廨收回标准，拟成详细说帖，再与领团接洽。"他又指着丁文江介绍说，"丁总办具有现代政治法律知识，希望与领团合作愉快，把事情办了，以公道说话，中国的权力归还中国，诸位的利益自会保留。"

孙传芳倒会用人，找来一个丁文江，这样大任往他肩上一放，便不再插手过问。

丁文江知道，领团虽已答应交还会审公廨，但问题并不简单，还有很多技术性的法律问题，这是一场艰苦的谈判。于是，他便请深悉法律的董康、陈霆锐和总商会赵晋卿等人商议收回会审公廨的问题。双方在正式会议以前，先后进行了四次秘密预备会议。

第一次会议是5月21日在交涉署外交大楼举行。中方出席人员为丁文江、许沅；领团代表为英国驻沪总领事巴尔敦、美国驻沪总领事克银汉、日本驻沪总领事矢田七太郎。双方仅为公廨交还问题作了初步协商。

第二次会议于5月24日举行，丁文江表示了对于收回公廨的限度。对民事一部分意见，三领事对于华人民事案件交华官处理，大致表示认可，双方立场接近；在刑事部分，差距甚远，三领事答应互相交换意见，再进一步商榷。

第三次会议于5月28日召开。双方唇枪舌剑，各不相让。领团坚持保留检察处，而将监狱与押所还给中国；对华人和无领事裁判权国人的传唤，须由领事签字。

丁文江针锋相对，一步不让，说："检察处的权限过大，传票拘票由领事签字的问题，我们不能同意，有损中国的主权，坚决不能同意。"

第四次会议于6月9日下午3点在交涉署外交大楼举行。由于丁文江的坚持，达成以下妥协：

（一）有领事裁判权国人为原告，华人为被告之民事案件，由领事出庭观审，余由华官主审。

（二）仍依照辛亥革命以前成例，设置上诉机关。在刑事部分，双方分歧仍大。领团对于监狱，仍主张由工部局管理，只是力求适合中国法令；或同意将所有罪犯，送由租界外监狱执行，仅将轻微罪犯由租界监狱执行。工部局对于案件审理，有提出意见、请求上诉之权。

在经过四次预备会议之后，6月21日双方开始正式会议，领团代表除原来英美日三国总领事外，又加入荷兰总领事赫龙门和挪威总领事华威。双方经过两轮会议，交涉结果，丁文江与许沅作了部分让步，同意领事团所提出的折中办法。即：如关于直接与租界治安有关的案件，仍须由领团派员出庭观审。检察处改为书记处，仍由领团推荐人员，但职权范围缩小，作为附属于公廨行政的一部分。监狱问题也作了折中，公廨收回后，由法庭委派华人委员数人，西人委员一人，组织一委员会，随时考察监狱内部的设置情况，提出整顿和改良意见。

孙传芳根据双方会议的结果，以五省总司令的名义电告北京外交部："丁文江此次办理收回沪廨一案，系属临时交涉，与中央将来正式交涉，并行不悖。"谈到刑事陪审问题的让步问题，电文云："审察现在情势，刑事陪审，似应始终维持，敬陈意见，请主持办理。"

7月16日，双方再次会议之后，领事团即将最后修正协定草案，呈报北京公使团核示。总办丁文江于次日上午携带草案赴南京，请军民两长孙传芳与陈陶遗签字批准。

8月31日，收回上海公共租界会审公廨协定正式签字，暂行章程共九条，要点如下：

一、会审公廨改为上海临时法院，除有领判权国家侨民为被告之案件，不得受理外，其他租界内一切民刑案件，皆归该法院审理。

二、凡现在适用于中国法庭之一切法律，及以后公布之各项法律条例，均适用于该临时法院。

三、领事或领袖领事观审办法，只限于违背租界治安与《洋泾浜章程》之刑事案件，以及有领判权国家侨民所雇华人为刑事被告之案件。

四、观察员对于证人与被告，非得中国法官之允可，不得提出诘问，且不得干涉中国法官所已宣示之判决。

五、临时法院之外，另设上诉法庭，办理租界治安直接有关刑事上诉案件，及华洋诉讼之刑事上诉案件。

至此，上海公共租界会审公廨，改组为临时法院，其用人之权、审判之权与适用法律之权，完全收回。这是中国从列强手中收回司法权的一个里程碑。江苏省政府任命徐维震为上海临时法院院长。同时任命临时法院推事胡治谷、谢永森、徐漠、吴经熊等十人。

这些人都是有名的法律专家。徐维震曾任大理院推事、山西高等法院院长；胡治谷曾任大理院第三民事庭首席推事。谢永森、徐漠、吴经熊都是有声誉的法律学者，尤其是徐漠，后在南京国民政府时期任外交部次长；另一位参加交涉的督署交涉员郭泰祺是后署理过南京政府的外交部长。

上海临时法院的人选都是中国知识界精英，得到中外舆论的同声赞叹。

中国收回会审公廨，便是孙传芳在5月5日演说中所说"照现在情形看来，只有江苏省政府能够做这样一个试验"的最好解释。

4．争废不平等的中比条约

孙传芳关心政治，也关心外交。与当时的外交家顾维钧、罗文干等人常有往来。

资深的职业外交家顾维钧晚年有回忆录，在谈及当年时曾说："丁（文江）与我、罗文干和汤尔和时有接触，曾为孙传话，请我们去叙谈。孙除军事外，也对政治颇有兴趣。我认为他是有其个人野心的。当时，他是长江下游五省联军总司令。这个职位不仅拥有军政大权，而且在事实上完全控制了这一地区。实际上，他是个自成一统的军阀，也是左右时局的一个重要因素。他自然希望与我、罗和汤一类人物进行联系，把我们视为政界朋友。"

对外交问题，孙传芳因此也有一鸣惊人之举。争废中比条约便是一例。

1926年，中国与比利时的《通商条约》第六次已届十年期满。中比《通商条约》是清同治四年（1865年）签订的，共46款，是按清廷与各列强签订的不平等通商条约而签订的。到1926年整整60年。7月24日，北京政府外交部照会驻京比利时公使华洛思：中比《通商条约》本年10月27日满期，即宣告废止，另订新约。在新约未成立前，两国政府可另定新约和临时办法。

中国政府的目的是废除不平等的中比《通商条约》，原本无可厚非。但8月4日，比利时驻京公使华洛思气势汹汹打上门来，照会外交总长蔡廷干，宣称："中比条约虽即期满，但不能由中国宣告废止，否则比国拟将该争议提交海牙国际法庭仲裁。"

在比利时首都布鲁塞尔，比利时外交大臣樊特维尔于8月27日宣称："1865年中比条约为一方面的，即比利时单方面的，仅能由比方取消。比政府愿意缔结非一方面的新约。但是必须等到中国政局稳定，关税与法权会议闭幕之后始能从事于此。"他用

顾维钧

一个手指在空中比划，恶狠狠地说："比政府正在忍耐和等待，如我方竭力让步而不能有成效的话，则将提交海牙国际法庭。"

9月2日，北京政府外交部照会比国公使华洛思说："中比通商新约如不能于旧约届满之日订立，中国政府特提出《临时办法》五条，拟于10月26日起实行，其施行期暂为6个月。"

北京政府外交部声明：中国对外各商约，满期后即行撤废另订，不再延期，以免援例。比利时驻京公使华洛思向北京政府外交部递交了一份备忘录，说："比国政府对中国政府9月2日提出之《临时办法》不能承认；比中两国可及早商议修改原约之第46款，以便修成之约届时代替原约。"

正当中比两国各执一词，折冲樽俎之际，中国人民要求废除不平等条约的浪潮，一浪高过一浪。江浙工商界一声炮响，通电要求废除此约。孙传芳与丁文江等商量后，决定弄潮儿作潮头立，于9月30日致电上海总商会，要求废旧约、订新约。全电如下：

> 上海总商会鉴：
>
> 哿电祇悉。中比商约届满，订新废旧，势在必争。芳等前次通电，度邀察及。论外交政策，本无以内部计划先事宣布之理。我国则循畏葸，相习成风，既无神秘之外交，转有诿过之故智。与其追悔事后，何如公决事前！此不得不大声疾呼，冀收群力之效。兹读来电，实获我心。至欲化私斗于阋墙、作干城于卫国，词严义正，更进一层，犹如棒喝；外交本以海陆军为后盾，值兹一发千钧之际，宜作沉舟破釜之谋，蛮触纷争，谁堪语此。备言上复，矢以身先，保境安民，息壤在此。诸维亮察。

在这通电中，孙传芳劈头盖脸地抨击北京政府的外交策略，站在上海总商会一边，以武力为后盾，要求订新约，废旧约，"势在必争"，与前番收回会审公廨一样。

10月23日，孙传芳与陈陶遗联衔通电国务院，主张由外交部声明：中比条约期满失效。

在全国人民一致要求废除比约的洪流下，比政府不得不作出了让步。

10月27日，是中比《通商条约》期满之日，比利时驻京公使华洛思赴外交部晤见国务总理兼外交总长顾维钧，以正式照会向中国政府提出中比条约期满后订立临时办法之草案。顾维钧当即将该临时办法之第二条之修正案面交华洛思，建议在6个月内缔结新约。

这场争废旧约的斗争终于告一段落。

5. 整军肃武，枕戈待旦

烟雨蒙蒙，玄武湖上，一只画舫在水中荡漾。悠扬的丝竹声在水面上飘拂，远山若隐若现。

舫中，三个人席地而坐。与其说是坐，不如说是跪，臀部坐在脚上，完全是日本式的做派。

孙传芳和杨文恺都是长袍马褂，端着茶盅，微微呷着。

他们的对面，是冈村宁次，当年在日本士官学校时的区队长。腰板挺得笔直，两手握拳，放在大腿上，一身和服，足上是一双木屐。他当时的身份是日本驻上海领事馆武官。

"孙君、杨君，一晃十几年便过去了，没想到，当年的日本士官生，现已成为鼎鼎大名的东南五省联军总司令和总参议。作为你们的区队长，我为你们感到骄傲。"

"馨远，还记得我们在浅草的小酒馆喝清酒的情形吗？"杨文恺微笑着问。

孙传芳不禁莞尔，对冈村宁次说："那天是个日曜日，我们几个同学凑钱去喝酒，吃日本料理，不知是谁先想家，也勾起我们的乡情，于是喝日本清酒，唱家乡的小调，又哭又闹醉得一塌糊涂……"

经他们一说，冈村宁次也记起来了："啊，是有那么一次，回去后都挨了我的耳光。"

孙传芳不服："冈村君还不是让我摔趴下了吗？谁也没吃亏。"

杨文恺说："怎么没吃亏？我来劝架，冈村先生摔不过你，反将我摔个四脚朝天。"

三人都哈哈大笑起来。

孙传芳郑重地说："冈村君，我请你来的意思想请你屈就我的军事顾问。"

江浙士绅呼吁我练精兵，正好，我也想按日本与德国陆军的模式，改良军队，请你帮助草拟一份改革军队意见书，我要用现代方式来整军建军，练成国内一流军队。"

冈村宁次竖起大拇指，称赞说："孙君，能有此眼光真是了不起，你知道吗？广州的蒋中正正在苏联顾问的帮助下，办黄埔军校，你可不要小看他，将来会成为你的大敌。我答应你，做你的军事顾问。"

杨文恺说："待遇是月薪八百元，相当于中国政府特任官的官薪。"

冈村宁次从青年时代就想在中国大陆活动。陆军大学毕业后被调到参谋本部中国班，研究来自中国的情报，并出使北京。1923年12月在上海任日本领事馆武官，深入到中国内地许多地方作调查旅行。从洞悉地形、民情来说，不愧为真正的中国通。前番孙传芳主浙时，便通过冈村的关系从日本购买了大批军械，在驱奉战争中出了大力。

孙传芳占有东南五省之后，冈村宁次来到南京。孙传芳请其为军事顾问后，冈村将应聘顾问一事报请日本参谋本部。日方认为这正是利用孙传芳排挤英美在华势力，发展日本在长江下游力量的大好机会，便将冈村宁次作为军务局编制外人员。他于1925年12月正式任东南五省联军军事顾问，为孙传芳出谋划策，洽购军火。孙传芳向他保证保护长江下游的日本的权益和在租界内日本企业的安全，制止排日运动，等等。

五省联军源于北洋军旅，因此各师、旅的饷章编制，采民国初年北洋军队旧例。冈村宁次参考第一次世界大战后各国新编制，拟定了改革草案，并吸收各方意见。

其要旨，应训练一支以步兵为主，并合并各兵种甚至配属特种兵的混成师。一个步兵团宜编成重机关枪两个连，步兵炮一个连，及通讯班。

结合联军在东南地区的现实，骑兵应减少为一个连，主要为传令和搜索敌人时用，能配属自行车兵更好。

一个步兵师应配属一个炮兵团，以野炮、山炮合编。最好每师配备野战重炮一个营，及适量的迫击炮。

师配制一个工兵营，在江南地区应注重训练架桥；并酌量教育或特设铁路、电信诸队。

师应配备汽车队，和驮牲互相配合；并将战时临时招募役夫的传统做法改为每营有专门的役夫，以作为战时输送辎重给养之用。在有条件的情况下，每军编成一个飞行队，下分三个连，包括侦察机6至9架，爆击机（轰炸机）6架；另外配备一个材料厂。

考虑到联军在江南水乡之布防，战车部队缓设。

冈村宁次提出在各省设立军区，设一首领，以统一训练、制定作战计划；战时便成为该方面军的司令官。

冈村宁次还提出扩充和统一各地兵工厂，统筹各部军需与饷项，规定官兵服役年限，规范士兵训练等等。

冈村宁次所提出的改造联军的方案，由于军务倥偬、财政匮乏等诸种原因未及实行，但可说明孙传芳毕竟出身于日本士官学校，受过系统的军事教育，又有多年战场的经验教训，又对北洋军队的体制、装备、训练乃至作战的现状不满，有意改革。这套改革方案也代表了联军首领的思想与目标。

冈村宁次所提的阳春白雪，曲高和寡，孙传芳还有下里巴人，适合大众口味。虽然他不敢聘请丁文江先生做军官学校校长，并不等于他不想办军事教育，到南京后便选定城东原清朝马标作为校址，建立了一所金陵军官学校，目标是培养部队的中下级军官。孙传芳自兼校长，政务处长万鸿图为军校总办，军需处长程登科负责该校后勤。军官学校管理人员设监督、教务、副官、司事、书记长、司书、总队长、学生队长、区队长等职；教学人员设技术教官、助教、教育副官、总教授、教授主任、教授、战术主任、筑地主任、兵器主任、战术教官、兵器教官等。该校约60名管理、教学人员。

该校设于1926年初，至1927年3月中旬，因战事紧张，国民革命军逼近南京城，孙传芳将金陵军官学校迁移至清江浦。共计招收四期学生。第一期学生48人；第二期102人；第三期70人；第四期78人。此外，还招收学员524人，及区队长、队长、分队长29人。从金陵军官学校的人名录来看，该校先后培养了中下级军官752人。这批人尤其在连营中发挥了很大的作用。日后，联军在江西战场、浙江战场及龙潭诸役中损失惨重，而能迅速恢复，都与金陵军官学校培养的中下级军官起的骨干作用有直接关系。

孙传芳五省联军建立之后，有了上海兵工厂和金陵兵工厂，部队的武器装备大大改善，早已不是从闽入浙时的"叫化子兵"了。

第一，在军容上大为改观。联军驻扎东南，天气炎热，曾制定了一种不同于

东南五省联军（俗称大帽子兵）

其他各军的军服。军服样式类似童子军服之样式，服装、被服一律取三新制度（即新面、新里、新棉花），服装的原料和制成品都有严格的验收制度。兵种官阶有特定之区别。此种军装既实用，又好看，特别是军帽很有特点。南京地处南北交汇之区，夏天很热，而冬天又非常寒冷。当时南方的军队多戴大檐帽，冯玉祥的国民军则戴类似凉帽，关外的奉军则戴狗皮帽。联军的核心部队是浙军，当时他们效仿浙江老百姓头戴的乌毡帽，在此基础上加高加大，翻起来的部分约一拃宽，前端缀五色五角帽徽。好处是能适应南北地区作战，冬天寒冷时，把帽檐翻下来就可以保暖。因此，当时人多叫联军为"大帽子兵"。

这个创意来自孙传芳总部军需总监蔡朴。某次他到绍兴地区采办，发现百姓头戴着乌毡帽，他买了一顶戴上，觉得很暖和，也很实用，想到部队冬天的

联军的炮兵

军帽无护耳，士兵耳朵多生冻疮，于是在乌毡帽基础上改良，加宽加大，就成为实用的新式军帽。

第二，在装备上，联军各师、旅之步兵团均配有重机枪一个连；轻机关枪师级有20挺，旅、团各8挺，每营4挺。有炮兵团建制，炮兵团中山炮、迫击炮占三分之二，野炮占三分之一。联军中直辖无线电通信队10个。

第三，联军之主力部队，即孙传芳的嫡系部队的训练抓得很紧。控制苏浙皖天下富庶之区后，军费和军饷充裕。孙传芳注重网罗人才，委以重任。他任命善于理财的蔡朴为总部军需总监。

蔡朴，字俭卿，河北武清人，生于1879年，毕业于北京军需学校。孙传芳在第二师第六团当团长时，蔡朴就为军需官。1924年12月，蔡署浙江省财政厅厅长，筹划军饷政费，应付裕如。部队经费不愁，练兵便大见成效，战斗力也有了提高。

第四，加强军纪。孙传芳，从福建进了浙江，并站稳脚跟，继而夺得苏、皖、赣等省，军纪的作用是不容忽视的。但军阀部队的军纪，往往是用士兵的生命为代价而维系的。孙传芳驱奉时，特别强调军纪，目的是想与奉军作一鲜明的对比，以期获得老百姓的口碑。他的部队进南京后，有一个士兵在下关与一个卖包子的小贩发生争执，小贩硬是说士兵吃包子不给钱，士兵说自己没吃，并动手打了小贩，引起市民围观，纷纷指责孙部的士兵。正巧，孙传芳的车路经那里，见前面人山人海，议论纷纷，便停车命人过去询问。小贩指责士兵吃包子不付钱还打人；士兵坚决否认吃了包子，说因为受了冤枉才动手打人。孙传芳为了在老百姓中树立联军军纪严明的形象，当即下令执法队将士兵抓起来，并对小贩说："你说他吃了你的包子，他说没吃，那好吧，我今天就要证明他是不是真吃了。"他大喊："来人，将这个兵开膛破肚，看看他到底吃没吃！"士兵吓得腿都软了，大喊冤枉。小贩一看也闹出人命，也告饶说："我的包子铺全不要了，求大师也别杀士兵！"

孙传芳说："不赏罚严明，我也别当大帅！执行！"

士兵哭喊着，被执法队按倒在路边，执法队当场用刺刀剖开其肚皮取出胃，划开一看，结果证明士兵没说谎，里面没有包子的残留物。

孙传芳得意地对围观的群众说："怎么样？我的部队的军纪是不是很严明？士兵是不会扰民的。"说着脸霍地变了，用手一指小贩："你这个大胆刁

民，竟敢败坏联军的名声，冤死我的久经战阵的士兵，该当何罪？"小贩吓得面如土色，一个劲儿喊"饶命"。

孙传芳下令："将这个刁民给我崩了！我看以后谁还敢污蔑本帅的士兵。"

执法队当场将小贩打死，此事震动南京城。

从此，联军有了军纪严明的名声，但再也不见有告状者和被告状者。士兵和百姓都吓坏了，没人再去自找没趣。

第五，大力发展空军，联军的空军已初具规模。1922年，浙江督军卢永祥为对抗江苏督军齐燮元，从法国购买了"布来克14"式飞机6架和"毛兰"式单翼教练机4架。孙传芳占领浙江后，成立了浙江省陆军航空队，任命南苑航校第三期毕业生米嘉禾为队长。1925年8月，任命顾荣昌为队长、张维为副队长。驱奉战争以后，浙江航空队迁往上海离徐家汇约10多里的西虹桥机场。飞机队队员还有耿耀先、陈栖霞、高礼安、谢云鹤、张书坤、纪佩江、张国栋等，都是南苑航校毕业的；还有周铁鸣、高个山两人是从法国留学归来的。加上机械人员十多人。

这些飞机虽说是欧战后的旧货，但在军阀眼里也是宝贝蛋、金豆子，轻易舍不得飞，平时也很少训练。

1926年7月前，五省联军兵力部署如下表，总计人数在22万左右。

省区	将领姓名	番号	人数	驻防地
江苏	孙传芳联军总司令 兼江苏总司令	卫队二团（李宝章直接指挥）	10000	南京
	陈仪师长	第一师（浙军）	8000	徐州
	郑俊彦师长	第十师（苏军）	8000	清淮
	谢鸿勋师长	第四师	12000	津浦、沪宁线各站
	周凤岐师长	第三师（浙军）	6000	南京
	白宝山师长	第五师（苏军）	3000	海州
	孟昭月旅长	中央第十混成旅	6000	清江
	注：此外还有张仁 奎第七十六混 成旅、马玉仁 第三师兼海州 护军使等部			
浙江	卢香亭总司令兼师长	中央第二师	20000	浙江
	夏超警备司令	警备队	15000	杭州等地
安徽	陈调元总司令兼师长	第六师（苏军）	16000	蚌埠
	倪朝荣旅长	第一混成旅	1500	蚌埠、泗县
	马祥斌旅长	第二混成旅	1500	南宿州
	王普旅长	第三混成旅	3000	芜湖
	毕化东旅长	第四混成旅	2000	寿州、霍丘
	杨赓和旅长	第五混成旅	2000	那县
	彭得锉旅长	第六混成旅	2000	皖境
	杨镇东旅长	第七混成旅	2000	皖境
	颜宗景旅长	第八混成旅	2000	皖境
	张中立旅长	第九混成旅	2000	皖境
	张国威炮兵司令	炮兵团	一团	皖境
江西	邓如琢总司令兼师长	中央第一师	7000	南昌、九江
	唐福山师长	江西第一师	7000	萍乡
	蒋镇臣师长	江西第二师	5000	吉安
	冯绍阂师长	江西第三师	7000	饶州
	赖世璜师长	江西第四师	4000	粤、赣边界
	刘宝题旅长	江西第三师第三混成旅	2000	都阳
	杨如轩师长	中央暂编第六师	5000	都阳
	杨池生师长	滇军第一师（只一旅）	2000	三南
	张凤岐旅长	第九混成旅	3000	万载
	陈修爵	粤军残部	1000	宁山岗

省区	将领姓名	番号	人数	驻防地
福建	周荫人总司令兼师长	第十二师	15000	福州
	李生春旅长	第二十三旅	3000	福州至延平
	刘俊旅长	第二十四旅	3000	延汀
	孔昭同旅长	第二十四混成旅	4000	漳州、泉州
	苏埏旅长	第三十混成旅	3000	延建
	蒋启凤旅长	补充旅	2000	泉州
	吴大洪旅长	第五旅	3000	泉属
	李凤翔师长	福建第三师	3000	汀州、龙岩
	张毅师长	暂编第一师	6000	漳州、龙岩
	王麟旅长	第十一混成旅	2000	云浦
	张庆禠旅长	第一旅	3000	汀州
	林忠旅长	陆战队	3000	马尾、厦门、金门、东山
	何麓昆警备司令	闽北警备队	1000	建瓯

各部中以孙传芳的嫡系——卢香亭第二师、谢鸿勋第四师、郑俊彦第十师、孟昭月第十混成旅之战斗力为最强，为联军之精锐。

联军总部对于部队还有几项规定：

（一）部队绝对不准擅自就地提款、筹款，违者处死刑。

（二）军队饷项，每月终由各师长对调点发放（即甲师点乙师，乙师点甲师）。

（三）军队饷尾一律归公，克扣军饷者处死刑。

（四）官兵勒索扰民者，处死刑。

（五）抚恤制度，士兵病故烧埋费17元和抚恤费34元。由士兵直属官长办理；抚恤费由团军需直接汇款交死者原籍县政府转交其家属，并公布收据。战时烧埋、抚恤费加倍。

以上这些措施，保证了联军的战斗力和纪律都好于其他军阀部队。

6. 模特儿风波

6月的江南，又到梅子成熟的季节。冷暖空气在长江下游交汇，两天晴，三天雨，搞得人们心烦意乱的。督署偏院，桂树掩映，假山嶙峋。玉兰花开了，传来阵阵清淡的馨香。花瓣沐雨，滴滴答答，洒下成串如珍珠般的水珠，落在青青的丛草中无踪无影。只有水塘中的荷叶上滚满了雨珠，塘水层层的涟漪，像一幅泼墨的丹青，一圈又一圈渲染开来。

南窗下，画案上早已铺好了熟宣纸，笔墨颜料俱全。只有夫人周佩馨静静地立在门前，望着园中风景。

芙蓉花丛中，藏着两只躲雨的小鸟，不断用嘴去梳理身上的羽毛，淡粉色的花，深绿的叶和棕黄色的鸟，相映成趣，周佩馨不觉看呆了，一种激情使她坐下，用一根木炭芯，在纸上轻轻地勾起轮廓。

还在宜昌师范上学时，周佩馨的工笔花卉、翎毛便小有名气，勾线严谨、流畅，着色渲染都很具灵气，体现了其艺术细胞。自从嫁给孙传芳后，丈夫军政繁忙，无空陪她，百无聊赖中，又拿起了画笔，专心致志，开始了中国画的学习，细心描摹前代花鸟大家们的作品，进步很快。

天色黯淡下来，她欲罢不能，完全沉浸在创作之中。乃至孙传芳进了门，挂起戎衣，她也毫不知晓。

孙传芳悄悄走到夫人身后，被眼前这幅芙蓉小鸟图吸引住了，情不自禁赞道："画得真像。"

周佩馨吓了一跳，娇嗔着："你吓了我一跳，怎么，政事处理完了？两天没见你人影了。"

孙传芳还在歪头欣赏那幅图："夫人，这是你想的呢？还是照样子描的？"

周佩馨笑了："这叫写生，师法造化，咱院子里假山旁不就有一株芙蓉？"

孙传芳向外看去，暮色苍茫，似像非像："夫人，你画得与外面的不太一样，再说哪有小鸟？"

"馨远，这叫艺术加工，有个构思的过程，当然不能和原来的一模一样，这不是照片，是一种创作。"

孙传芳拉过一张椅子坐下，问："夫人，刘海粟这个人你知道吗？"

周佩馨奇怪地答道："知道啊，中国画界谁不知道刘海粟？大画家，是上海美术专门学校的校长，是美术界的领袖，就好像你是军界的领袖一样。"

孙传芳点点头，又问："夫人，你知道什么叫'模特儿'？"

周佩馨说："我们在师范上美术课时听老师讲过，'模特儿'一词即英语

239

Model的译音。西方很流行，画室中都有。就是用人体为对象来学习绘画。中国开展画模特儿的学校是刘海粟创办的上海美专啊。"

"哦，画模特儿就是画光腔的人吗？"

"什么光腔的人，难听死了，是裸体，以裸体为对象练习写生，这是西洋画的基本功之一，懂了吧？"

孙传芳还是不懂："模特儿为啥要用人体？对照别的物体，或者穿着衣服不是也可以画吗？花鸟虫鱼、仕女、山水都可以画，为什么要画光溜溜的不穿裤子的人？"

周佩馨笑了："怎么，堂堂的五省联帅竟然关心起模特儿来了？画人体是西洋美术重要的方面，就像你训练士兵要瞄准，要实弹射击。你说的山水虫鱼可以画，人物也可以画，人体也不是不能画。但中国传统对模特儿这种舶来品接受不了。外国人认为人体是一种美，中国人则认为这是秘不示人的。"

孙传芳茅塞顿开："是西洋的风俗是吧？日本男女可以在一个澡堂中共浴，在中国便被人骂死了，对不对？"

周佩馨说："也可以这样认为。馨远，你打听模特儿干什么？"

孙传芳说："刘海粟给我上了个条陈，主张在浙闽苏皖赣五省之内广征美术作品，聘请专家，严事审查，慎择出类拔萃的作品送美国费城参加展览会，提高我国的国际地位。"

"这是件大好事，可以让世界都知道五省联军统治下文艺的繁荣，与世界争长，博万邦瞻仰。"

孙传芳同意夫人的意见，但是又摇摇头说："这事儿没那么简单，我们还没占领江苏时，关于模特儿的事已经闹了几次了。去年八月份，江苏省教育大会通过禁止模特儿提案，刘海粟就致函教育会质询，引起上海闸北市议员姜怀素的不满，曾上书段执政、章士钊教育总长和郑谦省长，请明令禁止模特儿，并严惩作俑者刘海粟，今年五月上旬，姜怀素又上呈子给我，再次请禁模特儿。"

他拿出呈文递给周佩馨："这便是呈文。"周接过呈文，只见上面写着："……上海美术学校竟利诱少女为诸生范楷，贫而无耻女子，贪三四十元之月进，当众裸体，一丝不挂……我中国数千年礼教之邦，今竟沦为淫逸之域。且此裸体之怪状，不发现于娼妓之家，而公然位于教育青年之学校，热心世道者，能不失声痛哭耶！"

孙夫人看后问："馨远，你打算如何处理？"

孙传芳说："这件事闹大了，我刚刚登上五省总司令之位，各方都看着我呢。我们现在应提倡恢复旧礼制、旧道德，不应该支持新思想、新风尚，你想新潮流新风尚是与革命相连的，新旧冲突，社会动荡，我的屁股还能坐稳吗？年轻人就好标新立异，破坏礼纪，这是不允许的，为了社会风化，应该正本清源。我不反对艺术，我就很支持你画画……"

周佩馨有些着急："馨远，刘海粟只是个艺术家……"

孙传芳哈哈大笑："你不必担心，杀鸡焉用牛刀？我交给上海县知事危道丰去处理就行了。再说，这种酸腐文人一动真格的立即就老实了。"

危道丰，字芑滨，湖南人，与孙传芳同为日本士官学校出身。在北京政府陆军部混事，做过少将参事。后入福建王永泉幕府，王垮台后，在奉方支持下，在上海县和嘉兴县做了县知事。1926年3月，上海等地绅商，纷纷组织保卫团以图自卫，由闸北保卫团统一指挥。5月11日，上海县知事发出指令，严禁上海美术专门学校用人体模特儿，谘请法租界查禁上海美专人体写生。由此引发刘海粟与孙传芳之间在《申报》上的一场论战。

"本知事自到任以来，即闻上海美术专门学校有人体标本之事，因其校址在法租界，即拟咨请查禁，唯恐传闻不确，曾经派人前往参观，旋据复称实有其事，种种秽恶情形，不堪寓目，已据情咨请法租界及会审公廨从严查禁，如再违抗，即予发封。"

上海美专的历史要追溯到民国元年。1912年11月23日，17岁的刘海粟与友人创办了中国现代意义上的第一座美术学校——上海图画美术院（后改称上海美术专科学校）。

此时，刘海粟正领着一群男女学生在杭州写生，一听说上海县知事危道丰严禁美专用人体模特儿的消息后，立即放下手中的画笔，决定为艺术而战，为真理而战。

5月17日清晨，刘海粟乘沪杭快车回到上海，立即挥笔，撰写驳斥反动卫道士的檄文，题为《刘海粟为模特儿事致孙传芳函》，义正辞严，据理力争，信中充满了战斗的精神。信中说：

……敝校西洋画科高年级人体实习，置人体模特儿资学理之参考，已历八载，呈部有案，其目的在明察人体构造，生动历程，精神体相，一表现人类之伟大生命力，事极凡常。远者著诸史册，近者定为学制，稍读文化史者，莫不知有希腊奥林比亚祀典之裸体竞技，以及艺术家所造之裸体裸像。自罗马时代经中世纪至文艺复兴，关于宗教绘画雕刻之大作，绍述希腊遗意，亦多裸体之作。盖以男体象征人类刚毅之节概，女体象征人类纯洁之天性，命意深长，令观者肃然起敬，上感神明，下图奋励。近世科学高明，凡百学理，悉以实事为始基，求是为指归。

自医学学校有人体解剖，美术学校即有生人模特儿。二者久定必修之学程，备学理之参考，达实事求是之鹄的。且人体作品为艺术上主要部分，欧、美、日本各国美术学校不计其数，美术馆总计有百数十所，陈列先贤近人之人体作品不下万千，其尤著者如法国巴黎之罗浮宫，卢森堡、德国柏林之国民艺术院、新艺术院，意大利佛洛伦萨之国民美术馆、古今美术馆，英国伦敦之国民美术院、大英博物馆，美国纽约之国都美术馆、金山之艺术馆、芝加哥之艺术学院。是或政府拨款缔造，或国民踊跃捐输，创为巨观。

昭示来兹，盖艺术发达足以提高国家之文化。吾国兴学二十年，截长补短，倡言已久，敝校为吾国首创之美术学校，求教授与设备之周详，置人体模特儿，数年以来，国人容有误解，必婉辞中说。乃议员（指姜怀素）不学无术，不明事理，以敝校学程之设施与市侩营利之事，强提并论，每遇新任长官莅临，必招摇造惑递呈虚文，关于敝校各节，历届长官深明黑白，未事铺张。该知事危道丰不端冒昧，扬长出令，大言不惭，虚张空架。

鄙人办学，明中约束，素主严励。十五年来，履冰临渊，师生肃穆，专心德艺，此中外人士所见共闻，亦鄙人可告无罪于天下也。而市上流行之裸体淫画，及游戏场上之裸体淫舞等，操业卑鄙，萚害良风，可恶已极，鄙人数年前早请官厅严禁，有案可稽。近晤傅道尹、许交涉员（即上海道尹傅疆和交涉员许沅，字秋骢）等，又请其会同查禁，至再至三，盖与敝校学程设施截然二事也。视美术学校之人体模特儿为导淫，为秽恶情形，无异视医学之解剖人体为盗尸，为惨无人道，揆诸情理，宁有是耶？

议员信口雌黄，轻信妄动，已属不堪造就，不可教训！而该知事从而和之，忘其身处中外观瞻所系之上海，出言无稽，谬妄不伦，腾笑万邦，莫此为甚！此辈不学之徒，狼狈滥厕议席，腆颜为邑宰，其贻害地方，遏绝真理，罪不容赦！凤仰钧座明察时势，学有渊源，下车以来，励精图治，值此宏奖学术，整顿吏治之秋，即乞迅予将该议员姜怀素、该知事危道丰严加申斥，以儆谬妄而彰真理。其于市上流行之裸体淫画，及游戏场之裸体淫舞等，有坏风化，亦乞迅予传令警厅严加取缔，以杜后患而明黑白。

这篇檄文对反动的卫道士大张声讨，痛快淋漓，矛头对准危道丰、姜怀素，其实实指厌新复古的反动军阀孙传芳，一下子捅了马蜂窝。

在五省领地之内，孙传芳见有人胆敢对抗政府法令，在《申报》上公开刊登反对自己的辩论性文章，不得不装出一副温文尔雅大度的样子，回复刘海粟一信，虽然也在恭维刘海粟的艺术精神，但是也表现出思想守旧、视野狭窄，而所谈道理，无非捍卫封建意识，并充满威胁、警告之意，希望刘海粟悬崖勒马，回头是岸。

信中文绉绉地写道：

> 海粟先生文席：展诵来书，备承稚意，黻饰过情，抚循惭荷。贵校研究美术，称诵泰西古艺，原本洞晰，如数家珍，甚佩博达。
>
> 生人模型，东西洋固有此式，惟中国则素重礼教。四千年前，轩辕重衣裳而治，即以裸裎袒裼为鄙野，道家天地为庐，尚见笑于儒者。礼数赖此仅存，正不得议前贤为拘泥。凡事当以适国情为本，不必循人舍己，依样葫芦。东西各国达者，亦必以保存衣冠礼教为是非。模特儿止为西洋画之一端，是西洋画之范围，必不缺此一端而有所不足。美亦多术矣，去此模特儿，人必不议贵校美术之不完善。亦何必求全召毁。傅淫画、淫剧易于附会，累牍穷辩，不惮繁劳，而不见谅于全国，业已有令禁止。为维持礼教，防微杜渐计，实有不得不然者，高明宁不见及？望即撤去，于贵校名誉，有增无减。如必怙过强辩，窃为智者不取也，复颂日祉。
>
> 孙传芳 六月三日

从这封信看，孙传芳与刘海粟是圆凿方枘，根本不是一个立场和话语层。

刘海粟从艺术追求的角度来论证画人体的必要性和西方各国的欣赏情趣；孙传芳则从几千年礼教上来认识人体模特儿不合国情，应该予以取消。这两种截然不同的观点，必然导致一场大的冲突。

艺术家自有贫贱不能移、威武不能屈的孜孜追求。针对孙传芳"善意"的劝说和警告，刘海粟丝毫未退缩，公开在报上和孙传芳进行辩论，又一封"鸣镝"震动天下：

馨远先生麾下：恭奉手谕，洛诵循环，敬悉钧座，显扬儒术，教尚衣冠，振纪提纲，在兹一举。

粟束发受书，研经钻史。长而问业于有道君子，默识于微言大义，平昔诏戒诸生，悉本儒者之教。赐教各节，在粟固无丝毫成见，荷蒙厚爱，晓谕周详，粟非木石之侪，敢不俯首承命？唯学术为天下公器，兴废系于历史，事迹在人间耳目，毁誉遑惜一时？吾公英明，检讨义理，不厌其详，愿从容前席，略再陈之。

现行学制，为民国十一年大总统率同总理王宠惠、教长汤尔和颁布之者。其课程标准中艺术专门，列生人模型，为绘画实习之必须，经海内鸿儒共同商榷，粟厕末席，亲见其斟酌之苦心也。敝校设西洋画科，务本求实，励行新制，不徒模仿西学已耳。自置人体模特儿以来，亦既多年，黉宇森严，学风肃穆，与衣冠礼教，从无抵触之处，此读钧座与方外论佛法之书，救世得情，钦迟弥切。夫佛法传自印度，印度所塑所画之佛像，类皆赤裸其体，而法相庄严，转见至道。自传中土，吾国龙门、云冈之间，佛像百计，善男善女，低徊膜拜者已历千年，此袒裸之雕像，无损于佛法。矧今之人体模特儿，但用于学程基本练习，不事公开，当亦无损于圣道，此二者均自外来，并行不悖，并育不害，盖可必也。先生不适国情，必欲废止，粟可拜命，然吾国美术学校，除敝校外，沪宁一带，不乏其数。苏省以外，北京亦有艺专，其他各省，恐无省无之。学制变更之事，非局一隅而已也；学术兴废之事，非由一人而定也。粟一人受命则可，而吾公一人废止学术，变更学术，窃期期以为不可也。伏念吾会下车以来，礼重群贤，凡百兴举，咨而后行。关于废止此项学理练习之人体模特儿，愿吾公垂念学术兴废之巨大，邀集当世学术界宏达之士，从详审议，体察利害。如其认为非然者，则粟诚恐无状，累牍穷辩，干渎尊严，不待明令下颁，当先自请处分，万锯鼎镬，所不敢辞！率尔布陈，伏维明察！谨此敬请勋安！

刘海粟 六月十日

孙传芳见到刘海粟这封信，勃然大怒，认为小小刘海粟居然敢在报上公开顶撞五省联军总司令，一点面子都不给。如果连一个手无缚鸡之力的画家都震慑不住，如何能教五省政令通行？况以下犯上，属大逆不道的罪行。于是孙传芳旧军阀的本性与嘴脸又一下子暴露得淋漓尽致，撕下了温文尔雅、谈道说理的面具，以刘海粟胆大妄为、不识抬举，发出通缉的密令，由上海县知事危道丰执行。但是危道丰只能与法国驻沪领事打交道，并不敢轻易往租界捕人。身为上海美专校长的刘海粟，得到法租界当局的保护（因上海美专地处菜市路即今顺昌路，属法租界），法租界总领事一度每天八小时派警探来美专保护。

6月23日，法国驻沪领事那齐通知上海美专，请暂时撤去西洋画系所用人体模特儿。

法国领事对刘海粟说：“中国官厅攻击贵校甚力，已来交涉四次。本领事亦为贵校辩护四次。并且也告诉他们：各国美术学校皆有此项设施。但你们惹恼了五省联军总司令，这已是贵校向权威挑战，联帅要维护在五省的地位，双方冲突起来吃亏的只能是你们，因此，我劝你们最好将人体模特儿撤去，免得中国官厅再来找麻烦。”

在法国领事的劝告下，刘海粟只得做暂时的让步，以保证上海美专能开办下去。

6月30日，刘海粟决定暂时不用人体模特儿。但孙传芳、危道丰与姜怀素并不就此罢休，他们一计不成，又生一计。姜怀素以刘海粟侮辱个人名誉向地方检厅提起诉讼。法庭于7月6日开庭审判。原告姜怀素列举《刘海粟为模特儿事致孙陈函》中有“招摇”“狼狈”“不学无术”“不明事理”等字句，为公然侮辱个人名誉，请求法庭制裁。刘海粟请了著名的律师陈霆锐为自己进行辩护。经过双方律师激烈辩论，9日上午10时由法庭宣判：判刘海粟罚款50块大洋。

孙传芳等人迫害刘海粟的阴谋终未得逞，反而声名狼藉。刘海粟通过模特儿风波和公开在报上与孙传芳进行辩论之事，名声大振。《晨报·副刊》上，张嘉铸撰文说：“刘海粟这三个字，在一般人的脑碑心头上，已是一个凹雕很

245

深的名字。在艺术的园中,他不但是一个辟荒开道的人,并且已是一个巍巍竖立的雕像。"

更有一个署名"摩得乐"的人在《小公报》上发表题为《孙传芳两大禁令——旗袍和模特儿》,文中揶揄道:

> 孙传芳两月前来上海一次,照他的言论,仿佛要对上海实行若干善政……其实一样也没有做到,就和模特儿过不去,雷厉风行,非将美专学校封闭不可。以五省总司令赫赫权威,与几个穷苦女人,无力文人刘海粟作对,以虎搏兔,胜之不武。来沪的结果如此,总算不负此行了。……我记得他从前禁止妇女穿旗袍,可是他那位贤内助去杭州降香,穿的却是旗袍,人都看见了。这次刘先生纵然被征服,封禁模特儿,恐怕他的尊夫人援旗袍之旧例,给他个反加提倡,或者以身作则,本身先作个模特儿,给他一人看不算稀奇,还要供大家观赏。喂,那才好玩得很呢,看孙大司令还维持礼教不?

原来,孙传芳在杭州时,曾经下令禁止女子穿旗袍。

当时《良友》杂志上就有评论:

> 女子服装。时有不同,此所谓时髦也。昔者衣短衣,穿短袄。以赤胸露臂为时髦极矣,美观极矣。然而在上者独不以此为美观,反谓此装天冶,有伤风化。遂令而禁之。曾几何时,女子之衣长袍大袖,堂堂表表,伤风败俗者何?竟而孙总司令又以此为败伤风化,下令禁穿。然而女子之服装何者为适宜?吾不得而知也。或将以裸身露体为最时髦乎?若是吾恐在上者再不令而禁之矣。

通过人体模特儿事件,暴露出孙传芳厌新复古、维持封建道德和旧秩序的落后思想和军阀作风,使原来对其抱有一定幻想的知识分子开始认识到他的革故鼎新运动,只不过是新瓶装的古酒。他与卢永祥、杨宇霆、张宗昌等的手法不同,但在本质上都是旧礼制、旧道德的卫道士。在他们身上是不会出现新时代的曙光,只是日薄西山的旧势力的代表。这是时代给他们身上打上的烙印,是没办法改变的。

7. "新直系大联合"破产

吴佩孚借孙传芳讨奉之力，东山再起，成立了"十四省讨贼联军总司令"，并派大将靳云鹗率部攻入河南。但孙传芳和吴佩孚不是一条心。孙传芳讨的"贼"是奉系张作霖，吴佩孚讨的"贼"是冯玉祥和国民军。而孙传芳在对奉问题上，又恰与冯玉祥是同盟。他在徐州和岳维峻会晤后，所部撤回，将山东交给国民二军。于是只派偏师张俊峰协助豫军进攻兖州、济宁。

此时，突然发生了郭松龄反奉事件。不但破坏了孙传芳的新直系大联合计划，而且由于冯玉祥的爽约，而断送了郭松龄的性命。事情的经过是这样的：

冯玉祥发动政变，赶跑直系军阀、控制北京后，奉系张作霖对他虎视眈眈。冯玉祥一面虚与委蛇，一面秘密联系奉系少壮派将领郭松龄和李景林，打算里应外合，联合反奉。

李景林（1885—1931），字芳宸，清末直隶枣强（今河北省枣强县）人。1907年毕业于保定北洋陆军速成武备学堂（保定军校前身）。后入黑龙江巡防队。中华民国成立后，历任黑龙江第一师参谋长，奉天陆军第三、第七混成旅旅长等职。第二次直奉战争中，李景林任第一军军长。战后，出任直隶军务督办及奉军第一方面军团司令。郭松龄反奉时，李景林与郭松龄、冯玉祥结成反张密盟，宣布脱离奉系。

郭松龄之所以倒戈，冯玉祥和李景林能够与之联合，是重要的外援。有了这个外援，不但没有后顾之忧，而且可以得到配合。但是，冯玉祥为

国民军总司令冯玉祥

247

郭松龄

了自己的利益，却在背后挖了郭松龄的墙脚。

第二次直奉战争后，据何柱国回忆：张作霖原先预定由姜登选去接江苏，郭松龄去接安徽。不料杨宇霆也想要块地盘，加上孙传芳想利用杨宇霆的狂妄自大，要杨宇霆督苏，结果把姜登选挤到了安徽，郭松龄则落了空。功高而未获赏，郭松龄心中极为不满。后来孙传芳驱奉，杨宇霆、姜登选将苏、皖丢失，郭松龄更是气愤，对张学良说："东北的事都叫杨宇霆这帮人弄坏了，安徽、江苏失败，断送了3个师的兵力，现在杨宇霆又缠着老帅，给他们去打地盘子，这个炮头我不再充当了。要把东北事情办好，只有把杨宇霆这帮成事不足、败事有余的家伙赶走，请少帅来当家。"

1925年10月初，郭松龄作为奉军的代表去日本观操。日本参谋本部一位重要职员去拜访他，问他到日本是否还有代表张作霖与日本签订密约的任务。郭松龄才知道张作霖拟以"落实二十一条"为条件，商由日方供给奉军军火，进攻冯玉祥的国民军。此事激起郭松龄的强烈义愤，郭便将此事告诉了当时同在日本观操的国民军代表韩复榘。郭对韩表示："国家殆危到今日这个地步，张作霖还为个人权力，出卖国家。他的这种干法，我无论如何是不能苟同的。我是国家的军人，不是某一个私人的走狗，张作霖若真打国民军，我就打他。"并请韩向冯玉祥转达自己的合作意向。

孙传芳在反奉前，派杨文恺去张家口见冯玉祥，表示孙军在江苏打蛇头，岳维峻国民二军在豫东出徐州打蛇腰，冯玉祥国民军在天津打蛇尾，让奉张首尾难顾。

1925年10月15日，孙传芳吹响反奉的号角，开始在上海、江苏行动；紧接着岳维峻派豫军李纪才攻入山东曹州、济宁；国民三军邓宝珊率军进攻保定。10月24日，郭松龄应张作霖的电召回到奉天，随后被派到天津去部署进攻国民军。郭到天津后，与冯玉祥频繁联系，为武装反奉作准备。

11月13日，张学良在天津召集郭松龄、李景林等将领开会，传达向国民军进攻的密令。郭在会上公然抗命，痛切陈述不可再战。张作霖也察觉出郭有异心，遂发急电令郭调所部集中在滦州，回奉听候命令。郭于是立即派人携带一份密约去包头与冯玉祥接洽，双方议定由冯玉祥据西北，直隶、热河归李景林，郭管辖东三省，冯、李共同支持郭军反奉。

1925年11月21日晚，郭松龄在滦州发出讨伐张作霖、杨宇霆的通电，提出三大主张：一是反对内战，主张和平；二是要求祸国媚日的张作霖下野，惩办主战罪魁杨宇霆；三是拥护张学良为首领，改革东三省。说来也巧，从安徽撤退的姜登选乘车赴奉，正好经过滦州车站，想劝郭松龄三思，不料，进城后被扣押。郭松龄力劝姜登选合作反奉，反遭其大骂，被郭下令处死，盛于薄木棺材，放置于荒野。后郭兵败，韩麟春亲自为姜登选迁坟至原籍厚葬。当开棺时，只见姜的遗骸双手绑绳已松，棺内木板遍布抓痕。原来，姜登选被枪击，其实并没中要害，而是被闷死在棺中。

11月23日，郭松龄指挥七万大军浩浩荡荡向奉天进发。28日，郭军攻占山海关。一面派魏益三第五军据守山海关，一面发电冯玉祥，请求予以实力支援；并准备在张作霖反攻前发动总攻击，突破奉军在连山至锦州的防线，占领关外枢纽、重镇锦州。

李景林

冯玉祥即令张之江率第五师支援郭松龄。当张之江率军东援郭松龄，途经李景林的防区，因李景林是参与郭松龄联合反奉的，是友军，本该没有问题，但李景林部让出保定，国民第二、三军邓宝珊、徐永昌咬住不放，穷追猛打，搞得李景林一肚子火，没想到张之江也率部前来，李景林以为是来打他的，一下子翻了脸，立即对冯玉祥开战。

12月4日，李景林发表讨冯宣言，宣布所部与张宗昌鲁军联合，组成直鲁联军，向国民军公开宣战，并封闭了郭松龄军驻天津的办事处，逮捕办事人员，扣押郭军存放在天津仓库中的600套冬衣和钱款，以军事威胁郭军后路。李景林、张宗昌联合后，在天津附近分南北两路作战。南路以马厂为阵地，向国民第二、第三军的邓宝珊、徐永昌部开战，北路以杨村为阵地，与前来的张之江部对抗。张之江部本为援助郭松龄而来，突然陷于不尴不尬之境地。邓宝珊、徐秀昌打不过李景林，吃了大亏，转回来将怨气撒到张之江身上，责问道："你的队伍既已经集中好了，为什么还袖手旁观，不去进攻天津减轻我们的压力呢？"张之江委屈地说："冯老总只让我来救郭松龄，并没有下令让我攻天津。"邓宝珊、徐永昌说："我们是一个系统的，简直分不清亲疏，火都上房了，还要再等候命令？再不动手休怪我们无情无义。"

12月6日，冯玉祥为了维持与国民第二、第三军的关系，也顾不得关外的孤军郭松龄了，派张之江为第一军正司令，郑金声为副司令，在天津北路作战；邓宝珊为第二军正司令，徐永昌为副司令，在天津南路作战。

12月9日，张之江率部冒然去杨村攻打李景林军，李部以逸待劳，又在德国顾问指导下修筑了坚强的野战工事，负险防守运河南岸。张军吹响冲锋号，下级军官指挥士兵，抢着大刀向前猛冲，都被对方密集的子弹打了回来。第二天清晨，张之江命令用猛烈的炮火掩护步兵涉水，渡过运河，向李景林猛攻。李军终于顶不住了，向北仓、汉沟方向退却，张之江占领了杨村，继续围攻北仓。李景林亲赴北仓督战。李军死战不退，在战壕中与冯军肉搏混战，终将冯军击退，并乘势追击，复克落垡、杨村。张之江不能与之对抗。冯玉祥命令张之江固守待援，即调鹿钟麟、宋哲元、李鸣钟各部及骑兵一部分前去。激战三日，至22日，国民军张之江占领北仓，其余各路包围天津，李景林全军瓦解，向天津市区溃退。24日，国民军完全占领天津，李景林逃入英租界，其军队一部分被缴械、遣散，大部分向直隶南部退却，转赴山东与张宗昌军联合。一块肥肉被李景林吐了出来，他是段政府任命的直隶军务督办和省长，现在直隶督办和省长之职位空缺，国民军系统将领们的眼睛都发蓝了，于是你争我夺，也顾不上关外的郭松龄了。

郭军出关后原计划攻取锦州，然后夺取奉天。不料李景林向冯玉祥的国民军开战，并扣押郭军在天津存放的钱款和冬装，使郭军的给养产生困难，并威胁郭军的后路。为防备李景林从背后偷袭，郭松龄命令魏益三的第五军回守山海关，同时请求冯玉祥派兵援助。但冯玉祥犹豫不决，迟迟按兵不动。所以，郭军一开始就陷入无后方的境地，还要分兵对冯、李加以戒备。

1925年12月2日，辽西遭遇一场百年不遇的大风雪。这场大雪使张作霖喜不自禁，他认为郭军士兵在这样的天气下穿着秋装难以持久，只要奉军坚持住，便可使郭军不战自溃。但出乎意料的是，郭军却利用大风雪的掩护，从结冰的海上进行偷袭，迅速突破连山防线，并于5日清早夺取连山。接着，郭军马不停蹄，对锦州发动进攻。奉军只有一小部分进行抵抗，大部分一触即溃。12月7日黎明，郭军攻占锦州，形势的发展对郭松龄非常有利。

当时，张作霖所能调动的只有张作相的第五方面军5万多人，黑龙江的部队由于苏联控制的中东铁路拒绝运送张的部队而无法及时到达。当锦州失守的消息传到奉天后，张作霖大失常态，"当即命令内眷收拾细软转移，府内上下手忙脚乱。10时检点就绪，即以电车27辆，往返输送（家私）南满货栈。然后令副官购入汽油10余车及引火木柴等，布满楼房前后，派兵多名看守，一旦情况紧急，准备逃跑时付之一炬"。

在郭松龄起兵前，李景林已经宣布脱离奉系，加入冯玉祥和郭松龄的联合阵线，冯玉祥也为此感到高兴。这个时候，冯玉祥为了拓展自己的地盘，进攻李景林，抢夺了直隶省的地盘，并霸占了天津作出海口。郭松龄陷入了孤军奋战的境地。不仅如此，在郭松龄起兵时，镇守热河的阚朝玺拥兵观望时，冯玉祥觉得有机可乘。他突然出兵，夺取了热河。

这场内讧，使在辽宁与张作霖正面作战的郭松龄陷入孤立无援的地步，郭最终在白旗堡战败身亡。正是由于冯玉祥未能给予有力支持与配合，致使郭松龄兵败被杀。

但是，冯玉祥的做法已经让张作霖无法忍耐，收拾完郭松龄后，就调集重兵对付冯玉祥。冯玉祥为了保存国民军，于1926年1月1日宣布下野，后去了平地泉，转赴苏联，以避风头。

在河南的国民二军岳维峻，原与孙传芳有约，担负进攻山东奉鲁军的任务。他派大将李纪才由豫东经曹州、济宁、泰安，直迫济南城下，张宗昌慌了手脚，派褚玉璞军来援；又秘密遣人至吴佩孚处说："国民军攻直隶，直隶最后必归国民军；若再将山东打下来，则直、鲁、豫、陕、甘和热、察、绥联成一气，势不可当。这样奉张和宗昌固然不幸，然而对于您有什么好处，直系该得什么后果呢？"

吴佩孚一听，大为动容，急电靳云鹗，勾结属于国民二军的陈文钊、田维勤、王为蔚等旧直系军队反正。李纪才被阻于褚玉璞部，退回泰安，又听说河南有变，退守曹州，功败垂成。这样山东转危为安，张宗昌与靳云鹗化敌为友。

1926年1月5日，张作霖又致电老对手吴佩孚，表示愿意和解。双方达成协议：

甲、双方共同以冯玉祥为敌，合力消灭冯部和国民军；

乙、事成后奉军出关，关外地盘由张作霖主持，吴不过问；

丙、以直隶、山东归吴佩孚，热河、察哈尔、绥远三省归张宗昌和李景林；

丁、以后中央政府和陕、甘、豫地盘听吴佩孚主持，奉张不过问。

吴佩孚与张宗昌、张作霖化敌为友之后，靳云鹗率军攻打岳维峻，岳部在西退陕西途中，被镇嵩军刘镇华等部消灭。吴佩孚任寇英杰为河南军务帮办，靳云鹗为河南省长。

孙传芳对吴佩孚复出后的所作所为虽不满意，但当时自己也是劝进之人，无可奈何。他亲手编织的反奉大网，被吴佩孚扯得四分五裂。此时，广州方面，由于两广根据地已经统一，也在酝酿举行北伐。

孙传芳对此，忧心忡忡。

一日，陈调元的参谋长孟星魁来到南京，拜谒孙传芳，从安徽形势谈到东南五省，又论及全局大势，孙传芳提出了自己的看法和担心。如果张作霖卷土南下，国民革命军乘机北上，东南五省将如何对付。

孟星魁说："联帅，未雨绸缪，智者所为。我倒有个建议，不知联帅可否采纳？"

孙传芳催促道："你说，你说。"

孟星魁说："以卑职之意见，是将原先的直系扩大，不必限制在曹锟第三镇的圈子里。凡是和他们共过患难而现在仍有部分实力的人，尽可能捐弃前嫌，重修旧好。这样可以北抗奉军而南阻北伐，这个新直系大联盟的盟主，表面上还是吴佩孚，实际上，谁的实力强谁就是老大。"

孙传芳频频点头说："此建议极好，但此中难点，就是如何能和冯玉祥部下进行沟通的问题。冯部如果赞成，焕章又已下野，吴玉帅那里应该没什么问题。这样，我们三部分联结起来，把奉张依原议赶出关外，是不成问题的。你回去将此建议告诉雪暄兄，听听他的意见，再回来报告我。最好由雪暄正式向我建议此方案。"

陈调元本来就是个吹喇叭抬轿子的主儿，一听孟星魁的汇报，立即就写了新直系大联合的建议书，便请孟星魁复携至南京见孙传芳。孙阅后喜形于色，对孟说："可否请你北上，先到冯玉祥部找个线索？"

孟星魁欣然从命，于是从南京北上，先去北京，找到老友段雨村。段与冯玉祥有多年的关系，在他的引荐下，又介绍门致中和萧振瀛二人与孟相识。孟讲明来意，门、萧极为赞同，于是他们作为国民军的代表，与孙传芳的代表孟星魁转赴保定，与吴佩孚的大将靳云鹗协商。靳云鹗听了新直系大联合的计划，大感兴趣，在保定故行宫大摆酒席招待孙系和冯系的代表。他说："就是冯焕帅当年发动北京政变，囚禁曹锟大总统，这全是误会，没有什么可计较的。这样办，我很同意，但我现在作为一个前敌总司令，不得玉帅意旨，马上和敌人的代表妥协，是不可能的。我看这件事，既是孙馨帅提出的，还是由馨帅建议玉帅，这个面子玉帅还能不给？这是比较可行的。"

正在这时，门外来了个不速之客，原来是十四省讨贼联军副司令齐燮元，在直隶收编了郭松龄旧部魏益三，正准备回汉口向吴佩孚报功，路过保定时来会晤靳云鹗。

齐燮元说："这么多客人，荐青（靳之字）也不给介绍一下？"

靳云鹗于是向齐燮元先介绍了孙传芳的代表，齐的脸上便十分不自然；接着又介绍了国民军的代表，并谈了有关直系大联合的建议。

齐燮元听了皱着眉头，没有表态，也没有喝酒，只是站起来说："我公务在身，不打搅各位雅兴！"说完便径直出去了。

孟星魁对靳云鹗说："齐燮元知道了这件事，必回汉向玉帅报告，吴肯定北上制止。"

靳云鹗问："何以见得呢？"

孟星魁说："齐燮元恨孙传芳占了他的江东，处处反对孙传芳，必向吴前力陈不可。如果让齐回去汇报，这件事必成泡影。"

"那依你怎样办呢？"靳云鹗问。

"请你立即备车送我们到郑州，我们由陇海线南下浦口，先向孙馨帅报告此事，再由孙馨帅出面向吴玉帅建议，事或有望。"

靳云鹗表示同意，派张联棻作为他的代表，从保定与孟星魁一行人同到郑州，又转赴南京。三方代表见了孙传芳后，彼此交换了意见，孙传芳表示同意，只是提出一点："直系大联合后，国民军的将领要打出通电，从此不再拥护冯玉祥，永远断绝部属关系。"

孙传芳想借直系大联合的机会收编或瓜分冯玉祥的队伍。此事引起门致中、萧振瀛的警惕。他们说："馨帅，冯玉祥之所以犯了众怒，就是他倒曹锟犯上。如果我们再通电倒冯，岂不是又蹈了冯的覆辙，从此谁还敢相信我们呢？馨帅，人格所在，应当原谅。何况即使我们不通电，冯玉祥已经下野，是不会再回来了。"

孙传芳不好再坚持此议，于是拿出了直系大联合的方案，内容是：

甲、国民军驻防察绥地区，作为中央军队，必须遵从中央命令，饷项由中央拨付；

乙、共同压迫奉军退出榆关以外；

丙、恢复北京政变以前的原有内阁，代行总统职权；

丁、由内阁召集旧国会，再议决有关总统问题——曹锟复职或另行改选，均由国会决定。

　　正当他们商量具体条文之时，吴佩孚却听了齐燮元的谗言，果然迅速北上，到了保定，免去了靳云鹗前敌总司令之职。而南京方面消息慢了一拍。待三方议定以后，由孙传芳出面写呈，交吴佩孚审阅。孙传芳说："听说玉帅已北上保定，为郑重起见，我决定派总参议杨文恺、秘书长万鸿图、新任农商部次长王湘，偕同孟星魁去保定，亲自面呈玉帅。"

孙传芳所派一干人等，兴冲冲去了保定，见吴佩孚后，递上书呈。吴看也未看，放在一边，便对杨文恺等人说："你们辛苦了，先吃饭罢，这件事以后再说。"

杨文恺等人直如一桶凉水从头浇下，顿时傻了眼，面面相觑。两天以后，吴佩孚召见杨文恺、万鸿图等人说："孙馨帅为了直系的团结，壮大声势，建议收回冯玉祥的西北军，联合起来压迫奉军出关。但是，馨远忘了一条，敌可化为友，而叛逆不可不除。这是古人名训。你们回去告诉馨远，不要只顾通权达变，弄得将来噬脐莫及呀！靳云鹗不等我同意，擅自与西北军代表谈判，商量大联合，我已下令免去他的本兼各职，反对我的人都是不会有好下场的。"

杨文恺、万鸿图、孟星魁等人乘兴而来，败兴而去。杨文恺、王湘去了北京，分别出任颜惠庆内阁的农商部总、次长职。

万鸿图、孟星魁转赴南京。当听说吴佩孚反对"新直系大联合"计划后，在宁静候佳音的段雨村、门致中、萧振瀛、张联棻也都各自散去。这样，孙传芳呼之欲出的"新直系"联盟的美梦，被吴佩孚击得粉碎，孙、吴之间芥蒂更深。

靳云鹗主张联冯讨奉，吴佩孚坚持联奉讨冯，二人矛盾日深。不久，吴佩孚免去靳云鹗讨贼联军副司令、第一军总司令、河南省长、第十四师师长诸职，调任陕西军务督理。

此时蒋方震亦因吴佩孚与张作霖联合，放弃了"十四省联军总参谋长"的职务，来到南京。

孙传芳说："您老还是在我这儿做我的五省联军的参谋长吧！"

孙传芳召集陈调元、周荫人、蒋方震等人说："吴子玉改弦易辙，食古不化，信任宵小，刚愎自用，从此以后我们不再过问他的政治和军事的成败，只要巩固好五省藩篱，保境安民即可。"

8. "东南五省门罗主义"

1926年1月1日，广州举行了中国国民党第二次全国代表大会。在上年7月，广州国民政府成立，以汪精卫为国民政府主席和军事委员会主席，决心继承孙中山遗志，实行北伐，完成国民革命。

1月4日晚，广州国民政府公宴参加代表大会的代表。黄埔军校校长蒋介石即席演讲《国民党必可统一中国》。

蒋介石的讲话，获得了全场热烈的掌声。然而口惠而实不至，蒋介石的北伐计划，还只是停留在嘴上，说说而已，目的是哗众取宠。

孙传芳却感到了暴风雨前的一种低气压。他与蒋介石都是留日学军事的，本着这一层关系，派出代表前往广州联络。1926年2月3日，蒋介石日记中便出现了"会孙传芳代表周承菼"的字样。

周承菼，浙江海宁人，与蒋方震是同乡。1902年留学日本，入士官学校学军事，回国后历任四川督练公所参谋处总办、新军第八十八标标统，辛亥革命时参与浙江光复，任浙军总司令、新编第二十五师师长等职，后参加皖系安福国会，皖系失败后，寓居上海。孙传芳开府金陵以后，特地请出此人为浙江电政监督，又利用其特殊地位，前往广州，游说蒋介石在北伐时双方最好不要发生冲突。周同蒋会晤后，双方对接触表示满意。蒋介石称赞孙传芳发动驱奉战争，是代表了江浙民心，所以能获得胜利。

孙传芳本来也是没有主义的军阀，听周承菼谈及蒋介石的观点：没有主义的军阀要遭失败，于是苦思冥想，终于找到了一个所谓的东南五省"门罗主义"相标榜。

所谓"门罗主义"是1823年12月2日美国总统门罗在致国会咨文中提出的美国对外政策的原则，史称门罗主义。主要内容是：宣布任何欧洲强国都不得干涉美洲内部事务，否则就是对美国不友好的表示。提出"美洲是美洲人的美洲"的口号。实质上是要使美洲成为美国的美洲。当时美国提出这个口号的目的是反对英和俄、普（鲁士）、奥（地利）三国同盟干涉拉丁美洲事务。

孙传芳取拿来主义态度，宣布东南五省"门罗主义"。他以苏浙闽皖赣五省为其割据范围，提出"保境安民"的口号。"保境"便是其对外政策，包括防范北方张作霖和南方蒋介石的势力侵入五省属地，反对他们干涉五省事务，否则便予以打击。"安民"便是其对内镇压政策。他反对工人和其他社会团体任何游行、示威；要求维护旧的秩序和符合大资本家利益的社会秩序。他下令禁止刘海粟设模特儿之课程，便有反对新思潮进入五省境内，从而带来改革和革命之风，最终影响和动摇他在五省的统治的思想。孙传芳在控制区实行军警政治，监视和镇压革命运动，实行高压统治政策。

孙传芳在报上发表了东南五省"保境安民"的强硬声明。其中称：

> 以五省之范围保境安民，任何军队侵入我五省，即以迎头痛击驱逐出境。……人不犯我，我绝不犯人。如贪婪窃发，抉我藩篱，毁我农桑，扰我商旅，唯有率五省之师遏制之。

孙传芳要在保障五省封建割据的基础上，休养生息，发展生产，保境安民，逐步扩张。他所夺取的江浙等地区，号称"全国之冠"，有上海、南京、杭州等重要工商业、金融城市。而东南地区历来又是各方军阀所垂涎、争夺的"肥肉"。

孙传芳向全国最大的奉系军阀开刀，夺其禁脔，但时时刻刻又担心奉方反攻，卷土重来。当时直鲁联军在山东境内陈兵10万，对孙传芳构成了巨大的威胁。

在直系军阀内部，下野的苏督齐燮元，对江南耿耿于怀。他转到吴佩孚讨贼联军任副司令以后，一方面不时在吴处挑拨离间；一方面又与张宗昌交换兰谱，企图借他方之力，卷土重来。吴佩孚害怕孙传芳扩张太快，也有意令齐燮元为苏皖赣巡阅使，牵制孙传芳的发展。在五省之中，分裂隐患已露端倪。浙江夏超、周凤岐、陈仪心怀贰志，暗中搞独立，支持"浙人治浙"，与孙传芳同床异梦。福建周荫人、江西邓如琢、安徽陈调元只是暂时翕附，貌合神离。

在这种形势下，孙传芳提出一个五省"门罗主义"的口号，但这却并不是一个真正的保境安民的口号。他宣布："中国非统一不可，予将以东南门罗主义渐施及全国。"这说明五省联帅的野心是很大的，五省并不是他最终的目标。

孙传芳在处理与广州国民政府关系时，主要还是遵循东南五省"门罗主义"的原则，他说："但求保境，各方均可合作……唯反对共产。"

广州国民政府在孙传芳发动驱奉战争时，称其赶走奉系不啻是"一场民族

蒋介石

解放运动"，对孙的行动取积极支持态度。并呼吁孙传芳在驱逐奉系以后，不可不致力以下诸端：

第一，务建设能统一全国之真正国民政府。

第二，此政府必于最短期间内召集国民会议预备会议。

第三，此政府必于最短期间内发起国际会议，以解决不平等条约。

第四，此政府必尽力保障人民集会、结社、言论、出版之自由。

孙传芳对广州国民政府的通电表示"东海南海，心同理同"，他复电说："承示建国四义，询为对症之药石，救时之正轨。唯念障碍不除，则建设无从着手。必须使武力与帝国主义澌灭无遗，然后真正有发展之可能。"

1926年3月20日，蒋介石阴谋发动了"中山舰事变"，逮捕了黄埔军校和第一军中的共产党员，排挤了广州国民政府主席汪精卫和苏联顾问季山嘉，并一举篡夺了最高权力，成了军事委员会主席。为了转移国民党内、军队内的不满情绪，4月3日，他向国民党中央提出"请整军肃党准期北伐"的建议案，提出了北伐的主张和实施的策略：

（一）联络北方国民军，使其退守西北，保留固有之实力；

（二）联络苏俄，以增进革命之势力；

（三）派员联络川、黔，以牵制滇、鄂两军；

（四）联合湘赣，作攻守同盟之势，约其共同出兵之期限，以牵制吴军之南下；

（五）联合孙传芳，使之中立，不为敌用；

（六）两广决于三个月内，实行出兵北伐。如能于此三个月内北伐准备完毕，则北方之国民军不至消灭，而吴佩孚之势亦不至十分充足之际，一举而攻占武汉。

孙传芳的东南五省"门罗主义"主张，正好被蒋介石所利用。他提出联合孙传芳的主张，最大限度利用军阀间的矛盾，以达到各个歼灭的最终目的。

孙传芳与蒋介石是狗拍狼——两怕。他打听到蒋介石的发展，与吴兴人陈其美（字英士）有很大的关系，陈其美被袁党刺死后，蒋冒极大的风险将其尸体收殓。陈其美有弟陈其采，字蔼士，在浙江中国银行分行任总经理。孙传芳特地派陈其采去广州做代表，与蒋介石联系。

1926年5月1日，蒋介石偕陈其采游广州白云山，同叙旧情。是晚，蒋介石举行宴会，招待陈其采。

蒋介石用家乡的陈年"女儿红"与陈其采碰杯，然后一饮而尽，说："本年六月底或七月上旬，我党要出师北伐，对东南五省孙传芳，我们取联合态度，希望孙联帅能保持目前的中立政策，不为敌方所用。"

陈其采用餐巾抹抹嘴，恭维说："其采从南京来时，联帅亲口对我说，他对蒋总司令前次处置'中山舰事件'极为钦佩，认为如果不是有极大魄力者，决不会将此事情处理得如此干净利落。"

蒋介石兴奋得红光满面，说："孙联帅以迅雷不及掩耳之势，个把星期就从杭州打到南京，一战而霸。人说小孙郎赶走小诸葛，在军界传为美谈。"他命人取来一张支票填了十万元，说："蔼士，你、我、孙馨远都是日本士官学校毕业的，听说刘宗纪参谋长正筹划开士官同学会，这点小意思，算我对校友们的支持。"

陈其采回到南京向孙传芳报告去广州的情形，孙十分高兴。刘宗纪在一旁讥讽说："蒋中正什么时候成了日本士官的校友？厚着脸皮来添热闹。"

孙传芳看得开，说："人家给了钱，添个名字就算啦，何必那么认真。"

刘宗纪开玩笑说："我们那一期同学录没有蒋中正这个人，就算你们第六期的吧！"

孙传芳笑着说："就算是我们第六期的吧，十万大洋捐个虚名有啥不行？得饶人处

陈其采

且饶人吧！"

北伐未开始以前，广州国民政府的财力、军力有限，而全国大小军阀与之相比，力量是10比1，在苏联军事顾问帮助下，制定了略分先后，以期次第铲除的策略，因此，广州国民政府有"打倒吴佩孚，妥协孙传芳，放弃张作霖"的口号。

孙传芳一生
· Biography of Sun Chuanfang

第八章

保境安民

1．坐山观虎斗

1926年4月，在吴佩孚的后院湖南省发生了内乱，湘系军阀为争权夺利发生了内战，为广州国民政府创造了一个北伐的良机。

湖南督军赵恒惕手下，有大将唐生智，为湘军第四师师长。此人有野心，为夺省长之位，投向广东国民政府，并于3月下旬接任代理省长，赵恒惕仓皇出走。吴佩孚决定发兵驱唐，委湘军第三师师长叶开鑫为湘军总司令。4月21日，叶开鑫挥师向岳州；24日，双方打了几个回合，唐生智便逃离长沙。

广西后起之秀李宗仁、白崇禧、黄绍竑等统一广西后，联络广东，参加广州国民政府，鼓动蒋介石迅速援助唐生智反攻长沙。广州国民政府任命唐生智为第八军军长兼国民革命军中路前敌总指挥。1926年5月，第四军叶挺独立团援湘率先杀入湖南。

6月28日，第四军第十师师长陈铭枢和第十二师师长张发奎率两个师，加上李宗仁第七军进入湖南。前敌总指挥唐生智在衡阳召集军事会议，部署分三路进取长沙。

国民革命军大举进入湖南之际，正是吴佩孚与张作霖握手言欢之时。6月28日上午，吴佩孚的专车隆隆驶进北京前门车站时，月台上甲胄鲜明，军乐齐鸣，张学良、张宗昌等正率领奉军高级官员恭迎他的到来。之后，吴佩孚等在张学良引导下，驱车前往顺承王府与张作霖会晤。

张作霖早已等在门口，两人一相见，彼此心里都有尴尬的感觉，但都装出一副不记前仇的大度气派。

张作霖大大咧咧地说：
"咱哥儿俩是不打不相识，现在握手言欢了。"

吴佩孚点着头说："鹬蚌相争，渔翁得利。咱哥儿俩拼得头破血流，让冯玉祥那小子得了大便宜。"

张作霖拍着吴佩孚的肩膀说："如今咱哥儿俩联手，天下无敌，先收拾北赤冯玉祥，再去打南赤蒋介石。"

"两巨头会议"进行了30分钟，接下来吴佩孚、张作霖便交换兰谱，结为异姓兄弟。吴年长为兄，张为弟。中午，国务总理杜锡珪及内阁成员在中南海举行盛大的宴会招待

李宗仁（右）和白崇禧（左）

吴、张二人。席间，张作霖一口一个"吴二哥"，亲热得很。

吴佩孚喝得有些晕乎。当有记者问吴与张会谈的情况时，吴佩孚并不掩饰两人之间还是存在分歧的。但他做了一个形象的比喻："我和张雨亭两人就像新婚的小两口儿一样，偶尔拌几句嘴是免不了的，日子一长，我们的感情自然而然会浓厚起来。狗皮袜子没反正，一时恼了，一时又好了。"

国民军在吴、张化敌为友之后，便在鹿钟麟、张之江的率领下，退出京津，撤往张家口、绥远地区。并在北京以北的八达岭的南口，设立坚强的抵抗阵地。

吴佩孚发誓要报冯玉祥倒戈的一箭之仇，即使冯玉祥下野去了苏联，也一定要将国民军赶尽杀绝。他自告奋勇，担任统帅，指挥大将田维勤直攻南口，张作霖奉军为助攻。

宴会一结束，吴佩孚便起身赶赴长辛店，设立总部，亲自指挥南口之战，并夸下海口："旬日之内可以攻下南口！"

他的如意算盘是先收拾了北边的西北军之后，也来得及南下对付北伐的蒋介石。

面对北南两面的军阀混战，6月12日，孙传芳在南京召开军事会议，会上说："近来奉方密派多人南下，大肆挑拨。我五省长官，应提高警惕，防微杜渐，如查有离间破坏者，格杀勿论。"

有人问及对湖南问题（及唐生智与赵恒惕之间的战争）应采取何种态度，孙传芳说："湘战为湘省内部问题，绝对恪守中立，采取不介入主义。至于此次国民政府出兵援湘，实为自卫，无所谓北伐。我们不加入各方之战祸。"

孙传芳对五省军政长官宣布：

（一）无论何方军事，均主以消极眼光对付之；

（二）继续严格保持现有局势，不加入任何战涡；

（三）关于苏鲁两省"剿匪"事，决定由双方会同兜"剿"，但双方军队均不得越界，以免发生误会；

（四）谢鸿勋部加意保护津浦线交通；

（五）对西北战事，即吴佩孚军与张作霖军合攻南口之西北军，决取旁观态度，且不加丝毫表示。

孙传芳坐山观虎斗的态度，只是大规模的暴风雨前短暂的宁静。他也明

6月28日在北京顺承王府所摄：张作霖、张宗昌、吴佩孚、张学良

白，自己早晚是要和国民革命军决一死战的，只是现在还不是时候，他要等蒋介石和吴佩孚斗得两败俱伤的时候，再打个"巧仗"。

吴佩孚北上前，对两广派兵援湘，也作了相应的部署，令湖北陆军第三混成旅旅长宋大霈为第一路司令，协助湘军叶开鑫部、余荫森部担任正面作战；中央陆军暂编第七师师长王都庆为第二路司令，担任右翼临澄、常德一带防务；赣军唐福山为第三路司令，率谢文炳等师担任左翼作战；令鄂军夏斗寅与湘军贺耀祖、刘铏等部入湘西；令董国政为第四路司令率两个旅为总预备队。四路大军云集湘中。

1926年7月1日，蒋介石发布北伐动员令，曰：

本军继承先大元帅遗志，欲求贯彻革命主张，保障民众利益，必先打倒一切军阀，肃清反动势力，方得实行三民主义，完成国民革命。爰集大军，先定三湘，规复武汉，进而与我友军国民军会师，以期统一中国，继承遗志。除第四、第七两军先行出发协同第八军相机前进外，兹特将第一、第二、第三、第五、第六各军前进集中计划，各项图表，随令颁发，仰即遵照。此令。军事委员会主席蒋中正。

国民革命军共编为八个军，共十万人，番号为：

第一军军长何应钦、党代表缪斌，副军长王柏龄；

第二军军长谭延闿、党代表汪精卫，副军长鲁涤平、副党代表李富春；

第三军军长朱培德、党代表朱克靖；

第四军军长李济深、党代表廖乾吾；

第五军军长李福林、副党代表李朗如；

第六军军长程潜、党代表林祖涵；

第七军军长李宗仁；

第八军军长唐生智、党代表刘文岛。

7月9日上午，是国民革命军总司令蒋介石就职和北伐誓师大会的日子。上午8时许，蒋介石、张静江、谭延闿、吴稚晖及国民革命军政治部主任邓演达、总参谋长李济深、副总参谋长白崇禧、总参议钮永建和张群、苏联顾问加伦将军和鲍罗廷等人依次登上广州东校场阅兵台。一匹威武雄壮的大白马上，端坐着阅兵总指挥刘峙，只见他策马松缰，四蹄翻盏，奔至阅兵台，大声敬礼报告受检阅部队的人数。

大会总指挥李济深报告大会开始，国民政府主席谭延闿授总司令印，中央党部代表吴敬恒授旗，国民政府委员奉孙中山遗像，各致勖词。

大会在热烈如潮的掌声和响彻云霄的口号声中结束。

盛暑鏖兵，艰苦异常。国民革命军勇往直前，打出了气势，也打出了威风。

响应北伐的各路军阀纷纷参加北伐大军。

7月11日，唐生智部克复长沙，鄂军夏斗寅部进占湘乡。12日，第四军陈铭枢、张发奎部克醴陵，18日，湘军贺耀祖部加入国民革命军；川黔联军总司令袁祖铭、黔军王天培、彭汉章联合贺龙师进占常德，图攻鄂西。

7月27日，蒋介石率领总司令部人员乘车北上韶关。蒋介石到韶关后改乘轿子到乐昌，从那里进入山区，翻山越岭到达湖南郴州，再经耒阳上船进入湘江到衡阳，于8月11日凌晨3时到达长沙。12日晚，蒋介石在藩台衙门召开军事会议，讨论北伐第二期作战计划。

李宗仁、白崇禧、陈铭枢、唐生智、程潜、陈可钰及俄国顾问加伦、总政治部邓演达等人出席了会议。

蒋介石提出一个新的方略，即对湖北采取守势，对江西采取攻势。这样对巩固广州革命根据地有好处。而且，现在国民军已溃往西北，吴佩孚的大军已南调，必死守汉口。如果国民革命军再拼力攻鄂，势必有一场大的消耗战。

李宗仁反对这种策略，说："吴军从北方南下，正在疲于奔命之时，正宜我大军速战速决，直捣武汉。然后以大别山、桐柏山为屏蔽，扼守武胜关。如此北可进窥中原，直取幽燕；东可顺江而下，取孙传芳的五省，如同反掌。"李宗仁讲到这里，稍稍停顿，观看在座将领的反应，只见唐生智频频点头，其余如程潜、谭延闿等却无一动容。

"我军北伐之始，孙传芳已通电，表示中立。虽其中立极不可靠，然目前我们则要利用这一点，集中兵力，攻打吴佩孚。吴贼破后，再攻孙不迟。假如我现在攻孙，势必逼孙联吴，此举万万不可行。"

唐生智迫不及待地站起来，又出一番高论："如果中央一定要先图江西，我看不如左右开弓，双管齐下，对鄂、赣同时进攻。"

总参谋长白崇禧为缓和一下紧张气氛，不使蒋介石太难堪，站起来说：

"目前，我第四军、第八军和第七军都已进至汨罗江一线，士气高昂，只待一声令下，便与吴佩孚一决高低。这时若转而攻赣，必挫士气。不如调第一、第二、第三、第六各军对江西取监视态势，牵制孙军的行动。"

蒋介石铁青着脸，头上尽是汗珠，坐在那里兀自生闷气。他气李宗仁、唐生智狂妄自大，不把他这个总司令放在眼中，又恨他的心腹无人出来反对李、唐、白等人的意见。

加伦将军问李宗仁："李将军，北攻吴佩孚，你有什么好战术？"

李宗仁豪气十足："当以速战速决，不可旷日持久。若待吴佩孚援军赶到，破敌必难。"

"那么，你需用多少天可以打到武汉？"

"十四天足矣！"

加伦跳了起来："不可能，你有何把握？讲出来让大家听听。"

李宗仁认真算起来："汨罗江距武汉七百里，据我以往的经验，我们由攻开始，加上追击，强行军，每天平均可行五十里，这样十四天就可以打到武汉了。"

加伦反驳说："李将军，应当将敌人固守和反攻的时间算进去，我看起码要四十天。"

杠都是两人抬的，加伦便与李宗仁打赌，以二十天为界限，来分输赢，以白兰地为赌注。

搞来搞去，等于将蒋总司令的方略否定了，蒋介石无可奈何，最后只得说："这样吧，以第二、第三、第六军各军监视江西，且促孙传芳降顺，派张岳军（即张群）去南京，告诉他，如果他发兵攻鲁，我国民革命军攻豫，将来统一中国，东南半壁还是他的。如果他不答应，待武汉克复后，我大军立即乘胜入赣，直取东南。"他有意要看李宗仁的手段说："以第七军攻平江，第八军一部助攻，第八军余部、第一军、第三军攻汨罗。"

孙传芳手握五省兵权，踌躇满志，为稳定东南大局，冒着盛暑，亲临上海巡视。山东旅沪同乡会会长王少坡设宴为孙传芳接风，邀请上海市政总办丁文江和孙传芳的老友，原吴佩孚的参谋长孙丹林作陪。宴后，孙丹林前往马斯南路孙传芳宅，晤孙长谈。

孙丹林劝说孙传芳："国民革命军势力方涨，不可小视。吴玉帅重兵在南口，湖南兵力空虚，万一失败，联帅的五省即首当其冲。我个人认为，联帅应出兵援湘，援吴则援己，这种利己利人之事，何乐而不为？吴玉帅如败，联帅必势单力薄，难免蹈吴之覆辙。"

孙传芳哼了一声："我不敢保证不失败，但决不效吴子玉之拖泥带水，此时还打什么南口，应立即南下援湘才对。"

孙丹林知道孙传芳不愿帮助吴佩孚，摇摇头，长叹一声说："联帅，我赠你一句话可行？"

孙传芳笑道："别说一句，十句又何妨？请讲。"

孙丹林一字一句地说："盖世英雄当不得一个'骄'字，弥天罪孽当不得一个'悔'字。"

孙传芳哈哈大笑："你也说我骄？说我骄的人太多了。我不敢骄，无所用其悔。这句格言，当铭诸座右。"

孙丹林见孙传芳不听其劝，拂袖而夫。

7月23日，孙传芳通电南北各方"主和"：请奉军、直鲁军与冯玉祥国民军休战；召开国民会议；京畿地区永不驻兵；同时要求唐生智停止攻岳州，国民革命军退回广东。

28日，孙传芳特派杨文恺赴长辛店谒见吴佩孚面述其对时局的意见，吴佩孚却说："西北（军）指日可平，湖南的唐生智等必须消灭，现在根本不是和平的时候，现在也没有和平的希望，所以你还是告诉馨远别做大梦了。"

2. 扶乱与投壶

7月下旬，清晨起来，院里的树荫中，知了便催命般的鸣叫。难得大暑，"三大蒸笼"之称的南京，居然清风徐来，闷热的天气，竟有一丝凉爽。孙传芳刚从苏鲁边界视察回来，检阅了徐海地区的军队，并传令各部提高警惕，严防直鲁联军伺机南下。见北边安靖，心里自然放心许多。于是这天他一身白绸衣裤，手中抖开一把洒金折扇，一个人出了联军总部。终日忙于政务，难得清闲一天，悠哉游哉做个平头百姓，倒也逍遥自在。

他叫了辆东洋车，让车夫拉到水西门内的朝天宫。这里是江南最大的古建筑群，为明朝宫殿式体制。明初洪武年间，这里是祭祀天地等重要庆典前，官员们净衣和官宦贵族子弟演练朝贺天子礼节的地方，因此得名"朝天宫"。枣红色的宫墙最多也就是两丈高，上面居然写着"万仞宫墙"。孙传芳不觉哑然失笑，心里说江南人真是没见过山，这点高度比俺们泰山不可同日而语。成语说为山九仞，这里也敢称万仞？

东西各有一个石牌坊，东面牌坊有"德配天地"四个字，西面是"道贯古今"四个字。

孙传芳四面张望着，觉得这是个好地方。便随着熙熙攘攘的人群进了牌坊，穿过根星门和大成门，进了玉振门，便有一个很大的广场。

原来，他有个最新的想法，想要维持目前五省的安定局面，不致有扰攘纷争的事情发生，必须提倡修明礼乐。中国为礼乐之邦，欲保障安定，团结五省，要有个精神支柱。为此，他想了不少办法，后来专门写信请教经学大儒章太炎。章太炎很赞成孙传芳的想法，说："不如组织个修订礼制会，聘请江表名士多人，作为会员，提倡精神方面的文明，克己复礼，再举行个别出心裁的投壶典礼。"

"投壶是个啥玩意儿？"孙传芳不明白，从没见过，也未听说过。

陈陶遗满腹经纶，对此并不陌生。他摇头晃脑称"妙"。说："联帅，《左传·昭公十二年》记载：'晋侯以齐侯宴，中行穆子相，投壶。'"

孙传芳不太清楚，不耐烦地说："好了好了，别说太复杂，你就说这投壶是咋回事吧！"

陈陶遗呵呵笑起来说："这投壶实际上就是古代传下来的一种喝酒时的游戏。"

"噢，我明白了，是不是喊酒令划大拳，谁输谁喝酒？"

"对，联帅，实质是这回事，但形式不一样。古人在举行宴会时，在几案前特设一个专门的铜壶，宾主用箭往壶口中投，投中多的为胜，投中少或不中的为输，输者要喝酒。"他又解释说，"联帅，咱们组织礼制会，举行投壶新仪的目的，是一种形式，还是提倡一种新的文明和文化的一种旧方式。"

孙传芳恍然大悟："让人做它几十支竹箭，再做个铜壶就行了。"

"非也，非也，在室内投壶、堂上投壶、庭中投壶用箭的尺寸、壶的大小不一样。共有三种尺寸：室内用二尺，堂上用二尺八寸，庭中用三尺六寸。古人云：对酒设乐，必雅歌投壶。"陈陶遗说。

"好，咱们找个宽绰的地方，多请风雅之士，大张旗鼓捣它一家伙，让天下南北都知道我五省是礼乐之邦。"

这一次，孙传芳微服出访的目的，就想找个雅歌投壶的场所，于是他便来到了朝天宫。果然觉得不虚此行。

他轻摇折扇，自觉亦风雅了许多，心情舒畅，又游览了大成殿和先贤殿。忽然，他看见西配殿门前围了一群人，于是凑过去，隔着人头向里看，原来是两个五六岁左右的小女孩在扶乩。扶乩用一大簸箕，下面中央绑一支笔，有的是将木制的丁字架放于沙盘上。由两人各扶一端，"乩"指"卜以疑问"。依法请神，簸箕下垂的笔或木制架子下的笔即在沙盘上画成文字，作为神的启示，以暗示人之凶吉。

孙传芳知道这是一种迷信活动。通常是两个盲人互相扶箕，只要配合默契，便能唬骗住人，还未见过这样小的女孩子扶乩。"她们又能认得几个字？我倒要试试。"于是他挤进人群，掏出一块银圆。

一个女孩子操稚嫩的童音问道："先生，不知你想问何事？"

孙传芳灵机一动："问时局如何？"

两个女孩子和谐默契地在沙盘上推箕，只见沙盘上显示出一行大字：

"快看，孙逸仙自黄鹤楼来！"

围观的众人惊言道："原来是孙中山降乩了。"原来"神"应"降请"，

　　南京朝天宫

神的预示叫降乩。于是周围的人都纷纷趴下叩头。

孙传芳不觉合起折扇，却站立不动，哑然一笑，心想"且看两个小丫头下面如何讲"。

稍停，乩笔又动，出现了龙飞凤舞的狂草，仔细辨认，原来是一首七绝诗：

　　烟云缭绕汉江边，苦战健儿马不前。

　　黄鹤从此知难返，河山历劫数百年。

孙传芳青年时留学日本，接受过自然科学知识的教育，不信鬼啊神啊。但此时颇奇怪，倒是半信半疑，他想："几岁的孩子如何会写狂草？又如何会出口成诗？"继而又想，"头一句'烟云缭绕汉江边'，不正是预示国民革命军和吴玉帅两家人马在武汉要进行大战吗？这第二句'苦战健儿马不前'，是否说这是场旷日持久的恶战呢？"于是他的表情由开始时的轻视、不信转而虔诚。

"请问蒋介石如何？"孙传芳最关心他的敌人的命运。

两个女童又开始推字，沙盘上出现了"豪哉气也"四个大字，他倒吸了一口气。

"请问吴佩孚如何？"他更关心吴佩孚的结局。女童又推乩笔，沙盘出现了。"笑傲依然，将军老矣。嗯，这倒很符合吴佩孚的个性，看来老将'廉颇'的下场不佳。"

孙传芳暗暗心惊："难道吴子玉要败在蒋中正的手下？唇亡齿寒，一损俱损，一荣皆荣，看来对国民革命军的战事不可免，他脑子中闪过出兵援赣，截断国民革命军后路的想法。"

"孙传芳如何？"他严肃地发问。

半晌，两个女童又配合开始笔走龙蛇，孙传芳只觉隐隐有某种不祥之感，生怕出现什么不吉祥的"神示"。

终于沙盘上出现六个大字："钱塘潮，秦淮月。"他目不转睛地死盯着这六个字，心中满是狐疑：

"钱塘潮汹涌澎湃，声势浩大，可是来去匆匆。我自去年农历八月从钱塘起兵，那时正是每年高潮之际，兵如潮，将如浪，掩杀到上海、江苏、安徽，不正像一股大海潮吗？有高潮便有退潮，这恐不祥。而秦淮月，更非好现象，自古偏安六朝金粉地的君臣，谁不是王谢堂燕，忽飞百姓之家？"想到这里不禁心绪大乱，他挤出人群后又替自己宽心，"扶乩者之伪作神怪心灵之说，不可尽信"，但又转念"其中亦有至理，不可不信"。

"他奶奶的，怎么还没与蒋介石交上手便让两个小丫头片子搞得六神无主呢？"他暗自骂道。

刚回到联军总部，刘宗纪便迎上来，慌慌张张说："联帅，到处都找不到您。"

"怎么啦？"

"玉帅那里派人来了，请求我们立即出兵援湘。"

孙传芳不悦地说："你告诉来人，就说是我的意思，火都烧到家门口了，还去帮别人搬东西，南口战事完全交给奉方主持。目下情形南方实严重于北方，请玉帅克日南来。"

正说间，门外来报："农商总长杨文恺求见。"孙传芳喜上眉梢，一迭声"快请！"

杨文恺自做了总长后，暮气日深，吴佩孚请他做说客，请孙出兵湖南。杨文恺懒懒散散，磨蹭多天，今天刚到南京。一见孙传芳便说："玉帅的急惊风，偏偏遇上你这慢郎中，我估摸着你该下令出征了。"

孙传芳笑着说："现在还不到火候，这锅不能揭，等他们掐足掐够了，咱再出兵两湖，那时我就不是五省而是七省联军总司令啦。"

杨文恺也笑着说："吴老二这会儿正往山顶上推千斤车呢，再上一两步就到顶了，这是要命的当口，不敢丝毫松劲。来时他都快急哭了，说正忙于指挥南口之战，完成包围国民军的计划，实在无法分身南下，请联帅特别设法，湖南战事多多帮忙。"

孙传芳不紧不慢端起龙井新茶，用盖沿拨着水中碧绿的茶叶，轻轻喝上一口，说："这回着急啦？早干什么呢？当年我在羊楼司与湘军拼老命，都吐了血，他的救兵就在我身后，就是不拉兄弟一把。见死不救，跟着学罢！你回电长辛店告诉姓吴的，我无力遥顾湘战，让他督饬各军，迅扫西北之敌，再回师南下，坐镇长江。大哥，你暂时也别回去，还是以总参议的身份帮我应付外交方面的事情。我再给他戴戴高帽子，让他们鹬蚌相争，我们渔翁得利。"

孙传芳于7月27日，亲自致电吴佩孚，劝其迅扫西北之敌，回师南下，坐镇长江，电曰：

> 赤焰炽张，战云弥漫，我帅炎夏督战，体国公忠，钦佩无既。顷闻粤军猖狂，岳防吃紧，非有素著声威如我帅者坐镇其间，则岳局实有岌岌可危之象。应请我帅督饬各军迅扫西北之敌，先以寒两粤赤军之胆，然后回师南下，坐镇长江，事关全局，至重且巨，伏乞转饬贵部并力进攻，至所盼祷。孙传芳。感。

吴佩孚此时已到为山九仞，不能功亏一篑，虽然南边局势异常危险，仍赴青白口最前线督战，非消灭他的仇敌西北军不可。

湖南、南口炮火连天，硝烟蔽日。但孙传芳依旧作壁上观。

东南自古繁华，一派祥和，丝竹声声。南京城里，一群来自各方的名流雅士，峨冠博带，风流倜傥，齐集朝天宫，悠哉游哉地修明礼乐，举行投壶新仪。大儒章太炎、沈彭年、姚文榕、汪东等一批名流，都被请来做礼制会会员。红地毯上一把铸造的方口双耳铜雕仿古瓶放在正中，周围是红木矮案，上面放着陈年老酿和仿铜陶爵。

孙传芳标榜风雅地说："诸位，今天我们修订礼制会，在章太炎会长的提倡下，正式成立了。此次举行投壶典礼，看似迂阔，实则君子礼让之争，足以感人

孙传芳、陈陶遗参加投壶

心而易末俗。吾国以礼乐为文化之精神，今欲发扬文化，非以修明礼乐不可。"

在鼓乐笙箫伴奏下，孙传芳、陈陶遗带头，将箭矢投入壶中，名士们虽儒学深厚，不少人并未进行过投壶活动，将箭矢投到壶外，只好大笑着拿陶爵沾沾唇。

修订礼制会在投壶典礼后宣布开会，章太炎年近花甲，对这次活动十分赞同。在演讲时说明修订礼制的目的在于使国民知我国尚有此礼制，一欲易于遵行；一欲涤尽帝国主义而已。

章太炎先生参加投壶与修礼，是为了移风易俗，以古训今。但此举遭到鲁迅先生的讥讽："孙传芳大帅也来请太炎先生投壶了。原来拉车前进的好身手，腿肚大，臂膊也粗，这回还是请他拉，拉还是拉，然而拉车屁股向后，这里只好用古文'呜呼哀哉，尚飨'了。"

孙传芳举行投壶与修礼，下面就是为了战争，真可谓是先礼而后兵了。

3．蒋百里献计

孙传芳幕府之中，蒋方震应该是第一等有谋略之人。蒋方震，字百里，浙江海宁观潮最佳处——硖石镇人。少年中过秀才，甲午战争以后，痛感国事日非，于是投笔从戎，赴日本学习军事，先入成城学校，继而进入联队做入伍生，期满后进入士官学校第三期学习。同学中的著名人物有蔡锷、李烈钧、许崇智、蒋尊簋等。

1905年，第三期士官生毕业时，蒋方震以步兵科第一名的成绩，由日本天皇亲自授刀。此种殊荣原先都是日本人所享，现在竟被中国人所得，令日人震惊，又很嫉恨。从第四期起，中日学生分开授课，以防止中国人再夺标。因此蒋方震可称得上是"前无古人，后无来者"。

留学归来的蒋方震立即被盛京将军赵尔巽聘去做督练公所总参议；不久他前往德国陆军中实习。据说，实习连长蒋方震与德国著名的军事学家《战略论》的作者伯卢麦将军讨论军事战略，伯卢麦拍着蒋方震的肩膀说："拿破仑说过，若干年后，东方将出现一位伟大的军事家，这也许就应在你的身上吧！"

蒋方震回国后，韬略满腹，却怀才不遇。在保定军校任校长。后又赴欧洲各国考察政治军事。岁月蹉跎，但其名声在中国军界却日隆。吴佩孚曾聘其为十四省讨贼联军总参谋，但只是利用其名望，作沽名钓誉之"摆设"；蒋介石也聘请他做参谋长；孙传芳也久闻其大名，1926年6月，聘其为总参议。

蒋介石对蒋方震的才华有所了解。他曾对刘文岛说："百里先生如肯参加革命，对革命事业的进展必然大有帮助；他是老成持重的稳健派，稳健派参加革命，能使国人更加认识革命的重要性，具有提高士气和转移国际观感的双重作用。"

但是，蒋方震还是到了孙传芳的帐下，希望鹏程大展。因为蒋介石的地盘只有两广，而孙传芳的地盘是五省联军总司令。

这一次的北伐，与孙中山在时的北伐气势不一样，内行人审时度势，便掂量出其中的分量来了。有俄国顾问在部队中指挥，加上俄国提供的军械，和蒋介石的军校培养的一大批有革命理想的不怕死精神的士官生，军队的素质和战斗力自然不容小觑。

蒋方震对着墙上的军事地图，分析国民革命军的进军路线：一路为主力，出粤北入湖南，正面向湖北攻击吴佩孚；另一路为偏师，由粤北进入福建牵制孙传芳。这是分割吴、孙，以便各个击破。

深夜，蒋方震轻衣简从，来到孙府，家人说：联帅已睡了。其实，孙传芳并没有休息，只因为是蒋方震来访，肯定是来劝说自己援湘救吴，蒋高参毕竟做过吴佩孚的总参谋长，不忍见其失败。而孙的目的却是坐山观虎斗，希望吴失败，再从国民革命军手中夺取两湖。所以不想听蒋唠叨，托言睡了。

蒋方震怒形于色，厉声道："此刻孙联帅便已睡下，高枕无忧，不知危险将至。"拂袖而走。

孙传芳听人报告后，趿拉着鞋匆匆追到门外，将马车上的蒋百里请下

蒋方震

来："传芳失礼，还望先生海涵，不知有何事教我？"

蒋方震回嗔作喜，说："我不是和你谈玉帅，只是来与联帅谈谈蒋中正。"

两人来到中庭的桂树下，明月皎洁，清光如水，透过浓枝密叶，将如屑如银的光影洒在房上和园中。

孙传芳轻蔑地说："蒋中正靠阴谋起家，真正的仗没打过几次，他那个日本士官的文凭是假的，根本不作数。再说，国民革命军加在一起十来万人，我五省军队加上玉帅的军队有好几十万人呢。"

"不能这样说。"蒋方震摇头说，"他们人虽少，有一个党，一个主义，又万众一心。北洋人虽多，矛盾重重，互相不合作，人再多有何用？联帅，不过一个多月，他们就从广东到湖北，气势正盛，我看玉帅是抵不住他们的。"

孙传芳蓦地想起占乩语，也感到事情不太妙："我五省兵力二十好几万，也足以抵挡他们吧？"

蒋方震以为不然："一旦打起来，五省真正能作战的部队能有几何？五省军政长官真正与你一心的又几何？远的不说，江西的邓如琢就同你不一条心，你能指望他为你卖命？还怕你夺他的地盘呢。还有你的浙江，陈仪、潘国刚、夏超就与你离心离德。安徽总司令陈调元就能靠得住？你要早做打算啊！"

孙传芳说："福建周荫人和我总不能二心吧？"

蒋方震笑了："是啊，要不是你那三弟，恐怕你现在还在福建一隅呢。"

孙传芳闻之无语，半晌又问："那依先生之见当如何办呢？"

蒋方震掏出三只信封，每封信都封了口，信封上分别有"上"、"中"、"下"不同字样。

"如果联帅能与南方、与蒋中正合作，以奉军为我们共同的敌人，一致对奉，进而完成中国统一的大业，自然最好不过。"

孙传芳一口便拒绝了："我是喝着北洋的奶水长大的，要统一天下，也要由我自己统治天下；再不行我与蒋介石提出对等的和谈条件来议和……"

蒋百里说："联帅，我这里有上、中、下三个计策，如果你决心与南方开战，请你回去好好琢磨一下我的三策，机不可失，时不再来。告辞！"说完匆匆离去。

276　　孙传芳独自进了书房，借着灯光，他打开写着"上策"的信封。是这样的：

"上策"："乘国民革命军与吴佩孚军在湘北、鄂南相持之际，突发奇兵，自江西全力西进，出岳阳，切断武（汉）长（沙）铁路，腰击国民革命军。"

孙传芳看完不禁点头，果然好计。只是便宜吴佩孚，不用吹灰之力，又能复得两湖。这是为他人作嫁衣，赔本买卖不划算。

再看"中策"："乘国民革命军与吴佩孚军相持于武汉城下时，联军溯江西上，以解武汉之围，令吴佩孚与国民革命军相持于武汉之南，待相互消耗后，再伺机而动。"

这条计也不错，但最起码湖北是夺不到手了，总不能从吴玉帅手中抢地盘，让北洋军人耻笑。这条计策好是好，但也不能用。

孙传芳打开最后一个信封，拿出里面的信笺，只见上面写着："联军驻扎江西，以逸待劳，等国民革命军来进攻。将其逐回两湖，再相机夺取。"他不禁发出感叹："可惜蒋百里这一身本事，都是在纸上谈兵。在中国的军界南北两方都不能用其策而令其披坚执锐。"他决定必要时采取蒋百里的"下策"。

正当孙传芳准备动员出师之际，江浙地区的巨富绅商、社会贤达、名流学者纷纷加入了一场和平运动。中国国民党与部分共产党人在江浙地区的组织和两党影响所及的进步力量，也参加了这一运动。目的是不能让孙传芳与吴佩孚搅合到一起，以破坏广州国民政府对北洋军阀各个击破的战略。

8月7日，孙传芳封禁江浙省国民党党部，缉拿党员，并通牒上海各国领事，查封租界国民党机关。江南的绅商、民族资产阶级既害怕国民革命军进入东南地区，也反对孙传芳出师援助吴佩孚，从而卷入这场南北大战。上旬，苏州、无锡、武进、镇江、淮阴及上海县的商会会长联名致电孙传芳，反对其出兵之谋，电文中说："兴无名之师，如何以不战服人？惩异端之攻，何如以自强不息！"要求孙馨帅"熟筹全局，慎于一发"。

一石激起千层浪，东南五省沸沸扬扬。

南京的绅商和法团代表进行请愿，联袂到联军总司令部所在地，要求见孙传芳，而孙只得将这些人请进大厅，绅商们七嘴八舌，絮絮叨叨，要求"联帅力顾五省保境安民宣言，勿牵入湘、粤战争旋涡"。

上海全苏公会于8月11日召开特别大会，会上议决数项：（一）致电孙传芳，赞成"消极的增防"；（二）警告国民革命军总司令部，请严饬所部，绝对不得越闽、赣省境一步；（三）通电本省及浙、闽、皖、赣四省各团体，一致运动和平；（四）联络上海各法团，共作和平运动；（五）通电全国军事当局，请停止战争，共谋国是；（六）发表和平宣言。

孙传芳的政权是个军绅政权，支持这个政权的主要力量是江浙的民族资产阶级。对这些江浙财阀，他是有顾忌的，投鼠忌器。他在11日复各商会通电中说："逞能肆志，驰骋角逐，以较一日之胜负，残民、蠹材、溺国，芳虽愚，绝不为也。"也表现出一种不惹事的态度，但又说"金革之声频惊，不能不稍事整备，俾固疆目，惟绝不与任何方面为敌耳"。五省内部的和平力量是制约其动武的一个重要因素。

8月22日，孙传芳通电五省，要求一致行动，一省有警，则五省共同抵御，联防自保。通电如下：

> 慨自中枢失败，海内沸腾，民若倒悬，国同累卵；兵戎所致，城市为墟；元气凋伤，邦本动摇，和平统一，徒托空言。正恐水火之益深，驯致河宿之倾覆，疮痍满地，篙木何云。
>
> 我五省地亘东南，襟江带海，万方多难，系定安危，独赖车辅之依，稍息烽烟之惨。惩前毖后，危虑尤深。诸公昔共袍裳，今同舟楫，忧国爱民，夙有同心，此方隅幸存净土，万民托命，四邻具瞻。值百里震惊，作千钧之维系，所当联为指臂，亲若腹心，内政则共促进行，外侮则合筹防范，安民保境，衅不自我而开。倘有祸国害民之徒，意存破坏，志在侵掠者，五省公敌。一省告警，则五省共以全力捍御，正当防卫，不越雷池；但采保障之功，不以奸渠为烈。方今时局，穷兵既不足敢定，要盟亦难息纷争。惟有誓本愚诚，冀消暴决。所幸人心悔祸，弃恶从善，挽神州于陆沉，化干戈为揖让。乱终思治，或有转机，回顾中原，舍此更无他术。除已通饬所属，专心职事外，特电奉达，即希察照。本此宗旨，一致行动，协力维持，并祈见复施行，不胜盼祷。孙传芳。皓印。

孙传芳正准备实行蒋百里第三条计策，这当口，蒋介石驻沪代表何成濬到了南京城，使气氛更扑朔迷离。

何成濬，字雪竹，湖北随县人，为日本士官学校第五期步兵科毕业生。与孙传芳先后同学。此人工心计，有手腕，外加三寸不烂之舌，黑白两道都混。是个典型的"九头鸟"，也是风靡一时的著名说客。孙中山南下护法时，何成濬便在长江流域策动兵运。粤桂战争后，又代表孙中山往云南游说唐继尧参加北伐；后又奉孙中山之命赴闽，劝说王永泉与国民革命军合作。本年7月，又奉蒋介石之命到上海任驻沪总代表，以策动北洋军阀部队暗中响应。

何成濬见孙传芳后先叙旧，再谈风月，天南海北，胡吹一阵，孙亦高谈阔论，青梅煮酒，共论天下英雄。何成濬吹捧孙传芳为当今豪杰，孙传芳故作谦虚，说蒋总司令才是时代英雄。何成濬便说："何某人听说，两虎相争，必有一伤，何况两位英雄相互争雄，势必也会两败俱伤，不如坐下来谈谈条件。"他此时又像个精明的商人，开出了两项条件："第一，由广州政府委派孙传芳为东南五省领袖，保持五省治安。第二，孙传芳与国民革命军一致行动，国民革命军自湖南北上，孙军自江西西上，双方夹击湖北，会师武汉。"

条件开的不可谓不诱人。孙传芳提出："国民革命军应该停战，并退出湖南，湘事交湘人自理，作为南北方缓冲地带，我就这个原则。"

何成濬是谈判老手，对此颇有经验，说："停战未始不可，但吴佩孚军必须退出湖北，以湘鄂两省作为缓冲地方才能商议。"

两人谈不下去，于是便对榻吹烟，吞云吐雾，各自养足精神，以待第二轮谈判。隔天，双方又开始折冲樽俎。孙大帅先开"球"，要求"国民革命军在岳州先停止前进，以和平手段处置国事"。

何成濬又将"球"踢了回去："只要联帅先敦促吴佩孚下野，担保吴佩孚不再出现在政治舞台上活动，国民革命军在岳州停止之事是可以商量的。"

孙传芳提到："我对孙中山先生的三民主义，民族、民权、民生，个人持赞同态度。他是民国伟人，我很佩服、

何成濬

景仰。所以我令江苏省政府在紫金山划地，为其营建陵墓。但是我对马克思主义、对共产主义、共产共妻，坚决反对。"

何成濬追问："我提出的由国民政府委派馨远做五省首领及共同夹击武汉的两条，不知联帅考虑得如何？"

"这个，这个，回头再议吧！"孙传芳顾左右而言他，再没有下文。

8月初，蒋介石特派代表，日本士官同学张群来到南京，孙传芳与他很熟，两人携手坐在联军总部西花园石舫中。

"岳军（张群之字），蒋介石那里有何打算，真想与我兵戎相见吗？"

"蒋总司令对孙总司令一向敬佩得很，希望馨远能加入革命，参加北伐，完成中国的统一。"

"蒋介石能完成此项重任吗？"

"会的！"张群极肯定地作了回答，"天将降大任于斯人也！"

孙传芳面有难色："我不希望同蒋先生破脸，又不愿得罪吴玉帅。我更不能接受国民政府的任命。我只希望能保境安民，保持和平，不投入旋涡。"

张群很慎重地握着孙传芳的手："馨远兄，请熟思后再决断。我们从日本回国后，我投奔孙中山，你效命袁世凯，这次还望殊途同归，不要立即说行还是不行。"

孙传芳面色凝重："岳军，请转告蒋先生，咱们现在互不侵犯，将来与广东国民政府站在对等位置上，共同商量收拾全局的办法，而蒋介石必须表明他不是共产。"

张群前脚走，吴佩孚求救的说客又到。吴幕下有个叫周予觉的幕僚，毛遂自荐，凭三寸不烂之舌，前往南京游说孙传芳。他的态度倨傲，又有勾结孙之部下之事。孙传芳火了，认为到今天，自己已是雄踞五省的诸侯领袖，吴佩孚还敢以上峰自居，指手画脚。于是下令将周予觉立即枪毙还吴佩孚以颜色。

吴佩孚闻讯，气得一佛出世。但国民革命军兵临城下，盼救兵急如星火。只得再派山东老乡，原山东省长熊炳崎和原河南省长李济臣到南京求见孙传芳。这次孙传芳做得更绝，干脆给他们吃闭门羹，根本不予理睬，仅派杨文恺代见，聊以应付。熊、李两人不得要领而回。

吴佩孚已到山穷水尽之地步，托人请孙丹林去求孙传芳。孙丹林回电表示："秋风能再热，团扇不辞劳。"随即从上海搭乘江轮赴南京来见孙传芳。

孙知其来意，未等孙丹林开口，便大发牢骚。孙丹林正色说："此来是看望老友，并非为子玉做说客。既已相见，愿即告辞！"

孙传芳立即堆起笑脸，表示歉意，并设宴款待。并请浙军师长陈仪、周凤岐，省长陈陶遗，教育厅长曾孟朴作陪，算是给足了孙丹林面子。

席间，孙传芳说："老朋友来了，不能让别人背后骂我姓孙的不仗义。这样吧，我前已接济了吴子玉十万元，弹药十万发，这样吧，我再助吴子玉二十五万元，械弹各再加上十万。但是我不能失信于天下，一兵一卒是不会派到武汉去的！"

7月28日，孙传芳致电蒋介石，大意为请粤军撤回广东，中止对湘作战，湖南之事交赵恒惕收拾，以免兵戎相见云云。

8月16日，孙传芳电复上海总商会等团体呼吁和平之通电，略谓："粤军进驻衡岳，以窥武汉，北军遂南下以保岸，解铃系之粤方。粤军如循贵会之请而撤退，则岳州北军当可设法中止南下。至东南数省芳当竭其驽钝，抱定保境安民四字，以图保全，绝不令其同成灰劫也。"

8月17日，蒋介石致电孙传芳：

　　南京。孙馨远兄鉴，俭电真日奉读，辱承指教，感何可言。革命军人，意志坦白，其所薪求者，全民之福利，非个人之地盘，令不得已而用兵，期救人民于水深火热之中，非如军阀之扩张私人实力可比。吊民伐罪，师出有名，堂堂正正之旗，讵屑为遮遮掩掩之举，视闽赣为敌增兵，决不讳言。唯事实上近月以来，确只有将原驻闽赣边界之部队，开调他方，而宗旨上则对于闽赣，但求其不受吴佩孚伪命，不扰我革命根据地，决不稍渝亲仁睦邻之旨。此请兄细心考证，必可深信其不受欺者。今兄亦已承认闽赣增兵，则以后闽赣是否不视我为敌，是否不受吴伪命，不得不请兄赐以切实之保障。吴佩孚黩武乱国，其于我粤，尤百计破坏，中正不忍坐视国家之危亡，尤不能束手以待人之宰割，自卫卫国，皆有出师讨吴之必要。惟对于全国军人，力求团结，共负救国责任，绝不忍为自相残杀之举动，志同道合，直可联为一体，岂仅各不相犯而已，兄以苏、浙、皖、赣、闽五省之治安自任，若能顺应革命潮流，以保五省人民之幸福，中正必请于政府，承认兄为五省之总司令。否则佳兵固为不祥，割据亦岂至计，君子爱人以德，兄宁能姑息以自召崩溃耶。湘事实非炎午所能收拾，湘粤同为革命策源地，而炎午轻弃其革命党人之历史，假联省自治之名，以谋私利，又始终依附吴佩孚，引其武力以祸湘，因而酿成今日之乱。十五年来，迷信武力统一者，罔不败，标榜联省自治者，亦无一幸存，救国之道，惟在有正确之主义。以兄明达，必见及此，谨布诚悃，唯希详察。蒋中正叩。文。

就在蒋介石致电孙传芳时，蒋介石已在长沙发表讨吴宣言。

孙传芳以"保境安民行自卫"为辞，8月18日，出兵赴赣，分三路出发。是日孙传芳通电："为保持五省安宁起见，爰派兵入赣增防，以固边围，但我军此后行动仍本素日宗旨，坚守疆界，禁暴息争。"翌日又通电谓："一省告警，则五省共以全力捍卫，正当防御，不越雷池。"

4. 与江浙财阀翻脸

孙传芳的政权是资产阶级支持的军绅政权。江浙财阀反对战争是因为需要个稳定的环境经营生产，从事工商贸易。他们赞成孙传芳的保境安民政策。孙传芳援赣之意一出，上海总商会虞洽卿等人便多次致电孙传芳停止战争，孙也多次复电解释，说什么："粤军进驻衡岳，以窥武汉，北军遂南下以保岸，解铃系之粤方。粤军如循贵会之请而撤退，则岳州北军当可设法中止南下。至东南数省芳当竭其驽钝，抱定保境安民四字，以图保全，绝不令其同成灰劫也。"

但是，8月18日，五省军队以"保境安兵行自卫"为辞，还是出兵援赣，分三路出发，此事引起江浙财阀虞洽卿、陈辉德、张嘉璈等人的强烈不满。

是日孙传芳通电："为保持五省安宁起见，爰派兵入赣增防，以固边围，但我军此后行动仍本素日宗旨，坚守疆界，禁暴息争。"翌日又通电谓："一省告警，则五省共以全力捍卫，正当防御，不越雷池。"

8月21日晚，淞沪商埠总办丁文江突然乘车来到南京见孙传芳。

孙诧异地问："丁先生，有何紧急事情？是不是广东方面派大量人员到上海活动？"

丁文江说："广东方面来人只是一个方面，联帅可知南市、闸北的保卫团于日前加收铺捐之事吗？"

南市、闸北保卫团是上海总商会出面组织的，由虞洽卿掌握的保护大资产阶级利益的保卫团，类似广州的商团组织，成立多年，团丁约几百人，团长叫穆恕再。该保卫团的主要任务是维持商业秩序，保护资本家的商业活动。保卫团成立于江浙战争之时，是因上海行政不划一，在兵匪横行于市，盗贼布满街衢的特定环境下，资产阶级为保护自己的利益而招募的团丁。商团的经费由大资本家和中小企业主共同出资维持。但是江浙战争之后，卢永祥的溃兵中的一些老兵痞，前脚领了孙传芳的遣散费，后脚便混进保卫团中。因为要和虞洽卿等人维持一种良好的关系，孙传芳也睁一只眼闭一只眼了。

孙传芳要建立"大上海"计划，设立淞沪商埠督办的一个重要原因，便是要划一行政权，与保卫团的存在有抵触之处。只是当时与虞洽卿等资产阶级关系尚好，便让其存在下来。

1926年春，保卫团因经费紧张，于是下令重收保卫捐，扩大征收范围，除大资产阶级外，广大中小商人、摊贩和做小买卖的贫苦市民都要交纳铺捐，引起上海南北两市小商人和一般市民的反对。

"加收铺捐？"孙传芳在厅中来回踱步，思考如何处置。丁文江只是喝茶，他知道对待保卫团的态度就是对待上海的大资产阶级的态度，常言道，"打狗看主人"，在非常时期更要慎重。

孙传芳猛然停步，慢条斯理地说："丁总办，长痛不如短痛，立即解散他们，有违令者，一律押上船，让他们去九江前线打国民革命军。"

丁文江傻了，他的来意并不是想要这样的结果，而是想请孙传芳出面，请上海的财阀们摊派些钱，以免收或缓收铺捐，暂时平息风波，没想到"满拧"。

"联帅，当此多事之秋，是否应以羁縻手段，不与江浙财阀们破脸？"

孙传芳有些恼怒："破脸？我已经给足他们面子了，是他们蹬着鼻子上脸。正因为是多事之秋，才应以霹雳手段，显我菩萨心肠，也省得我前脚走，后脚就打我黑枪。"他恶狠狠地说，"时局不稳，我要杀鸡儆猴。"

丁文江想再劝："联帅，请三思而后行。"

孙传芳说："丁先生，我很器重你，才请你出任淞沪商务总办的。我这样做，也是为了你树立威信，婆婆妈妈、书生气十足是难成大事的。再者说，你回去后就说，解散保卫团是我孙某人的命令，这样，好人你来做，恶人我自当，行了吧？"

丁文江说服不了孙传芳，只得返回上海。

第二天，孙传芳果然发一电令："保卫团着即解散，令丁总办会同各官厅办理。"

8月28日晨，大批军警如临大敌，分别包围了南市、闸北和沪西保卫团的驻地，团员们犹在梦中，便被军队缴了枪。有不服气而反对者，当时便被一根绳索绑了，押赴码头，强行上船，几百名保卫团团丁垂头丧气地做

张嘉璈

了炮灰。

江浙财阀对北洋军阀的这种破坏自己利益的行为非常反感。再加上孙传芳为了向江西运兵，强行征用了招商局的"江"字号轮船十余艘，如"江新"轮、"江永"轮等大轮船，只给少数费用，严重地损害了资产阶级的商业利益，以虞洽卿等为首的资本家便开始暗中联络蒋介石。

是年9月，国民革命军到达赣州后，急需军饷。当时部队所携带的只是广东政府发行的无准备金的军用临时兑换券，当地商民只认银圆和中国银行发行的能兑换银圆的纸币，拒绝使用军用临时兑换券。蒋介石焦急万分，在与孙传芳大军作战的关键时刻，没有军饷，无疑是自取灭亡。9月

陈辉德

21日，蒋介石致张静江、谭延闿的电报便大呼军费紧张，连正常定额的国民革命军费都到了难以为继的地步。

此时，是江浙财阀伸出援手，救了蒋介石。在蒋介石盟兄黄郛穿针引线下，北京中国银行副总裁张嘉璈以指挥南方行务为借口，前往上海，在外滩上海中行二楼辟屋办公。

张嘉璈，字公权，江苏宝山人，与镇江人陈辉德（字光甫）、浙江绍兴籍李铭（字馥荪）、吴兴籍钱永铭（字新之）都是江浙银行及中国金融界的要角，合称"江浙财阀"，是一损俱损、一荣皆荣的铁哥们儿。李铭

钱永铭

还是上海银行公会主席，有一呼百诺，掀动风云变幻之手段。

张嘉璈巧妙地避开了孙传芳对金融业的严密控制，在孙的眼皮子底下，秘密汇往江西前线银圆30万元，有力地支援了蒋介石。以后张嘉璈又数次汇款给蒋介石。在张氏的帮助下，中行南昌分行、中行汉口分行对蒋介石都提供了大批巨款。而孙传芳却懵然不知。

孙传芳与上海资产阶级破脸，直接动摇了军绅政权的基础；再加上此时张謇又已作古，无人从中转圜两者之间的关系。可以说，这是孙传芳自毁基石之举。

当时共产党机关刊物《向导》第170期发表了"述之"的《孙传芳解散上海保卫团与上海资产阶级》一文。

李铭

"述之"即彭述之，时为中央宣传部长兼《向导》周刊之主编。他的大篇文章精辟地分析道：

"八月二十八日（丁文江）忽然以迅雷不及掩耳之手段，将上海南北两市的保卫团居然解散了。这一个事实的表明，是目前上海一个很严重的问题，几乎与日厂罢工问题（即五卅大罢工）相等；这是孙传芳压迫上海资产阶级之一种露骨的表现，这是孙传芳向上海左派资产阶级之一种严重的斗争。"

孙传芳此次解散上海保卫团的原因，据八月三十日《商报》所载：

（一）近来赣鄂形势紧张，所招新兵甚多，而完全均系未经训练之人……此次保卫团丁，多数皖系（原卢永祥）第十师之训练，而又可作战，孙氏收入，将其编入新队伍中，可收事半功倍之效。（二）上海地方，五方杂处，民党势力，不可侮视，近传某方面（记者按，即指广州国民政府）从事运动，将待时而发，与其贻患将来，不如先发制人。又谓编制不合，地方反对。其实这些原因，都是似是而非的。第一，此次赣鄂形势紧急，孙传芳诚然需要有训练之军队对付国民革命军，不过上海区区数百保卫团丁，实无济于事。孙氏需要虽急，如无其他特别缘故，绝不至出此下策，以引起上海资产阶级之严重反感。第二，当此孙传芳用兵赣鄂，专心对付国民革命军之时，恐广州政府及国民党运动保卫团，扰乱后方，因而防范，以至解散保卫团，这有相当的理由。但孙传芳如果与上海资产阶级没有其他冲突，能一致合作，保卫团即有不稳，孙氏尽可能与资产阶级预先商量解决办法，决不至如此突如其来，与资产阶级十分难堪。至于说到人民反对保卫团的话，不错，保卫团因重收保卫捐，曾引起上海南北两市小商人和一班市民的反对，于是可以断定孙传芳绝不是为此。小商人和一班市民的反对保卫团捐已经数月，可是孙、丁从未理会，简直是充耳不闻，哪里有忽然一旦为这班小资产阶级来解散保卫团开罪大资产阶级的道理？……必有其重要的原因在，必然是与上海资产阶级有不可调和的冲突。……要知道孙传芳此次解散保卫团的真正原因，须了解孙传芳与上海资产阶级间的关系。上海资产阶级向分两派，即倾向英国帝国主义和倾向日本帝国主义派，尤其到了五卅运动以后，这两派的对峙愈加显露。倾向英国帝国主义派以傅筱庵、方椒伯为首领，倾向日本帝国主义派则以虞洽卿为领袖，他们在上海常因其经济地位不同以及各种利害关系而明争暗斗。在五卅运动中虞洽卿与方椒伯因对上海工人罢工态度问题而起很大的暗潮。在前次上海总商会选举竞争时，他们两方的争斗更是激烈。孙是英国帝国主义的走狗，自然他要扶助倾向英国帝国主义派的资产阶级而给倾向日本帝国主义派的资产阶级以打击的。当他初到上海时，便撤换并监禁上海警察厅长、虞洽卿的要人江正卿，收回兵工厂，

傅晓庵

取消虞洽卿的淞沪督办，所有这些都是给虞洽卿以难堪和打击，在总商会选举时更是露骨地帮助傅筱庵。总之，孙传芳在上海的策略，除了拼命地压迫和剥削工人及小资产阶级以外，便是用各种方法扶植英国帝国主义派的资产阶级傅筱庵一班人而打击日本帝国主义派的资产阶级虞洽卿。

……可是，虞洽卿这一班资产阶级虽然受了打击，但是他们十数年所形成的潜势力还是存在的，并且时时要谋复辟，因此不免与孙作对，遂拉拢各方面的势力（如有时拉拢工人小资产阶级和国民党及谋之广东政府接近等）以对付孙传芳。而武装的保卫团便在此派资产阶级的一班绅士手里。孙传芳见到这种情形，同时又值国民革命军着着胜利，江浙地盘摇动，于是便下毒手，根本来解除上海此派资产阶级的武装了。这便是上海保卫团所以被解散之真正原因。……因此，孙传芳现时压迫虞洽卿这派资产阶级，公然解除这派资产阶级的武装，这不仅是虞洽卿一派资产阶级的单纯问题，而是全上海的问题，是最凶恶的英国帝国主义的走狗反动军阀孙传芳，向上海较"左"倾的资产阶级进攻的问题。孙传芳此种对付上海资产阶级的毒辣手段，在孙传芳自身上也是一种自杀政策。当这国民革命军将下武汉，东南震动之时，陈调元、邓如琢、周凤岐、陈仪、白宝山一班人已属非常动摇，今孙又向上海资产阶级开战，这是孙传芳自速其亡之

征兆。

　　上海的全体市民，应该起来认识孙传芳此次解散上海保卫团之严重意义，应该了解这是英国帝国主义走狗孙传芳，进攻上海资产阶级之一种反动行为，而应一致起来反对。

当局者迷，旁观者清，孙传芳为渊驱鱼的做法，自毁基石。这也是他思想太旧的一个明显的表现。

5. 孙传芳亮出"剪刀"

秋风萧瑟，洪波涌起。

京汉线上，一列一列的军车满载着士兵、轻重机枪、大炮和铁甲车，风驰电掣，隆隆南下。专用车厢里为吴佩孚的临时司令部，大帅吴佩孚正心急如焚。

8月25日，国民革命军第四军在副军长陈可钰的指挥下，以疾风暴雨之势，猛攻武（汉）长（沙）铁路线上一座天险铁桥——汀泗桥。北军守将宋大霈、叶开鑫、陈嘉谟等大将率精兵二万余，死守桥北。陈嘉谟为湖北督军兼省长，又是第二十五师师长，他亲自督战，可知此地的重要性。

汀泗桥背枕咸宁、嘉鱼两县间的巨浸黄塘湖，北、西、南三面环水，铁路斜穿西南至东北，东面是崇山峻岭，地形险要。

血战一整天，国民革命军毙敌1000余人，俘虏士兵2296人，军官157人，缴获大炮4门，机枪9挺，步枪3000余支，辎重无数。

吴佩孚闻讯，内心惊惧不已，表面上却异常镇定，手执一卷他最敬佩的明代名将戚继光的《纪效新书》，一直看到汉口，下车后即赴查家墩讨贼联军总部，神态异常镇静，谈笑风生。陈嘉谟、宋大霈、刘玉春、叶开鑫、杜锡珪纷纷向他报告军情紧急。

吴佩孚不禁莞尔，说："诸位有所不知，假如蒋介石负隅粤省，唐生智盘据衡州。我方则要劳师袭远，要费多大气力？我之所以迟迟不南下，一则南口未下，我不易分身；二则欲诱敌深入，以便一鼓聚歼。今粤匪果然自投罗网，诸位拭目以待，看他们果然能逃出我掌握否？一个星期内，我可复岳州，到达长沙也在十日左右。"

左右相顾则暗暗唉声叹气，不敢乐观。

随即吴佩孚过江到武昌，在轮渡上口占《七律》一首：

> 才游塞北又长江，坐罢火车坐火船。
>
> 塞外风云能蔽日，江中波浪更兼天。
>
> 但凭豪气撑今古，那怕南兵过万千。
>
> 寄语征蛮诸将士，奋身踏破洞庭烟。

吴佩孚的总司令部便设在铁甲列车上。办公车有七八节车厢，卫队一个旅随车南下，赶到贺胜桥。吴的专车隆隆到达后，停在站旁，布置警戒线。在桥北铁路旁高地上竖起一面大红旗，吴佩孚带领卫队立于旗下，并下了道死命令：有逃过旗者立斩，由营务执法总司令赵荣华组织大刀队，分八路监视各军。

第四军进逼贺胜桥后，叶挺独立团及第三十五团已向敌发起冲锋，双方火力之盛，枪声之密，前所未有。空中横飞弹雨，地面白刃交挥。第十二师自张发奎、朱晖日正副师长都冒着炮火，奔驰在前线指挥。血战一昼夜，北军终于放弃第一线阵地，旅长余荫森及八名团、营长被执法队砍了头，悬挂在大树上示众，但仍无法阻挡溃兵狂逃，最后吴佩孚的专车亦被革命军炮火击毁数节，吴佩孚也身不由己，慌忙向北逃回武昌城。

吴佩孚真的老了，虽然"笑傲江湖"，但亲自上阵竟未能支撑二十个钟头便做了逃跑将军，只能仓皇逃入武昌城闭关死守。

"孙馨远那边是否已经发动？"吴佩孚火烧眉毛般的催问。

"光打雷不下雨。我看，大帅如不将两湖划归到他的名下，他是不会真动劲儿的，北洋的江山……"陈嘉谟带着哭腔哀叹道。

陈嘉谟，字岘亭，19岁考入北洋速成武备学堂，学习两年。毕业后在冯国璋部历任排长、连长，25岁与冯国璋的侄女结婚，后晋升为营长、团长。1919年在直系吴佩孚部第二十五师任旅长。1921年，在湘鄂混战中受伤，1922年任二十五师师长。1926年2月14日，湖北督军萧耀南突患心脏病去世，陈嘉谟继任湖北督军职务。

吴佩孚咬牙切齿："孙馨远，你要成为我北洋的千古罪人！"

赵恒惕挺身而出："玉帅，我亲自去南京找孙馨远，再效秦庭之哭。这一回我就是哭死，也要让他的兵发出来。"

他当即乘轮南下，赶到南京。刚下船便怒气冲冲来见孙传芳。

孙在联军总部，正与蒋方震、杨文恺围着地图研究进军计划。门外呼啦啦撞进一个精瘦的"湖南骡子"，直着脖子叫道："馨远，你真要看见蒋介石将吴玉帅斩尽杀绝吗？我北洋基业就要毁在你的手里！"

孙传芳欲怒，抬头看原来是老同学赵恒惕，于是笑着说："炎午兄，来得正好，我们正研究军情，即日电令各军火速出发，实行进攻湘粤，唇亡齿寒，智者皆知。何劳亲自跑一趟？"

救兵如救火，赵恒惕心里一块石头落地，收起眼泪，寒暄过后，孙传芳摆宴招待一番，赵恒惕也不多留，欢天喜地回去复命。

正当孙传芳踌躇满志，欲挽狂澜于既倒之时，他忽略了兵贵神速这个普通的常识。蒋方震三条计策有一个前提是机不可失。孙传芳肚里的小九九，影响了战局。吴佩孚大势已无法挽回。

8月30日孙传芳颁布"援赣计划"，以皖军王普部为第一军，刘凤图部为第五军，苏军为第二、三军，浙军周凤岐部为第四军，以卢香亭为援赣总司令，攻击目标为通山、岳阳、平江、浏阳；赣军攻醴陵、株洲、莲花。孙并令周荫人部攻粤之潮、梅；试图扰乱广东根据地。

9月2日，国民革命军各部抵达武昌城外：第十师在保安门、宾阳门、洪山一带，第十二师在南湖、新店镇一带，第二师在街头口、徐家棚、石眼井、董家湾一带，三面包围武昌城。第七军各部抵达纸坊、樊口、五里墩。吴佩孚下令关闭武昌各城门，每日只汉阳、平湖两门开放一小时以维持武汉交通。蒋介石、唐生智、李宗仁、陈可钰等在武昌城外余家湾车站会议攻城事宜，决定：第四军第十师、第十二师，第一军第二师，第七军之二路分段攻城，以李宗仁为攻城司令官，陈可钰为副司令，定3日上午3时开始。

9月3日，凌晨1至6时，国民革命军第七、四、一军各部攻武昌城，通湘门、小东门、大东门、平湖门、草湖门、保安门外均有激烈战事。吴佩孚军在城垣及蛇山、凤凰山架重炮、机枪射击，停泊在江面的军舰亦发炮。

国民革命军在守军机枪、手榴弹猛击下，死伤甚多，攻城失败。第二次大规模攻城，国民革命军又是无功而返；第三次攻城时，守军仍以火药包、手榴弹、爆发罐等将城下变成一片火海。第四军、第七军在李宗仁指挥下，已将首先攻上城的部队奖金悬赏到三万元，依然整连整排地战亡在武昌坚城之下。所幸第八军夏斗寅、何键两师在嘉鱼渡江，迫近汉阳，吴军刘跃龙第二师声明附义，就任国民革命军第十五军军长。自汉阳炮击查家墩吴佩孚总部，吴再也支撑不住，仓皇登车北逃，前往湖北河南交界的武胜关。汉阳、汉口都被克复，只剩武昌危城。

江河日下，吴佩孚只得哀请孙传芳："吾弟总镇长江，今赤贼既已得志于湘鄂，势必窥赣边而通声气。应凛唇亡齿寒之戒，念辅车相依之切，虞虢前车，可资殷鉴。"他明白告诉孙传芳：两湖地盘他已让出来了。

10月9日，顾维钧以摄行大总统令：特任孙传芳为恪威上将军，程国瑞为瑞威将军，徐源泉为克威将军，许琨为拱威将军，李藻麟为智威将军，金寿良为咸威将军，毕庶澄为澄威将军，王翰鸣为翰威将军，黄国梁为锐威将军，张培梅为肃威将军。

10月10日，国民革命军攻克武昌城。凌晨2时半起，第八军第五、九旅、第四军第十、十二师和独立团，一部攀绳梯登城楼，大部由保安门、中和门、楚望台小便门及宾阳门进入武昌城，分攻督军署、省长公署、江西公馆、学兵营等，占领蛇山。8时，围城40日之武昌完全克复。俘万余人，生擒刘玉春、陈嘉谟。

吴佩孚的残梦已醒，而孙传芳企图独霸七省的大梦正酣。他很重视开局，特派最得力的悍将谢鸿勋第四师出征时，曾狂妄地说："广东党军本像一团绳索，刀子不能砍断，但当被拉成一道长线时，用剪刀就能剪断它。谢师长，你就是我锋利的剪刀，我派你部先去江西修水、铜鼓，相机

久守武昌之刘玉春

刘玉春

出浏阳，切断粤汉铁路，蒋介石必向我乞和。"

谢鸿勋则大声说："保国保民，军人天职，但言之甚易，行之实难，难何在，难在不肯死，能死，则何事不能为。"

孙传芳急忙制止："谢师长，出师未捷，何遽出能死之言啊？"

谢鸿勋则说："军人浴血生涯，性命与枪弹为缘，本无足怪。"

谢鸿勋，字绩兹，山东冠县人。保定军校第一期步兵毕业，原为王占元第二师中下级军官，跟随孙传芳屡立战功。他亦染有阿芙蓉癖，而一旦吸足过瘾，作战勇猛无比。随孙入闽时，遇臧致平军，双方互不示弱，对方一弹飞来，正中谢的军帽，他脱帽看时，帽沿已穿了个洞。当时孙传芳不禁脱口而出："好险！"谢鸿勋面不改色，大声说："军人浴血生涯，与枪弹为缘，本无足怪，区区受创，实意中事耳。"从此，孙传芳十分器重谢鸿勋。每次冲锋陷阵，必是谢师为前导，所到之处，斩将搴旗，势如破竹。

而今番谢鸿勋还是这么一句，孙传芳听来，着实很不踏实。他千叮咛、万嘱咐："绩兹老弟，千万不可麻痹，你先行一步，二哥我随即率大队接应你，祝你旗开得胜！"

每次出征，孙传芳都亲自为谢鸿勋斟酒，谢总是说："关云长温酒斩华雄，二哥为我预备下，回来再喝庆功酒。"

这次，孙传芳还是满上三杯，谢鸿勋一反常态，抓起酒杯"咕咚咕咚"一饮而尽，颤声道："联帅，我走了！"话未落，泪先落，头却不回，径直走了。孙传芳有种不祥的预感。

此时，孙传芳已下定决心与国民革命军决一死战，便将所属五省联军20多万人分为五个方面军。

第一方面军以邓如琢为总司令，所部第一军为唐福山、张凤岐部，驻樟树；第二军为蒋镇臣、谢文炳部，驻新淦；第三军为邓如琢总部，驻南昌；第四军为杨池生、杨如轩部，驻永丰。

第二方面军以郑俊彦为总司令。自南浔路南段集中，以谢鸿勋部为前锋，向湘赣边界萍乡方向前进。

第三方面军以卢香亭为总司令，在南浔路中段，其主力数万人集中于德安、涂家埠、武宁一带。

第四方面军以周荫人为总司令，在闽、粤边界牵制广州政府。

第五方面军以陈调元为总司令。所部有王普、刘凤图、周凤岐等部,在武穴、富池口、九江等地。

孙传芳决心已定,要与国民革命军兵戎相见了。按以往惯例,先打一通电报,昭示全国。9月6日,他向各报馆发出鱼电:

　　各报馆钧鉴:

　　传芳宿抱保境安民之旨,以免国内同罹战祸。虽环境风云扰攘而此志不渝。乃近接江西邓总司令电告,在湘粤军忽于鱼日攻我江西之萍乡。传芳已命我军后退百里,请粤军亦迅速撤退,以免误会。若不以传芳所请者为正当,而仍前进,使我境不得保,民不得安,则传芳虽懦怯,亦将无以谢我五省之人民也。区区之忱,务祈谅鉴。孙传芳。鱼叩。

两虎相斗前必发出吓人的吼声,希冀凭威力而吓退对方。17日,孙传芳接二连三,发出阳电,质问蒋介石,限粤军于24小时内全数退往粤境,否则决不客气。电文如下:

　　各报馆转全国父老钧鉴:

　　传芳于阳日致粤蒋文电曰:此次执事无端称兵,亦既燔沅湘而陵武汉,顷复扰我边陲,侵我赣南。传芳深唯兵连祸结,无有已时,争地争城,徒苦吾民。迭经宣言,以保境安民为职志,不预任何方面战事者,已年余于兹矣。即此次出兵增防,以备溃兵之窜扰,未越雷池一步。前事并有电通告国人。乃竟不获见谅,节节进逼,传芳不解,南北有何深仇,士民有何大辜,而必欲偏施蹂躏以为快也。详审执事一再宣言,曰先总理遗志,曰以党治国,因是倡言革命,进行北伐。无论国家公器,非一党一人所得而私。即论中山先生遗志,首在民生,非残兵以逞也。党曰国民,是以国以民为重,而非窃国厉民以自雄也。尤可异者,五色国旗,粤军竟复摧毁而易为赤帜。是执事不但叛国,抑且叛党,所谓革命,直欲革中华民国之命,而强分南北以自解也。传芳不敏,不知南北,不问党派,惟知有民宜爱,有国当保,苟利民国,无事不可容让。今与执事约,湘政还诸湘民,无论何方不得干涉。粤军限二十四小时内全数退回粤境,不得藉词逗留。执事若幡然改图，承受忠告，则兄弟阋墙无伤和气。芳当竭其能力，沟通各方，期达和平。若必欲凭仗武力，怙势横行，以民为可欺，以国为可科，则传芳虽懦，职守所在，未容长兹含忍，何去何从，惟执事实图利之等语，伏希鉴察。仫候明教。孙传芳。阳。

此言区区，意犹未尽，满腹心事，不吐不快，孙传芳当日再次通电：

联军援赣，本系宣言，保境安民。闻最近赣边已与粤军略有接触。……民国以来，内战频仍，灾祲迭苦。默揣国人心理，唯求安居乐业，此外几便无希冀，情形可悯，至此已极。传芳忝领兼圻，目睹身经，恻怛之心，尘后于人，是以迭经宣言，对外则保境安民，对内则修明政治，八字宗旨，天人共鉴，金石不渝。……传芳人不犯我，我不犯人之旨，并非畏难懦怯，谚所谓投鼠忌器，一旦破裂，传芳个人不足恤，其如五省人民生命财产何。赤军无故出兵，已经一再婉劝，动之以情，晓之以理，皆悍然不顾，迹其行事，毫无中山三民主义之精神，可见口是心非，甘心作伪，使中山尚在，定不容此假面具之辈。昨接江西杨师长如轩电称，粤军于本月4日，竟敢在赣州、仙游、沙江、内良等处，向我挑战，开始攻击。当经杨师长督队迎敌，数小时间，先敌便衣兵三百余名，幼年学生军二百余人，获杂枪七百余支，赤敌望风溃退。又接江西唐师长福山电称，湘东粤军于本月5日，在萍乡附近，冒死侵我防线，当会所部邀击，杀敌兵四百余名，获杂枪五百余支。敌势不支，乘隙遁回。秉联帅安民之本旨，故本军一让再让，并未追击。似此既不度德，又不量力，甘为戎首，破坏和平，实属罪大恶极，神人共愤，除电令仍本保境安民素旨，严加防堵，并分电外，耿耿此心，恐未周知，特此电闻，希即公鉴。孙传芳。阳印。

孙传芳在第一份通电中指责蒋介石残民以逞，破坏孙中山的民生主义，背叛中华民国。语气尚有分寸。在第二份通电中公开宣言"讨赤"，反对共产，抨击联俄是勾结苏俄，执行列宁之政策。他站在反革命的立场上，对抗中国社会革命的进程，甘当维护北洋军阀统治的卫道士。

　9月13日，蒋介石发元电，驳复孙传芳阳电曰：

南京孙馨远先生鉴:

中正出师讨吴, 迭经宣言, 陈义至为详尽。比读执事阳电, 误会滋多, 殊深怪异! 中正受先总理之遗教, 以完成国民革命为职志, 而吴佩孚怙恶不悛, 近复受帝国主义之唆使, 勾结叛军, 陈师湘境, 假讨赤之名, 期达其武力统一之迷梦。中正受党国之委托, 督师讨伐, 师行所至, 敌众望风披靡, 人民载道以迎, 赖将士勇于牺牲, 人民乐为赞助, 不旬日间, 用能底定湘鄂, 迅奏肤功, 岂如尊电所云窃国厉民而雄者, 所能得此。吴既已败亡, 执事素以救国救民相号召, 自当乘此时机, 合力以图建设, 庶免战祸蔓延。乃竟为吴张目, 移江皖闽浙之兵于湘粤边圻, 希图一逞, 执事三十日所下作战命令及对湘粤作战计划, 中正可持以宣示国人, 执事祸湘祸粤之心, 实已知见肺腑。来电反谓我军扰汝边圉, 侵汝赣西, 未免自欺欺人。前者令唐福山、谢文炳扰我湘南, 尚未谓越雷池一步; 苟延北洋正统之性命, 不惜引起南北之战争, 反谓中正强分南北。中正只知主义之异同, 无分南北之界域, 彰彰在人耳目, 南口冯 (玉祥) 樊 (钟秀) 各军, 皆北方健儿, 以其同情于革命, 无不视为同志, 其共安危, 此其明证。至于我军所用青天白日满地红国旗, 系先总理立志革命时所手订, 稍知吾党历史者, 当能言之。夫动辄目人赤化者, 此吴之故智也。执事明达, 何必蹈此窠臼。执事以保境安民为职志, 应速撤退驻赣各军, 关于建设诸端, 自当从长计议, 东南各省, 得免兵祸, 固中正之所欣愿, 唯执事详察焉。蒋中正。元。

与此同时, 蒋介石通电各报馆暨全国各界, 声讨孙传芳之罪状, 电曰:

孙氏年来因利乘便, 入据江浙, 犹复野心不戢, 以保境安民为名, 行侵略扰民之实。近复征调频繁, 谋扰湘粤, 其致中正阳电, 实属意图挑衅, 是非曲直, 当其世日所下攻击湘粤命令, 特并电达, 祈为垂察。蒋中正叩。元。

双方都已破脸, 孙传芳最担心的, 即不能两面受敌, 如果这时山东张宗昌派兵南下，他将无法应付。他一方面给蒋介石发去求和电，希望与党军化干戈为玉帛。另一方面赶紧派杨文恺去济南见张宗昌，与直鲁联军讲和，不能让张乘势南下。

9月15日，蒋介石接到孙传芳的求和电后，将信将疑地说："难道是奉军南下吗？为何突然又软化了？此獠思想顽固，行动取巧，败亡只待时日！如果休战也可以，让姓孙的先撤江西之兵以表明诚意。"

于是，蒋介石回电曰：

南京孙馨远先生鉴：

咸电悉。双方既经冲突，和平不可托之空言，应有确实之保障，以昭信义。此时唯有先撤援赣之江浙诸军，实践前约，必须江西不遗吴之余毒，则东南和平，乃有真正之希望，而五省范围，于此亦能确定。我军革命，乃在打倒军阀，爱护民众，决不敢稍存地域之见，扩张势力，重苦国民也。至于战衅谁启，是非自有公论，卅日攻击命令是否执事所下？于此无待弟之置辨而自明矣。蒋中正。筱。

既然蒋介石的条件即撤退援赣之兵，让出江西的条件无法接受，又不能两面受敌，孙传芳要与昔日的敌人化敌为友，又步了吴佩孚的后尘。在革命势力威胁北洋军阀反动统治的大前题下，张宗昌与孙传芳都懂得覆巢之下、焉有完卵的道理，他们之间倒是能化敌为友，很快达成谅解。张宗昌拍胸保证："俺老张讲的就是这份义气，决不乘人之危，来抢苏省地盘。"杨文恺于9月20日下午由济南返宁，报告在鲁接洽经过情形。孙传芳当即决定凌晨出发赴赣督师。

是夜11时过后，南京大街上布满军警，来往逡巡，戒备森严。凌晨2时许，中天一轮黄澄澄的满月斜映江水。

孙传芳身着蓝色上将大礼服，带着卫队，乘汽车来到下关码头，早在那里等候的有江苏省省长陈陶遗、江宁镇守使兼南京卫戍司令孟昭月等。

孙传芳对前来送行的人士说："今日是中秋节，是团圆的日子。但是'南赤'兴兵寇境，常言道：国不圆何能家圆？我本抱定保境安民宗旨，但求固我疆圉，绝无何等之野心。昔日，孙中山先生欲以三民主义治国，这本是一种党纲。不幸中道而丧。一部分国民党员，误解其真意，勾结赤俄，大倡以党治国，实行暴民专制。我以为，共和国家，必有政党。然必须实行两党制，一党在朝，一党在野，互相监督，国家始有进步可言。民国以来，中国此党仇视彼党，此系推翻彼系。同是国民，互相仇杀。本属一系，忽而倒戈，是谓自残，有何意义？"

陈陶遗等人点头称是，恭维道："馨帅分析得精辟，我国之弊病，根在于此。"

孙传芳大声说："诸位，本帅此次出师，抱定三爱主义，孙中山是三民主义，我孙传芳为三爱主义！有人称：没主义的人要失败，我也是有自己的主义的，我们是不会失败的。"陈陶遗不解地问："不知馨帅的'三爱'是何内容？有何作用？"

孙传芳充满信心地说："三爱主义，曰爱国、爱民、爱敌。爱国爱民，为人人应尽的天职。爱敌如友，亦古之兵法家言。本帅誓本此宗旨，为此次作战主义。大局定后，我也要建立一个新政党，以三爱主义为我党之党纲。军事倥偬，未能细述，不日将有宣言发表，愿与国人共同商榷。"

孙传芳带着蒋方震、杨文恺、冈村宁次等上了"应瑞"号军舰，汽笛长鸣，缓缓离开了南京，逆流而上。他的军队分乘从招商局征集来的商船，浩浩荡荡，向九江方向而去。

此次，他是抱着必胜的希望和决心奔赴战场的，大有"壮士浩歌别汉关"

"江新"轮

的气势。

孙传芳在九江小池口江边沙地上修了一临时机场。命飞机队顾队长带飞行员陈栖霞等人及机械师前往小池口，准备轰炸南浔路附近的国民革命军。

孙传芳的军舰9月23日到达九江后，将联军总部设在"江新"号轮船上，他并没有将蒋介石放在眼里，发布动员令时，仍以进攻武汉为战略重点。他将总部设在轮船上的目的，是为进攻武汉做准备。

孙传芳 一生

· Biography of Sun Chuanfang

第九章

孙蒋争雄

1．互有胜负

正当孙传芳还在患得患失，打算保存自己实力的时候，蒋介石已布置妥当东进江西方略，共分三路：

蒋介石亲自指挥右翼第一、二、三各军。第二军由吉安循赣江北进；第三军由萍乡出高安；第一军的第二师刘峙部由铜鼓经奉新东进，均以南昌为目标。原在赣南的孙传芳军杨池生、杨如轩部，由赖世璜军解决（赖原为江西陆军第四师师长，新近刚投国民革命军，任第十四军军长）。

程潜指挥中路第六军和第一军第一师，出修水、武宁，直捣德安，以截断南浔路为目标。

李宗仁指挥左翼第七军，由湖北鄂城、大冶一线入赣，沿长江南岸东进，经阳新、武穴、瑞昌，直捣九江孙传芳总司令部，并向左警戒长江江面和北岸陈调元部。

孙传芳踌躇满志，认为蒋介石只是晚生后辈，不堪一击。谁知双方还未交手，五省内部却闹了起来。原来，江西总司令邓如琢害怕孙传芳假道灭虢之计，先在其中挡起横来。

邓如琢与孙传芳之间，矛盾重重。江西陆军总司令一职，在五省联军成立之时，孙传芳委任了方本仁。而在孙传芳起兵驱奉时，首先通电响应的却是九江镇守使邓如琢。邓并出兵占领安庆，又占领蚌埠。他和方本仁不和，原想到安徽做个总司令，却成了水月镜花。回师时又被王普等横刀拦在半途，不许回家，顿时恼了，打将起来，待孙传芳调和后，回到九江已经气得像吹猪的模样。孙传芳亦很为难，最后夺了方本仁江西总司令的帅印，又给了邓如琢。结果一个没哄好，又把另一个惹"毛"了，方本仁离开南昌去广东投蒋介石，被委为第十一军军长。

到了孙传芳、吴佩孚商议"援赣"之时，邓如琢疑心大起，先是阻挠客军入赣，看看挡不住了，便要辞去江西总司令之职。吴、孙皆不准。恰于其时，邓如琢老父逝世。他便学作古人守孝三年的样子，回到阜阳老家，大办丧事。

国民革命军的脚步，震惊了孙传芳，于是严令邓如琢"墨绖"出师。邓如琢头上缠一条白布，腰中系一条麻布带，满怀一腔悲愤到了前线。此人在军旅厮混多年，颇有战名。这次碰上国民革命军，先是退避三舍，后来便是四舍、五舍、六舍，搞得一群将士怨气冲天。原来他使的是孙膑减灶之法，这叫节节后退，诱敌深入。

国民革命军第二军、第三军占领萍乡，第六军占了修水。好大喜功的蒋介石见对手都不堪一击，便令朱培德从速督军，猛攻南昌。第二军、第三军进至樟树没瞧见久负盛名的樟木箱，却看见旌旗林立、壁垒森严，赣军唐福山、张凤岐二部挡住去路，当即混战一处。此时南昌城唱出一场空城计，只有邓如琢的骑兵团和少数警察部队，全部人马不过600多人。

国民革命军第六军军长程潜是孙传芳日本士官学校同期同学，是学炮出身。又与朱培德"武人相轻"，欲一比高低。他本是攻打德安和涂家埠的主角，却想立攻克省会南昌之头功，决定改变攻击计划，抢在朱培德之前，由奉新奇袭南昌。可怜"邓大人"那出"空城计"早已被"程老夫子"觑破，先架上炮猛轰半个时辰，总参议杨杰大手一挥，第十九师等部便冲至南昌城下，四面团团围住。杨杰早派200个便衣混进城去，联合工人、学生和省长公署警备队四下扰乱、到处放火，向邓如琢骑兵团发动攻击，惹得几百匹战马一阵横冲直撞，秩序顿时大乱。

同时，第十九师杨源浚手下第五十六团，在团长张轸指挥下爆破惠民门，冲入市区。吓得南昌警备司令刘焕臣和省长李定魁慌忙如漏网之鱼，缒墙而逃。

9月19日，南昌既克，程潜极其风光，骑着高头马，挂着十字花，在凯歌齐奏中，挥着手进城。沿途万头攒动，欢呼雀跃。

22日，国民革命军召开群众大会，到会一万余人。百姓扶老携幼，

程潜

王柏龄

争睹国民革命军风采。第六军政治部主任李世璋在热烈的掌声中，站在台上宣讲国民革命军"打倒军阀，解放农工"的政策，对英勇的南昌人民的支援表示感谢。热情像火把一样的江西老表们登台发言，声泪俱下，控诉北洋军阀、旧官僚的暴政劣行。

时值八月中秋前二日，市民们杀猪宰羊，烘制月饼，酿造米酒劳军。中秋之夜，天上的月魄皎洁，地上的汽灯明亮，欢歌笑语，政治部宣传队，伸胳膊动腿，跳舞唱歌，其乐融融。

指挥总预备队的王柏龄也率第一军第一师部分人员进了南昌城。此人好生了得，是黄埔军校教授部主任、教育长、党军教导团团长、军校参谋长、代理天下第一军军长。领了一群"天之骄子"来此收功，向蒋总司令大报喜讯。

朱培德指挥的第二、第三军，在樟树战胜唐福山等部，才知他们在前方出大力流大汗，辛辛苦苦种树，被他人轻轻松松夺了头功，气得发昏，屯兵原地。

蒋方震早已料定革命军必夺南昌。于是他对卢香亭说："党军如得南昌，战线愈长，兵力愈难分配，这是反攻南昌的最好机会。"

孙传芳命令卢香亭和郑俊彦两个师迅速占领牛行车站，同时严令江西总司令邓如琢自樟树、丰城回师反攻南昌，限定四十八小时内恢复失地，否则牵动大局，"军法俱在，决不曲

缪斌

302

宥"。联军几路夹击南昌。

9月23日，联军黑压压地包围城垣，在炮火猛烈轰击下，开始攻城。

国民革命军第一军第一师师长王柏龄，生性风流，出征以来，三个月不闻女人味。一入城，便隐迹妓院之中，倚红偎翠，昼夜快活。党代表缪斌也不甘示弱，醉卧花丛。大兵压境，军中乱成一团，无人做主。

程潜面对强敌猛攻，暗暗叫苦；又找不到王柏龄的人影，自知孤军守堞，凶多吉少，为保存实力，下令弃城突围，齐出南门，在卫队簇拥下，向莲塘市方向逃去。日头偏西，甩开追兵，正下马歇息，突然一声炮响，只见联军伏兵大起，风雨不透，四面八方一齐呐喊"莫要放走程潜"。程军长只得将"老夫"的美髯割去，易上便服，夺路而逃，全军溃散。恰似曹孟德潼关遇马超，"割须弃袍"狼狈而逃。

邓如琢军收复南昌后，将怨气都撒在支持国民革命军进城的青年学生身上。闭城大抢三日，任意捕抓人，凡见学生打扮者，一律不分青红皂白，立即逮捕，不经审讯，便下令枪毙。南昌城陷入白色恐怖当中。"数龄小儿，亦被其砍作多块，满挂街衢。"

再看第一军代军长王柏龄藏匿于妓院之中，党代表缪斌躲在一家豆腐店里，第一军第一师军中无主，在牛行车站被孙军包围，一顿猛打，到处乱窜。杨源浚第十九师在万河一带被邓如琢部包围，苦战昼夜，杀开一条血路冲过赣江，十成人马已去了七成，在万寿宫一带收拾残部。第十七师亦损失一半以上的兵力。

王柏龄形神狼狈，畏罪不敢回去见蒋总司令，自知军法难容，匿藏后方，遂被该军宣告"失踪"，蒋介石便令第二师师长刘峙代理军长。大约半年之后，王柏龄又在上海露面。

此时，第三军军长朱培德进驻万寿宫一带，见了丢盔弃甲的程潜，两人重新计议，决定各军退后，诱敌前进，相机聚歼。

9月30日，孙军第二方面军郑俊彦部一万余人，挟南昌战胜之余威，向第三军朱培德部阵地进攻。朱培德令第七师王均部守着正面，以第八师朱世贵部迂回敌后，攻其侧背。以第九师为增援力量，郑俊彦误入其彀，着了道，被打得鼻青脸肿，激战至10月2日，国民革命军复夺万寿宫。

蒋介石1926年10月2日的日记中有记载："途中接报告，知万寿宫与祥符观之间前日以来战斗甚烈，而第一师不守奉新退守维坊不胜愤恨，王柏龄副军长及缪斌党代表皆未回……"

蒋介石遂令第二师师长刘峙代理师长，重新组织人马攻克南昌，还没喘口气，又被孙传芳联军部队反攻出来，联军甚至在通电中宣称："蒋中正受伤致死，业经多方证实。"蒋介石在日记中也写道："因余之疏忽鲁莽，致兹失败，罪莫大焉，当自杀以谢党国，且观后效如何。"

2．悍将谢鸿勋之死

再说谢鸿勋部二万余人从九江向赣西北往湖南铜鼓、修水方向前进时，该地已被国民革命军攻占，只好在瑞昌、武宁一带停驻下来，沿修水河南岸构筑阵地，进行布防。

由于陈调元部在黄石港登陆，李宗仁部临时改变方向，向武宁前进，欲与程潜第六军靠近，于9月29日晚，抵达箬溪谢鸿勋部阵前，修水河北岸高地。30日拂晓，李宗仁命令第七军出击。每次冲到水边，都被南岸高地上敌军炮火压迫而后退，伤亡数百人，仍无法在阵前强渡。李宗仁便命旅长李明瑞自左翼隐蔽地带向谢军右翼作大迂回。他命令说："迂回得越远越好。"他又对夏威、胡宗铎两位指挥官说："限日落前一定要攻下箬溪。"

谢鸿勋打仗虽勇猛，却缺乏计谋。从早战至日薄崦嵫，尚未抽上一口烟，瘾上来了，便支持不住。又看李宗仁军多次被打退，冲不过河，便麻痹起来，回指挥部去吸鸦片烟。

刚抽上两口，李明瑞旅便在右翼后方出现，像一只凶猛的铁拳自右而左横挥过来。谢鸿勋措手不及，丢下烟枪，慌慌张张冲出屋外，上马便逃。李明瑞旅冲入谢指挥部时，只见几间茅屋中，烟灯犹明，桌上、地上到处是文电狼藉。

此时，对面枪声大作，胡宗铎、夏威挥兵又杀到阵前。谢部豕突狼奔，完全丧失了抵抗能力。谢鸿勋骑一匹黑马，被乱军直拥下河。突然，对面一阵机关枪声，他右腿胫骨被击中，子弹由前面正中射入，后面穿出，胫骨完全被打断，只有筋皮相连。谢鸿勋大叫一声，栽下马来，被周围的卫士救起，临时找了张行军床，走小路翻山越岭向九江逃去，120里的山路崎岖难行，直到10月2

日上午，才到九江，送进美国人开设的一家医院。

谢鸿勋和杨镇东这一路军队，孙传芳原寄予很大的希望，没想到一战而溃，真是大意失荆州，好像一条胳膊被砍去了，损失很是惨重。

谢鸿勋伤得很重，九江的医院只能草草为其裹伤。后经请示孙传芳，令将谢鸿勋送上海条件好的医院进行治疗。

10月4日，谢鸿勋被送上"联和"号轮船，在三名马弁的护送下，于10月9日中午12时左右到达上海怡和码头。上岸后即由中国红十字会医院的救护车送至北苏州路德国人开的公济医院。他进院时面色淡黄，形容憔悴，神志还算清楚。经德国医生罗尔检查，将裹腿纱布剪去，见伤口处筋肉多腐烂，无法观察腿骨，于是准备清洗上药。12日，进行截肢手术。14日上午，谢鸿勋被锯腿的上部忽然肿胀发黑，全身发热，生命垂危，延至16日凌晨终于去世。易箦时，榻前只有其夫人和唯一的六岁儿子。

谢鸿勋之死和第四师的覆灭，给了孙传芳很大的打击。

郑俊彦部在万寿宫等地被程潜部包围时，郑直着脖子向九江联军总部喊救兵，江西总司令邓如琢却隔岸观火，坐视不救。孙传芳火便上来，立马将邓如琢撤职，以郑俊彦继任。

3. 李宗仁德安大捷

国民革命军李宗仁第七军频频奏凯。10月3日拂晓抵达德安郊外。

德安城位于南得铁路中段，东濒都阳湖，南得铁路自城西郊外绕过。城南有九仙岭、金鸡山遥相拱卫；城西北岛、石门、箬山垄一带皆绵延起伏的岗峦，都构筑着工事。守军为九江、南昌两地新来增援的段承泽、李俊义、陈光祖等部，约三四万人，统归第三方面军卢香亭指挥。

卢香亭有丰富的作战经验，知国民革命军必切断南浔铁路，分割九江与南昌间的联系，便以逸待劳，在城外铁路西侧高地构筑工事。另有铁甲车数辆，载野炮十余门往来逡巡，专候国民革命军来袭。

太阳刚从都阳湖上露出脸，德安城外，双方炮又把天打黑了许多，硝烟蔽空，对面不见人。孙军的阵地固若金汤，山岗上一溜炮阵地十几门炮相继瞄准目标，打得尘土飞上半天。数十挺机枪泼出弹雨；铁甲车上的野炮不断变换角度，哪里呐喊的声音大，只管往哪里轰。

李宗仁刚刚抬起头，子弹簌簌迎面飞来，不禁摇头：枪声之密集，炮火之猛烈，有过于贺胜桥之役。李宗仁亲自督战，但见的是一个惊心动魄的场面：第七军健儿两万余人，前仆后继，如潮涌前进。而敌方机枪交织俯射，大炮怒吼，直如一片火海，置身其中，热浪袭人。冲锋而上的官兵看来恍如雷电交加中的山林树木，一排排地倒下，死伤遍地。段承泽是北洋第二师老底，一身好武艺，从士兵滚打至旅长；李俊义原系孙传芳卫队旅旅长，也是个拼命三郎；几名将领倒很心齐，联手反击，也让李猛仔吃亏不少。广西兵有个特点，见血见死人，便像见了红巾挑逗的公牛，暴性大发，一次次地冲锋，一次次地受挫，将官兵折磨得疯狂无比。

李猛仔也真急红眼了，严令手下的团长陶钧和夏威、胡宗铎两位指挥："今晚夺不下德安，不要来见我！"三位年轻气盛的好佬，又率全军猛扑，展开白刃战。北方兵虽身高块大，但见血便眼晕，未见过真正的血战，心里开始发怵。待广西佬冲上南浔铁路大桥，自铁桥南下冲击，孙军阵脚大乱。眼见侧翼被第七军扯破，防守正面的部队便纷纷丢炮弃枪，夺路狂奔。炮兵阵地上遗下山炮十余门，机枪数十挺，步枪、弹药俯拾即是，漫山遍野的溃兵像放开的鸭子。

李宗仁便令吹起得胜号，耀武扬威将部队开进德安城。

是役，孙军损失惨重，遗尸千余，被国民革命军压迫坠河溺毙者几百人，浮尸蔽江，惨烈之至，连李宗仁也在清点各部时，不禁叫声："苦哇……"第九团团长陆受祺阵亡，死伤亦达两千余众。

德安之战为第七军出师北伐以来，战斗最为激烈、死伤最大的一役。

蒋介石正为丢失南昌恼火，怨王柏龄等不争气，丢了他的人。这时见李宗仁再创战绩，也是个安慰，于是来电嘉奖：

> 奉新、安义第六军部速转德安县李军长勋鉴：
> 刻接支电，欣悉德安克复，逆敌击溃。此次孙逆全力来犯，主力皆在九江、德安一带，今为贵部完全击破，以后敌必闻风胆落，赣局指日可定。吾见及诸将士不避艰难，达成任务，其勋劳非可言喻。请先为我奖勉慰藉，再请政府特别奖叙也。蒋中正。

其实，孙传芳与蒋介石各胜一局，战成平手。

4．"蒋中正受伤致死"

国民革命军第七军和第三军的出色表现，令蒋总司令下决心再次攻打南昌，以报前次失利之恨。此番亲自出征，仍令第一军第二师为主力。他对刘峙说："经扶，你是我的爱将。上次我令王茂如（即王柏龄）去打南昌，打了败仗不说，躲到现在也不敢回来见我，真是我黄埔军人的耻辱。这次全看你为我争光，我派其他部队助你。"

刘峙字经扶，江西吉安人，早年毕业于武昌陆军中学，保定军校第二期，后在粤军中任职，1924年在黄埔军校任战术教官，在"中山舰事件"中为蒋介石立了大功。北伐时任第一军第二师师长。

刘峙胸一挺："请校长放心，卑职定将南昌夺下，报答校长栽培之恩。"

蒋介石为了保证南昌战役的胜利，又令第二军五、六两个师和第三军，协攻南昌。

10月5日，刘峙率第二师占领樟树；6日，占领丰城；9日，强渡赣江，进至南昌城下。与此同时第二军、第三军陆续抵达南昌城外。

孙军在南昌的守城部队约有五六千人，眼看抵挡不住围城大军。为使国民革命军在城外失去进攻的屏障，各城门口以岳思寅、唐福山和张凤岐等人的名义悬赏大洋两万元，命士兵营出城在城关放火，烧毁建筑物。霎时火借风威，风助火势，使惠民门、广润门、章江门、德胜门外繁华热闹、人烟辐凑之区，在熊熊大火中化为一片焦土。著名的天下第一

刘峙

阁，飞檐画栋的滕王阁也在烈火中被焚毁。大火烧了两天两夜。

12日晨，国民革命军开始发起攻城，南昌城上被炮火硝烟所笼罩。攻击部队在火力掩护下，架起云梯登城。守军居高临下，用机枪、步枪、手榴弹，打得如同泼水一般。攻城者非死即伤，几次冲锋均无功而返。

正当战斗激烈时，蒋介石率白崇禧、加伦将军、鲍罗廷顾问等总部人员来到南昌。见攻势受挫，立即召集白崇禧、鲁涤平等召开紧急会议，研究对策。白崇禧一肚子不合时宜，唱了反调："我军作战虽然勇猛，但南昌城垣高大坚实，我军重武器缺乏，屯兵坚壁之下，又背水而战，实犯兵家大忌。武昌的攻坚战便是一个教训。"

蒋介石立功心切，被白崇禧大泼凉水，头上的青筋便暴了起来，大声嚷道："哪一座城池是敌人让与我们的呢？革命军人就应该英勇顽强不怕牺牲，我们是开会商量攻城办法的，不是商量撤退的。城再高，我军都无坚不摧，攻无不克。"加伦将军支持蒋介石的进攻主张。

白崇禧偏偏不以为然，说："总司令，这样硬拼不但白白牺牲兄弟们的性命，还有可能遭到失败！"

蒋介石脸色十分阴沉："现在我是总司令，我说了算，今天夜里9时整，发起总攻，爬城，非打进去、扬我军威不可！"

白崇禧、鲁涤平等人一起称"是"。白崇禧暗地里找来工兵营营长，命令："你带人火速去赣江上秘密搭建两座浮桥，动作要快，否则就来不及了。"

工兵营长领命而去。

10月12日傍晚，天色黯淡下来，蒋介石兴冲冲来到南门外第二师的阵地。果然，黄埔出身的军官个个劲头十足，纷纷表示不成功便成仁，焦急等待总攻时间快些到来。

突然周围喊杀震天，枪声大起，黑暗中无数枪弹带着弧光，如萤如蝗，扑面而来。成百上千的黑影执枪挥刀，如切瓜剁菜，蜂拥而来。原来，身矮头大，声若洪钟的邓如琢，也是一个能征惯战的好手。是夜，他悬赏五万元捉拿蒋中正，打死亦给三万。敢死队从南昌城下水闸中悄悄破关而出，摸到阵前，拔开鹿角，呐喊杀入，顿时国民革命军秩序大乱，无人听得指挥，纷纷后退。担负攻城的第六团来不及后撤，被敌军围在阵中，几至全团覆没。身在前线的蒋介石开始还能镇静，但见城门大开，无数敌军奋身杀出，将他的军队逼向赣江边时，神色大变，几次惊慌失措，执着白崇禧的手，连问"怎么办？怎么办？"白崇禧因暗中已布置在赣江上架浮桥，尚能保持镇定，大声命令刘峙："全军沿赣江东岸南撤，从上游由浮桥渡江。"众人大喜，知有生路，但到浮桥边只见人马杂沓，秩序大乱，不少溃兵被挤到江中，哭喊哀号。白崇禧立即派兵沿途通知撤退部队的长官，上游还有一浮桥可渡。

军心始定，于黑夜之中边打边撤，拥着蒋介石急忙退往赣江西岸。"终夜奔走，未遑宁息"，直到天亮才收住脚步。经检查，部队受了很大损失，人员、装备都减了大半，第二师第五团团长文志文等阵亡。13日，蒋介石下令撤围南昌，又羞又燥，自己在日记中写道："因余之疏忽鲁莽，致兹失败，罪莫大焉，当自杀以谢党国，且观后效如何。"

孙军获胜，又是大吹大擂一番。前线敢死队报告，"击毙蒋中正"。于是10月15日，孙传芳的九江联军总部参谋处，通电：

> 北京国务院、各省督办、督理、总司令、省长、省议会、各法团、各报馆钧鉴：
>
> 兹将本日情形综列于下：
>
> （一）蒋中正因受伤致死，业经多方证实。广东急电汪精卫返粤主持一切。
>
> （二）赣省党军现因无人指挥，纷纷向湘边及赣南溃窜……

17日，在孙传芳左右参赞戎机的蒋方震致电淞沪总办丁文江说："寒日晚，清扫战场之结果，知加伦、蒋中正均亲在战场。蒋在赣江东岸，有受伤之说。"蒋方震到底是个持重的军事家，此次南昌反攻的主意与他直接有关。他对蒋介石之死持怀疑态度，只是谨慎地宣布蒋有受伤的传闻。

孙传芳却按捺不住内心的喜悦，他太希望能打死蒋介石了，因为蒋一死，战局顷刻便会发生决定性的变化。他17日又通电全国：

> 顷据南昌某铜元局附近某外国传教士面称：本月12日午刻，南昌战事极烈，蒋介石携俄人加伦亲到铜元局附近指挥，并亲见其手毙四名学生。因前方微形动摇，遂乘马巡视战线。适联军炮弹飞来，正中马腹，蒋中正

遂而坠地，被破片中其左腋，流血甚多。

有鼻子有眼，而且是外国传教士说的，大约不会错了。

但是第二天，孙传芳便纠正了蒋介石受伤的部位，说在"肩及腿部均受重伤"。

不管对手何处受伤，这件事对北洋军阀来说，无疑是如金圣叹先生所云："朝眠初觉，似闻家人叹息之声，言某人夜来已死，急呼而讯之，正是一城中第一绝有心计人，不亦快哉！"于是弹冠相庆，对酒当歌。吴佩孚不愧秀才文笔，贺电曰："伫看楼兰将灭，痛饮黄龙。"孙传芳也来了精神，10月24日再次通电说：

顷据香港坐探电称：蒋逆因伤身死，俄贼加伦同时受伤，日前粤政府曾派员慰问蒋逆，并迎汪回粤主持，蛛丝马迹，事非无因。

吴佩孚亦跟着瞎起哄，电告全国：

顷接香港电报局刘局长祸（22日）电称：皓（19日）电谨悉。粤港盛传蒋逆因伤身死，虽未证实，但粤政府无故派员前往慰问，受伤之说，必非虚传等语，除饬前方上下游各军三方夹击，乘机歼敌外，特达。

希望也好，愿望也罢，总之，能打死蒋介石，战胜国民革命军，是北洋军阀共同的目标。谁知为南柯一梦。虽然联军未打伤蒋介石，但蒋也领教了孙传芳的手段，小心翼翼，重新部署，从而江西战场沉寂了一段时间。

孙传芳决定亲赴南昌巡视。他带着一排卫兵从"江新"轮下了码头，从九华门登岸，步行来到九江火车站，专门为他准备的花车已生火待发。

月明如昼，由远而近传来一阵阵飞机马达声。一架"贝利盖"老式飞机"隆隆"掠过车站的上空。孙传芳仰头望着，此时张世铭副官长靠近说："联帅，快上车吧，当心党军的飞机……"

"党军的飞机？"孙传芳笑了笑，"他们也有飞机？这是我的侦察机，是从对岸小池口北关的机场起飞的。"

"联帅，这次视察南浔路要不要给卢师长香亭和郑师长俊彦打个招呼？"

"不必，我们行动机密，知道的人越少，也就越安全。"

第二天一早，当孙传芳等人出现在牛行车站，消息传来，使驻守在涂家埠总部的卢香亭大为吃惊，他急忙命令电务处少校邱伟打电话通知南昌城内的江西总司令郑俊彦、省长李定奎、警务处长刘堂和各界士绅名流，让他们立即过河，欢迎孙传芳。

邱伟略带不满地说："我们背井离乡，千里迢迢来这里为联帅卖命，联帅分明是信不过我们。来视察为什么事先不告诉我们？他几次电催我们乘胜追击，扩大战果，按原计划进攻武汉，我们按兵不动，肯定惹联帅不高兴，这次亲自前来，恐怕是兴师问罪的吧？"

卢香亭哼了一声，发泄说："我卢某是浙江总司令，江西是别人的天下。我们越中子弟兵犯不着为别人打天下，白白送命。联帅常说要保境安民。我的境和民都在浙江。"

原来卢香亭在杭州找了个如花似玉的娇娘做二房。小女子嗲声嗲气，吴侬软语，又善解人意。卢香亭在西湖畔专门为如夫人买了一幢别墅，做金屋藏娇之举。谁知还未度完蜜月，便奉命出师。小娇娘哭得泪人一般，倒教这位枪林弹雨数十载的卢总司令愁肠百结。人在前线，心却留在西子湖边，只想立刻打完仗回杭州。

孙传芳的计划很大，卢香亭却另有打算。邱伟的牢骚，也增添了他对孙传芳的不满。邱伟与蒋介石是浙江同乡，又是保定军校先后期同学。原在浙江第一师担任电务主任。他对孙传芳客军入浙，极为反感。此时与国民革命军暗通款曲，正准备投诚，蒋介石却令他窃取联军情报，利用电台，将信息暗中通知国民革命军。他为了加速联军的失败，挑拨离间，有意制造将帅不和。他继续火上浇油："别人都说卢总司令和孙总司令是士官学校同学，而卢总司令现在是孙总司令的心腹，是最听话的，决不敢违背联帅的旨意。"

卢香亭的两撇胡子往上一翘："我卢某就是卢某，谁能当我的家？不管联帅有妙计千条，我卢某人有一定之规，我的队伍决不离开铁路线五十里以内，只要打跑了老蒋，我们就回兵休息，告诉弟兄们作好回浙的准备。"

满面春风的孙传芳在卢香亭、郑俊彦等人的陪同下，在牛行前线视察防线。联军士兵们个个光着脊背，满身汗水，挥动着铁锹在修筑工事，战壕挖了三尺多深，不远就有一个坚固的堡垒，并排有两个机枪口，都能做120度射击。

孙传芳感到很满意，夸奖着："张副官长，给牛行前线的弟兄们发大洋二千元。"他又转身对卢香亭、郑俊彦说："凡逐鹿中原者，必先图逞于宁鄂，则必亟取江西。而图江西，必先着眼于南昌和九江。故而这南浔线就是我们的生命线。你我兄弟情同手足，务要精诚团结，同心同德，鼎力相助。"

卢香亭见孙传芳并没有责怪他的意思，于是忐忑不安的心情犹如乌云被风驱散。"愿为联帅效劳！"他和郑俊彦大声回答着。

卢香亭回到涂家埠总部，异常兴奋，来到邱伟的电务处。因涂家埠的司令部房屋狭窄，电务处与总部分开，在一间单独的屋子里。他美滋滋地对邱伟说："这次联帅来，非但没有责怪我们，还嘉奖我们打老蒋打得好。这一下我便放心啦！打电报通知李省长，我要在南昌为联帅举行盛大的宴会，今日下午等宴会结束再送联帅回九江。"

邱伟当即告诉电务员华镇麟，将此情报通知蒋介石：请今日下午派飞机来轰炸孙传芳的专车。

孙传芳没有参加南昌城里为他专门举行的宴会。他视察阵地后，随即悄悄地乘压道车于中午返回九江，只留下张副官长对卢香亭、郑俊彦等人的接风洗尘表示不到之歉意。

卢香亭、李定奎、郑俊彦等人在督署前列队欢迎孙传芳，当见到汽车中下来的只是张世铭副官长，焦黄的脸色一下子像猪肝一样涨得通红，一种被戏弄的感觉油然而生。

整个宴会因为孙传芳的缺席而显得十分扫兴。在郑俊彦、李定奎等人的劝说下，卢香亭向出席宴会的军政首脑宣布：

"孙联帅身体不适，现在花车内休息，我代表联帅向诸位敬酒。"

席间，卢香亭带头喝酒，并与郑俊彦吃五喝六，猜拳行令。但众人都看出来这是卢故作姿态，强掩饰不满与郁闷的心情。

下午3时许，张世铭副官长乘着孙传芳的花车离开了南昌，行驶不到五六分钟，从云层中钻出两架苏式"蒂海威令"式飞机，围着奔驰的火车盘旋了几圈，突然怪叫着俯冲下来，"轰——""轰——"几声巨响，几枚炸弹落下，当即击中车头的锅炉，列车凭惯性向前冲了约一里路，便瘫痪在铁道上。张世铭多喝了几杯，不胜酒力，正躺在卧铺上，便一头滚了下来，趴在车厢内不敢动弹。卫士们打开车门，架下了吓得半死的张副官长，逃到路旁的稻田中。飞机又直冲下来，随着几声爆炸，烈焰冲天，花车被炸得出了轨。

卢香亭闻讯，心里佩服孙传芳的机敏，幸亏未参加宴会，否则险遭不测。他急令铁路附近炮兵阵地向飞机开火，连放几十发炮弹，也未击中飞机。反而引得飞机又向牛行车站和涂家埠轰炸一番，然后得意洋洋地低空掠过南昌城上空，向生米街、万寿宫方向飞去。

5．孙与蒋谈条件

孙传芳下令联军入赣同国民革命军作战，引起东南人民严重不安。浙、苏、闽、皖四省奔走"和平"之代表蒋尊簋、张一麐、魏伯祯、赵厚生、史家麟、李次山等从上海到南京，呼吁和平。孙传芳提出和平的条件为：

（一）撤退入赣党军，停止湘鄂战事；

（二）由各方自由推戴人选组织内阁，取决多数；

（三）召集南北和平会议，选举总统，划分军区，匀配财政等。

孙传芳请东南和平运动会的代表张一麐和军事全权代表蒋方震顺江而下，赴汉口议和，迄未成功。

10月13日，孙传芳在九江电复东南和平运动会文电曰：

我五省人民和平代表张仲老（张--麐字仲仁）等，及芳军事全权代表蒋百里先生议和，业经匝月，其始则备受凌侮，几至无谈判之余地。继因南昌彼军溃败，始以大冶撤兵为言，十月一日，由蒋百里先生函电，拟请孙传芳在长江两岸先行停战，蒋介石所部，由彼方自行交涉，盖介石远在新喻，函电难通，且其志在得赣，和平之议，殊难赞同也。如果赞成，彼时我撤大冶、阳新，则彼军不过蕲水、巴河，迭有函电可资考证。传芳以尊重人民代表之意，当即复电赞同，诚以民困久矣，如惧其失信而先与之一决，使无辜之民，重摧锋镝，何若先退而为民请命，使战区之民，稍纾喘息。待人以诚，人或以诚待我。乃力排众议，于十月一日、二日晨，陆续电令撤退大冶、蕲水、阳新、龙港之兵。孰意我军后退尚未就道，而彼军蹂躏我蕲春矣。今且续续东援，窥及武穴，跟踪东下，至一至再。诸君试为芳思之，是可忍也，孰不可忍欤？至革命军，则另有计谋，主力攻我

313

南昌，而以李宗仁所部二千人袭我德安。幸赖将士用命，使彼片甲不还，此天道也，岂传芳意料所及者乎。诸君代表人民呼号和平，芳所心许，岂一朝夕。然和战之柄，操之彼军，解铃系铃，请诸君问介石可也。且排难解纷，所以彰公道明是非也，诸君皆积学之士，披览舆图，当谅芳言之不谬。愿诸君为申其委曲于天下也。

孙传芳拒绝和平运动，使江浙士绅大感失望。而他手下的师长陈仪、潘国刚等人，却秘密与蒋介石联络。在他们看来蒋介石毕竟是浙江人，是自家人，而孙传芳是外人，是山东人。浙人治浙是他们一贯的立场。

孙传芳与蒋介石打得各有胜负，而浙江夏超独立，又被孙传芳很快剿灭，他担心周凤岐再发生变化，急调周师赴赣。

国民革命军两次进攻南昌，都铩羽而归，便改变战术，采取零星局部的作战战术。有时袭击马回岭，有时袭击乐化，有时袭击牛行和南昌；也有时同时袭击，而且多为夜战，混战到天明，联军一出击，便逃得无影无踪，搞得联军不胜其烦。

同时蒋介石在赣江两岸厚集兵力，准备发动总攻击。

孙军在这一阶段，连打两次胜仗，官兵骄气普遍上升，卢香亭认为国民革命军不过如此。

此时，蒋尊簋来到前线，他是作为和平使者，来斡旋赣战。蒋尊簋字伯器，浙江海宁人，与蒋介石、孙传芳、卢香亭等都是日本士官学校的同学。蒋尊簋路过涂家埠时，特意去看卢香亭，但卢一见蒋尊簋便破口大骂蒋介石，搞得蒋尊簋啼笑皆非，无法下台。卢香亭私下对炮兵司令马葆珩说：

"蒋尊簋这小子是替蒋介石来探听我们军事情况的奸细。我同他到野外去玩玩，顺便把他干掉算了。"

马葆珩急劝："两军交战，不杀来使。"卢香亭才悻悻作罢。

江西的形势逐渐对联军不利后，蒋尊簋又至高安见蒋介石，带来孙传芳的议和条件："只要求保存五省之体面，其余均可妥商。"

蒋介石说："只要孙传芳能先撤退鄂、赣各军，准允我党部在五省公开，各界组织自由，筹备召开国民会议，余事皆可商量，但首先要表示撤兵日期。"

蒋尊盦说："我马上回九江，向孙传芳报告，希望能成功。"

蒋介石说："东南问题，全在赣战，如赣局结束，则闽浙问题不难解决，但请转告孙传芳，撤兵日期，以11月2日前为限，用无线电报答复，闽浙问题，都可以暂时不提，但江西非归革命军不可。"

蒋尊盦走后，蒋介石在日记中写道："伯器老实人也，孙既来求和，犹欲保持五省总司令名义，诚匪夷所思。余令其先告撤兵期，然后再及其他。"

此时，周凤岐部正在九江布防。周与夏超在齐卢战争中都是联孙反卢的。但孙传芳开府南京后，只委周为南京卫戍司令的虚衔，周于是对孙产生不满。周率师援赣后，部下樊嵩甫、钱骏、郭忏等都推动周与国民革命军联络。葛敬恩还派杜伟去汉口与邓演达接洽，蒋介石等已许周凤岐为"第二十六军军长"之职。

8日下午，蒋介石亲自撰写《讨孙通电》。他在日记中写道：苦难成稿，自念荒芜至此。乃曰：军事政治之先机，全在小脑作用，微几真理，稍纵即逝，或即在只能会意之中，若不能固执几微，彻底研讨，未有能得者也。

第二天一早，蒋介石又对起草的讨孙通电进行修改。将其改为讨孙宣言。

10月15日，国民政府正式发表讨孙宣言：

中国为四万万人民之中国，东南五省为中国行政之五省，任何人不得而私有，亦任何人不得而宰割也。今孙传芳利用保境安民之名义，取东南五省为其私产，视东南人民为其家奴，承军阀割据之风，行鱼肉人民之实，如是而曰保境安民，是保孙传芳之境，安孙传芳之民，而非保中国之境，安中国之民也。溯自孙传芳割据五省以来，摧残爱国青年，剥夺人民自由，残忍惨虐，难以数计。至于各种苛捐杂税，如宅地税、户口税，强加监税，勒取米税，把持市政，销售鸦片，包苴公行，贿赂成市，使五省人民水深火热，不遑宁处。此次派入江西之逆军，尤到处肆掠，如袁州、临江、九江、南昌、抚州一带，受祸尤烈，妇女多被奸淫，善良多被屠杀，老弱转入沟壑，闾阎变成邱墟，人民皇皇，朝不保夕，凄凉愁惨，目不忍视。此诚东南百年来未有之浩劫，而即孙传芳之所谓安民也。本政府此次出师北伐，本为打倒帝国主义走狗吴佩孚之反动势力，以巩固我革命根据地，业经迭次宣言，对于孙传芳，原欲以主义相感化，冀其幡然来归，湔洗旧染，盖本先大元帅仁恕之量，不欲苛求，且恐重苦吾民，故力谋缩小战区，不愿多方树敌也。江西之邓如琢，本受吴佩孚之委任，始则仇视本党，继则出兵犯湘，素惟吴佩孚之命令是听。江西毗连湘粤，当本军入湘攻鄂之初，江西兵力薄弱，我二、三、六军，本可蹈虚抵隙，歼灭邓逆，直出九江会攻武汉，所以不先入赣者，盖欲孙传芳之确实有所表示，自动驱邓，以减削吴佩孚之势力。不料政府孚之以信义而孙传芳报之以仇雠，竟于我军与吴酣战武长之际，封闭我浙江党部，禁锢我东南党员，解散上海工会，禁止爱国运动，与三民主义为仇，为帝国主义作伥。（本）政府恐其迷而不悟，屡电劝告，启之以自新之路，无如孙传芳阳为周旋，阴则倾其全力以抗犯我革命军，一方面假其保境安民之邪说，以欺弄社会；一方面则下令攻击，亟思袭取湘粤，以实现其九省领袖之迷梦。观其八月三十日所下作战命令，其狼子野心，殆已毕露，而不可复掩。其命令要点：一路则由修水，铜鼓进袭长岳，断我革命军之后路，一路则进窥武穴鄂城，欲与困守武昌之陈嘉谟，夹击我革命军之正面，更令福建周荫人，进窥潮梅，以掠我革命军策源地之广东。其意盖欲乘我苦战力疲之余，以为倾覆我根据之谋，继承吴佩孚之绪余，苟延北洋正统之命脉，（即不恤为帝国主义之走狗）以残害我民也。（本）政府至此，乃始绝望于孙传芳，知其冥顽不灵，诚不可以道理喻，非加讨伐不可也。至其魑魅魍魉，乘危打劫之手段，投机取巧之惯技，狡猾恶劣，犹为吴（逆）所不及。盖吴佩孚武力统一之主张，早为人民所痛恨，而彼乃代以保境安民之辞，以圆其谬说，使人民尽入于麻醉状态，以消沉其元气。此种手段乃专主帝王，用以愚民之政策，其阴狡盖有甚于吴佩孚。至其分遣爪牙四出，运动我军内部以名利为勾结，以妖言相煽惑，幸本军将士，笃信主义，上下一心，不为所诱，而其仇视我革命，设计之毒，盖可知矣。鸣呼！孙传芳凭恃武力，割据东南，侵略湘粤，麻醉人民，阻挠革命，抗犯义师，仇视本党，残杀同胞，实中国内乱之罪魁，三民主义之障碍，乃吴逆佩孚之第二，而人民之公敌也。先大元帅有言："北伐目的，不仅在推倒军阀，而在推倒军伐所赖以生存之帝国主义，不仅推倒曹、吴，而在使无继曹、吴而起之人。"今孙传芳俨然继曹、吴而起，（本）政府责任所在，焉得不声罪致讨。故特令我国民革命军于挞伐吴佩孚以后，移师东指，入赣以来，节节胜利，一月之中，业将孙逆传芳调赣之五师及十混成旅，犯粤之二师三旅，悉数击破，其中为我完全歼灭者，几过四分之三，所余残部，犹思负隅困斗，保其残喘，以贻害于江西者，流毒于我闽浙江皖之同胞。综孙传芳生平之所为，无不以设辞惑众，而为食言欺人之事。曾忆其昔年宣言，拆毁上海兵工厂，倡言和平，且以包销鸦片，为反对奉军之口实。今则不惟兵工厂强制开工，包办鸦片，公开贩卖，较之奉军，辱国殃民，且有过之。此皆其欺蒙我人民，以逞其北洋军阀窃据江东，囊括全国之野心。其罪恶固不在吴贼佩孚穷兵黩武残民以逞之下也。今吾民既与军阀决无两立之理，国民革命之成败，实为我人民生死存亡之关键，我东南同胞，久受孙贼铁蹄之蹂躏，必能判断邪正，明别顺逆，尚期一致奋起，共同讨贼，齐集于革命旗帜之下，铲除东南之余孽，扫清军阀之遗毒，完成三民主义之工作，促进中国之统一，实现人民之自由。至于五省军人，同为国家基干，本无畛域之分，如有向义输诚，脱离孙逆而能为国民革命奋斗者，本政府无不优加容纳，引为袍泽；其有始终附逆，甘为民敌者，则大军所至，挞伐无赦。特此宣告。中华民国政府印。

十月十五日

10月18日，当夏超独立的消息传到江西前线，南京的浙江部队有响应的迹象，此时，由于后院失火，一度孙传芳有撤退赣闽各部，退保江浙的计划。蒋介石闻报：电陈致电中央执行委员会常务委员会主席张静江、代理国民政府主席谭延闿，提出："如孙传芳尚能在江皖自立，似看准其缓冲，惟浙江须加入国民政府范围，或准其中立也。若孙能允此，则和平运动，应可着手。"

如果真能如此，那孙传芳的五省只能剩下苏皖两省，那么，他能同意吗？

前线战局发展，已不利于孙军，此时周凤岐已经与蒋介石商谈合作。约定识别信号为放空枪，竖起黑白旗，上白下黑，三尺见方。蒋介石电令国民革命军各部，见周部妥为收容，别引起误会。

陈仪在北伐战起后，有意与蒋介石讲和。他的参谋长葛敬恩建议：与粤方合作北伐。陈仪向孙传芳提出与蒋介石议和，一致北伐的忠告，孙虚与委蛇，派葛敬恩为代表去与蒋介石议和。

6. 夏超的"护身佛"

浙江省长夏超新起的府邸，是杭州城内最漂亮、最富丽堂皇的住宅。整个庭院位于城东，占地约60余亩，亭榭楼台，无所不具。房屋建筑系中西合璧。金黄色琉璃瓦，挑起昂扬高耸的飞檐，主体结构是钢筋水泥，所有的落地门窗都用光可照人的玻璃砖组成。

夏超每天清晨起得很早，他是一个励精图治的人。权力欲和野心是他性格的组成部分，他最大愿望是要实行浙江独立自治，由他本人掌握全省的政治、经济和军事大权，真正实行"浙人治浙"。北伐兴起，孙军援赣，浙江总司令卢香亭率军沿仙霞岭方向进入江西，又给夏超的理想带来了新的希望。

孙传芳似乎对夏超和浙江官员都有所防范，属于限制使用那一种。首先在军事上，将浙省的军队，如陈仪第一师、周凤岐第二师等调出浙江，又令上海警备司令宋梅村密切监视浙江的一举一动。其次，孙传芳调他的军需处长蔡朴为浙江省财政厅厅长。控制了军权、财权，便不怕夏超图谋不轨。

夏超自己没有一支能与孙军相对抗的军队，于是决心不惜花费巨额的金钱，添置武器，大力发展警察和保安队，以图与孙军作博浪一击。孙传芳几次想解决夏超，终因投鼠忌器，怕引起浙江人的反对，于是与夏超义结金兰，羁縻、笼络夏超。但夏超亦非池中物，是决不甘心做傀儡的，夏、孙二人貌合神离，心知肚明，互相防范很紧。

蒋介石在江西战场上的节节胜利，给夏超带来新的契机。卢香亭大军出动后，他暗中派秘书廖家驹前往上海的德国洋行，购买了大批新式武器，其中有野炮、迫击炮、轻重机关枪、长短枪，计划秘密运至吴淞口，由浙江外海水上警察厅的兵船接应后，再从海上运到浙江附近的海面上，由内河水上警察厅的巡逻船分批转运到省城，偷偷分藏在梅花碑省长公署和夏超亲信、省会警察厅厅长兼工程局总办冯光裕的办公署，省会工程局的地下室中。

当时，孙传芳的上海警备司令宋梅村遣人暗中查访，得知夏超密购武器将有异动，密电远在江西前线的卢香亭，要求查收其武器。卢香亭无暇分身，又担心杭州空虚，恐逼急生变，加上夏超亦打出"保境安民"的旗帜，武装警察、保安队亦属"正常"。于是也不便贸然行动，只是命令宋梅村加强防范，严密监视而已。

夏超一身宽松的武术衣裤，软底布鞋，迈着轻松的步子，踏着晶莹欲滴的露珠，走向后院中的兰花园。满园青绿中，参差星点白花，散发出一阵阵幽香。他特别喜欢兰花，这一片兰花，全是他亲自栽培的。不管公务多繁忙，每日回来，都要亲自浇水、施肥、松土，这对他也是一种调剂，一种享受。

过了兰花园，曲径通幽，穿过嶙峋的假山石，便是一片空旷之地，中间是一凉亭，凉亭中的兵器架上，排放着明晃晃、锃亮亮的刀枪剑戟、斧钺钩叉，十八般兵器，样样俱全。

夏超从小习武，功夫很深，每天早晨都要来此活动一下拳脚。正当他练得起劲，秘书廖家驹快步来报："夏省长，广州国民政府驻沪代表钮永建先生求见。"

"客厅看茶，我去更衣，随后便到。"夏超吩咐着。

刚沏好的西湖龙井碧绿清澈，发出阵阵清香。夏超已是马褂背心，坐在客厅中与钮永建共同品茗，他呷了一口茶，开门见山：

"惕生（钮永建字）兄，上海方面准备起义的情况如何？"

"定侯兄大可放心，永建受蒋总司令的委托，这次在沪多方联络，计划在上海、浙江两地同时举义，宣布独立。我已在黄浦江联络好水上警察一千余人，还有一部分工人，只要你这边开始行动，我立即在上海实行起义，以行策应。"

夏超点点头，但仍表示担心："孙传芳的主力虽已开往江西，但是上海警备司令宋梅村仍率两个团坐镇一方。宋是孙的心腹大将，能攻善守，不可轻视。"

钮永建摇着头："定侯兄，你的官越大，可胆气却越来越小了。目前九江前线吃紧，孙传芳已下令调宋梅村旅的王雅之团在上海港口集中待命，防守南北市的只剩下一团人，守尚不足，何论进攻？他们唱的是一出空城计。我担心的只是你们浙江方面准备不足。"

夏超的心放回肚中："我的手下，保安队已扩大到七千人，都是由旧巡防营改编的。我还花费了几百万元，添置了德式新装备。在省署秘密设有总司令部，下辖三个总队，第一总队长吴殿扬，第二总队长章燮，第三总队长章培，三个人都是我叩头的把兄弟，全是一色的青田人。每个总队设三个大队，外加两个炮兵连，三个机关枪连和两个迫击炮连。总人数加上警备队已超过八千人，相当于一个旅的兵力；再加上省会、宁波、外海、内陆水陆警察各路人马有一万五千人，还怕对付不了宋梅村区区一个名不副实的旅？"

钮永建一个劲地打气："对！对！我们在上海滩也准备好，只要宋旅胆敢开往浙江，我们就攻打上海兵工厂，让其首尾不顾，断其归路。"他瞟了夏超一眼，"只是经费……"

夏超立即反应过来，心里暗暗直骂，但脸上还是克制着："你要什么条件？"

"想请夏省长助我军饷三四十万元。"钮永建狮子大开口。

夏超的心口像被人猛戳一刀，只觉天旋地转，勉强应酬着："我现在是抱着个金碗讨饭吃，说出来你也许不信，我现在欠债几百万元，多年的积蓄全部买了军火，我图什么？只图打垮孙传芳，让我浙人过太平日子……"他越说越激动，几乎落泪。

钮永建面呈难色："既然如此，也不勉强，我们再想别的办法，只是发动的时间可能要推迟……"

夏超的脸涨得像猪肝，大嚷着："好，好，我给十万，行了吧？只要打倒孙传芳，我夏某倾家荡产也心甘情愿。"

钮永建与夏超共同商定了一个有意义的日子："时间定在本月17日。去年10月17日是孙传芳从杭州反奉进兵的日子，一战而霸。今年10月17日，该是我们动手的日子了。"

为了麻痹孙传芳，夏超派出浙江警务处处长叶颂清和总商会会长王竹斋等人为劳军专使，送到九江前线银圆三万块和大批的食品、棉布，着实令孙传芳感动不已。孙传芳亲自陪同王竹斋到九江城内的伤兵医院慰问伤员，每个伤兵发银圆两块和饼干一盒，伤兵们感激涕零。

通过此事，孙传芳对夏超的看法

发生了变化，大敌当前，夏超能与己同舟共济，诚属难能可贵。为表明心意，孙特意派人去景德镇窑置办了一套非常讲究的仿古月轩细瓷青花餐具回赠给夏超，特意请匠人在盘里烧上了"同心同德"四个大字。并大摆宴席，欢送劳军专使回浙。

眼看战事发展对联军方面已呈有利之势。冈村宁次帮助孙传芳制订了一整套作战计划，勾画了进取武汉，打败国民革命军的设想：在长江上游，令鄂西北的卢金山、于学忠两部占领公安、石首；川军杨森部夺监利、新堤，顺江而下；苏军陈调元和湘军叶开鑫部从黄梅、武穴，沿江北向武汉转进；卢香亭、郑俊彦从九江溯江而上；吴佩孚军出武胜关南下；数路大军会师武汉三镇，再南下一举夺下湖南，将北伐军撵回广东省。

孙传芳认可了这份作战计划，总算可以高枕无忧了。

10月16日清晨，孙传芳驻节的"江新"轮旁边的"江永"轮突然发生爆炸，死难者达数百人。船上装载有大批军火与军米，还有士兵1500余名。这场突如其来的恶性事故，也让孙传芳心惊肉跳，连忙命令起锚躲避，江面上的各船也纷纷起锚远离，担心殃及。孙传芳还慌忙指挥手下忙于抢先救人，损失极大，搞得他焦头烂额，气急败坏。直到深夜，孙传芳总部指挥室中，灯火通明。正当他感到困倦想要睡觉时，副官匆匆递上宋梅村的电报，上面出现心惊肉跳的数十字：

> 万万急。九江前线孙总司令钧鉴：
> 夏超反正，就任伪十八军军长暨浙江民政长。宋梅村筱（17日）印。

联军的"后院"着火了，孙传芳神色大变。这意味着退路将被切断，如果不迅速镇压夏超，势必造成军心大乱，一着不慎，满盘皆输，后果将是不堪设想的。他大声命令副官："给上海宋旅长梅村回电——"他一字一顿，咬牙切齿地口述电文："夏超绝我后路，是仇人，不是敌人。敌可和仇不可和，立即解决，格杀勿论！"同时，孙传芳任命第八师第十五旅旅长宋梅村为前敌总指挥，任命混成旅旅长李宝章为驻沪各军总指挥兼防守司令，率部开龙华、松江，守江苏境界。

另电第八师师长兼南京卫戍司令孟昭月主持浙事。

宋梅村是孙传芳特地安排，对付夏超的一把尖刀。此人是山东长清县人，保定军校第一期毕业，曾在孙传芳部任第八师第十五旅旅长、淞沪警备司令等职，足智多谋，心狠手辣。十多天前，他得到暗探的情报：钮永建潜往杭州与夏超联络。于是便故意将王雅之团调到上海码头，通过通电发布假消息，声称日内赴浔参战。当《浙江民报》上透露了"浙江独立"的消息后，他的情报人员又报告了浙江外海水警厅王某，从德国洋行运出了大批弹药，已运至吴淞口的仓库中，浙江内河水警的小兵舰正在外洋等候接货的消息，宋梅村当即下令：扣留浙江方面外海、内河的船只，缴获了大量的武器，并严密地封锁消息，先发制人，急令王雅之团乘黑夜开赴石湖荡布防，切断了沪杭铁路。

夏超得知这一消息，连连跺脚。他的全套计划都被打破了，保安队员还有大部分人没有领到新式武器，弹械缺乏，王雅之团已做好准备，真是骑虎难下了。他孤注一掷，于16日急急忙忙通电全国：浙江独立。电请陈仪、周凤岐率师回杭。并派吕公望、萧其煊、李书城去汉口与国民革命军联络；宣布就任国民革命军第十八军军长兼浙省民政长职。同时，夏超决定派保安队、警备队沿沪杭铁路向松江、上海方向挺进。

驻上海之孙传芳军第十三团拆毁铁路以阻浙军前进。

南京警备司令孟昭月派李宝章旅增防上海，使钮永建亲口对夏超许下的在上海起事计划，偃旗息鼓。关键时刻，保安队第一总队长吴殿扬称病不出，只有第二总队长章燮头脑还清醒，为阻止宋梅村旅前进，派人拆毁了新龙华至梅家弄、莘庄至新桥之间的两座铁路桥。军心浮动，人心惶惶。章燮劝说夏超："如果夏军长本人不亲临前线，安抚稳定，将无法指挥部队。"

夏超方寸大乱，硬着头皮到了火车站，各式迫击炮、机关枪、步枪都被搬上火车。大批官绅闻风到站欢送，祝他马到成功之声不绝于耳。他年轻的如夫人哭得泪人一般，从怀中掏出一个由青田玉雕刻而成的玲珑剔透的南海观世音菩萨像挂到夏超的脖子上，说有护身佛保佑，定会大吉大利。

10月18日，孙传芳委第八师师长兼南京卫戍司令孟昭月主持浙事，任第八师第十五旅旅长宋梅村为前敌总指挥，并任混成旅旅长李宝章为驻沪各军总指挥兼淞沪防守司令，率部开驻龙华、松江，守江苏境界。20日，宋旅进攻嘉善。孙传芳任命浙军第二师师长陈仪为浙江省长。29日，陈仪乘专车离徐州南下。

当章燮护着夏超赶到嘉兴前线时，形势逆转。保安队已经守不住阵地了。

战场上硝烟笼罩，炮声隆隆。宋梅村的部队是久经战阵的劲旅，在王雅之团长指挥下，掩杀而至。保安队平时只练拳击、格斗、擒拿之类，没有参加过真正的战斗，待见对手猛冲猛杀，于是吃不住劲了，东窜西逃，像一窝受了惊吓的兔子。他们手持刚刚发到的新式德国枪，胡乱摆弄一气，却放不响。幸而第三总队长章培率部赶到，从列车上抬下两门野炮，没头没脑向敌军轰击，呼啸的炮弹都落到敌军阵地后面去了。夏超一看，炮栓上连标尺也没有装上，气得跳脚大哭："多年心血全白费了。我夏某养兵千日，全是废物、饭桶。"

21日，训练有素的孙军，在炮火掩护下，如潮水涌了过来，保安队抵抗正规军，还真不是对手。队员有的被打死，有的弃枪逃命，还有的躲在临时挖掘的战壕中撅着屁股瑟瑟发抖。章燮和章培死拖活拽，将夏超架上火车，逃回杭州。士兵们见当官的逃了，各自散去，坐不上火车的便步行回去，伤兵和死尸沿途皆是。宋梅村占嘉兴、硖石、长兴，前锋进抵临平。周凤岐部驻杭之伍崇仁第十团阻击夏军溃兵，夏逃。杭绅商推张载扬维持秩序，并电催陈仪速来浙。

22日，宋梅村抵杭州任警备司令，悬赏缉拿夏超。夏部溃军多在杭州被伍崇仁缴械遣散，残部分逃衢、甬。夏超回杭州，不敢回家，径直前往拱宸桥，雇了一条布篷船溯钱塘江而上，刚到富阳，遇上顶头大风，不能开航，只好弃舟上岸。傍晚，他化装成一个病人，由章燮陪同，潜回杭州，这时。满城已是宋军士兵了。夏超吓得躲进了麻风病院。深夜，他嘱咐章燮去西湖边探望动静，被一个保安队员发现，立即报告宋军，王雅之下令搜捕，抓住了章燮。在黑洞洞的枪口前，章燮只能领人去抓夏超，从病床上将其捆走。

宋梅村大喜，连夜提审夏超："联帅早知你有反骨，特地安排我留下对付你，没想到你的那些人中看不中用，没两天你就成了我的阶下囚。"言罢哈哈大笑。

夏超瞪起眼大骂："你们这些北洋走狗，将东南拖入战祸是违反人心的，你们打不过国民革命军，一定要失败的。"

"失败不失败我管不着，你只要交出藏起来的武器，拿出你的金条和银行存款，再告诉我，陈仪、周凤岐是不是与你同谋的，我便饶你一命。"

"休想，要钱要枪没有，要名单更不可能，要命有一条。我浙人都是我的同谋！"

宋梅村大怒："给我狠狠地打！"

夏超被折磨得死去活来，奋力咬烂舌头，鲜血满口，吐了宋梅村一脸。宋无奈，直接电告孙传芳。得到的答复是："秘密枪决，托辞被乱兵击毙。"

深夜，行刑队在霉烂发臭的地下室的稻草堆上拉起了已绝食两天的夏超，给他换上一套便服："夏省长，联帅请你自便，请吧！"

夏超被蒙上双眼，抛在卡车上，车行了几十分钟，士兵将他推下车来，跌倒在泥泞的地上。他感到下雨了，挣扎而起，迎着凄风秋雨踉踉跄跄向前走去。下意识去握脖子上的那块"护身佛"，枪响了，他的腿一软，跪在泥水中，身体朝前一扑，栽倒在他梦寐以求都想真正统治的这块土地上。

浙江省商会会长王竹斋请见宋梅村，询问夏省长生死，宋佯作不知，打电话去问，听筒中清楚地传来宪兵队长的声音："前几天夜里，哨兵在古荡附近击毙了一名间谍，不知是否……"

王竹斋和夏夫人在古荡花坞附近的乱坟中掘出一具面目全非，身着便服的尸体，一只僵硬的手死死地攥着。王竹斋费了好大劲才掰开：手心里是一块洁白晶莹的观世音"护身佛"。

7. "江永轮"爆炸

10月下旬，联军停泊在江面上的轮船招商局江字号轮船约四五艘，其中有一艘名"江永"轮的轮船，满载着军械物资，是15日从浦口驶抵九江江面，抛锚在孙传芳驻节的"江新"轮之旁。该轮在南京装载了新兵1500余名，民夫500名。大批的军火均装在中舱之内，共有枪弹5000余箱，炮弹700余箱，快枪3000余支，军米5000余石，与军衣则分装在头舱、二舱及后舱之中。舱面上尚有迫击炮8门，重机关枪7挺，还有大洋30万元、棉被3000余床、棉衣4000余套，面粉几百包。

10月16日深夜，该轮突然起火，引发了一连串的大爆炸，所有军火械弹、军需物资、粮食等付之一炬；死难者数百人，光是轮上的船员，包括船长张沛英、领江朱德球等均遇难。还有伤者不计其数。船上的士兵、民夫纷纷跳入江中，被江水卷走的、烧死的、淹死的不计其数。"江永"轮直烧得火映半边天，一江皆红。仅有800名士兵、民夫被别的船救起。这比一场规模较大的战争损失还要惨重。联军的损失自不待言，更重要的是对士气和心理方面的打击是不可估量的。而对于招商局方面，在这次事件中直接间接的损失约达百万元左右。从另一方面说，对于蒋介石来说是巨大的胜利，不但未损失一丝一毫，这岂不是天佑成功吗？

关于"江永"轮失事的原因，历来众说纷纭，据蒋介石接到的电报是这样说的：

"孙逆近由宁调来援浔部队一千五百人，及重要军实多种，均由兵舰运浔，抵浔岸时，舰上弹药爆发，军实完全沉没，一千五百人得救者不上三百人，……我军应乘时进攻，否则恐失时机。"

蒋介石在回电中说："皆因周（凤岐）等有一定计划，所以致此。"他认为是周凤岐做的手脚，和起义有关联。

而联军方面猜测，可能是大舱内的士兵因赌钱发生口角，继之互相殴打，将台子上的洋烛碰倒，引着卧具，大火烧着棉絮胎，又烧到货舱内，里面的子弹、炮弹相继发生大爆炸。

比较普遍的看法是，此事系国民政府江汉宣抚使兼湖北省委员田桐所为。田桐为配合北伐军事行动，募人将孙传芳运载弹药的"江永"轮炸毁。直到20世纪80年代的一篇党史资料证实：这一行动，是中共江西地委派共产党员冯任潜入九江发动海员工人所为。

"江永"轮事件发生后不久，招商局董事会即致电交通部与孙传芳，要求对"江永"轮遇难人员给予赔恤，孙传芳复电招商局时，竟表示对"赔偿抚恤亦无办法"。在被难船员家属的强烈要求下，招商局只好用局款垫付了抚恤费，但其标准甚低。受难船员家属要求赔偿死难者每人1000元，赔偿被难而遇救者每人300元，均为局方所拒绝，被难船员家属深为不满，只好含恨回乡。

"江永"轮事件一度让孙传芳心灰意冷，派葛敬恩为代表再次与蒋介石求和。

10月23日，蒋介石在江西奉新接见了葛敬恩。双方经过谈判，约定如下：

（一）孙部立即撤退，开始撤兵之前一日，即为双方停战之日。（二）浙江之政治军事，完全听国民革命军决定。（三）停战之日，即将孙氏境内被封党部被拘党员开释；并许国民党在联军境内，自由公开进行其准备国民会议之工作。（四）言和之后，互相提携，一致对外。

孙传芳这时，如果审时度势，把握潮流发展，尚有走上与蒋介石合作的可能。他非常矛盾和犹豫，患得患失的心理，让他自己陷入两难的境地。正巧，丁文江专程从上海来九江，劝孙传芳与蒋中正妥协，参加北伐。

"江新"轮上，丁文江、蒋方震等人都劝孙传芳与南方合作，苦口婆心，分析利害，慷慨激昂，孙传芳默默地听着，一声不吭，等他们都舌干唇焦时，孙传芳便开口："你们讲得都有道理，我本来也这样想过，不过请你们看这一份电报。"

电报是九江上游前敌总司令陈调元从武穴打来的。陈调元此时已经将范熙绩和唐生智两人撮合，与蒋介石达成默契。在国民革命军移兵东指攻打江西时，陈调元部隔岸观火，坐视国民革命军直攻南昌、修水一线。得知孙在不利，有意同蒋介石议和，陈调元便打来电报，意谓："现在听说联帅有与赤军妥协的谣言，消息传来，军心不振。赤军皆南人，我辈皆北人，北人受制于南人，必无好日子过，且必为南人所弄。"

孙传芳把电报给他们看完后，便说道："事到如今，战局不利，我不能不同张作霖妥协，与奉方联合。不然，我站不住。"

丁文江坚决反对："联帅，当年你起兵反奉，得到东南人民和士绅的支持，现在你又打算联奉，与张作霖、张宗昌妥协，政治上站不住，千万不能这样干。"

此时，忽有吴佩孚部下师长王维城、陆大生由河南给陈调元一封密电，请陈调元"由武穴回军，反击九江孙军。后路一乱，孙军不打自退"。陈调元接此电后，即将原文转呈孙联帅，以表示其忠于孙传芳。孙即复电奖励，并对杨文恺说：

"人说陈调元是陈大傻子，现在看，只有大傻子对我忠心耿耿，聪明人都靠不住。为了陈大傻子对我的一片忠心，我也不能与南军言和，否则就没有人再忠于我了。"

丁文江："联帅，正因为你反奉，是得到五省人民的支持，所以你胜利了，不到一年，你又联奉，让五省人民怎么看你？"

孙传芳叹口气说："那我就管不了这许多了。"

丁文江等失望而返，各自想各自的出路。

就这样，孙传芳失去了一个与蒋介石最后谈判议和，共同北伐的机会，从此在政治上失去主动，一条道走到黑了。

10月27日，孙传芳下令通缉要求浙江独立自主的进步人士：马叙伦、许宝驹、宣中华、黄人望、查人伟、黄强、韩宝华七人。29日孙电张宗昌表示决心合作"讨赤"，略谓，"同心救国岂金壬所能间惑。今后国家责任，愿与效帅诸贤共负之"。是日张宗昌复电孙，谓"信义昭如日月，同心誓若山河"。

蒋介石也已准备就绪。

10月28日，蒋介石在高安行营亲自下达总攻击令：

> 我军自出师以来，与贼鏖战于湘、鄂、赣之间者，三月于兹，吴佩孚军阀所部已被我歼灭，孙传芳军阀之主力亦已被我击溃，革命力量日益扩大，民众痛苦逐渐减除，因为先总理呵护之灵，实亦我将士奋斗之绩。风声所播，庆慰同殷。且我前敌官兵，辗转应战，艰苦备尝，甚至衣被不完，饘粥不继，乃能深明大义，益励坚贞，奋勇图功，杀敌致果，此本总司令尤深嘉念者也。迩来国内军阀冀图苟延残喘，遂合力以谋我，复勾结帝国主义者阴相援助，狡焉思逞，日甚一日。孙传芳尤为军阀现时重心，党国前途之障碍。故我军此次总攻击，务将孙贼势力迅速扑灭，使军阀余孽不至蔓延，即帝国主义者亦必震慑而不敢发，则时局方可成功。凡我革命军人，须知我不杀贼，贼必杀我，宁为玉碎，毋为瓦全，能抱最后之牺牲，方能博得最后之胜利，若纵寇长乱，功败垂成，不独贻羞天下，死且无葬身之地矣。懔之！勉之！此令。

在同一天，国民革命军在江西发起总攻击，南浔线炮声隆隆。

蒋介石于10月30日，亲自到第一军去作战斗动员，讲述总攻击的方法。说："这一次我们的总攻击，能否消灭敌人，真是本军生死存亡的一个最大关头！……前几天孙传芳接连派了蒋伯器等来求和，可见敌人已很怕我们攻击了，而他的士兵，却希望我们早点攻击，他们好早点结束，免受种种痛苦。士兵既有这种观念，所以他的官长只有求和。但求和又没有一个具体的条件，他不肯离开江西，不肯退却，哪有这样求和的事情。我们在江西已经死伤了一万几千个弟兄官长，怎么肯准许他们这样无条件的求和？况且现在敌人，东有鄱阳湖，北有长江，抚州方面已给我们攻下，他现在就要退，也没有地方可退了。

"我们这一次把敌人的枪械缴完，不仅江西完全可以平定，湖南湖北因此可以稳固，就是江苏、浙江、安徽、福建，都完全可以被我们革命统一。为什么呢？因为孙传芳所有五省最好的军队，统统在南浔铁路一带，如果这一次完全被我们消灭了，那五省的敌人就没有了；所以大家要为各省同胞来谋求解放，希望我们自己出头，革命成功，我们就要同敌人决一最后胜负。"

国民革命军对江西全面总攻开始了。

11月2日晨7时，国民革命军第七军夏威、胡宗铎两部迫近德安，与孙军第六方面军颜景琮部3000余人激战至午，颜部弃城沿河东岸向东南退去，第七军占领德安城。

国民革命军独立第二师贺耀祖部与南浔线马回岭附近之孙传芳联军激战；自晨起战至下午6时进至马回岭车站，战况更为剧烈。国民革命军第四军击溃万家坞之敌后，派十二师张发奎部北上援助夹击，激战至夜。翌晨，第七军派兵一旅北上增援；再激战一昼夜，反复冲杀，孙军始纷向九江方面退去。4日晨，国民革命军完全占领马回岭。

国民革命军第四军第二十师及第七军之一旅占领马回岭后驱师南下，会合第七军在德安之主力，向驿南站及永修、涂家埠方面攻击前进。第七军第一旅驱逐九仙岭及驿南站附近之敌，翌日抵涂家埠北岸；第六军及第一军经过猛烈战斗，击溃芦坑、乐化、涂家埠之敌，进抵涂家埠。

11月5日国民革命军独立第二师贺耀祖部第一旅自马回岭出发，在晒湖桥与敌激战一昼夜。是日得第三旅之增援，于午后进占九江。

国民革命军独立第二师第二旅4日攻击瑞昌，皖军刘凤图部凭险顽抗。第二旅夜袭敌阵，勇猛搏斗，并乘夜追击，是日晨主力攻入瑞昌城。

联军官兵已丧失斗志，在乐化西南高山彭得铨旅阵地前，首先发现革命军进攻，双方立即开火。驻乐化车站孙军立即派队前往增援，因援军偶然走火，前方作战部队误认为革命军抄至背后，便无心恋战，纷纷后退，不久便波及整个乐化车站的彭旅。恐怖的情绪像多米诺骨牌一样又波及到卢香亭总部所在地涂家埠。

卢香亭看见大量部队纷纷向东南方向撤退，既不打枪也不听命令，就派人找邱伟打电报，电务处已空无一人，设备也被破坏。卢香亭见大势已去，几根黄胡须往上一翘说："我们走吧，联帅命令部队到鄱阳县集中待命。"

卢香亭部的撤退，影响波及到牛行车站，守牛行的队伍成团成营徒涉赣江东去。郑俊彦在南昌急得团团转，与涂家埠总部电讯中断，忽听大股部队由牛行东撤，郑俊彦以为涂家埠已被敌占，于是命令杨赓和旅撤离丰城回南昌协助守城。杨旅撤退时，被革命军抄袭，一团被缴械，杨本人亦被俘，另一团突围北去。郑俊彦见无法挽回，便下令突围，在撤退中，革命军包围，旅长王兰田也被俘了。

国民革命军三向南昌发起总攻击：第二军主力紧逼南昌城郊，第十四军在进贤向东乡方面警戒，第二军第六师、第三军第七、八师围攻牛行、瀛上一带之敌，第一军第一师、第七军第一旅及第六军两个团南下增援抵达芦坑。守敌蒋镇臣、唐福山、张凤岐、岳思寅等部于夜12时渡河，向馀干方向溃退。7日晨，国民革命军占领瀛上、牛行，即渡赣江进逼南昌城。唐福山等部3000余人闭城困守，未几即竖白旗投降，但拒绝到德胜门外听候改编。革命军乃于8日在工人带领下爬城而入。右纵队第二军鲁涤平、赖世璜等进迫南昌，将南昌城外蒋镇臣部6000余人缴械。

白崇禧指挥第六师、八师及第七军第一旅追击前进，在滁槎、马口圩击溃唐福山、郑俊彦、李彦清、王良田、杨赓和等军残部。俘虏郑俊彦部旅长李彦清、王良田和杨赓和等以下官兵共2万余名及械弹无数。

联军全线溃散，土崩瓦解。

11月7日，国民革命军独立第二师于6日分两路向湖口、武穴跟踪追击，是日，第一旅进占湖口，第二旅进占武穴，敌分向彭泽、黄梅退去。孙传芳驻节的"江新"轮起锚向下游开去，士兵们喊着："总司令走了，总司令走了！"

果然，孙传芳决定放弃江西和福建，即命集中在鄱阳一带的卢香亭、郑俊彦、周荫人等部，分由水陆撤回浙江和江苏。孙传芳由湖口回南京，宣布浙闽苏皖赣五省一律戒严，并颁戒严法19条。

陈调元装得没事人一样，安然无事地回到南京，见到孙传芳依然是效忠、服从之类的话。孙传芳拿他当心腹，慰勉一番，并拨给军费20万元，令其安心整理部队。他万万没想到，聪明人上了"陈傻子"一个大当。

8. 冈村宁次偷地图

1926年10月，担任孙传芳高级军事顾问的冈村宁次从东南五省联军总司令孙传芳的手边偷走了一份重要的华中地区五万分之一比例的军事地图。这张地图在日本侵华战争中派上了大用场。

冈村宁次

1937 年，日本全面侵略中国。1938年，日军向战时陪都武汉地区发动进攻，当时，冈村宁次被日本陆军大臣任命为第十一集团军司令官，隶属华中派遣军，参加攻取武汉的战役。武汉地区地形十分复杂，这张五万分之一比例的军事地图使日军便于熟悉华中地区的地形地貌，采取重要的军事行动发挥了主要的作用。冈村宁次每天都用有色铅笔把部队的进展情况标绘在桌子旁边的那份地图上，他甚至把被日军占领的山头一个一个地标示下来，随着部队缓慢西进，那份地图上渐渐出现了一些细小的碎点，这些碎点看起来很像衣服上的碎点花纹。冈村宁次望着地图，"常常希望这些碎点早日连成一片"。在华中作战中，尤其是在武汉地区作战中一位日本军官曾说："武汉作战和中国大陆各次作战，多亏有这份五万分之一比例的地图。只是由于局部（特别是距主要道路较远地区）不够精确，也曾为作战带来一些差错。"

在以后日军发动的南昌作战、襄东会战、赣湘会战等战役中，那份五万分之一比例的军用地图都派上了大用场，日军靠着它取得了一次又一次的胜利。对此"窃图之功"，冈村宁次在回忆录中曾洋洋得意地说："武汉作战时所用的华中中部地区五万分之一比例的地图，是我秘密搞到的。"那么冈村宁次怎么会干出"蒋干盗书"那样鼠窃狗偷之事呢？

冈村宁次，绰号：泥瓦匠。1884年5月15日，生于日本东京石坂町。少年时代的冈村宁次渴望当一名真正的军人。他在中央幼年学校毕业后，便报考东京陆军地方幼年学校；毕业后，又考入陆军士官学校第十六期步兵科。在校学习努力、训练刻苦，并在头脑中植入了效忠天皇的愚忠思想。他认为万一在对外战争中阵亡，"肉体虽死灵魂犹存""贯彻忠节无死无生"。他最感兴趣最着魔的问题，是研究中国问题。梦想使那块广袤神奇的土地，变成殖民者的乐园。因此把侵略中国作为终生奋斗的目标。冈村宁次以优异的成绩从士官学校毕业后，被授予陆军少尉军衔分派到步兵第一联队补充队任队附。他兢兢业业，干得很卖劲，并盼望立即有战争爆发。1904年的日俄战争的锻炼，使冈村宁次成熟了不少。以后只要有战争，他都要求去前线，接受战火的磨炼，增长才干。日俄战争结束后，冈村宁次调驻朝鲜。1907年12月，他奉调回国，在母校东京士官学校担任中国留学生孙传芳等人的学生队队长。他为了晋升高级军官，在校任职的同时，又学习专业知识，准备报考陆军大学。1909年，孙传芳在日本士官学校第六期毕业后回国；冈村宁次则于次年考取陆军大学第二十五期继续学习。1914年8月，冈村宁次被调到参谋本部任中国班员，这是专门综合分析研究来自中国的情报的一个部门。当时正值第一次世界大战爆发，日本加入英、法等协约国，对德国宣战，出兵强占原属德国在中国山东的势力范围。冈村宁次以参谋本部派遣人员的身份，到"青岛围攻军"司令部工作，任务是搜集日德战争的相关资料。从此，冈村宁次就与中国"结缘"，经常在中国北方的土地上往来，搜集情报，从事间谍活动。几年间，建立了属于自己的一套间谍网。

当时，他的学生阎锡山已成为山西省的督军，他数次去山西造访阎锡山，与之建立了密切的关系。

在他牵线搭桥下，阎锡山将山西的一个铁矿的开采权让与日本财阀三井株式会社；而三井会社则向阎锡山供应所需的各种器材和装备。冈村宁次与阎锡山还保持了密切的私谊，乃至抗战期间，冈村宁次在任华北派遣军总司令任内，双方之间达成一种默契。这种关系一直保持到日本投降及国共内战结束，蒋介石逃离大陆，还藕断丝连。

阎锡山

1923年8月，冈村宁次升任中佐，为参谋本部第二部（中国班）部附。12月来到中国上海，任日本驻上海领事馆武官。这时，中国政局动荡，军阀混战。他的学生孙传芳已是直系军阀的得力大将，在中国军事舞台上崭露头角，授陆军上将。1924年，江浙战争爆发，孙传芳与直系江苏督军齐燮元联手，乘机进攻浙江，夺取杭州，进军上海；北京政府任命孙传芳为浙江军务督理兼浙闽巡阅使。孙有了属于自己的地盘，崛起东南，令各方刮目相看。冈村宁次不断到杭州，与孙传芳讨论局势的发展，帮助他出谋划策，企图让孙成为东南霸主，从而使日本获得更大的权益。1925年10月，孙传芳联络苏、皖、赣、闽、浙各省军阀，吹响反奉号角，分兵三路，进攻上海、南京等地。奉军战线太长，顾头不顾腚，仓皇北逃；孙传芳组成东南五省联军，自任联军总司令，杀进南京，渡江挥军北上，一口气将奉军撵进山东境内。反奉战争的迅速胜利，奠定了孙传芳的东南五省联军总司令的霸主地位，开府金陵，雄居五省，自成一系，野心大炽，想吞并全国。他特别感激冈村宁次的情报和谋划，为了再进一步扩大地盘，特聘冈村宁次为高级军事顾问。冈村宁次将此事请示参谋本部，该部认为日本支持孙传芳，对排挤英、美的势力，发展在长江中下游地区的力量大有好处，于是将冈村宁次作为军务局编外人员，同意其到孙传芳处充当军事顾问。冈村宁次在东南五省联军中应付裕如，得心应手。原因是他的学生在五省联军中多充当要角，如浙江总司令卢香亭、浙江第一师师长陈仪、福建总司令周荫人、总参议杨文恺等。1926年，广州国民政府誓师北伐，以消灭北洋军阀为目标。国民革命军在国民的积极支持下，势如破竹，迅速夺取湖南、湖北，打垮了吴佩孚。孙传芳原是抱着坐山观虎斗的态度，想等两败俱伤时，再动手击败国民革命军。但国民革命军总司令蒋介石在长沙会议上，决定分兵进攻江西，打到孙传芳的五省地盘上来。孙传芳发兵援赣，自己亲自坐镇九江，将总部设在"江新"号轮船上。

冈村宁次的舱房就在孙指挥室的隔壁，当时，孙传芳的舱房内挂着一幅五万分之一比例的华中地区的军用地图，那是他为进取武汉，彻底打败国民革命军而准备的。这种军事地图是留日学生从日本回国后，运用所学专业知识测绘而成的，绘图方式与日本完全相同。由于印制很少，各指挥机关都极为珍视，按绝密文件保管，极难获得。尽管冈村宁次备受孙传芳尊敬，经常请教作战事宜，但却不让其接触地图。

一天，正当孙传芳站在地图前思索军事方案时，冈村宁次突然跨了进来，孙传芳连忙拉起幕布将地图掩上；而冈村宁次用眼角一瞥，便发现是张五万分之一比例的"宝贝"，顿时心中狂喜，表面上却不动声色，应付几句便退了出来。军事地图对军队来说是极其重要的，战争的胜负，往往取决于地图。尤其在当时的条件下，五万分之一比例的地图，这对一个间谍出身的军人来说，具有何等价值，是不言而喻的，于是他下决心将地图偷到手。

11月初，冈村宁次去南昌前线协助卢香亭作战。当冈村宁次做好作战计划后，卢便要求他将五万分之一比例的军用地图带回九江的联军司令部，冈村宁次如获至宝。他到达九江之时，战局发生急剧的变化。孙传芳的"江新"号轮船下锚的旁边，停靠了从下游来的装满弹械、军衣的"江永"号轮船。在国民革命军逼近九江时，中共九江市委为支援北伐战争，派便衣爬上轮船，点燃了堆放军衣的船舱，引起大爆炸，该轮下沉。孙传芳急令"江新"号起锚，驶往下游。此时，岸上的国民革命军炮火又向江面上开炮轰击，冈村宁次乘机雇了条小船，在船夫的帮助下，将小船摇到停泊于九江江面上的日本旗舰"安宅"号旁。旗舰的日本军官看见冈村宁次一身中国士兵的打扮，不准他上舰。后来他看见甲板上有一名他认识的参谋，这样，舰上放下软梯，惊魂未定的冈村宁次才得以上舰脱险。然而在仓促中，他丢弃了所有的行李物品，却冒着生命危险，将五万分之一比例的军用地图"偷"了出来。

冈村宁次回国后，将那份地图交给了参谋本部，获得嘉奖和一笔巨额奖金。一年之后，那份地图被陆军省印制出来。10年以后，这份宝贵的地图就成为日本华中派遣军打败中国军队的重要的路线图。

9. 镇压上海工人武装起义

1926年9月上旬，虽然早已过立秋，上海滩白天的气候依然酷热难当。随着国民革命军在江西战场的鏖战，上海证券交易所的股市行情急剧跌落，资产阶级都处在一种暴风雨前的状态之中。

上海的工人运动，在"五卅惨案"之后一度陷入低潮，此时，又重新活跃起来。上海总工会重新挂出牌子，总工会委员长汪寿华也在工人中公开亮相。在纪念"五卅惨案"一周年之际，上海的工人、学生和市民几万人在南市公共体育场集会，纪念"五卅"运动。会后，群情激愤，举行游行示威，高呼"打倒帝国主义""打倒军阀"的口号。租界里的巡捕对游行的群众进行干涉，双方发生了激烈的冲突，但始终未敢开枪镇压。中共上海区委组织部长兼上海总工会党团书记赵世炎总结说："这不能不说是八十年来帝国主义者第一次对中国民众的退让。"

同年夏天，北伐战争胜利进军的消息，极大地振奋和鼓舞了上海的工人阶级和上海群众。领导上海革命斗争的中共上海区委在9月6日的《中共上海区委告上海市民书》中不失时机地号召人民积极行动起来，以迎接一个"革命的上海"。

9月7日上午，租界内的林荫道旁，一个车夫拉着一辆挂着法租界和公共租界两种"照会"的黄包车快跑着。车上坐着一位穿着华贵长衫，头戴巴拿马式礼帽，鼻梁上架着一副宽边眼镜，手中一把洒金大折扇的商人模样的人。黄包车拐进一家弄堂口，在一幢老式石库门住宅前停下。坐车人下了车，轻轻敲了两下铁门环，一个工人打扮的人立即开门，将他接了进去，又看了看左右两边，见没有什么异常，便立即将门关好。两人进了房间，汪寿华站了起来，对来人说："罗亦农同志，我们已等你半天了，刚才还在为你担心呢！"

区委书记罗亦农打开手中的折扇，一边扇一边说："街上到处是严春阳淞沪警察厅的密探，他们刚刚解除了虞洽卿的保卫团，害怕虞洽卿手下的人带武器袭击警察厅，检查得很严。"

工人打扮的赵世炎说："孙传芳果然

罗亦农

与虞洽卿翻脸了，虞的上海总商会会长的职位，被孙传芳支持的傅筱庵抢去，加上孙传芳又下令解散了他的保卫团，他表示与孙传芳势不两立。昨天，他已经与总工会取得联系，表示愿意参加反孙传芳的斗争。"

罗亦农点头："这个情况很重要，陈独秀同志已指示我们要注意联络虞洽卿；另外还有国民党驻沪特派员钮永建，已在法租界环龙路志丰里五号设立了办事机关，通过青帮黄金荣、杜月笙、张啸林等人联络了几千人，准备配合行动。他们想趁机升官发财，但这支武装力量也是可以联合的重要力量。"

汪寿华高兴地说："我们工人纠察队约有二千多人，只是缺乏武器，长短枪只有几十支，还没来得及进行必要的军事训练。如果加上虞洽卿的保卫团和钮永建的人马，在上海发动起义是有把握的。现在要立即组织工人纠察队进行瞄准射击训练。"

罗亦农说："起义的时机已经成熟。另外，钮永建带来一个重要的情报，他策反浙江省长夏超的工作已有突破性进展，只要孙传芳在江西前线再打个大败仗，他立即宣布浙江独立，并进攻上海。"

汪寿华兴奋地一挥拳头："太好了，到时我们里应外合，一举占领上海！"

罗亦农对在场的所有同志说："上海地方非有一次民众暴动不可，所以，我们要特别注意军事工作！并且要积极准备，起义非有组织不可。我们要在区委统一领导与部署下，联合各派力量，从各方面积极地进行武装起义的准备工作。"

窗外树上的"知了"拼命大叫着，弄堂外不时传来越南巡捕的大皮靴声；而房间里的讨论整整持续了两个多钟头。10月15日上午9时，中共上海区委召开全体委员会议，罗亦农、赵世炎、汪寿华等人出席了会议。罗亦农报告全国的政治形式，指出："南方战事，孙传芳必定失败。各

汪寿华

方消息，孙处处失败。同时上海总商会都运动和平。可以证明，长江下游，只要孙失败，很可乐观。"接着罗亦农分析了上海的各派，包括大资产阶级、中小资产阶级，拥孙的少，反孙的多，因此应抓住这一有利时机，"我们要准备民众流血、民众暴动"，准备武装起义。会议最后提出口号："要求和平！促孙瓦解！反对苛税杂捐！"次日，杭州方面突然传来夏超在浙江独立的消息，在上海滩引起极大的恐慌。孙传芳在上海的兵力十分空虚，仅有淞沪警察厅的二千名警察和王雅之第十三团的一千多人。夏超的警备队三千多人向上海前进，淞沪督办丁文江闻讯仓皇逃进租界；而见风使舵的严春阳此时开始与钮永建联系，准备进行倒戈，以给自己准备一条退路。

10月17日，中共上海区委决定立即举行武装起义。区委主席团召开临时紧急会议，组织武装起义的总指挥部，由罗亦农担任秘密总指挥，李泊之任公开总指挥，奚佐尧、钟尔梅任技术总指挥，罗亦农、汪寿华、李泊之、奚佐尧等组织工人纠察队指挥处。

上海的工人群众和其他武装人员都处在一种亢奋和焦急的等待之中。

关键时刻，钮永建那边却下了软蛋。他与淞沪警察厅厅长严春阳的谈判正有一搭没一搭地进行着，他们在互相利用。严春阳等人首鼠两端，假装示弱，以等待援军的到来；万一援兵不来，再投降不晚。钮永建则不同意由工人首先举行起义，他认为如果孙传芳在江西失败，上海起义将是无意义的行动。他希望严春阳等人乖乖放下武器，便可稳操胜券，控制上海大局。而中共上海区委组织的工人纠察队枪支短缺，无法单独发动起义。有利的时机正分分秒秒白白逝去。

孙传芳得知后方有变的消息后，立即调孟昭月师入浙，以第十五旅旅长宋梅村为前敌总指挥，协同从镇江调回的第七十六混成旅李宝章部和上海的王雅之团开赴松江，向嘉善和嘉兴方面夏超警备队进攻。10月23日，孙军夺取了杭州。孙传芳即令李宝章为淞沪防守司令，回师上海。上海区委与钮永建共同决定：10月24日拂晓举行武装起义。而在23日，淞沪警察厅严春阳派出的密探已得到起义的时间等情报，并亲自部署南市与闸北等各区警察署严加戒备。

上海的工人纠察队二千多人，仅有短枪一百三十多支，只有经过军事训练的队长才有枪，而大多数纠察队员只有斧头、铁钳和土炸弹等武器。而警察厅厅长严春阳抽调武装警察组成了八百多人的预备队，配备了机枪和卡车，待命行动；并调两个连的步兵到上海制造局和龙华布防；同时还请法租界和公共租界的中西巡捕全副武装地加强警戒，封锁了租界和华界的重要路口，设置路障，加强巡防。

汪寿华从龙华火车站探知夏超失败的确切消息，又侦察到敌人已经有了准备的情报，立即赶往中共上海区委进行汇报。区委罗亦农、赵世炎等同志也意识到问题的严重性，立即决定取消行动，分头派人通知各区的工人纠察队。但是已经来不及了，南市、闸北等地响起了密集的枪声，紧接着浦东方向也响起了枪声，工人纠察队已开始向各警察署发起进攻，并遭到兵力与火力占优势的敌人的阻击。

南市区工人纠察队总指挥奚佐尧在战斗中不幸被捕，工人纠察队临时指挥机关亲贤里55号被敌人破获。浦东区工人纠察队总指挥陶静轩等六人先后被捕；只有闸北区的工人纠察队得到及时的通知，立即撤出了行动位置，没有受到什么损失。

钮永建于24日凌晨4时许，派出一批武装人员，分乘四辆大卡车从法租界康悌路出发，去进攻徐家汇警察署。刚一交火，发现对面两挺机关枪交叉火力打得极猛，知道敌人有了准备，乒乒乓乓瞎打一气，便惊慌失措地逃走了。

上海工人第一次武装起义，很快便被严春阳、李宝章镇压下去。紧接着在白色恐怖中，参加起义的一百多个工人遭到逮捕。10月26日，敌人对押在淞沪警察厅的奚佐尧和陶静轩等人进行了审判，面对他们的大义凛然，色厉内荏的敌人便匆匆宣布审判完毕，将他们押赴刑场杀害了。

10月28日，上海区委总结第一次武装起义的经验和教训时指出："第一，我们党已经开始准备的暴动，这在历史上有很大的意义的。虽然只小小的尝试一次，但我们已得着很多的经验；第二，摇动敌人的军心。事虽不成，但敌人已骇得手忙脚乱，若孙传芳仍一天一天地要倒台，这次运动仍有催促的作用；第三，给普遍的被压迫民众以极大的兴奋剂。向来民众都觉得在军阀残暴的压迫之下，束手无策。开市民大会，街道讲演都无济于事的，大有久则生厌的现象，不料现在被压迫民众居然还有武装的直接行动之一途。这种影响不独在工人群众，即小资产阶级群众中，并且在党员群众中都是极大的。"

正是有了第一次武装斗争的经验和教训，增强了年轻的共产党人的信心，再接再厉，不久便又领导了第二次工人武装起义和第三次工人武装起义，最终配合国民革命军推翻了反动军阀的黑暗统治。

孙传芳一生
· Biography of Sun Chuanfang

第十章

无边落木萧萧下

1. 孙传芳拜山

孙传芳逃回南京，东南五省已剩下安徽一部和江苏、浙江两省。而浙江已呈不稳之状，卢香亭请辞浙江总司令，孙传芳照准，派孟昭月继任。与此同时，国民革命军何应钦部由广东攻入福建，周荫人战败，被迫退出福建，暂屯浙江。

11月8日，孙传芳在南京召开军事会议，决定组建五个混成旅反攻江西。此时该他转而祈求吴佩孚、齐燮元和山东的张宗昌，请迅饬增援部队南下会师反攻。

齐燮元斜着眼冷笑着："孙馨远还有脸来求咱们？老子也要看他的笑话，看他的东南还能剩个几省！"孙传芳此刻尝到了苦果，内心十分矛盾。他打不过蒋介石，但不甘心于就此缴械投降。唯一能求的，只有他昔日的对手张作霖。不管怎样说，他还是北洋的老底子，又是反对革命势力的。既然自己"讨赤"失败，只有转依张作霖大旗之下，甘当马前卒，重新再卷土重来，于是他作出一个大胆的决定：北上联奉。为了防止他的幕僚、江苏省长陈陶遗和江浙士绅的反对，只有极少数人知道此事。

1926年11月12日，奉天张作霖大帅的专车抵达天津。下车后，径直坐车赴蔡家花园略事休息。蔡家花园是原陆军总长、江西督军蔡成勋修建的公寓，有宽敞漂亮的林园式花园和豪华的房舍，也称为蔡公馆。少帅张学良很喜欢在此处逍遥。他就是在这里认识赵四小姐，并坠入爱河的。下午2时，张作霖亲自主持召开重要会议，奉系少将以上军衔的军官和热察直鲁省政府的文官一百多人均列席会议，商议对南方的军事计划。

在威严肃杀的气氛中，张作霖首先发言："今日集合各位袍泽，可谓盛极一时，开会的宗旨，主要讨论应付目前时局之方针，研究我们的敌人。有人认为我们的敌人是孙传芳，也有人说是冯玉祥、蒋中正……"他停顿了一下，目光落在张宗昌这大块头身上，"效坤，你说馨远是我们的敌人吗？"

"那当然，当今的天下，凡同大帅作对的，都是我们的敌人。孙传芳发动讨奉战争，夺我上海、江苏、安徽，这笔账不能不讨，这仇早晚要报！"张宗昌气呼呼地说。

"不，效坤，我们目前的敌人是赤匪！北赤冯玉祥犹未灭，南赤蒋中正正猖狂，当前我们的最大敌人是国民革命军，是蒋介石。吴佩孚十几万人失败了，孙传芳二十多万人也败北，蒋介石就要伐到我们头上来了。我辈捍卫国民，重任尚未能尽卸，故希望诸位认清大敌，同仇敌忾，振作到底，对孙传芳要采取合作态度，至于什么时机，还要再等等看。"

张宗昌自有机灵讨巧之处，立即领会了张作霖的意思，立即表态："上将军说得对，比咱看得远。上将军指哪儿咱打哪儿。这'南赤'和'北赤'最可恨，中国如让他们联手夺了，咱们都没好日子过。宗昌等自当矢志从上将军之后，打击真正的敌人蒋中正和冯玉祥。至于孙馨远嘛，是吃高粱米长大的，一脑子糊涂，饶他这回也罢！我已经命令所部四个军做好准备，不是帮孙传芳，是要夺回原本属于我的地盘！"

张作霖听了感到满意："对，诸位统一认识，方今天下，只有冯玉祥、蒋介石是我们真正的敌人。"他从身边拉起一个人，"我给诸位介绍一下，这位是孙馨远派来的特别代表杨文恺先生，请他介绍一下南方的情况。"

杨文恺拱着手说："诸位袍泽，孙联帅此次在江西失利，但实力犹存。今番回宁，对赣战暂取守势，蓄积力量，即行反攻。孙联帅对前次与奉方发生的误会表示歉意，希望各位大仁大量，予以海涵。愿意痛改前非，与张雨帅诚心合作，矢志不渝。共同对付蒋介石，请奉方尽快出兵南下。"

张作霖说："吴玉帅、孙馨帅、阎锡山的代表都到了，大家商量一下北方大联合，共同抵抗南方的问题。为了北洋团体，固应捐弃前嫌，奉方与苏方合作，当贯彻始终。但此次入关，纯为视察性质，不是为兴师讨伐而来。至于是否出兵南方，须候各方的代表全到齐后，再度集议，我当以众意为标准。"

15日，张作霖在天津蔡园召开军事会议，张宗昌、褚玉璞、奉系各将领以及吴佩孚、孙传芳、阎锡山等人之代表均列席，会议决定：张宗昌援孙传芳，褚玉璞援吴佩孚，奉军担任后防及增援，但孙、吴如不请兵，张、褚决不出动；请阎锡山出兵援刘镇华戡定陕省；请商震切实改编绥西国民军，力如不逮，奉军派骑兵师协助。对于中央政局，决定暂不过问。

杨文恺明白，张作霖对苏奉合作，态度不甚积极，是在进一步等待孙传芳的让步，以得到更大的利益。而且张作霖的部下杨宇霆、邢士廉、丁喜春、刘翼飞等人对去年的驱奉战争耿耿于怀。如果孙传芳不让出从奉军手中夺取的上海、南京、徐州等地为交换条件，张作霖不见兔子不会撒鹰，不可能出兵援手孙传芳。但杨文恺此行的目的是来摸奉方底牌的，他无权许诺江山，因而张作霖在打哈哈，不能给个令人满意的答复。回到下榻的旅馆后，杨文恺立即将张作霖及其手下的态度和自己的分析，密电告孙传芳，请他定夺。

两天后的午夜，浦口车站站长突然接到津浦铁路局通知：说联军总参谋长刘宗纪要去天津迎接太夫人，请在凌晨4时，在发往北方的客车上附挂头等车一节。凌晨3时半，一艘汽船"突突突"从江南驶来，浦口码头上来了五条汉子。

矮胖子刘宗纪依旧便装，头戴瓜皮帽，身穿锦缎蓝底暗花长袍，黑背心，笑嘻嘻地走在前面，身后跟着四个马弁，其中的一条汉子身体瘦削，个子不高，军帽压在眉毛下面，像个副官模样，跟在刘的后面，但看不清其面目。

路局局长慌忙迎接刘到站长室内。刘宗纪说："我有公务在身，不能离宁，烦请站长替我去一趟天津接眷如何？"

站长点头如鸡啄米："好好好，承蒙刘参座看得起，我保证将老太太平安接到南京，不会有半点差错。"刘宗纪指着马弁们说："这几位兄弟护送你北上，多多关照！"局长受宠若惊，带着四条汉子上了头等车，随即汽笛一声，很快消失在黑夜之中。

当天下午3时多，列车进入泰山地界，绵亘数十里皆崇山峻岭，突然那矮个子马弁打开车窗，迎着凛冽的寒风，久久凝望泰山的雄姿，好像满怀深情。局长感觉此人有些蹊跷，但见其他三位横眉怒目，自然不敢多嘴。

18日晨6时，车到天津站后，路局局长吓了一跳，他不明白，联军总参议、北京政府的农商总长杨文恺为何专程迎接。一行人匆匆上了汽车，穿过繁华地段，来到法租界24号路福恩里206号高宅深院门前时，路局局长才知道，同来的"马弁"竟是五省联军总司令孙传芳。

18日上午9时，蔡家花园的军事会议还在继续进行。

出席会议的奉方军事首领张作霖、张学良、韩麟春、鲍贵卿、吴俊升、杜锡珪及直鲁联军的张宗昌、褚玉璞等人刚刚就坐，一名副官匆忙走进来，在张作霖后面压低了声音说："大帅，东南五省联军总司令孙传芳前来拜见！"随即递上一张名片。

张作霖微微一怔："他人在哪里？"

"就在大门外等候！"

张作霖哈哈大笑："来得正好！他妈拉巴子，他孙馨远也算是一条汉子，不打不相识。"

此语一出，大厅里就像炸了马蜂窝，众人七嘴八舌，乱哄哄的。

张宗昌大声大气："还是俺山东好汉有种，单枪匹马敢闯敌营，孙馨远果真有胆有识，令人佩服。"

张学良略皱眉头，埋怨说："津浦路局真是无用，这么大的事情居然一点风声也不知道，都是一群废物。"他征求张作霖的意见，"父帅，见还是不见？"

张作霖豪爽地说："见，我要亲自迎接孙馨远！"他带头走出厅堂，他的大将们鱼贯而出。从厅门外到院里的通道，直到大门口，两边站满了手持长枪大刀的卫兵，胆小的人见了必两股颤颤，孙传芳应付自如，与张作霖拱手，张一把抓住孙的衣袖："走，馨远，里面请！"两人亲亲热热拉着手走进大厅。张作霖指着身旁的一把椅子让坐，自己一屁股坐在正中的虎皮大椅上。

孙传芳没有坐，快步上前转到张作霖的座前，深深地鞠了个九十度的大躬，大声说："大帅，对不起，孙传芳特来拜山！"张作霖口角眉梢都是笑，豁达大度地摆着手："馨远，不必客气，你也辛苦了！过去的事情不要提了，一个巴掌拍不响嘛。"

孙传芳来时，心中亦是十五个水桶下井，七上八下的，表面上镇定自若，但还是很紧张，他也做了最坏的打算，别人都好说，万一做过土匪的张宗昌翻脸不认人，把他扣在天津，大事便休矣。但他此行的目的，就是要以大胆、诚恳的态度来赢得张作霖的好感，换取信任。现在他心里一块石头落地，知道事情就要成功了。

韩麟春过来，拍着他的肩："馨远，去年你的手好快，打得杨麟葛晕头转向。"

孙传芳一脸愧色："芳宸，看在老同学份儿上，原谅我一次，请不要哪壶不开提哪壶。""好了好了，那些陈芝麻烂谷子还提它干啥哩？"张作霖从中做和事佬。

张宗昌哈哈笑着："这叫不打不相识。馨远，我看在山东老乡的面上，劝你不要做狼，要做狗。狼喜欢回头咬人，狗则勇往直前。"

孙传芳颇感尴尬，很不自然地说："效帅趣人趣语，真不愧'狗肉将军'之雅号。"

众人都笑了起来。张作霖打个圆场："他妈拉巴子，都别说笑逗乐啦。"他对孙说，"馨远，你来得正好，快给大伙叨叨嗑，南方的情况究竟如何？"

孙传芳环视一下奉系高级将领，咳了两声，侃侃而谈："各位袍泽，此次南方战事，在初发之时，我不忍驱五省人民于水火之中，因与蒋中正曾在日本同学，故希望能好意劝阻。不期蒋氏野心大起，我是守土有责，不得已与之周旋。

"当我停轮九江时，承蒙汉卿（张学良之字）、芳宸（韩麟春之字）及效坤等齐鲁袍泽，皆来赐电探问战况，关照之至，实以铭感。只是军务缠身，未能一一作答，实为抱歉。今南方局势既已如此，国民革命军是以消灭北洋军阀为职志。如果东南长江保不住，黄河流域就危险万分。蒋中正野心很大，不能忽视。因此我宁肯放弃个人之地盘，合作于讨赤之齐鲁，绝不能坐视北洋的江山为赤党所得，这便是我北上的唯一目的。蒙雨帅、效帅如此大量，传芳实为感激之至。我既然到天津，则主持讨赤之一切事宜，都应听雨帅吩咐，总之愈彻底愈好，愈迅速愈好，千万勿使赤党有发展之余暇。"

孙传芳已明确表示要放弃先前夺取的奉方之上海、安徽与江苏的地盘，这是张作霖最操心的，因此，他对孙传芳的表态还算满意，但还是故作谦虚说："馨远，你太见外了，俺老张不会乘人之危夺你的地盘。既然合作'讨赤'，自当鼎力相助。希望各位充分发表高见，傅使归纳一起，成一具体方案。"

此时的张宗昌也是自成体系，成为直鲁联军的总司令。所谓直鲁联军是1924年第二次直奉战争时，李景林与张宗昌两部均属奉系杂牌，急于立功以取得张作霖的信任，故作战极其奋勇。李景林、张宗昌各率奉军一部抢先入关，沿途大肆收编直系残部，扩充势力，迅速成为奉军中实力最强的两个。不久，李、张先后被临时执政府任命为直隶军务督办和山东军务督办，并将部队改称直军和鲁军。李景林部和冯玉祥部下张之江作战失败，逃入天津租界，后去了济南。1926年1月，直鲁联军组成，总司令张宗昌，前敌司令李景林，总指挥褚玉璞，总参谋毕庶澄。

　张宗昌的实力不凡，底气也足，慷慨激昂，撸起袖子急欲出兵，是不是真心相助孙传芳不好说，但重新杀回江苏、上海，再拿回他的地盘的野心已很明显。他说："敌已升堂，若待其入室，则事不可为。鲁军与皖、苏之合作关系，断难坐视，应出兵援助，勘定长江。事定即班师北还，对五省地盘无所希望，请馨远勿误会。"

孙传芳倒也大方，你敬我一尺，我敬你一丈："鲁军如仗义南下，本人当率所部，暂退回浙江，这样鲁军可以事权统一，运用裕如。安徽、江苏、上海的地盘，我定璧还！绝不食言！"

张作霖并不想让属于自己系统的军队放在第一线去替他人卖命，只想坐收渔人之利。他很圆滑地说："鲁军南下，系善意之援助，并无希望地盘之野心，只能担任后方援助，不能为苏军担任前线。否则，鲁军宁可不动，以免发生误会！"

孙传芳为打消张宗昌之顾虑，继续阐明心迹："本人对鲁军南下，十分谅解。唯有军权上指挥统一起见，故请鲁军到苏省，独当一面，以收协攻之效。"

张宗昌对江南之地须臾不能忘怀。前次牧马江南，风花雪月未能过瘾，好山好水未许遍游，便被调回山东。这次孙传芳主动出让江苏，他不愿又成为他人之禁脔，连连说"可以"。

张作霖老谋深算，还是坚持说："大举动员南下，应当从长计议。鲁军南下，地理不熟，只能担任第二线，第一线仍请苏军担任。"

孙传芳只好说："雨帅，谁在一线，谁在二线，这系末节，总好商量吧？鲁军南下，是当务之急。"他从张作霖的眼神中，读懂了其中更深的含意，也明白了这样推来让去，这"船"究竟弯在何处，心里想，反正已经卖了，索性卖到底，大家都痛快。于是说："我有个建议，雨帅，湘、赣的失败，固然有我们的兵力和指挥方面的原因，但缺乏统一的指挥，是吴玉帅和我失利的重要原因。此番'讨赤'，应推举一位可以调遣一切，并能镇慑北方大局之人物出任统帅，而此项人物，我认为雨帅最为合适，再与南军作战，由雨帅统一调动，无分彼此，都是雨帅的部下，诸位以为如何？"奉系将领纷纷叫好，举双手赞成。

孙传芳又说："我看就叫个安国军，发个宣言，成立个总司令部，指挥一切，设临时内阁于总司令之下，内阁完全以总司令之命令行之，这个总司令其实就是国家元首无异。"他顺着思路往下讲，张作霖果然眼睛发出光来，一场黄袍加身的闹剧这样展开了。

一切发展得出乎人的预料，孙传芳完全成了导演和主角。

是晚，张作霖大为高兴，摆下大宴招待孙传芳。满桌山珍海味，鹿肉、熊掌、银鱼、紫蟹，琳琅满目。席间，觥筹交错、酒酣耳热。

张作霖问："馨远，你的部队还有多少人？"

孙传芳说："直属部队还有5万多人，五省联军总共还有18万人。"

张作霖桌子一拍："好，我东三省部队有80万人，加上效帅的直鲁联军不下百万人。只要我们齐心协力，就是退到哈尔滨，剩下一团人也要干到底！"

"只要雨帅在饷械上予以充分接济，虽剩一兵一卒，决不屈服于南蛮子。"孙传芳恭维道，"还是雨帅说得对，我们吃麦子的北方人和吃大米的南方人永远合不来，还是咱们味里近。"他端起酒对张学良说："汉卿年少英俊，是大将之才。如果不嫌弃，我愿意与汉卿结为异姓兄弟。"

孙传芳大张学良16岁，论辈分应与张作霖同辈。此时以屈求伸，顾不得是吃亏还是占便宜，总之，只要能达到目的，便不择手段。不当孙子哪能当爷

呢。于是甘心低张作霖一辈，以博取张氏父子的好感。

张学良笑容满面，端起杯："来，孙大哥，咱俩碰一杯，以后望兄鼎力相助。"

张作霖也眉开眼笑，拍着孙传芳的肩说："馨远，你们兄弟要同舟共济，共同维护咱北洋的江山。来，共同干一杯。"

20日这一天，张作霖仍与孙传芳、张学良、张宗昌、杜锡珪及奉、直、直鲁等重要将领开会，议定了五条方针：

（一）张宗昌率直鲁军15万南下，进兵江西抵挡国民革命军之

主力；

（二）孙传芳保守苏浙，兼抵御进入福建之国民革命军；

（三）张学良以第三、四方面军维持京畿之治安；

（四）渤海舰队、东北舰队南下参加战斗；

（五）张作霖就任北方军队统帅。

两天之后，张宗昌由天津返回济南，召集军事会议，部署出兵援孙问题。会后，张宗昌下动员令：第三军程国瑞部、第七军许琨部由津浦铁路南下；渤海舰队及第八军，由海道赴上海。

孙传芳即电令津浦路南段铁路沿线驻军一律撤退。

26日，许琨第七军和第一〇七旅常芝英部抵浦口，两个团先行过江。

又是一次"渔阳鼙鼓动地来"。

2．失道寡助

11月22日晚，奉军总参议杨宇霆到了天津，孙传芳不敢怠慢，立即纡尊降贵，先去登门拜访。杨宇霆好大的气，也不寒暄，上来便兴师问罪："你干的好事，将雨帅放到火上去烤！"杨宇霆果然"小诸葛"，一语道破天机。

孙传芳赔着笑："麟葛兄，小弟先向你道个歉，上次是我不仁义，未宣战便打了个措手不及，我这点本事不能与兄比，真正面对面摆开阵式，我哪及兄？根本不是对手。"

杨宇霆对"高帽"不屑一顾："孙馨远，少说漂亮话，想来忽悠雨帅出兵帮你打仗？我定要制止此事！"

孙传芳乞求说："麟葛兄，杀人不过头点地，再说，我只是代你看管东南，现在奉还还不成吗？"

杨宇霆气哼哼拉住孙传芳的胳膊："走，有话去蔡家花园，见雨帅再说！"

张作霖耳朵根子软，杨宇霆分析说："鉴于奉军上次在上海、苏南和津浦线挨打的教训，这次进兵，还是孤军深入，这是一次毫无把握的军事冒险，大帅，进兵江南的计划还请重新考虑。"

张作霖一想也对："稳扎稳打的办法比较保险，我看这样，立即电召张效坤回来，鲁军负责保守皖北及长江北岸，孙军保守江、浙两省。"

孙传芳不吭气，只用眼睛看着张学良。张本来就比较反感杨宇霆嚣张的气焰，只是因为父亲抬举他，也让他三分。

会后，张学良冷言冷语地说："昨天那样一个决定，今天这样一个决定，明天是否还有另外一个决定？"

张作霖说："今天的决定不会再有变更。"

由于杨宇霆横插一杠子，事情发生了变化，28日，已达到南京城的鲁军奉命又撤回浦口。

张宗昌回天津后，张、孙两人一唱一和，11月30日，由孙传芳领衔，吴俊升、张宗昌、阎锡山、商震、寇英杰、陈调元、张作相、卢香亭、韩麟春、高维岳、周荫人、陈仪、褚玉璞、汤玉麟、刘镇华16人共同通电，推戴张作霖为"安国军"总司令。

> 天津张雨帅鉴：
>
> 传芳等仗义讨贼，义不容辞，然成城有志，束箭弥坚，自非有统一指挥之谋，难收提纲挈领之效。伏审我公公忠体国，视民如伤。四海威加，万流敬仰。当经集议研讨，询谋佥同。谨愿推戴我公为安国军总司令，统驭群师，同申天讨。挽颓波于既倒，媲时雨之来苏。以冀扫荡逆氛，扶持国本。传芳等当躬率所部，待命前驱。皦日照临，丹心不泯，即请俯顺众意，勉抑谦光。克日就职出师，以解人民倒悬之厄。国家幸甚，谨电。伏乞鉴察！孙传芳、吴俊升、张宗昌、阎锡山、商震、寇英杰、陈调元、张作相、卢香亭、韩麟春、高维岳、周荫人、陈仪、褚玉璞、汤玉麟、刘镇华同叩。三十。印。

12月1日下午3时半，蔡家花园车水马龙，别是一番热闹景象，张作霖身穿上将大礼服，袍翁登场，就任安国军总司令。礼堂内，陈设香案，三炷香青烟袅袅，给人一种似幻似真的感觉。五省联军、直鲁军、奉军的首领孙传芳、张宗昌、杨宇霆、张学良、韩麟春、郑谦、潘复、任毓麟、俞思桂等分列两旁。

张作霖徐步来到香案前，跪祷于天。秘书长郑谦抑扬顿挫地宣告了"告天文"，行就职礼，启用印信。暗示这个变相的政府式的组织形式是受命于天，顺应民意的结果。张作霖即发表演说，望与诸位同心协力，共谋国事。并下令任命孙传芳为安国军副司令仍兼苏皖浙闽赣五省联军总司令，张宗昌为安国军副司令兼直鲁联军总司令，杨宇霆为安国军总参议，张学良、韩麟春均升授为陆军上将。并拍发通电，昭告天下。

　　各部，院，各省军民长官，各报馆，各法团钧鉴：

　　比以国政不纲，暴民乱纪，宣传恶赤化，勾结外援，年余以来，夺地争城，残民以逞，长此披猖，国将不国。顷据孙馨帅诸君，以时局艰危，暴徒肆虐，联名电请以安国军总司令名义，统率同志，保安国家。作霖自分驽骀，岂堪膺兹重任，屡经电辞，未承谅许。当兹危急存亡之秋，敢昧匹夫有责之义，爰于十二月一日在津就安国军总司令之职。所冀袍泽同仇，共纾国难，凡有敢于危害我国家安宁者，愿与同人共诛之，以全我安国军保安国家之夙志。近来暴徒骚扰，全国苦兵，凡安国军师行所匿，军纪风纪整齐严肃，但知救国，决不扰民。作霖戎马半生，饱经忧患，只期国家谋永久之安，决于个人无权利之见，事平之日，仍当与海内名流共商国是，总期造成真正法治之共和国家，不致使神明华胄陷于洪水猛兽，免为世界人类所不齿，则幸甚矣。特布区区。敬希谅察。张作霖。东。印。

当天晚上，张作霖在蔡家花园续开军事会议，决定：

（一）长江方面仍由孙传芳军负责前线，鲁军在江北岸作为后盾；

（二）派韩麟春率第十七军荣臻部由京汉线援吴佩孚；

（三）热河汤玉麟、察哈尔高维岳两部协助晋军在包绥方面防范冯玉祥之西北军；

（四）张学良负责警备北京、天津，吴俊升、张作相负责巩固后方，张作霖坐镇天津策应各方。

这样的军事布置完全体现了杨宇霆的意图，即将奉军主力摆在后方，让别人打头阵的稳打稳扎的方针。

孙传芳偕杨文恺自天津返回南京。

3日，孙传芳就任安国军副司令兼五省联军总司令通电：

各部、院，各省区军民长官，各报馆，各法团钧鉴：

国家不幸，战祸频仍，民困难纾，国危日亟。传芳谬五省军符，荏苒经年，目睹暴民宣传赤化，勾结外援，甘心卖国，神州陆沉，殊深愤慨。爰于本月四日就职安国军副司令兼五省联军总司令职，矢竭驽钝，追随列帅之后，共建救国之业。所望海内袍泽，名流耆宿，常锡教益，以匡不逮，是所至祷。敬布微忱，敬希鉴察。孙传芳。江。

12月4日，孙传芳在南京通电就安国军副司令职，电曰：

天津张雨帅勋鉴：

当此时局艰难之际，益切临深履薄之忧，唯有力竭驽钝，矢以贞诚，追随我公之后，同灭乱氛，早纾国难，维国脉于不敝。传芳谨于支（4）日午前十时就安国军副司令兼五省联军总司令职。特此电闻，伫盼教益。孙传芳。支。叩。

他这种由反奉转向联奉的一百八十度的大转弯，是政治上走向反动的标志，引起了他政权中的名流、进步人士的背离。

孙传芳本人却认为这是顺应民意和体察人心。17日，他在拥护张作霖的通电中说："顷读张总司令铣电，对于讨伐共党，抱定宗旨，始终不渝，而于讨赤友军则畛域不分，一致合作，具见大公无我之心，决无一党独裁之见，兹值大局飘摇，赤氛猖獗，共产主义为世界各国所唾弃，实神明华胄之秽闻。传芳等谊切同仇，志纾国难，誓当仰承策画，联络友军，扫尽赤氛，驱逐兽化，共秉正确之民意，拯兹陷溺之人心。至于一切党见早已捐除，但既国号共和，即知民为邦本。此后军行之道，一以国利民福为归，以副我总司令除恶务尽，致治保邦之意，谨布区区，至祈鉴察。孙传芳等。篠。"

江苏省长陈陶遗大失所望，而孙传芳在这种重大的问题上又不与他商量。孙传芳秘密北上后，陈陶遗派人去上海，请刘垣（字厚生）到南京劝说孙，不要与奉方合作。刘垣是江苏武进人，1913年10月，任北京政府工商部次长；11月，兼署农林部次长。1914年2月辞职。处在超然的位置上，有些话比其他人好说。

刘垣便与丁文江一同到南京，在陈陶遗的安排下去见孙传芳。此时黄昏日落，已是万家灯火之时。孙传芳仍然很客气，请他们论说高见，丁文江已萌生急流勇退之心，坐在那里只是旁听，始终不开口。

刘垣上来便问："联帅到天津见到张作霖了吗？"

孙传芳很兴奋："我一到天津就见了张大帅，张大帅见了我，很高兴，开口就说，老弟，你来了好极了！以前咱们的事搁在一边，永远不提。以后咱们是一家人了，有难同当，有福同享。张宗昌的态度也甚好。"

刘再问孙："看见杨宇霆没有？"

这句话直刺孙的心窝，喃喃地说："那小子……"

刘厚生说话不客气："我在上海听说联帅到天津求救于张作霖，所以特地跑来表明我们江苏人的一点意见。第一，我们江苏人普遍怕'胡子'，恨'胡子'。无论是张作霖还是杨宇霆，我们江苏人决不欢迎。第二，我为联帅设想，本为驱逐奉军而来，结果反迎奉军来江苏，岂不是'为德不卒'，前后两歧？请你务必再三考虑。第三，张作霖说他要派张宗昌来援助你打国民党。请你想想，张宗昌的军队纪律很坏，不会有什么战斗力，而奉天嫡系杨宇霆却在冷眼旁观，将来的情形也就可想而知了。"

空气紧张地凝住了，还没有什么人敢于直接数落孙传芳的不是，这一顿敲打，肯定下面雷霆震怒。约莫两三分钟，却没有声音。

孙传芳突然开口，但态度和蔼："刘先生，你还有什么高见？统统说出来！"这一手出乎预料。

刘垣很激动，大声说："联帅本是应我们江苏人的请求而来。胜败乃兵家常事，我们决不埋怨你。但是联帅要向哪一方低头合作，似乎应该问问江苏老百姓的意见。现在我老实说，江苏老百姓宁可受国民党的统治，决不愿再受胡子的骚扰。请你考虑。"

忠言逆耳。一席话令孙传芳很不痛快。他很坚决地回答："刘先生所谈，不能说没有道理。但是我孙传芳脾气不好。我宁可啃窝窝头，不愿吃大米饭。我与国民党是不能合作的。我可以告诉刘先生：蒋介石曾叫张群来找过我两次，我已拒绝他。我对不起刘先生，也对不起江苏人，我抱歉得很！"

刘垣霍然而起："既然如此，联帅千万珍重！好自为之。"

说完便拉着丁文江一道辞别。

当时南京市区有火车从下关经过联军总司令部大门外，直通中华门车站。联军总部门外的车站上还停着丁文江、刘厚生来时的专车，他们原路返回上海。

冬天夜正长，当他们到达上海火车站时，天尚未明。淞沪商埠督办公署的汽车正停在站外等候。

两人上了车，丁文江说："汽车夫，先送刘先生到法租界葆仁里刘府。"

睡眼朦胧的司机在黑暗昏黄的路灯下，将汽车开得飞快。合该有事，一个急转弯，汽车便撞在马路边的电线杆上。"砰——"一声，车子撞得很厉害，瘫在路旁熄火了。

丁文江和刘垣都受了伤，尤其是丁文江撞得口鼻流血不止。幸而一辆外国人的车从此经过，用他的车送丁、刘到了医院。刘的伤不重，包扎一下便回家了。

事隔一天，刘垣到医院看望丁文江，他鼻伤还未好。

刘便安慰丁，而丁文江笑着说："碰车的事，对你是个无妄之灾。我却正可利用。我已有电报去南京，说明伤情，请准辞职，并请即派人接替。官场照例总得挽留一两次。但我决不到衙门了。已经有了手谕：所有人员一概照常上班，整理档案簿册，准备交代。"

1926年严寒的冬天，江苏省长陈陶遗、安徽省长高世续、淞沪商埠总办丁文江等一批俊杰之士，相继辞职，离开了孙传芳。

石头城上，望天低吴楚，眼空无物。

3．丢失浙江

孙传芳在江西战场的失败和政治上走向反动，丧失了他在东南的威信，各省的人民和工商团体及士绅们纷纷掀起拒孙回省的"和平运动"。蔡元培、沈钧儒等人组织苏、浙、赣三省联合会多次通电，要求"划三省为民治区域，所有三省以内一切军政民政，均应由人民推举委员，组织委员会处理"，三省以内军事行动应立即停止。并公开声讨孙传芳勾引奉军南下，是"与三省人民宣战"，是出卖三省人民的利益。

孙传芳恼羞成怒，下令缉捕三省联合会会员，"格杀勿论"。

1926年12月18日，张宗昌率大军到达浦口，孙传芳亲赴浦口车站迎接。是日下午，孙传芳与张宗昌在联军总部举行军事会议，张宗昌喧宾夺主，宣布委褚玉璞为前敌总司令，许琨为副总司令，程国瑞、徐源泉、王栋分别为第一、二、三路司令，许琨兼第四路司令。

次日，孙传芳、张宗昌协议在宁成立五省联军及直鲁联军联合办事处。由杨文恺、唐在礼主持。

21日，孙传芳、张宗昌、陈调元等人在南京议定合作办法，决定以陈调元部在皖境沿江布防，防御九江方面国民革命军东下；孙传芳部全力对浙；直鲁军由皖进攻九江。

12月22日陈仪在杭州被捕了。夏超独立失败，孙传芳委陈仪为浙江省长。他是10月29日才抵达杭州，11月1日，陈仪带一个营接任浙江省省长。

当时，蒋介石的卫队团长金佛庄原是陈仪的部下，他主动请缨，可以去南京说服陈仪发动浙江起义。于是蒋介石派金佛庄去南京，就在浦口码头，一身西装的金佛庄和他的随从顾名世被稽查的军警锁拿。金佛庄被捕后，蒋介石即发电报给徐州的陈仪，请其与孙传芳通融，无论如何要救金佛庄。

接到蒋介石的电报，陈仪好为难，浙江省省长夏超密谋起义未果，反遭镇压，已引起了孙传芳的警觉，对自己也有了防范。因此，他只能绕着弯子打听：

"听说南京方面抓了两个南军的探子。"

"不错，这两人都是蒋介石派来的。公洽不会身在曹营心在汉，与这件事有瓜葛吧。"孙传芳话里有话。陈仪怕引火烧身，不敢再多嘴。金佛庄被捕后，已将生死置之度外。他知道身份暴露，不然敌人不会上了船就直奔他而来。因此他也不刻意隐藏，亮出革命军人的气概，横眉冷对，拍桌大骂："尔等逆贼，北洋之余孽，国家之罪人，尚不知死期之将至，只可惜我看不到革命成功那一天了。"

孙传芳被骂得心头火起，牙缝里进出两个字："杀了。"

这时，副官送来蒋介石的电报。谓金佛庄为南方政府代表，本着两国交战，不杀使者的惯例，希望保证其安全。这份电报中，蒋介石还表示，可以用交换战俘的方式赎回金佛庄。在江西战场，被俘的孙军成千上万，仅军长就有三人。"彼之部属，自军长以下，在我处甚多；彼之待我金团长之态度，即余待彼部属之态度。"

孙传芳没有理睬蒋介石的威胁，一个月黑风高夜，金佛庄被押向了刑场。

不久，张宗昌鲁军南下，陈仪的浙军第一师开回浙江。无独有偶，周凤岐率浙军第三师也从九江前线，退回浙江。他们都暗通蒋介石，已分别接受"国民革命军第十九军"和"国民革命军第二十六军"的委任。

社会哄传，谣言繁兴，浙江局势，杌陧不安。驻扎在临平、览桥一带的部队，是孙传芳嫡系孟昭月、王森的部队，一天夜里突然以迅雷不及掩耳之势，包围了梅花碑省长公署，并缴了第一师驻杭的季遇春第二团和卫队营的枪械。

当时卫队营曾请示陈仪，要求抵抗。陈仪说："众寡悬殊，后援不继，如果巷战，难免地方糜烂，缴枪吧！"

这些被缴了械的部队，后渡过钱塘江，向绍兴一带集中，等待国民革命军收编。

陈仪被孟昭月押解至南京联军总部。孙传芳正在烟榻上抽烟，见了陈仪后说："公洽，你暂时在我这里休息一下吧！"

陈仪被软禁后，联军的参谋长刘宗纪、秘书长陈阃皆与之有私交，都在孙传芳面前为之缓颊，说："抓住陈仪，等于逼浙军第一师投向蒋介石，不如令他安抚军队，勿使加入革命军。"孙传芳再三考虑，后下令释放陈仪，陈到上海后写信敦劝孙加入国民革命军，孙不作答复。

周凤岐于12月26日在衢州通电："本人已奉蒋介石总司令电令，有指挥全浙军队及现奉派来浙国民革命军各师之权，誓当速了战祸，以慰全国之望。"正准备去绍兴商议对付孙军，突接第十团团长陈启之报告：孙传芳已派孟昭月率军向富阳进犯，该团前哨阵地已自行撤退。周凤岐当即布置所部向富阳增援，并在汤家埠及巡北之线，修筑阵地，抵抗孙军。孙军收拾这些地方部队不过是小菜一碟。周凤岐将预备队都拉上去了，还是被孙军撵着猛揍，丢盔弃甲而逃，第十一团团长钱骏被俘，押解至南京小营被枪毙。团副斯铭石、第二师师部联络参谋陈醒亚一批中级军官被俘。

浙江百姓把战胜孙传芳军的希望，寄托在国民革命军身上。

当时，何应钦指挥的国民革命军东路军尚在福建境内对周荫人军作战，鉴于浙江方面局势，蒋介石于12月底曾一连三封电报，令何应钦务于1927年1月15

日以前到达浙江的衢州、处州等地；而何应钦被周荫人一时绊住，无法脱身。

蒋介石已令第一军王浚部、第二师刘峙部和第二十二师陈继承部组成东路军，从赣边入浙抵衢州，与周凤岐部会合，以攻击孙军孟昭月部。但孟昭月部实力雄厚，在兰溪、桐庐一带大败东路军。浙江一时成为双方争夺的焦点。

孙传芳在江西失败后，所余军队尚有七八万人，都集中在沪宁、沪杭两铁路线上。孙将其部整编成五个方面军：

第一方面军司令孙传芳兼，下辖第二师，师长孙传芳兼；第十二师师长刘士林，人数约7300余人，驻扎在沪杭线；

第二方面军司令郑俊彦，下辖第十师，师长郑俊彦（兼）；第四师师长彭得铨；第十四师师长李俊义。人数约1万人，驻扎沪杭线。

第三方面军司令孟昭月，下辖第十一师，师长王森；韩光裕第十五混成旅；张中立第十六旅。人数约9100余人，驻扎沪杭线。

第四方面军司令白宝山，下辖第五师，师长白宝山（兼）；叶开鑫、刘志陆、王乐善、吴观荣、马济等部。人数约11500余人，驻扎皖南、宁国、太平、池州、屯溪、淳安一带。

第五方面军司令周荫人，下辖第十二师，师长周荫人（兼）。人数约11000人，驻扎温州、绪云、永康、天台、宁海一带。

此外，第七师（师长冯绍闵），约4000人，在长兴一带；第十五师（师长刘宝题），约6000人，在屯溪、淳安一带；第九师（师长李宝章），约2800人，在上海；第十二混成旅（旅长张国威），约2300人，在杭州、南京；缉私队（队长王茂桐），约5500人，在杭州；第六师（师长陈调元），约20000人，在皖南。

直鲁军南下，进据南京，兵力约8万人。孙军开赴浙境作战总人数约2.5万人。

周凤岐

孙传芳与张宗昌联手后，战事略有起色。从以下电报可见一斑：

孟昭月报告在浙江省与北伐军作战情形电（1927年1月11日）：

> 昭月讨赤素志，曾于前电略陈梗概，想邀鉴及。连日登、桐庐等县。西路之敌，已有望风溃窜之势，此时倘能邀彼觉悟，幡然改图，则我两浙之锦绣河山，或不致再遭蹂躏，是岂仅浙人之福，抑亦昭月所深幸也。不意之江沿岸，仍有附和党军之人部，乘我进攻桐严之际，日夜肆扰，荼毒吾民，若不先事肃清，则肘腋为患，重扰地方，仍不能不与之相对待。是以忍无可忍，饬我三军相与周旋。爰于佳日移师东指，全线渡江，该敌初尚顽强抵抗，继经我军猛力压迫，其势不支，遂致望风披靡，节节败退。我军跟踪追击，连占萧山、诸暨、绍兴等县，直迫宁波。同时桐庐李、韩各部，进攻严州，二三日来，敌氛大半救平，两岸友军已连成一气，现正督饬各路向前进展中，两浙荡平，指顾间事耳。谨电奉闻，伫候明教。

孙传芳通电（1927年1月2日）：

> 顷接周总司令齐电云：顷据西路总指挥阳申电称：职部陈支队阳早六时，在永康南方遇敌五千余人，当即猛攻，激战十小时之久，冲锋十余次，遂将该敌击溃，完全占永康。此役计毙敌官长廿余员，目兵五百余名，俘虏三百余名，并获枪及军用品甚伙。复据李司令真午电称：职子即日午后三时，率队行至狮子口，与敌三千余名接触，该敌扼险顽抗，激战至灰日午时，复令奋勇队向敌右翼包抄，冲锋数次，敌势不支，遂向淳安溃退，当即督队乘胜穷追，至六时完全占领淳安，敌向茶圆方向逃窜。是役计毙敌三百余名，俘敌数十名，并获枪二百余支。

孙传芳重整部队，以图再举，将所部编为五个方面军：第一方面军兼司令及第二师师长孙传芳；第二方面军司令兼第十师师长郑俊彦；第三方面军司令兼第八师师长孟昭月；第四方面军司令兼第五师师长白宝山；第五方面军司令兼第十二师师长周荫人。

南昌的总司令部中，面对江浙敌我态势图，蒋介石非常焦虑，对参谋长白崇禧说："健生（白之字），何敬之（即何应钦）来电，在福建对周荫人部判断作战情况，非半月后不能调入浙江。目前东路军在浙江已遭到失败，势不能久等。浙江战事不利，不仅江西大本营根据地受影响，且使江右军也受威胁。东路军并不是兵力不够，而是指挥官之指挥不当，"他盯着白崇禧说，"你我两人应前去一人。"

白崇禧一听便明白蒋介石的意思，于是大声说："总司令是全军之统帅，岂可往局部指挥，如总司令不以我才能浅薄，我愿前往东路服务。"

蒋介石喜上眉梢："健生，这样很好，三日之内，便成立指挥部。"他又为难地说，"健生，东路军已有指挥部，何敬之是总指挥，不能设两个总指挥，是不是你这里成立个东路军前敌总指挥部，你为前敌总指挥如何？有没有意见？"

白崇禧说："为了革命，任何名义我在所不计。"

蒋介石不断地点头，"这样吧，我调总部参谋处长张定璠为参谋长，总部机要秘书潘宜之为政治部主任，组成前敌指挥部。"

一切安排妥当，第四天早晨，白崇禧率前敌总指挥部和卫队营出发，从南昌东进，经上饶、玉山进入浙江常山。

是夜，漫天鹅毛大雪，常山县政府秘书千秋鉴殷勤招待，并亲自扶乩，得诗一首：

> 百万雄兵胸中罗，大纛东来喜气多；
> 天意也知归党国，皇图一片白山河。

他摇头晃脑地说："将军姓白，这天降大雪一片皆白，又应着民间白蛇出世之说，将军此去，一定打胜仗，这是神示也。"

白崇禧1927年1月20日到达衢州，接到东路军总指挥何应钦发来的一份电报，指示白崇禧退守仙霞岭之常山、玉山，待何氏解决周荫人部后，再会师进攻，以免被敌各个击破。正犹豫间，蒋介石又来电报曰："衢州为战略要点，战守由兄自决，中（正）不遥制。"

此时，孙传芳任蔡朴为浙江省长，蔡朴由杭州赴南京，与孙传芳商量对付国民革命军的具体办法。

白崇禧认为，这是一个进攻的好时机。南方的部队宜攻不宜守，攻则气盛，守则气馁。加上是攻是守，蒋介石已将决定权交给他，经慎重考虑后，决定采取攻势。

当即，白崇禧在衢州召集东路军各部团以上干部训话，研究破敌之策。正好第二十一师师长严重率部赶到，白崇禧心生一计，即命令第二十一师和周凤岐第二十六军等残部组成右翼军，沿衢江右岸，向着金华、兰溪方向，并于白天大摇大摆前进，故意暴露目标给孟昭月的谍报人员。孟昭月闻讯，急调所部至右岸布防。

白崇禧亲率第一军第一师薛岳、第二师刘峙等部，组成中路军，由衢江左岸隐蔽前进；同时命第二军第四师张辉瓒、第五师谭道源、第六师戴岳等部，组成左路军，向开化、遂安方向前进，以掩护左侧背各军。

当中路军到达兰溪后，第二十一师严重部和李明扬部乘夜色从右岸移兵左岸。至2月6日，李明扬等部占桐庐；白崇禧率第一师薛岳、第二十一师严重及第五师一部从左翼向新登方向迂回，赶到凤山庙时，天色已晚，各部队长要求休息。白崇禧下令部队火速进攻新登。孟昭月总部便设在新登，见国民革命军大队来袭，援兵不及，只好放弃新登于15日逃回杭州。孟昭月的副官不及逃走，被白崇禧俘虏，白令其持己名片去杭州见孟昭月。孟见大势已去，勒索绅商开拔款300余万元，于17日率残部退出，因列车不足，万余人未及退出，夜大掠杭垣。

孙传芳命令在富阳、临安、余杭前线各军开往嘉兴一带布防。其司令部设松江。

国民革命军东路军兵分三路，中央军占领杭州；右翼军占领萧山，左翼军占领临安、余杭；第二十六军于19日也攻占绍兴。

2月23日，白崇禧前往嘉兴视察前沿阵地时，接到上海方面送来的情报：孙军仍在松江附近的沪杭路第三十一号铁桥布防，孙军主力已退往江北，将上海的防务让给直鲁联军。此时，直鲁联军第八军军长兼渤海舰队司令毕庶澄部，正日夜兼程向上海进发。

4．上海第三次起义

正当孙传芳与张宗昌换防之际，中共上海区委召开全体会议，决定先从工人总罢工开始，继而发展为武装暴动，以响应国民革命军。2月18日晚，上海市总工会召开全市工人代表大会，代表们情绪热烈。上海总工会委员长汪寿华发布总同盟罢工通告，指出："现经代表大会之决定，于本月19日起，举行全沪工人总同盟罢工，援助国民革命军，打倒孙传芳，而取得上海。"

2月19日早晨，上海大街小巷到处张贴着总同盟罢工令如下：

全上海工友们！民众革命势力日强，国民革命军战争胜利，军阀孙传芳抵抗失败，唯有由民众起而行动，以推翻军阀势力。本总工会特告上海总同盟罢工，以完全消灭军阀残余，表现革命民众势力。令到之时，即刻行动，全体工友总罢工。罢工之后，须有组织有秩序的，听候总工会指挥。无复工命令不得复工！切切此令！

罢工响应北伐军！

罢工打倒孙传芳！

民众政权万岁！

工人自由万岁！

工人团结万岁！

上海总工会二月十九日

繁华的上海，在凛冽寒风中，顷刻一片肃杀之气。黄浦江上的轮船不再冒烟，大马路上，汽车和电车不再往来穿梭，商店关门，工厂也无声无息。大街上，只有外国的巡捕和淞沪警察局的"黑狗子"在巡逻。

上海防守司令李宝章对总工会的罢工行动极为仇视。他派出大刀队上街镇压，四处张贴布告，声言破坏扰乱治安

者，格杀勿论。

联军士兵检查行人

大刀队以十多人为一小队，个个身背令箭，手执明晃晃的大刀片，沿街巡逻。一旦发现行人有"不轨"行为，便立即采取残杀手段。南市区有机器工人蔡建勋、史阿荣在散发传单时，被大刀队逮捕，当场在马路上遭到斩决。电车十九号售票员因传阅罢工传单，被大刀队发现，在西门口被枪毙。浦东祥生铁厂和英美烟草公司烟厂的两个工人，经过岗哨时，稍对军警无礼的搜身不满，便被当场射杀。在一个戏院门口，因不少市民在传阅影剧说明书，大刀队认为是传阅传单，不问青红皂白，举起大刀，当场砍死、砍伤十多人。大刀队还不准人收尸，令其"暴尸街头示众"。马路上，无头尸体横七竖八，而电线杆上，则挂着一颗颗血淋淋的头颅，触目惊心。上海笼罩在白色恐怖之中。后据调查，在罢工期间，全市被捕的工人、学生及居民在百多人以上，被残杀者

大刀队在街头巡逻

有31人。

上海的工人和市民，被反动军阀的残暴行径所激怒，斗争情绪像烈火干柴，到处燃烧。

上海区委经多次讨论后认为：白崇禧部国民革命军近在咫尺，应立即组织武装暴动，夺取上海，迎接国民革命军。上海区委号召："当此孙传芳要倒，鲁军尚未集中上海之际，上海市民应速起，以民众的势力响应国民革命军，扫除孙传芳在上海的势力，一以免掉孙传芳的溃兵奸淫掳掠，二以拒绝鲁军统治上海。"

上海区委决定武装起义的时间定为2月22日下午6时。

这次起义与上次起义不同的地方是上海区委在海军总司令杨树庄的舰队中，发展了"应瑞"等四艘舰艇上的党组织，并联络其他的舰艇在起义时可以响应的一些力量。计划安排起义时，首先由海军中的革命士兵控制"建威""建康""应瑞"等舰上的指挥权，并于22日下午6时整开炮轰击上海兵工厂、火车站、淞沪司令部、督办公署等重要目标。全市的工人以炮声为信号，向各自的预定目标展开袭击。在海军舰艇的火力支援下，工人纠察队进攻高昌庙，夺取兵工厂，将武器弹药发给工人群众，然后合力进攻龙华的孙军司令部和淞沪督办公署，最后占领全上海。

2月22日上午，当罗亦农、汪寿华带着起义计划去见钮永建和吴敬恒时，两人却说："我们正在联系李宝章部队倒戈之事，已有眉目，请将起义时间推迟到24日下午发动。"

罗亦农、汪寿华告知钮永建等人起义已准备就绪，时间不能更改时，钮永建大为光火，指责共产党对国共合作"没有诚意"，有"野心"，表示无法与白崇禧的东路军取得联系。是日下午6时，所有纠察队员都进入指定地点，可是海军士兵找不到打开药库的钥匙。时间分分秒秒地过去，

吴敬恒

直等到7时许，黄浦江上的大炮才向高昌庙轰击，但此时接应海军行动的纠察队员误认为起义计划改变了，大都离开码头，双方没能衔接上。而海军的炮弹，有几发落入租界之内，引起黄浦江上法国军舰起锚赶来干涉，要求立即停止开炮，否则以武力干涉。海军士兵在孤立无援的情况下，撤离了军舰。

南市的工人纠察队听到炮声之后，虽然立即投入了行动，但拥有武器的人员太少，又得不到浦东工人的支持，只能攻打附近的警察署；闸北地区的工人没有听到起义的炮声，只有少数人同军警发生了巷战。

李宝章得到沪宁线一个营的兵力支援，乘势反扑而来，终于扑灭了上海工人第二次武装起义。杀害了40多名起义的工人，逮捕了数百人。而海军司令杨树庄下令黄浦江中各舰一律开出吴淞口。2月24日，直鲁军毕庶澄部进驻上海，接替了李宝章的防务。

东路军总指挥何应钦抵杭州。北伐军占领嘉兴，前线集中松江附近之明星桥。松江孙军全部溃退。是晚，前敌总指挥白崇禧至嘉兴视察。北伐军因蒋介石不主张在上海用兵，故未再前进。孙军在沪杭路31号桥布防。

张宗昌与孙传芳在南京开军事会议，决定：一、孙传芳坐镇后方；二、苏省军事由张宗昌主持，皖省则由褚玉璞主持；三、援苏军队以许琨为前敌总指挥，毕庶澄副之；四、在最短时期内将直鲁军运送前方。

孙传芳与张宗昌在松江一带视察军情后，将松江防务交给张宗昌，将自己的部队调往苏北休整。昔日那种一战而霸、不可一世的气势，从此再也没有了。五省联军名称虽存，却完全成了奉军的附庸。

更大的打击接踵而来。2月11日，孙传芳联军第十五师师长刘宝题在安徽祁门向革命军接洽归诚。是日，蒋介石委刘宝题为国民革命军新编第三军军长。15日，刘在祁门就职。

3月4日，力劝孙传芳不能与蒋介石讲和的安徽总司令陈调元，眼看孙传芳大势所趋，宣布归附蒋介石，在芜湖就任国民革命军北路军总指挥兼第三十七军军长，军务帮办王普就任二十七军军长，留守安庆之第一混成旅旅长杨世荣亦宣布服从国民政府。自此，安徽省也归入蒋介石的版图之中。张国威在扬州倒戈，就任第二十六军第三师师长。那年头，附义像感冒一样流行，带传染的，一个波及一个。

再看东路军的进展：3月14日，驻上海之北京政府海军总司令杨树庄向北伐军投诚，正式宣布就任国民革命军海军总司令职，并派"楚同""楚有""楚谦"三舰越过江阴、镇江、南京诸防线，驶至九江，候令会同陆军攻打南京。

孙传芳将金陵军官学校移设清江浦。

东路军主力向宜兴、溧阳进攻，前敌各部亦开始向松江、青浦、吴江攻击。同日，第二军占溧水，鲁军王栋部退秣陵关。次日，第一军何应钦部占领溧阳。赖世璜部克宜兴，联军白宝山、冯绍闳、郑俊彦三师退常州。赖军跟踪追击，21日占常州。直鲁军在沪宁铁路联络已被截断。

孙传芳因北伐军逼近南京，形势危急，是日秘密离南京退守扬州，先遣部队便是卢香亭。卢香亭带了大队人马到了扬州，第一天便就杀人示威。

有个叫陈邦贤的镇江人留有《自勉斋随笔》，其中有这样的记述：

> 有一个警士花某冒领了军米一袋，便把他的头挂在教场示众。扬州的人本来胆小，一看他杀人，便起了无限的恐怖。他第一次在扬州盘踞了四十六天，几于无日不听见他杀人，说是杀的都是间谍，可是冤枉的也实在不少。
>
> 刘汉，湖南某县人，久任江都警察训练所所长。江都过去的警察，大半是受过他训练的。为人和蔼，并且侠义。……约摸五十多岁，留有黑色的胡须，满嘴的湖南口音，平时穿着一件马褂，脚上有时穿着一双靴子，常常在街上走，没有一个人不认识他。孙传芳退守扬州的时候，他便做了一个江都县的警佐，哪知没有多时便被捕了。捕他的原因，说是他把两个党军放去，其实他也是为正义而做的。他被羁押在宪兵司令部好久，没有下落。邑绅卢绍刘先生便替他向宪兵司令王珍说情，证明他是一个好人。哪知王珍是一个杀人不翻眼的东西，他便佯为答允，说是："我也知道他是一个好人，没几天便放他了。"到了第二天的上午，忽然听说是刘汉在扬州汽车站被杀，大家都吃了一惊，很为诧异：刘汉这样的人，怎么会被杀呢？从此大家都痛骂这杀人不翻眼的王珍，更诅咒孙传芳早日失败，并希望国民革命军早日降临。他常常派宪兵到人家去搜查，稍涉嫌疑，便被他捕去，捕去而释放的很少，大都是被他杀掉了。

失去民心也是孙传芳失败的一个主要原因。从老百姓都希望国民革命军

"早日降临"就已经很说明问题。

东路军前敌总指挥白崇禧下令进攻淞沪。以第一师薛岳部担任正面，以第二师刘峙部、第二十师严重部为左翼，攻苏州，以二十六军之第二师斯烈部为右翼，由金山卫、张堰、松隐，从得胜港、佘来庙渡河，经闵行抄莘庄、明星桥。另派先遣队李明扬部由青浦之朱家角进至安亭，截其归路。同日，右翼即由浦南抄出明星桥，断直鲁军与上海之联络，直逼上海；正面已达31号桥，逼攻松江；3月21日，国民革命军占领龙华。

上海市工人在共产党员周恩来、陈延年的领导组织下，举行了第三次武装起义，是日晨，中共江浙区委书记罗亦农宣布当天中午12点举行上海工人总同盟罢工。闸北、沪西、沪东、南市、虹口、浦东、吴淞七个区工人纠察队向预定地点紧急集合。12时，在周恩来、罗亦农、赵世炎等直接领导下，上海80万工人遵照总工会发布的总同盟罢工令，一齐罢工。一时间，各工厂、码头汽笛长鸣，听到起义信号，工人纠察队在一小时内，分别在七个地区围攻警署，夺取军警枪械，并展开激烈巷战。至晚，各路纠察队先后占领南市、沪东、沪西、浦东、虹口、吴淞六个区；只有闸北区因直鲁联军兵力众多，军事据点达20多处，直鲁军又以铁甲车、大炮作掩护实行反攻，英军亦越界助战，战斗极为激烈，经过反复争夺，直到22日午后4时余，除上海北站外所有各据点敌人均投降。周恩来立即命令工人纠察队对北站据点发起总攻击。经一个多小时猛攻，直鲁联军纷纷溃逃。下午6时许，战斗结束，上海工人阶级终于在中国共产党领导下，经过两日两夜战斗，以150杆破枪和少量手榴弹，全歼3000名直鲁联军和2000名反动警察。联军前敌总指挥毕庶澄逃入租界。

22日白崇禧率部进入上海。23日，国民革命军江右军逼近南京，并于是晚进入南京城。张宗昌的直鲁联军渡江北逃；孙传芳下令驻江浙联军撤出，退往苏北。据联军将领马葆珩分析，孙传芳撤退江北主要有两方面的考虑：

第一，他顾虑安徽陈调元，因陈是个有名看风转舵的倒戈将军。而安徽西南两侧都受着蒋军的威胁，孙、陈之间又只有两年多的关系。第二，他顾虑白宝山，马玉仁、张仁奎三个镇守使。他们都是老牌地方军阀，又都是青洪帮头子，各有一套势力范围，他担心这群青洪帮头子，一旦被蒋介石收买，捣蛋有余。他就在这种重重顾虑的影响下，决定了全面撤驻长江北岸的计划，并在松江召一个军事会议，宣布联军为了与北方友军结成联盟，壮大实力，决定全部撤驻长江北岸，对补给训练都为有利云云。许多将领听到与北方友军结成联军，就估计到孙要投靠张作霖，内心都感到不满。同时大家都认为撤离富裕的江浙，将来军饷势必发生困难。就在将领们窃窃交谈时，孙传芳根本不问大家有什么意见，就宣布原驻南通马葆珩的十一师调驻盐城，上海李宝章第九师调驻南迯，松江、嘉兴李俊义十四师，刘士林第十三师均调驻扬州，浙西及杭州的陆殿臣第十二师、南京周凤岐第三师、崔景湘第八师均调驻浦口，蚌埠等地。联军总部暂驻扬州。

孙传芳杭州出兵，不及月余，便底定东南五省；年余又失去东南五省，正应了那句乩语："钱塘潮，秦淮月"，来去匆匆。

带头劝进张作霖，甘为奉军前驱，这一错误的选择，导致孙传芳联军节节败退，土崩瓦解。

5．带头劝进

蒋介石决定沿津浦路北上，穷追猛打。张宗昌、褚玉璞残部纷纷向徐州溃退；孙传芳部迅出宿迁、睢宁，袭国民党军之背，眼看离徐州不远。但张宗昌正面放弃徐州，退往泰安、济南。孙传芳军被国民革命军切断归路，率部冲锋，得以突围。相传孙传芳先至北京谒见张作霖，汇报状况。

张作霖一脸愠怒，责问道："你的仗是怎么打的？"

孙传芳镇定地回答："大帅，我的部队打得不错，已离徐州不远。如果不是效坤正面发生变化，徐州早已被我取得。"

张作霖问："部下损失多少？"

孙传芳答："无损失。"

张作霖又问："枪械尚有多少？"

孙传芳答："每个兵还有两杆枪。"

张作霖诧异地问："这是为何？"

孙传芳幽默地说："报告大帅，效坤兵溃，沿途遗弃枪械，俯拾皆是。可惜我的兵每人只有两只手，假如三只手，每兵则三杆枪了。"

张作霖爆发出一阵大笑，半晌止住，道："馨远，你辛苦了，你辛苦了。"

张学良忧心忡忡，劝道："父帅，国民革命军勇猛无比，联帅、玉帅、效帅都不是其对手，蒋介石早晚要打到北京，我看不如现在就与蒋介石言和罢战，平分天下算了。"

张作霖没有回答张学良，只是问孙传芳："馨远，你意下如何？你看还能战吗？"

孙传芳说："青史上自古有断头将军，而无投降的将军。只要有信心，楚虽三户，必亡秦。"

张作霖对张学良说："馨远尚言能战，何速服输？"

1927年6月，孙传芳残部犹在徐州以东新安镇、宿迁一带支撑。他与张宗昌联袂到北京顺承王府参加张学良、韩麟春、张作相等人一同召开的军事会议。会上，孙传芳提出：北方各省军队统一改用安国军旗帜。"不仅军事上要服从，政治上也要服从。"

6月16日夜，孙传芳、张宗昌、张作相、褚玉璞、吴俊升、张学良、韩麟春等人提出拥戴张作霖为海陆军大元帅及组织安国军政府的建议。

孙传芳领衔劝进，通电如下：

万急。北京张大帅钧鉴：

各省军民长官、各法团、各报馆钧鉴：

天祸民国，政纲解组，国无政府，民无元首，纷纭扰攘，累载于兹。现在赤氛弥漫，天日为昏，毒害全国，无所不至。国民之期望，友邦之责备，皆以讨赤为唯一安国之大计也，然非统一军权，整肃政纲，实无以慰群伦而靖祸患。伏维我总司令自去岁就职以后，志在靖乱，昕夕焦劳，北方赤祸虽就廓清，南方赤党益为猖獗，全国皇皇，罔知所届。际此存亡绝续之交，正我辈奋身报国之日，传芳等再三筹议，今谓讨赤救国，必须厚集实力，固结内部，方能大张挞伐，勘定凶残，拯神州陆沉之危，救元元涂炭之厄。我总司令大公之量，天地为昭，同志之孚，友仇若一。惟有吁恳总司令以国家为前提，拯生灵之浩劫，勉就海陆军大元帅，用以振奋军志，激励士心，坚中央出令之权，一全国同仇之忾，庶可迅扫赤氛，澄清华夏。传芳等当首先将士，尽力疆场，以副拯民水火之忱，而尽殄除暴乱之责。切请勿拘小节而失人心，勿慕谦光而酿巨变。总之，全国之人将死，惟我总司令生之，全国之士将亡，惟我总司令存之。事机所迫，间不容发，干冒尊严，不胜惶悚屏营之至。孙传芳、张宗昌、吴俊升、张作相、褚玉璞、张学良、韩麟春、汤玉麟。铣。印。

大元帅实际是最高统治者。其时无参议院或民意机关来选正式总统、临时总统，段祺瑞的临时执政又不便取"拿来主义"。孙传芳等一群武夫直截了当，便推张作霖为海陆军大元帅。并定6月18日为"登极"的吉日良辰。京师警察厅在17日便挨门挨户通知北京的商民店铺，悬挂五色国旗以示庆祝，大小报纸一律大红套色，违者禁止发行。

18日，清晨起来，天低云暗，给人一种压抑的感觉。长安街自东到西，直至顺承王府止，三步一岗，每岗上有宪兵和保安队员各一名，持枪而立，森严壁垒。是日，北京主要大街都实行净街，除安国军的黄牌汽车外，其余车辆一概禁止通行。西辕门内、宝光门后、怀仁堂前各架机关枪两挺，如临大敌。天空中有奉军空军两架飞机盘旋巡逻，以维持京师安全。

下午2时后，由总统府侍从武官长荫昌和大礼官黄开文乘礼车，前往顺承王府迎接张作霖，2时50分，张作霖与荫昌等同车到达怀仁堂，此时鼓乐大作。张作霖身穿天蓝色上将大礼服，新总理潘复身穿黑色燕尾服、头戴大礼帽，紧随其后，甲胄鲜明的孙传芳、张宗昌、张作相、吴俊升、杨宇霆、张学良、韩麟春等，个个头戴高冠，身穿大礼军服，可谓冠盖如云，光彩辉耀。

只见孙传芳人前人后，指手画脚，滔滔不绝，整个典礼指挥铺排，都听他一人调遣。

当时《国闻周报》评论说："似孙（传芳）在武人中甚能露其头角。是日怀仁堂中，除奉张外，最出风头者端推此公。"

3时半，典礼开始，黄开文司仪赞礼，张作霖在大庭正中南面而立，身后站立着三五个老妈子，领着张的年幼的儿女随后参观，给隆重庄严的仪式平添几分不伦不类的滑稽景象。

当国歌演奏完毕后，张作霖开始大声宣读誓言："作霖忝膺中华民国陆海军大元帅之职，誓当巩固共和，发扬民治，刷新内政，辑睦邦交。谨此宣言。"

宣言完毕，鸣礼炮108响，张作霖接受军政要员依次祝贺。

孙传芳（左一）带头劝进

当时，看着张作霖风光至极，孙传芳的内心，并不是个滋味儿。他从五省的盟主转而依附奉张，失去了昔日显赫的地位，来作贰臣，北面以事。内心之痛苦，无以言表，只能强作欢颜，希望附骥尾以蓄集力量，卷土重来。

1927年6月下旬，孙传芳领到军费20万元，与张宗昌同返济南，举行军事会议，决定以许琨为前敌总司令、王栋为副司令，分守兖州、滕县间铁路；以徐源泉为第二路总司令，率部驻大汶口、泰安府；杜凤举为西路总司令，扼守济宁及运河沿岸；以郑俊彦为胶济路总司令，指挥第五、第十两师防守胶州、潍县；并派彭得铨为总司令，率部布防诸城；孟昭月两师，守莒县、峄县、泗水之线。

再说，蒋介石进入南京之后，成立了南京国民政府，与在武汉的国民政府（迁自广州）大闹分裂。武汉的唐生智已准备东征讨蒋，并派人秘密联络孙传芳南下。孙军在行动前，总结了与国民革命军作战的经验教训，编成作战要诀十条如下：

一、南人多食米，北人多食面，北人随时随地可带面食，于作战时间上，并不受吃饭影响，南人则每日三餐，其所耗时间自必较多。现拟利用此点，延长作战时间，使之无吃饭余暇，或乘吃饭之时，加以猛烈攻击。

368

二、因鉴于赣省作战，用全力于第一线，为革命军纵长配备所击破，故亦宜改用纵长配备，以资对抗。是后之作战，应多置预备队，并以前仆后继，重叠兵力，为接续不断之攻击。

三、屡次战役，均因受便衣队之扰乱，每将大兵力妄置于无用之地，现应于主力未为我发现之前，不行正式作战，亦以少数相当兵力应付，俟认定主力所在时，则分途进攻。

四、因鉴于便衣队效用之大，亦应编制便衣队，协同作战。

五、联军官兵屡次作战，有不知利用地形者，有不肯利用地物胆小之官者，现鉴于伤亡之多，为爱惜兵力计，务严令所部，须切实利用地形地物，以减少损害。

六、在胜负未解决之前，纵获小胜，于稍加追击后，仍应退守原阵地，利用已成之战壕及熟悉之地形，以便应战，至胜负已定之后，若获大胜，应加穷追。

七、在战斗开始之时，应注意侧面地形，于两翼酌派掩护队，以免受大包围。因近来作战，每因受侧面威胁及包围而失败。

八、南方官兵多躯干弱小，应利用冲锋与之实行白刃战。

张作霖任大元帅后，张宗昌（右一）、张作相（右二）、孙传芳（右三）、吴俊升（右四）、潘复（左一）

九、联军之行军速度不若革命军之速，应多练习强行军。

十、令精于射击者，专射击革命军之军官及持党旗者。

这总结出来的作战要诀，孙传芳要求联军将士人人会背能用。日后证明，还是有效果的。

7月上旬，国民革命军第十军王天培部向曲阜、邹县方面进攻，克复临城、滕县等地。

7月15日，张作霖以安国军大元帅名义，任命孙传芳、张宗昌、张学良、韩麟春、张作相、吴俊升、褚玉璞，分别为第一、二、三、四、五、六、七方面军团长，决定南下反攻。

安国军第七军团长褚玉璞亲督徐源泉第六军、许琨第七军分三路围攻临城。国民革命军王天培第十军不支，弃临城撤退至韩庄以南。徐州又处在直鲁联军的包围之中。

王天培又放弃徐州，撤往宿州。

蒋介石甚至秘密遣人去与张作霖、杨宇霆谈判，以陇海路南段为界，互不侵犯，以便一心一意对付来自长江上游的军事威胁。

张作霖有意接受蒋介石的条件，孙传芳认为应趁机肃清江北，反攻江南。他在致杨宇霆信中表达自己的意见，信称：

> 麟葛仁兄勋鉴：
>
> 顷接敝部李军长（即李宝章）、孟参谋长（即孟星魁）来电一件封，请察阅，李部将官与蒋（即蒋介石）感情甚恶日深，知蒋之为人，故所言如此。倘在此时期乘胜肃清江北，再与蒋言和，似亦不难就范。惟在军略方面能否容此时间，祈吾兄商承大元帅定夺，示遵为感。肃此敬颂
>
> 勋绥
>
> 弟孙传芳拜启七月二十二日

从此信中，已看出孙传芳迫不及待收复失地的心情。

军事形势对国民革命军不利。7月24日，直鲁联军反攻战略重镇徐州，很快便夺回该地。

29日，孙传芳、褚玉璞抵徐州督师，联军第四、第七、第八、第十各师及

直鲁军第一、第五、第六、第七各军已抵徐州集中。

蒋介石以总司令名义亲自赴徐州云龙山督师。双方炮声震天，枪声如潮。郑俊彦、李宝章等部经过拼力死战，攻克徐州西北的云龙山、卧龙山和九里山。

孙传芳领数万大军，声势浩大，杀奔江南，一胜克徐州，二胜尽复江淮，数万兵马沿津浦铁路和大运河兼程南下，饮马长江，投鞭断流的胜利就在眼前。他将联军总部迁往蚌埠。已等不得张作霖的命令，甚至连他的高级将领，包括经常在蚌埠晤面的戒严司令马葆珩，事先竟然也不知道要反攻南京。直到集中部队的命令下达后，他才告诉马葆珩："我们已决定大举渡江，收复江南，你仍留驻蚌埠吧！"马葆珩问如何渡江法，哪些部队去。孙说：洁卿（郑俊彦号）由浦口攻下关，占南京，俊卿（刘士林号）、善侯（李宝章号）等由大河口攻龙潭，占南京，马玉仁由扬州攻镇江，主要任务是牵制上海方面敌军。马葆珩因与李宝章自幼是同学，又是好友，念其在福建作战因伤锯去一条左臂，即对孙说："善侯身体残废，倘有失利，更难应付，还是我去渡江，让善侯留驻蚌埠吧。"孙略一沉思说："好！"立命孟星奎给李宝章下令，叫李率二师折回蚌埠，做蚌埠戒严司令，令马葆珩第十一师即开大河口集中待命。

蒋介石在南京建立国民政府后，为筹集军费，在江浙财阀张嘉璈、钱永铭、陈光甫、李铭、虞洽卿等人帮助下，发行三千万元的国库券；加重各种捐税，又筹集了一千万元，但军费便支出四千一百余万元。江浙士绅没有从蒋介石身上得到好处，先尝到重捐重税之苦，于是自然而然想念五省联军时代江浙轻徭薄赋的好处，他们又在酝酿"迎孙反蒋"运动。一个"江浙人民代表请愿团"径去蚌埠见孙传芳，请其救民于水火，并大骂蒋介石狗彘不如，并请联军早日渡江，把孙传芳捧得晕乎乎的。

孙传芳大摆宴席，招待和安慰这

王天培

371

个士绅代表团,并大言不惭地说:"请江东父老放心,我一定渡江给江南人民除害,你们等候好消息罢!"

一场大战,如此草率,但孙传芳迫不及待,要报一箭之仇,便来攻打南京。

7月24日,直鲁军乘李宗仁、贺耀祖部南调对付武汉之隙攻占徐州;王天培第十军争先撤退;蒋介石令贺耀祖复回津浦线督师。蒋介石如坐针毡。

是日蒋介石日记:

> 上午召集何贺军长商议唐之余件。下午接徐州失守之报,不胜忧虑。傍晚回城计划一切,余决赴蚌埠督战。一时睡。

7月25日,蒋介石渡江,从浦口登车北上。日记记载:

> ……十时出发渡江,与熊哲民谈西北军及汉口事。正午登车,纬儿来送,不知其父之苦也。下午在车看书,九时到蚌埠,犹未得徐州敌情,而王天培在宿州打电诛人,言孙传芳已到徐州。姑无论其不敢到徐,即到则可就擒,岂不更好。贪者胆怯,吾于王天培见也。

蒋介石认为无论孙传芳到不到徐州都没什么了不起,到徐州擒其更容易,嘲笑王天培胆小如鼠。

次日,蒋亲率第一军之第二十一师抵蚌埠部署反攻,并电冯玉祥派队夹击。26日,蒋下达攻徐州作战令,各军限28日前集中兵力于八义集、任桥集、符离集、黄口附近,向徐州分进合击。

7月28日晚6时,蒋介石自蚌埠北上督师,夜12时抵达宿州。王天培前来见蒋总司令。30日,蒋介石5时由宿州出发,车到福履集车站,由于前方道路被破坏,下车乘轿子前往,但见王天培的部队仍未行动,只有严重的第二十一师黄埔生为骨干,在向前运动。蒋介石深感学生军比地方军阀部队强得多。31日,蒋介石抵达曹村,第二十一师向左侧白庄前进;第四十军贺耀祖部占领三堡;只有第二路王天培部无法联络,也不知道到了哪里。蒋介石异常焦虑,遂令第六十一团为总预备队由官桥加强云龙山方面,自己手中已经没有部队了。

8月1日，北伐军各部均无进展，蒋介石赶至王庄，令第二十一师前进，该师在副师长孙堂钧率领下对孙军逆袭，但被敌击退至泉山。是日，蒋介石亲赴廿五里桥指挥作战，第二十一师及第一师对徐州发起攻击，孤军深入，连克泉山、牛山、泰山寺、龟山，一部进占云龙山。下午4时许，九里山方向响起枪声，蒋介石以为是王天培部杀到，于是指挥各部攻城。其实，王天培部已被击退，孙传芳军全力向云龙山反攻，夜袭蒋介石第六十一团，该团死伤大半，于是蒋介石惨败，下令全军撤退。蒋介石在日记中总结失败原因：

> 此次失败轻敌骄急一也；交通未筹备、补充不济二也；各部未就开进位置先定攻击日期三也；余亲自督战前线而敌各方政治军事不能兼顾四也。此次应用政治方法可以解决徐州，而乃一意轻敌深进是余一生之大病，戒之。

是日，蒋介石撤至符离集，之后搭火车到达宿县。在蚌埠又停留两日，最终于8月6日下午过江，抵达南京城。

6. 蒋介石下野

孙传芳大军抵达南京对面的长江北岸。他的总指挥部便设在六合县城。面对滚滚东去的长江和钟阜龙盘、石头虎踞的金陵城，踌躇满志。决定他一生命运的关键时刻就要到来。

此刻，国民革命军总司令蒋介石避开南京有名的"秋老虎"，躲在南京六十里外的汤山温泉避暑。此时，唐生智的东征军正顺流而下逼近芜湖。原来，1927年4月，蒋介石在南京另立国民政府，与汪精卫的武汉国民政府分庭抗礼，双方在联共分共、军阀独裁等问题矛盾尖锐，剑拔弩张，史称"宁汉分裂"，唐生智等组织东征军，顺长江东下，武力讨蒋。蒋介石决定采用韬晦之计，来个金蝉脱壳，避开武汉方面的"东征讨蒋"大军，并急调第七军李宗仁部从津浦前线往芜湖布防。6日，蒋介石电召李宗仁一晤。

风尘仆仆的李宗仁一身臭汗，赶到了汤山，一见面，蒋摆出一副很沉重的表情："德邻兄，这次徐州战役，没有听你放弃徐州，退守淮河的意见，吃了大亏，我现在决心下野。"李宗仁看着垂头丧气的蒋介石，闹不清葫芦里卖的什么药，只有安慰："胜败乃兵家常事，总司令如何可以下野？我认为布置江防，抵挡孙传芳是当务之急。你无论如何要坚持下去！"

蒋介石叹了口气："内忧外患，我一时也讲不清爽，其中情形复杂得很，我成了党内矛盾的焦点。武汉方面要讨蒋，我们内部有人'逼宫'，我不下野，势难甘休。为了党国的利益，我下野就是了。"

李宗仁并不晓得，蒋介石说的"逼宫"是影射他和白崇禧的，还一个劲儿地劝："在此党国存亡之秋，孙传芳陈兵江左，唐生智兵临上游，总司令如何可以一走了之？"

"你不要再讲了，你看，我下野通电都草好了。"他从桌上拿起几张八行笺的纸，"我下野后，军事方面有你和白健生负责，可以对付孙传芳了；武汉方面的东征军至少可以因此延缓。"

李宗仁事后才明白，蒋介石玩弄下野的一手是何等高明，以退为进，置身事外，既可使武汉方面失去东征的借口，缓和了国民党内部严重的矛盾和分裂；又将拼老命打孙传芳的大任，甩给了李宗仁等人。

8月12日上午，蒋介石在丁家桥参加中央执监委员会，会上与何应钦、白崇禧、李宗仁讨论时局时发生分歧。李宗仁、何应钦亟欲与武汉方面遣使议和，以"词迫势逼"，令蒋介石"甚为难堪"。而蒋介石认为，"只要以中央监察委员会的意见为依据，我个人无意见"。而李宗仁、白崇禧却"且藉此以为倒蒋之机会"，并让张群来劝蒋介石"自决出处"，即让蒋下野，何应钦表示赞同。

蒋介石气愤地认为："此时宁沪驻军皆我第一军势力，即消灭驻芜之第七军亦非难事。"看来，桂系逼宫确有此事，所以蒋介石便有消灭桂系主力的意图。但蒋介石仍决定下野，深夜12点，蒋介石长衫一袭，一副绅士模样，带着几个卫士悄然离开了南京城，去了下关车站，坐火车去了上海。

孙传芳得知蒋介石下野后，便与参谋长孟星魁、秘书长万鸿图几个人略一商量，决定发动六万大军进行抢渡长江的计划。

孙传芳下达集中命令后，才对马葆珩说："我们已决定大举渡江，收复江南，你留在蚌埠做戒严司令，巩固后方。"

马葆珩问："联帅如何渡江，哪些部队去？"

孙传芳说：“洁卿（郑俊彦号）由浦口攻下关，占南京，俊卿（刘士林号），善侯（李宝章号）等由大河口攻龙潭，占南京，马玉仁由扬州攻镇江，主要任务是牵制上海方面敌军。”

马葆珩对孙传芳建议：“善侯（即李宝章）在福建作战时，断了左臂，倘有失利，更难应付，还是我去渡江，让善侯留驻蚌埠吧。”

孙传芳便给李宝章下令，让其率第二师回蚌埠，令马师长第十一师开至大河口集中待命。

孙传芳发布渡江计划和兵力配备：

渡江计分三路：

第一路以郑俊彦为总指挥，以郑的第十师为主力，由浦口附近自选有利地点，抢渡长江，进攻下关，占领南京。

第二路以刘士林为总指挥，以刘的第十三师、李宝章第二师（后改马葆珩第十一师）、上官云相第四师、段承泽第九师、崔景湉第八师、陆殿臣第十二师为主力，集中六合、大河口等处，由大河口附近自选有利地点，抢渡长江，攻占龙潭车站附近高地，掩护大军渡江，会攻南京。

第三路，以马玉仁为总指挥，以马师张定奎旅为主力，由扬州攻镇江，主要任务牵制上海及沪宁线之敌军。

三路大军开始向指定地点集结。大约在8月中旬，联军三路大军先后集中完毕，各部队在驻地附近征集了大批民船和少数小火轮，还有不少用砍伐和收集的树木捆扎的木排。在蚌埠得到各师集中完毕待命渡江的汇报后，便下令浦口郑俊彦，大河口刘士林、扬州马玉仁等立即就选定地区渡江，会攻南京。孙下命令后，次日即率同总部人员专车去浦口。

蒋介石通电下野，李宗仁、白崇禧在南京联名通电武汉汪精卫、谭延闿、唐生智、程潜、朱培德、张发奎、陈公博等，建议宁汉联合，电称：诸公毅然清党“讨共”，“已与守方一致，其他党内问题自可迎刃而解，而介公以其所抱清党去鲍（罗廷）目的已达，对于总揽戎机之权，急须卸脱仔肩，离宁休养，所有总司令之职权，交军事委员会接收”；“党内政治问题，亟须推诚计议；迅谋解决，请速电示进行方针，以便合宁汉全力一致北伐。”

汪精卫、孙科、唐生智、宋子文、谭延闿、朱培德、张发奎、邓演达等十余人在江西庐山召开会议，研究宁汉合作，共同抗敌问题，电邀李宗仁前往参加。

8月20日，孙传芳主力进抵安徽的全椒、含山和南京对面的浦镇、通江集、扬州、泰兴等处，并在浦口架起大炮向下关码头、狮子山、幕府山等炮台发炮。

白天，孙传芳军隔江打炮，李宗仁的座舰"决川"号无法停靠下关码头，只能停在中华门外铜井附近的芦苇丛中。

8月22日晚，李宗仁西行20余里，利用江边密集的芦苇为掩护，登上兵舰，全速向上游驶去。第二天清晨，李宗仁被卫士叫醒，船在晨曦之中，依稀看得见江北岸振风塔的影子，原来已到安庆。李宗仁登上甲板望去，不觉吃了一惊，江南江北两岸的大堤上，从西向东，蜿蜒前进着长蛇般密集的军队。江面上，火轮拖着驳船，运载着大炮和辎重，也顺流而下。

这些人马正是唐生智指挥的东征军，由何键和刘兴分任第四集团军江左军和江右军前敌总指挥，正率领叶琪的第十八军和刘兴自己的第三十六军与何键自己的第三十五军，依旧向下游的南京方向前进，并不因为蒋介石的下野而停止脚步。

李宗仁恍然大悟，原来唐生智"讨蒋"只是借口。孰不知唐生智已与孙传芳暗中联络，约定合作，先入南京者为王。去年8月，蒋介石在长沙检阅唐生智第八军时，胯下坐骑突然惊了，将蒋介石颠落马下。唐生智请了个"巫师"顾老师预言，说蒋介石过不了唐生智第八军这一关。野心勃勃的唐生智不禁食指大动，而这一天似乎已经到来了。于是他借口讨蒋，而想夺取南京。李宗仁暗暗心惊，更感此行干系重大，如果不能与武汉方面取得谅解，让唐生智与孙传芳联手，大事休矣。

中午过后，"决川"号兵舰抵达九江，李宗仁登岸直接驱车至庐山脚下，再乘肩舆上山。黄昏时分，飞鸟投林，在牯岭避暑胜地的94号仙岩旅馆中，李宗仁代表宁方，与汉方汪精卫、陈公博、顾孟余、宋子文、谭延闿和军事长官唐生智、张发奎、朱培德、邓演达等人举行会谈。

李宗仁首先说明来意："诸公，蒋总司令已经下野，孙传芳大军陈兵江北，南京岌岌可危。宁汉双方应该携起手来，共同完成北伐大业，以告慰先总理孙中山先生在天之灵。如今，南京的清党和武汉的分共，证明了双方立场是一致的。只有共产党和北洋军阀，才是真正的敌人。希望武汉的东征军不要再继续前进，以免造成误会，而为军阀孙传芳张目。应立即在安庆一带停下来。同时希望武汉方面派几位中央大员去宁，商量共同合作，以安定军心民心。"

武汉国民政府主席汪精卫在李宗仁讲话过程中，很认真地听着，用笔记着并微微颔首。他对众人说："德邻同志所谈简单明了，所说的各点我本人认为是合理合情的，望诸位都能发表高见。"他面对唐生智，用一种商量的口吻："孟潇兄，你能否下令将东征的队伍先停下来呢？"

唐生智人精瘦，气却很壮，态度蛮横："这不好办，我的队伍不能在安庆停止，要开到芜湖去。"

唐生智的话使气氛一下子紧张起来，汪精卫感到下不来台，军人坐大，他已经控制不了局势了。谭延闿劝说："要从长计议。"只有李宗仁面对唐生智不肯放松："孟潇兄，你的军队如果开到芜湖，会引起江南军民的惶恐不安，孙传芳势必钻空子。"

唐生智辩解说："德邻兄，我的部队是可以帮助你打孙传芳的，和到芜湖没有关系。"

李宗仁不卑不亢："孟潇兄，我们第七军的实力你应该知道，我们完全可以击败孙传芳，不需要你的军队援助。"

唐生智强词夺理："安庆没有粮食供大军之用，我军必须到芜湖就食。"

"孟潇兄，希望你讲的是实话，据我所知芜湖是个米市，并不产大米。真正产大米的地区恰恰是安庆附近各县和巢湖周围的地区，为军米着想，你应该把军队调到巢湖地区，既可解决军米，又可北上截断津浦路，切断孙传芳的后路。何必去芜湖为孙传芳张目呢？"

唐生智只是说："我的军队用不着别人来调遣，我先到芜湖再说。"

汪精卫见两人僵持住了，转移话题："德邻同志，我们派孙哲生（即孙科）和谭祖安（即谭延闿）先生去南京具体协商宁汉合作事宜好不好？孟潇的军队走到哪里算哪里，先停下行不行？"

李宗仁和众人表示赞同，唐生智没有吭声，也没有公开反对。李宗仁当即邀谭延闿、孙科下庐山，星夜登轮，前往南京。

8月26日清晨，"决川"舰劈波斩浪，顺流而下，箭一般的飞驶在江上，已掠过芜湖进入和县境内，这一带的江面约有两公里宽。江边上，耸立着一块突出的巨石，好像一只野兔在临水饮吸，原来是在大胜关附近的兔耳矶，这里离南京不远了。

李宗仁披衣走出舱门，江面上笼罩着浓浓的晨雾，能见度很低，只能看清五米左右的景物。太阳从云雾中挣扎而出，越来越高，雾渐渐稀薄了，从遥远的北岸传来嘈杂的马嘶人喊，并且夹杂有军号声，但看不清发生了什么事情。

李宗仁让副官取过望远镜，距离一下子拉近了，只见江边墙桅林立，排列着成排的船影和乱糟糟的人群。他命令"决川"号减速，再靠近一些。江堤上是许多等待上船和正在上船的部队。

李宗仁问副官："长江北岸的军队是哪一部分的？"

"可能是唐生智的东征军吧？"

"东征军的动作没有那么快，不会进展到这里。"李宗仁肯定地判断。

"那么，有可能是孙传芳的部队？也有可能是陈调元的部队？"

"很可能是孙传芳的部队，陈调元在长江的北岸不可能有那么多军队，很可能是孙传芳的部队企图渡江。"

从下游方向"突突突"地传来一阵马达声，一会儿，一艘小火轮从雾中钻出，向"决川"舰驶来。甲板上有人用喇叭筒大声呼喊："来船注意，你们是不是李总指挥的船？"

"是！你们是哪一部分？"副官大声问。

"陈总指挥在此，请李总指挥停船一晤！"

两船靠近，果然，小火轮船舷旁大个子陈调元站在那里，向"决川"舰挥手致意。"决川"号左满舵，在江上兜了个一百八十度的大圈子，将船头掉向上游，与陈调元的船并驾在一起，熄火停船。

这几天，陈调元猫抓心似的焦虑不安，昔日助孙传芳驱奉；后又投诚蒋介石反孙传芳，而今蒋介石又下野，孙传芳卷土重来，陈兵北岸；唐生智兵临芜湖，给陈调元写信，威胁他让开芜湖，否则兵戎相见。孙传芳亦派来信使，让陈倒戈，既往不咎。这一宝押在何处？搞不好要输得精光，他如坐针毡，急于了解李宗仁去庐山之行的结果，以便下注一博。于是他专程来迎李宗仁。

"德邻兄，辛苦了，此次牯岭之行，想必不辱使命吧？"陈调元的声音透着迫切。

"是的，武汉方面已决定合作，谭祖安与孙哲生先生都在船上，是到宁商议合作之事的。"

陈调元又问：“唐孟潇的军队为何还逼近芜湖？应如何对待？”

李宗仁眼睛望着江北岸说：“避免正面接触，退避三舍……”

陈调元还要再问，李宗仁向他摆摆手，一指江北。

阳光下，周围的景物已经十分清晰了。江北的一二百条船正扬帆破浪，向江南竞渡，甚为壮观。不大一会儿，多数船已过半渡，顺流斜插，对“决川”舰包围而来，每条木船上都有二三十名士兵，分排而坐，童子军式的军帽，颈上系着白布条带，皆举枪瞄准，等待进攻的命令。果然是孙传芳的联军。

李宗仁在兔耳矶渡口遇到的“大帽子兵”，正是郑俊彦第十师的一个团。郑俊彦为了隐蔽中路抢渡龙潭的意图，采用声东击西的方法，在南京的上游渡江，以便吸引革命军把防守南京城的主力调往上游。

几只敌船已靠近“决川”舰，船上几名大胆的士兵举着带钩的竹篙来钩“决川”的船舷，准备强行登上甲板。

李宗仁拔枪大喊：“你们是敌人，赶快缴械！留条活命！不然我们不客气啦！”

一个连长模样的军官大声叫道：“兄弟们，快爬上去！”

李宗仁一枪打去，那连长惨叫着跌落在江中。就在这时，双方开火了，霎时子弹横飞，硝烟大起。孙军仗着木船数量多，蜂拥而上，几十条枪一齐开，“哩哩”的子弹打得李宗仁和他的卫士们抬不起头来。

小火轮上也一齐开火，陈调元的卫队连都是清一色手提着机关枪，一串串疯狂的子弹飞向江上的木船，孙军人仰船翻，鲜血染红了江水。

孙科听见枪声，见无数木船像浮蚁蔽江，只管勇猛冲过来，吓得面无人色，躲在船舱铁甲深处。那谭延闿却镇静自若，抢过一名卫士的驳壳枪，略一瞄准，弹无虚发。

“轰！——轰！”李宗仁指挥“决川”舰上一门四生的炮和四门二生的排炮向江上的木船开炮，不少木船被炸上半天，满江的尸体和落水的伤兵的哭喊，随着汹涌的江水流向下游。

这场激战持续了几十分钟，剩下的船纷纷逃回北岸。

这时，孙传芳乘专列抵达浦口时，正遇郑俊彦部队渡江被李宗仁所乘“决川”号炮舰发现，李令炮舰开炮轰击，因郑部所乘多属木船无法抵抗，便退回江北。孙传芳见此情况十分不快。但同时又接到大河口刘士林电话说抢渡已获成功并占领了龙潭车站，大军正源源续渡中。孙一面令郑俊彦积极准备渡江与龙潭部队会攻南京，一面即亲率总部人员转赴六合，指挥渡江战事。

一场夺取南京的渡江战役即将展开。

7. 龙潭大血战

龙潭战役，是孙传芳军和革命军进行的一场著名战役，也是北伐战争中最大、最恶、最烈的一场战役。双方动员了几十个师的兵力。

津浦路贺耀祖第四十军及严重第二十一师等部因受孙传芳部自怀远及五河两翼侧背之威胁，由淮河阵地撤退，经定远趋含山，柏文蔚第三十三军趋合肥。白崇禧第二路军已全部撤离淮阴。第一路军何应钦令第一军刘峙第二师、第六军杨源浚第十九师及曹万顺第十七军在宝应湖以东地区作攻势防御；第十一军于盐城附近，只有第一军第二十二师驻守六合附近；南京只有何应钦的第一军少数部队。

龙潭为沪宁线上的一个小车站，在南京东北约30公里的沪宁铁路线上。北

　　龙潭车站

面是长江，在龙潭镇上。南面是大石山、汤山和虎头山，全是海拔在一百多米左右的石炭岩山脉。著名的中国水泥公司便坐落在龙潭镇上。沪宁铁路横穿龙潭之东西，东面便是镇江的下蜀、高资，西面是栖霞镇，过了栖霞是尧化门，便进入南京市区了。龙潭长江对面，便是六合县的划子口与大河口。

蒋介石一走，群龙无首。

孙传芳军先头部队到达南京江北的西坝。

8月21日，张宗昌到北京向张作霖汇报国民党部分裂，蒋介石下野，以及孙传芳军反攻南下夺取长江北岸各军事要地，隔江与国民党军炮战等情况。张作霖认为重振安国军颓势的时机已到，当即决定对国民党军用兵方针：除派张学良、张宗昌进兵河南外，津浦路军事，交孙传芳负责，孙即将总部迁到六合，决定分兵三路渡江；张作霖并派渤海舰队进攻吴淞，为之策应。此时，李宗仁桂军，为了防止唐生智军夺取南京，正布防在芜湖一带；蒋介石的嫡系何应钦第一军主力，在镇江以东及淞沪地区；南京只驻有陈继承的第二十二师。宁方决定由程潜第六军接防南京。但程军主力尚未到达，南京实际上是座空城。

8月24日，孙传芳下令郑俊彦。刘士林、马玉仁等，率部分由浦口、大河口、扬州三处渡江。郑俊彦部从浦口附近渡江，夺取南京；刘士林的指挥部设在大河口，主力从划子口过江，切断沪宁线；马玉仁部从镇江渡江至扬州回攻南京。

孙军兔耳矶和南京至镇江之间，向笆斗山、乌龙山、栖霞山、龙潭及镇江等多处进行渡江。其中在上游兔耳矶渡江是为了吸引国民革命军的注意力，掩护主力在龙潭等处抢渡。笆斗山、镇江两处为佯渡，乌龙山、栖霞山为助渡，主渡地点则是龙潭。

李宗仁赶回南京后，来不及向国民党中央报告庐山会议的情况，立即电话命令：胡宗铎第十九军，立即赶往上游大胜关一带阻截孙军；又令第七军副军长夏威，将南京近郊总预备队八个团，迅速东调，在乌龙山后方集结。李判断，在兔耳矶的敌军是佯攻，主攻方向大概在乌龙山一带。

26日凌晨3时，孙军乘天黑和满江浓雾，从江北望江亭向乌龙山偷渡成功。4时许，孙军三个团分乘百余只大木船抢攻。乌龙山炮台上守军猝不及防，七座炮台被孙军袭夺四座。乌龙山脚以东的第二十二师阵地皆落入孙军之手。

天明以后，只见江上船帆往来如梭，大量援军陆续过江。孙军背水一战，将士皆抱有进无退的决心，奋力拼杀，一举夺得栖霞山等高地。并向反攻而来的国民革命军疯狂射击，以掩护主攻部队在龙潭登陆。

是日晨，在大河口、划子口渡江的孙军进展出乎意料的顺利。奋勇队抢滩攻占龙潭车站，掩护后继部队源源不断登上南岸，并向该处守军展开攻击。强大的火力和勇猛的冲锋，使防守栖霞山和龙潭车站的第一路军溃败得不可收拾，纷纷向南京城撤退。孙军乘胜追击，逼近南京东城，其便衣队已经出现在尧化门一带。

南京城内，一片混乱。政府机关、国民党中央党部、各报馆纷纷摘下牌子，忙于搬迁撤退。从南京向中山门外的运输车辆一辆连着一辆，一直延伸到溧阳，首尾长达二三百里。人心惶惶，沿途疯传南京要失守的消息。

谭延闿和孙科埋怨李宗仁不该带他们来此做"俘虏"。

李宗仁急忙驱车前往三元巷何应钦的第一路军总指挥部，找何应钦商量组织军队反攻问题。车到三元巷口便进不去了，到处是散兵游勇，几辆大卡车停在巷中，总部人员往来穿梭，把箱子、行李、各种物资往车上装。

李宗仁快步上前问："你们慌慌忙忙的这是干什么？"

"何总指挥命令撤离南京！"士兵们放下手中的行李，忙立正回答。

"你们何总指挥呢？"李宗仁一脸震怒。

"在里面！""在里面！"士兵们纷纷闪开一条路。

总部内的何应钦一脸沮丧，只想赶快放弃南京城，以免成孙传芳的阶下囚，他手忙脚乱，在办公室里指挥秘书烧文件、档案，满屋都是飘舞的纸灰和纸屑。李宗仁大步跨进门来，严厉地问：

"何敬公！首都危在旦夕，你为什么下令搬行李呢？"

何应钦猛地抬头，发现李宗仁站在面前，脸上露出一副忸怩不安的神情："德公，我正要找你辞行，我要走了！南京守不住了……"

李宗仁出言阻止："战局如此紧张，你身为第一路总指挥怎么能临阵脱逃呢？首都存亡所系，你不能一走了事。"

何应钦悲观地摊开双手："蒋总司令下野了，军心涣散，当兵的不打了，我有什么办法？你看栖霞山两得两失，还是你的军队夺回来的！"

李宗仁翻脸了："何敬公，你真要走，我可对你不客气了！"他伸手按着腰间的枪套。

何应钦脸都白了，连忙说：“你要我不走，我不走就是了，你要我怎么办？”

李宗仁口气缓和下来：“你的军队不能打，让我的军队来打，好吗？我们生死要在一起。你绝不能离开南京！在紧要关头，你一走，必然军心民心大乱，南京就守不住了……”

何应钦垂头丧气地吩咐手下：“不走了，不走了，叫他们把东西搬回来。”

此时军委会在南京尚存有七八百万发子弹，由何应钦负责保管，必须他下条子才可领用。李宗仁便问何应钦：“现在我第七军、十九军缺乏子弹，出击之前，能否请你补充一点子弹呢？”

何应钦很谨慎地问道：“你要多少呢？”

李宗仁报了个数：“60万发！”

何应钦皱着眉头：“德公，太多了。”

李宗仁：“你预备发给我多少呢？总是拿出去打敌人的啊！”

何应钦笑了笑：“我看，30万发，30万发。”

李宗仁心里又好气又好笑，但也不便再与之争执，就说：“好了，好了，就30万发吧。”

李宗仁立即命令撤下第一军，命第七军、陈仪第十九军向栖霞山、龙潭方向出击。是时，正好白崇禧在上海向商界筹得60万元，于8月25日夜乘沪宁线快车来南京，在无锡时接到报告：前面的快车因铁道被孙传芳部队破坏，全车颠覆。

为安全起见，白崇禧令铁甲车在前开道，行至奔牛镇，铁甲车又翻了。白崇禧打电话到镇江卫立煌第十四师问情况，才知孙军已占龙潭，正向金山、焦山渡江，卫师正在堵截中。白崇禧返回无锡车站，用车站电话通知在沪杭线上的第一军之第二师刘峙部、第三师顾祝同部、第二十二师及赖世璜第十四军，火速增援龙潭，与李宗仁、何应钦形成夹击之势。

孙军在江南抢占龙潭、栖霞山等桥头堡后，马葆珩师、刘士林师、崔景湘师、上官云相师、陆殿臣师，源源不断横渡长江，龙潭一带，重兵云集。

孙传芳事先花重金买通了海军司令杨树庄，杨指挥的舰队在开战伊始保持中立，只是将兵舰开足马力在江上横冲直撞，激起几丈高的浪头。孙军的士兵大部分是北方人，不会使船。很多船找来的船夫见打得厉害都逃跑了，只好由士兵自己划船，除此之外，由于木船不够，孙军还扎有不少木排，让士兵蹲在木排上。当时就有不少士兵开玩笑地说：联帅这不是让我们下汤圆吗？结果，不少船和木排被杨树庄的军舰撞沉，或被巨浪掀翻，真的下了汤圆，勉强渡过江的，还要在坑沟纵横的滩地淤泥中跋涉上岸，不少人成了国民党军的活靶子，死伤极多。尽管如此，孙军异常凶猛，不断扩大战果，已夺得长江南岸的乌龙山、青龙山、黄龙山、栖霞山和龙潭一线，切断了沪宁铁路。孙传芳下令死守龙潭，相机向南京进攻。士兵浴血奋战，斗志很高。占领龙潭及以西黄龙山，以南青龙山、虎头山、大石山等地的孙军已达五万人以上。

白崇禧自无锡给海军司令杨树庄打电话，告诉他：孙军已占领龙潭，要他派舰队守住渡江口，切断孙军的后援。并说如果态度暧昧，定会追究责任。

是晚，白崇禧赶到镇江，用无线电台转发给南京军事委员会的电报说："敌向龙潭反攻甚急，请以第七军速向龙潭方面之敌跟踪追击，俾与东面之第一军部队夹击。"

杨树庄遂派通济舰长李世甲到镇江，白崇禧和政治部主任潘宜之带了一排宪兵上通济舰，到龙潭附近江面作战，炮击渡河敌兵，其他军舰见通济舰已表明态度，纷纷向敌方开炮。海军参战后，阻止孙部之后援。

第七军在师长李明瑞的率领下，攀藤附木，向黄龙山反复冲锋，孙军炮兵因见杨树庄舰队开炮，彼亦炮击江中兵舰，适有英舰经过江中，岸上的炮弹误中江中的英舰，为报复，英舰猛烈地炮击黄龙山、栖霞山，一时炮声隆隆，烟雾蔽天，整个山头都被烟火笼罩，孙军视野大受限制，阵地多半被毁，第七军乘势冲上黄龙山；第十九军也勇夺栖霞山。

防守龙潭、栖霞山、下蜀各车站的国民革命军第一军第二十二师涂思忠部的第六十四团、第六十五团、第六十六团遭到孙军猛烈的攻击，死伤惨重，只有李默庵的第六十五团的两个营，成了全师的主力。前来增援的第一军之第二师长刘峙乘火车从镇江赶到下蜀车站时，正好与从龙潭撤退的火车相撞，"轰隆隆"一声巨响，两列火车都出了轨，刘峙被撞破了头，全是血，用纱布草草包扎一下，仍与副师长何竞武一道去前线指挥。来抢龙潭车站。28日晚，白崇禧至镇江督师，当他赶到下蜀时，迎头撞见第五十八团从前线溃退下来。白崇禧于乱军之中找到该团团长桂永清，告之"下蜀地势重要，不能放弃"。桂永清复带人前去死守。

是夜，龙潭再度被孙军攻克，自龙潭退出的卫立煌师和第二师副师长徐庭瑶率领一部退往南京城。只有师长卫立煌一直坚持在龙潭车站的一个地穴里，挣扎抵抗，死战不退，终于坚持把敌人打退。以后，他谈起这一仗，总是说活过来不容易。

29日白天，孙传芳从大河口亲自过江到达龙潭，将其总指挥部设在中国水泥公司大楼里，孙军士气大振，打得更加勇猛。孙传芳拟以一部向东西两面发展，并以主力进迫南京。

是日夜晚，南京城东一带枪炮声不断，沿江的山头上火光冲天，映得江水都是血红的，曳光弹、炮弹，一闪一闪，如流萤、飞蝗。双方的军队都抓紧时间休整，准备进行最后的决战。孙传芳站在地图前，也是彻夜未眠。实在困乏极了，让手下人点上烟灯，待过足瘾后，又忙于调兵遣将。

30日凌晨，刘峙正部署第二师准备进攻时，孙传芳已令各师发动全线反攻，炮火连天，山摇地动，刘峙亲赴第一线指挥，正危急间，桂永清率部赶到，稳定了阵地。

1997年秋，笔者在龙潭中国水泥厂后山上所摄，山下的建筑是中国水泥厂，远处是长江

在龙潭以西，第十九军攻打栖霞山之仗最为惨烈。这里山崖陡峭岩高，孙军在山上据守，居高临下，俯射仰攻的革命军。炮火"耕"得满山树木皆成秃枝，泥土松软、崖石迸裂。栖霞山被攻克后，东西两面的革命军已能通声气，渐从东、西、南三面向孙军包围而来，孙军渐被压制在黄龙山、青龙山、虎头山、龙潭镇一带。孙传芳鼓励部下："我们要效法楚霸王项羽，破釜沉舟，抱定誓死的决心，背水一战，让士兵都懂得置之死地而后生的道理。现在，我们的干粮没有了，船也被杨树庄炸了，大家只有拼命，才可能有一条生路。"他和马葆珩、刘士林、崔景滫、上官云相、段承泽、陆殿臣等都亲赴前线，拼全力反击。士兵死伤累累，都是带了几天的干粮，连续六天六夜在不停地战斗。直杀得天昏地暗，日月无光。此时，东西两面的枪声都集中在水泥厂和后面的山上。

30日，第七军第一、三两师和第十九军第一、二两师在夏威、胡宗铎指挥下，自栖霞山向东进攻；何应钦指挥第一军第二、第二十二、第十四师之自东阳镇出发，会攻龙潭，与逆袭之孙军激战终日，在枪声最激烈时，孙传芳带人撤出水泥厂，至下午5时革命国民军力克龙潭镇。8月31日凌晨5时许，白崇禧与刘峙占领了水泥厂，与何应钦实现了东西两线会师，正相互热烈握手庆贺之时，孙传芳军忽然发动最后一次猛烈的反攻，炮火将龙潭车站和水泥公司打成一片火海。正当何应钦、白崇禧组织反攻时，第七军一部从栖霞山沿沪宁铁道压了过来。孙军青龙山、虎头山等阵地相继失守，革命军重新占领龙潭车站和龙潭镇，孙军被压迫至龙潭车站以北不满七八里的江边，已经没有回旋的余地了。眼见战至尾声，大势已去，孙传芳带少数人乘小火轮逃往江北，刘士林、段承泽、崔景滫、陆殿臣，上官云相，都认为大势已去，不可挽回，一个一个偷偷地乘上预先准备好的小划子或小火轮，溜回江北去了。担任东路的马葆珩直到天黑仍在与桂军拼战中，他的副官长王仕甫跑来说，刘总指挥跑了，电话断了。马葆珩心慌了，立命王仕甫带一班卫队跑步到车站察看情况。回报说，不但总指挥走了，各师长也都走了，车站里拥满敌人。马葆珩对所部仅有的一个团长马承附说："崇先（马团长号），打电话通知各团，准备撤退（就是撤退命令）。"于是马葆珩带着马承附团长、刘国桢团附和卫队长田得胜，离开战线，向西走去。路中遇大部分士兵像被赶鸭子一样，都乱糟糟挤在江边的烂泥地上。

革命军用大炮来扫荡孙部溃军，一发炮弹过来，便炸死炸伤十几个人。只有少数木船在岸边，上面已拥挤了密密麻麻的人。第七军士兵当先冲到江边，拥挤在船上的孙军完全暴露在枪口下，十几挺机关枪吐着火舌，在猛烈地射击下，成百上千的孙军像收割的麦子，纷纷倒下。绝望的士兵只好跳进滔滔的江水中。江中行驶的军舰上的大炮还在轰击逃往江北的载满士兵的木船，哭喊震天，一江尽是燃烧的船板、漂浮的尸体。

马葆珩的船被打翻了，九死一生，游到了江北。步行向六合走去，路过一所破庙，在廊下拉过一堆稻草倒头便睡。

哪知在庙房厢房里，就藏着准备逃走的刘士林。刘作为渡江总指挥，由于指挥不当，既葬送了几万人的生命，又首先逃回江北，必遭军法制裁，因此不敢回六合见孙传芳，尤其怕那些未逃的师长们，决定远走高飞，从此脱离联军。在他正准备动身前，忽发现马葆珩赤身裸体、带着两个军官在稻草里睡觉，良心发现，便将自己骑的一匹黑马留下，带着亲信逃走了。

一早，马葆珩看见有匹黑马，认识是刘士林常骑的，同时庙里人也说，刘总指挥昨天下午就到庙里来了。马葆珩赤身裸体骑着马，一手拿着芭蕉扇，后面跟着刘国桢、田得胜两人，赤着臂，每人还带着两支脱去木匣的驳壳手枪（过江时马几次叫刘、田把枪丢掉，他们一直不肯）。丢盔弃甲，狼狈之极。

正在六合总部的孙传芳，只能靠吸鸦片烟缓解巨大的压力，他正躺在烟榻上过瘾，一听马葆珩回来了，手端着烟枪就跑出来，见马这种狼狈相，流下眼泪说："这里正准备为你开追悼会，这好了，这好了！睡两天，快回天津休息吧！"随即，马葆珩被专人护送至蚌埠休养时，孙传芳派军需总监程登科给马送去五万元钞票，并派专人陪送马回天津休养。

龙潭一带，车站上、水泥厂、山下、河滩上、镇上，重重叠叠的尸体，七横八竖，在烈日中散发着令人窒息的恶臭。龙潭之役，孙军六万大军约四万人战死或淹死，二万人被俘。俘虏排成四路纵队，前面的俘虏进了中山门，后面的人还在龙潭，形成几十里的俘虏大军，孙军南下部队基本上是全军覆没了。

31日下午，国民革命军部队还在打扫战场，何应钦立即以第一路军总指挥的名义，向正在溪口的蒋介石报捷，电曰："……此次孙传芳收拾余烬，望燃死灰，乘雾偷渡，幸图一逞。我军因在休养期间，至未即集合部队，将其速灭，遂使敌军占据龙潭，竟延数日，苦我民众，阻我行旅，殊深内疚。因即连日调所部，亲自督率，协同第七军，将敌围击，已于本日完全扑灭该敌南渡六师之众，俘获无数，孙传芳部精锐尽丧。"

战斗结束，俘孙军官兵3万余人，获枪4万余支，第一、第七两军伤亡亦达8000人之多。

9月1日，南京国民政府传令嘉奖龙潭战役有功将士，称："总指挥李宗仁、何应钦、白崇禧，海军司令陈绍宽等调度有方，各军将士忠勇效命，得于最短期间，俘敌五万余人，缴械四万余支，孙逆仅以身免，党国转危为安，言念殊勋，洵堪嘉慰。"

龙潭大血战，双方战死的尸体遍地，骸骨盈野。水泥厂的工人和红十字会组成收尸队收尸，足足用了几个月的时间。战役结束后的两年时间内，春夏之际，当列车开过龙潭一带，旅客都能在空气中感到强烈的腥臭味儿。每逢天阴雨湿，长江呜咽，山风呼啸，好似千军万马的作战，又像几万惨死沙场的冤魂的哭泣。

当时，身在南京城里等着当俘虏的孙科与谭延闿，在欣喜之余，设宴慰劳李宗仁、白崇禧、何应钦等人。孙科是有名的书法家，席间，亲笔撰写一副对联送给白崇禧，对联赞道：

> 指挥能事回天地，学语小儿知姓名。

国民革命军在龙潭战役中，"全部伤亡亦以万计，即黄埔各期学生阵亡者乃至数百人之多，伤者不计其数。其中尤以（黄埔）第五期学生死亡最多，计在五百名以上。"这是黄埔军校成立以来，在一场战事中牺牲最多的黄埔学生，堪称为最，更能说明此役之激烈，是一场恶战。

蒋介石事后评论龙潭之役时曾说："此役关系首都之安危，革命之成败，在国民革命军战史上实占重要地位，而战斗之激烈，可与棉湖、松口、汀泗桥、武昌，南昌诸役相埒，或且过之。各将领深知此役关系之重大，均能奋不顾身，何、李、白三总指挥之果毅杀敌，夏师长之督攻黄龙山，刘峙师长之头部受伤，卫立煌师长之落水不顾，仍行指挥，均能表现军人奋斗精神也。痛定思痛，此后吾党同志，亟宜团结，勿予人隙，已毫无疑问矣。"

可以这样说，龙潭战役奠定了国民政府的基业，也决定了孙传芳从此一蹶

白崇禧（左一）、何应钦（左二）、夏威（左三）、黄显灏（后右一）合影，图中小孩为白先忠，摄于会师亭

不振，最后变成光杆司令的一个重要的转折点。

国民党元老于右任对是役评价甚高，有名联曰：东南一战无余敌，党国千年重此辞。

李宗仁论战时认为：龙潭之役"实我国内战史上罕有的剧战"。

1947年，白崇禧任国防部长时，为纪念龙潭战役阵亡将士，特令国防部工兵署副署长黄显灏设计并建造"会师亭"于中国水泥厂后山上，并为文记述其事，刻石以志念。会师亭落成时，白崇禧、何应钦、夏威等人曾到会师亭参观，并凭吊昔日战场，祭奠战役亡灵。

会师亭旧址，1997年，笔者从中国水泥厂后上山，寻到会师亭旧址，荒烟衰草，周围依山而建的围墙依稀

会师亭落成时，白崇禧与黄显灏在亭前留影

389

还有旧时模样，但亭与台阶、柱栏，早毁于30年前。

　　龙潭战役的失败，孙传芳回天津见张作霖，张宗昌、褚玉璞都伸出大拇指佩服联帅的勇气。孙传芳痛哭流涕说："精锐已丧，后无能为矣。"果然，打得痛心，也打寒心了。精气神全没有了。孙传芳以第二师发展起来的军事核心集团分崩离析。肯为他出谋划策的杨文恺、刘宗纪离他而去。杨文恺去了天津，做了寓公，从此不涉军旅。能打仗的大将不再为孙传芳卖命。卢香亭在江西失败后便心灰意冷，也无兵可带。孙传芳投奉后，曾任命他为安国军第一方面军团训练处处长。他费尽心力，训练出来的能战之师，在龙潭战役中损失殆尽。于是不告而别，去了天津，买房子置地，隐居不出。周荫人因在福州时，与孙传芳有一段过节，孙便乘该部退出浙江，前往苏北之机，将该部进行改编。周一气之下，去了天津。尽管以后，孙下野时，也住天津，两人"鸡犬之声相闻，老死不相往来"。孟昭月倒是忠心耿耿，但是庸才一个，屡战屡败。等下面的上官云相等人窜起为大将时，自觉脸上挂不住，告病假去天津，从此一去不回。

孙传芳一生

·Biography of Sun Chuanfang

第十一章

穷途末路

1. "天之亡我，非战之罪也"

龙潭之役，孙传芳一蹶不振。

孙军残兵败将分三路：一路孙传芳带李宝章第二师、郑俊彦第十师由蚌埠撤回徐州；一路经六合、天长沿运河北撤至扬州、高邮；另一路从浦口向乌衣、滁州北逃。

在军阀混战的年代，军事集团的核心，往往是一个集团最重要的基础。这个核心凝聚力强时，往往将该军事集团推向顶峰，而当这个核心离心力产生并扩大时，最终便导致该军事集团的没落。孙传芳核心集团的离散，是他军事生涯的黄昏落日。

在这场决定命运的渡江战役中，有不少偶然的因素，鬼使神差，"帮助"了国民革命军和国民政府。

李宗仁认为：

第一，如李本人不在兔耳矶遇敌军偷渡，李则必不会将八个团的预备队调往乌龙山后方集结，而孙军于26日凌晨在乌龙山前登陆后，必能攻占乌龙山而直趋南京城，如果是那样，大局不堪设想。

第二，在最紧急关头，白崇禧坐镇镇江，这又为神来之笔。如白氏不去上海，东线便无增兵夹击的可能，更不能形成统一的指挥。如白氏的专车早到镇江，白必遭孙传芳便衣队的陷阱，战局则不可收拾；晚到镇江，便丧失有利战局，龙潭战役则又是另一种结局。

第三，如果李宗仁不心血来潮，突去何应钦总部，而何氏必撤往杭州，这样军心民心大乱，大势去矣。因此，李宗仁认为孙军一败涂地，"虽云人事，岂非天命哉"！

白崇禧分析孙传芳失败的原因既不是时间掌握得不好，也不是指挥错误，更非战斗力不强。主要原因有三方面：

第一，孙军所遇皆国民党军之精英，所部第一军、第七军都是钢铁之师，指挥战役的也是国民党军中最优秀的将领，如何应钦、李宗仁、白崇禧、刘峙、卫立煌、陈诚、李默庵、桂永清、夏威等名将。这些人构成了以后抗日战争、国共战争的主角阵容。孙军的将领与之相比则大为逊色。

第二，白崇禧本人到镇江指挥，与何应钦、李宗仁形成夹攻之势。

第三，关键时刻，海军站在国民革命军的一边，切断了孙军的后援；而国民革命军则依靠沪宁铁路，从南京、上海两个方向增援补给，运送兵员，成了决定此战双方胜负的重要因素。孙传芳与杨树庄是老关系，又事先花重金收买。但关键时刻杨氏反悔，是造成此战孙军失败的一个重要原因。

反观孙军的作战能力，的确在北洋军阀中属上乘、一流。为与国民革命军争一个山头，进行九次拉锯战。仅马葆珩的第十一师，一个上午就有旅长康世滨被俘、副旅长刘振清受伤、参谋长陈子楠负伤，四个团长，不是阵亡就是重伤，营连长死伤不计其数，有的营半天连换两个营长，有的军士半天时间便提成连长。战斗之惨烈可想而知。

孙军渡过江的前两天当中，总指挥是刘士林。此人充其量是"西蜀无大将，廖化作先锋"，没见过大的战阵，当见到如此惨重的伤亡，魂飞魄散，只是说："我没办法，你们说怎么办吧。"于是，上官云相要打镇江，夺取上海；马葆珩主张西攻南京城，说："我对此路熟悉，可打先锋。"争到天亮，毫无结果。刘士林、崔景湛、段承泽都疲乏至极，睡着了。贻误了战机，致使白崇禧率部包围过来。

这个叫刘士林的人为何担任了渡江战役的总指挥？孙传芳为何将这么大的战役交给他？陈邦贤在《自勉斋随笔》中谈到刘士林和龙潭战役时道出端倪。

许蔼如，江苏江都人。他是一个新闻记者，他在扬州做《申报》《新闻报》的访事多年。军阀割据扬州的时候，他因为常常没有新闻稿寄出，自己感觉有亏职守，于是他在孙传芳的军队渡江的时候，他便打了四个字的电报给《申》《新》两报，那电文就是"孙军渡江"四字。他虽尽了他的职守把这电报发出，可是他的性命便送在这四字上面去了！孙传芳第二次从淮阴回到扬州的时候，非常得意，教他的外甥刘士林防守扬州，做扬州防守司令，他便到前线督战。恰巧许蔼如打了这一个电报，他这电报并且是曾经电报局的宪兵检查过准许发出的，那时孙军渡江失败，刘士林便迁怒到许蔼如的电报，把许蔼如逮捕，用皮鞭子把他的脊背打烂，打后把他押在县狱里。后来蔼如的妻子多方请托，得了三百多家的铺保，才把他保出来养伤。他正在家养伤的时候，孙传芳到了老河口，和刘士林坐在一张矮桌子上面，谈到渡江失败的情形，两人互相叹息，刘士林便说："就是日前有奸细许某报告孙军渡江，才有这样的失败。"孙传芳听到这话，不问他青红皂白，便取出一支令箭，教赶快的把他杀掉。于是又把许蔼如捕去，用机关枪把他打死，打成如肉泥一般，并且在大江边暴尸三日。这又是军阀的一段罪恶史料。

他说刘士林是孙传芳外甥（这个待考，因为孙氏三姐妹没有人嫁给姓刘的），但刘士林在孙传芳手下的将领中，不太为人所知。正所谓西蜀无大将，廖化作先锋。所以，有位在民国时期做过《小公报》记者的饶彤武老先生曾经评价孙传芳是"有兵无将"，意思是孙的大将除了卢香亭之外都不行。其实孙传芳手下也有能征惯战之将，例如上官云相，后来在皖南事变中也是一战成名。

总之，仗是打败了，是人为？是天意？

其时，著名的诗人陈含光在丁卯（即1927年）感事诗一首中这样评论龙潭战役：

烈烈南风满石头，萧萧班马下扬州。

可怜江表无孙策，谁信钟山属蒋侯。

百县闻风齐解甲，三军掬指笑争舟。

凭君莫读英雄记，看取逃亡血泪流。

陈含光（1879—1957），江苏扬州人，清光绪时期举人，后官至道台，诗书画并称三绝，近世罕与其匹。

不少人评论这是楚汉相争中的垓下之战。"天之亡我，非战之罪也。"北洋军阀已到末世，气数尽了，这就是天意。

难怪，孙传芳逃回济南后，褚玉璞召集部下训话："你们算什么队伍，像孙联帅的兵，那才真是队伍呢！"

龙潭战役后，孙传芳在江北的部队集结蚌埠、明光、红心铺一线。

10月7日，张宗昌在济南召开军事会议，孙传芳、褚玉璞、张敬尧、程国瑞等人出席，共同研究对付国民革命军的办法。

当时面临两个主要敌人：一是在河南境内的冯玉祥军，二是沿津浦路北上的何应钦指挥的部队。最后，张宗昌拍板，决定：孙传芳军扼守津浦路，所有津浦路及东路直鲁军尽调鲁西及陇海沿线，以对付两面的进攻。

11月8日，津浦线何应钦指挥的第一路军开始向孙传芳军展开总攻击。顾祝同第九军第十四师击破孙军第八

陈含光

师崔景洮部，占领红心铺；刘峙的第二师占领明光、安子集；第二十一师进至王营子附近；第三师进至桥头子附近。孙传芳军向固镇、南宿州方向退却。

不久，冯玉祥军进逼徐州，孙传芳军回兵救徐州的直鲁军，击破冯军。而何应钦军又向徐州发动猛攻；直鲁军和孙传芳军退往山东的韩庄一带。

孙传芳心灰意冷，成了打败的鹌鹑斗败的鸡，1928年1月4日，应张作霖的邀请，安国军第一方面军军团长孙传芳来到北京。

张作霖一见面便安慰道："馨远，打败了并不是你打得不好，你与党军作战的豪气令人佩服。人打光了、枪打光了不要紧，军饷、军装、枪械，都由北京军政府供应给你。"

孙传芳垂头丧气："大帅，我军不堪再战，是不是能休整一下？"

张作霖鼓励道："馨远，你还要担任津浦正面防务，你的防线不能垮，你一垮，我便要撤出关外了。你还是立即返回前线吧。"

1928年1月5日，北京军政府总理潘复率全体阁员设宴，为孙传芳送行。在严寒刺骨的北风中，孙传芳回到鲁南的济宁，与张宗昌共同防守鲁南。

2. 二次北伐

1928年1月4日，下野的蒋介石在谭延闿、杨树庄、何成濬、陈立夫等人陪同下，从上海来到南京。当晚，国民政府公宴蒋介石。蒋介石即席发表演说，希望早日召开二届四中全会，完成北伐大计。1月7日，国民党中央执行委员会常务委员会召开临时会议，蒋介石正式复职，继续执行国民革命军总司令职权。他致电全军将士，声称要"全力完成北伐，肃清共逆，召集国民会议，早定国是"。

2月11日，国民政府令军事委员会及国民革命军总司令蒋中正，限期完成北伐。

"前度刘郎又重来"。

12日，蒋介石到达徐州，连日对第一军和第九军的长官进行训话。他大为不满地说："为什么国民革命军连克十省，何以山东、直隶两省到现在还打不下来？根本原因，是因各人到了南京，便产生争权夺利的错误思想。这种情形如不变更，各人不彻底觉悟，不决心奋斗到底，本党的命运，必蹈洪、杨覆辙，一到南京就倒台……"蒋介石对第九军讲"恢复领导重心向革命道路继续前进"；要求各军要保持光荣的历史，继续努力，完成北伐。

同样在这一天，张作霖在北京召集军事会议。经杨宇霆、张作相、孙传芳、汤玉麟等协议结果，张作霖决定：褚玉璞调任吉林督办，张作相为直隶督办兼三四方面军团司令，以孙传芳为山东督办，并协同在德州之于学忠部担任山东之防护。对晋问题，决用孙传芳之主张，表面上对晋下总攻击，实则谋与阎锡山议和，其条件仅请阎不予援冯，此外别无他项。

16日，蒋介石从徐州到达开封，与冯玉祥会商北伐大计。冯军改为国民革命军第二集团军。冯玉祥同意该军在彰德、大名方面采取守势，集中兵力解决山东问题。其作战部队：

（一）第一集团军第一军团刘峙部负责津浦路正面，第二军团陈调元负责郯城、沂州以东一线，第三军团贺耀祖负责微山湖西丰、沛、单县，第四军团方振武由归德、曹县、定陶攻金乡；第二集团军第一方面军第三军孙良诚、第四军马鸿逵、第五军石友三、第二十一军吕秀文，由菏泽进攻巨野、嘉祥及郓城；骑兵第二军席液池部由郓城以北绕汶上、宁阳，截击奉敌后方联络线。

（二）用于河北方面者为第二集团军第二方面军孙连仲、第三方面军韩复榘、第八方面军刘骥、骑兵第一军郑大章。

（三）用于山西方面者为第三集团军全部。

期于3个月内会师北京。

面对国民革命军两面攻势，孙传芳和张宗昌决定，对鲁西采取攻势，对鲁南采取守势。由于械弹、粮饷极缺，孙传芳一连两封信给安国军总参议、第四方面军军团长杨宇霆，以催饷械。

第一封信写于1928年的2月9日，信曰：

蒋介石、冯玉祥开封义结金兰

麟葛仁兄军团长大人摩下：

敬启者，敝军分道攻豫，渐次集中。惟粮秣给养各项，平日仰仗中央及直鲁两省分任接济时，苦不能应期。今则师行在即，虽不能宽为筹备，而必不可少之数约在六十万元。盖行途所经乡邑，半皆荒歉之余，杼柚久空，无可购办。冯氏（指冯玉祥）在豫，所以大拂民意者，即军队强借民食，强住民房诸大端。现闻道口等处乡团已多起与之拒抗，此亦我军暗得助力之见端。我军既以救民水火为前提，必须枕席过师，毫无惊扰，民心军誉，始可相得益彰。故给养转运，必须购自济垣。效帅（即张宗昌）刻亦积极筹备军需，势亦不能兼顾。明知中央财政非裕，然先其所急，不能不仰赖芚筹。将来敝军得已平定河南后，此每月协款即可暂停拨付，是中央不过努一时之力而敝军即免不给之虞。弟自频年转战，但使勉强支撑，不欲轻向中央呼吁。胡文忠（即胡林翼，镇压太平天国时鄂军将领，死后谥号文忠）有言，惟爱脸之军队不大哭穷。局外不谅，或以为尚足自给，此大冤事。敝军之于中央，虽蒙格外体谅，而弟之所受困苦，诚如胡之所言。目下士气非常激昂，豫省之亟盼大军，真如旱之望雨。正是冯氏人弃

397

天亡之会，大好时机，惟肯台端转据下情，吁请大元帅迅速饬拨六十万元，俾得克期就道，转馈从容，浮屠合尖，实资鼎力，兹乘何韵珊（何佩瑢字韵珊）兄赴京之便，托其代达详情。书不尽言，统祈惠察。敬颂

勋绥

弟孙传芳拜上

本知中央困难而实出于无奈，务祈格外费神，使弟有所成就为至祷。

2月16日，孙传芳又致函杨宇霆要枪械，信曰：

……敝部补充枪支一节，前蒙大元帅允拨万支，近以来数量无多而请领者甚众。幸赖极峰之关垂暨我兄之辱爱，闻允为筹拨五千支。成全之雅，没齿难忘。但弟在济时已将前此允拨之万数宣告部下。勿论如何，务祈拨以相近之数，借全弟之信用。拟肯我兄于无可设法之中，为弟多筹二千，期与前数无大差池，藉保弟之信用而鼓士气……

从以上两信可看出孙传芳部饷械完全受制于人，而张宗昌只顾自己，所以不得不低三下四，转而哀求杨宇霆帮忙了。

3月8日，张宗昌在济南召开军事会议，孙传芳、郑俊彦、褚玉璞、刘志陆、寇英杰、师景云等出席，商讨对晋、豫、宁三方军事，决鲁西主攻，鲁南

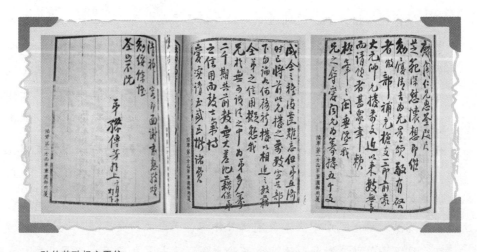

　孙传芳致杨宇霆信

主守。

张宗昌、孙传芳在济南誓师，发出通电两通，一电专攻击冯玉祥，另一电则表示希望阎、蒋两方勿助冯氏，宣称"愿与重温旧好，各不相犯"。

但是，就在4月7日，蒋介石下总攻击令，第一、二、三集团军分别沿津浦、京汉、正太铁路挺进。同日，蒋发布誓师词称，党国存亡，主义成败，人民祸福，同志荣辱，在此一战。11日，第一集团军三十三军占领鱼台。10日拂晓，第三军团三十三军张克瑶部主力沿丰（县）、鱼（台）大道前进，上午1时占领渠阁，旋跟踪追击，迫近鱼台。孙传芳部李宝章师及张宗昌部七十一旅守军败退，三十三军乘胜包围鱼台，是日入城，完全占领。12日，二十七军独立第三师师长陈耀汉占领谷亭。

孙传芳的部队虽屡被国民革命军打败，但战斗力依然比其他部队强一些，他指挥部队攻陷鲁西微山湖以西的丰县。此时正面的直鲁军吃紧，4月14日，孙亲率主力五万余人向徐州猛攻，给国民革命军第三军团贺耀祖部以重创。

蒋介石在徐州，得悉孙军占领丰县，并向徐州扑来，大吃一惊，他屡屡与孙传芳对阵，败多胜少，从内心里发怵，不敢大意，急从临城抽调第一军，令副军长蒋鼎文率领乘火车回援徐州；令总预备队第三十七师和第三军第八师占领徐州以西九里山阵地阻击来犯孙军；同时严令第二十七军、第四十军和独立第三师死守徐州。

孙传芳部攻击徐州，蒋介石告急，其部已上车准备退却。一连几次电报向冯玉祥求救，问还有无预备队。冯玉祥不敢怠慢，复电称还有一万五千人的预备队，可以全数开上。他立即派石友三的第六军前往增援，从兰封上火车，加急开赴砀山，每隔一刻车便发出一趟，到达砀山后，立即向北攻击丰县，援助贺耀祖第四十军；第一集团军两个师自茅村西进；第四十军由栖山、孟楼、吴河、高楼分向华山攻击；第二十七军一部由小张寨、王小楼攻击前进。丰县处在国民革命军包围之中，此时，济宁又告急，孙传芳在鱼台闻警，亲率部分兵五路，奋力反攻，一留鱼台抵抗，一援济宁，一向安居镇，一向嘉祥，一出巨野、嘉祥间，各路同时并进，冀包围孙良诚部。很快解了济宁之危，之后，孙良诚退守安居镇。城中直鲁军与兖州来援之军，及孙传芳自前线调回之两路，合攻孙良诚军于安居镇。此时，石友三军将鱼台之孙军击破，与贺耀祖部急向济宁前进。方振武军也将金乡攻克，麾军前进，适与孙传芳两路军相遇于嘉祥、巨野间，大败孙军；席液池骑兵军自宁阳进攻敌军后路，破坏曲阜、兖州间交通，先于18日乘虚占领兖州。滕县之直鲁军闻讯，亦于19日退走。孙良诚、马鸿逵军克济宁，席液池的骑兵袭占兖州。孙传芳后路被截断，顿时军心大乱，向北溃逃，济宁遂被孙良诚部占领。此时，方振武部占领金乡，经过十日苦战，大破守城的孙军马葆珩部。孙军大败，退至肥城以东。

孙军虽被石友三军击退，但损失不大，有计划、有秩序地分五路北退。冯玉祥闻后，不禁赞道："馨远真会用兵也，出其不意，攻其不备，而撤退时又有秩序，不必追击了。"

4月23日，奉军军事办事处致电奉天军政首长：我第一方面军孙军团长传芳现已到界首（泰安附近），与张军团长宗昌会商，即日大举反攻。两军团长激励士气，极为振奋。知注特闻。公府军事办公处。漾印。

4月27日，第一集团军第三军团贺耀祖军同孙传芳军在刀山、谷山附近激战。孙传芳军在肥城以东刀山、谷山一带占领阵地，构筑工事，以阻贺军前进。是日，第二十七军攻占孙家庄，旋占鱼池庄，第六十五师向黑山、甲子峪进攻，同孙军展开激烈争夺，旋占甲子峪，独立第三师集中炮火猛攻谷山，掩护步兵冲锋，孙军不支，退向大王庄，独立三师遂占谷山。同日，第四十军亦自鱼池庄向蒋家庄附近猛攻，孙军据守穆英台高地附近阵地，瞰射贺军，贺军伤亡重大。旋贺军奋勇鏖战，占蒋家庄、穆英台阵地，并炮攻刀山阵地，掩护步兵攀登悬崖，仰攻刀山、黄巢寨之敌。张宗昌与孙传芳虽为安国军系统，但孙、张两人的前嫌似未消除，离心离德，各念各的经。都想让对方去与国民革命军相拼，而保存实力。

此时，孙传芳特派程登科在张宗昌总部负责联络。孙传芳将其部部署在济南以北的黄河铁桥防地，任命马葆珩与司可庄等人负责防线。在危急关头，张宗昌不能与孙合作。

某日，马葆珩偕司可庄到济南孙传芳总部汇报防务，孙传芳招待两人正在喝酒吃饭，突然程登科来了电话："报告联帅，效坤没打招呼便出北门了。"孙传芳脸色大变说："想让我们挡枪子儿，掩护他们逃跑，连招呼也不打。"他对马葆珩说："晓庵，咱们也一同出城吧！"

他们上马后，孙传芳有意朝南门方向而去，边走边与马葆珩谈天，装出一副镇定自若的悠闲样子。并对把守城门的执勤警察说："去白马山视察军队防务！"待出了城门之后，便一抖缰绳撒开马，箭一般奔向洛口铁桥马葆珩司令部，立即决定撤离济南。

5月1日，第一集团军第九军顾祝同部、第一军刘峙部、第四十军贺耀祖部、第二十六军陈调元部等相继攻入济南市区。

孙传芳残部撤至直隶大城、任丘、河间、宝坻一带，孙以大城为其安国军第一方面军总部。

3日，济南城内的日本军队突向国民革命军贺耀祖部进行挑衅，并枪杀我军民，并将贺部第七团千余人缴械，是为"济南惨案"。

蒋介石决定退出济南，五路大军渡黄河绕道北伐。8日凌晨，日本福田师团长命令开炮轰击济南城。9日，蒋介石向国民革命军发出避免冲突令。10日晚，蒋命令守城士兵"暂行让步"全部撤出济南。

面对日军对中国军队的挑衅与逞威，孙传芳感到痛心疾首。

当年在日本读书时受日本欺侮的情形又涌现在眼前。他感到应该是结束南北内战，一致对外的时候了。5月9日上午，他到达天津，即致电北京政府国务总理潘复说："南曰'讨共'，北曰'讨赤'，宗旨既同，争于何有？现济南事变，日人侮我太甚，本人受良心督责，不愿再事同争……兹已到津，前线军事，不能负责。"要求张作霖通电停战。

在潘复的劝说下，是日下午，张作霖发出息战通电。自解兵符。

1928年5月15日晚8时，一列快车停在北京前门站前，孙传芳下车后，直奔怀仁堂。

张作霖正召开紧急军事会议。会场的气氛沉闷、压抑，空荡荡的大厅中，一个孤单无力的声音在飘浮。

"你们都要求息争撤军，我也认为国难方殷，小鬼子在济南动手，又掐着脖子，乘人之危要好处，南北再打下去，咱们脚踩的这块地，早晚让人家夺去。现在是我有宵旰寻盟之真意，彼无停战讲和之诚心，蒋介石、冯玉祥、阎锡山都步步逼近，不容我有喘息之时。诸位都说说，应该咋办？"

孙传芳对糜烂的大局，丧失了以往的勃勃野心，但落到今天的地步，却又不甘心，在这种矛盾交织下，一进天津，便闭门谢客，苦苦思索。以往，在中国的舞台上，他一踩脚，大地要晃三晃，而今他的作用越来越小了。希望像一团五彩的云，离他越来越远，变得虚无缥缈了。早知今日，何必当初？如今向他逼来的敌人，冲得最快的，要数过去像一条狗在他身边转的陈调元了。一想起陈调元那副两面脸，便气不打一处来。人争一口气，佛争一炷香，活到一把年纪，再去乞求蒋介石还有什么意思？想到这里，孙传芳霍地站了起来，大声说："咱们北方有句话，叫孬了也不中，你现在就是投降缴枪，该咋拾掇你还咋拾掇你。既然如此，在万不得已的情况下再轰轰烈烈干他娘的一场。"

张学良、杨宇霆两人目瞪口呆。私下里，他俩一再嘱咐孙传芳在大帅面前不可言战，多讲主和谈判之话。孙传芳也保证不再说决战到底之类的话。但蒋介石不打倒，北洋军阀是不会罢休的。于是，他在一片和谈的气氛中，一语惊四座。

张作霖兴奋起来，激动地来回走着，嘴里叨叨着："汉子，这才是汉子！"他对众人说："听见没有？馨远说应战，他没有几个可打的兵将了，尚不肯投降。我们怕什么？即使打不过国民革命军，我们还可以退到关外去。"

会议像一个垂死的久病之人，突然回光返照，又活跃起来。一说再战，个个摩拳擦掌，跃跃欲试。张作霖喜出望外，立即命令张学良和杨宇霆去保定督师；令孙传芳到沧州指挥，再来一次破釜沉舟。

谁也不曾想到，螳螂捕蝉，黄雀在后。5月17日的晚上，日本驻华公使芳泽谦吉来到顺承王府向张作霖提出：签订中日合资修筑吉会铁路合同的要求。

芳泽说："阁下如果答应这个要求，日本可以设法阻止北伐军过黄河。"

张作霖抽着翡翠嘴的旱烟袋，不紧不慢地说："我们家中的事情，就不劳邻居费心。"

芳泽说："你们打得过国民革命军吗？"

张作霖慢腾腾地说："我还有60万大军，至少我还能与国民革命军再干一仗。再说，打不过我还可以退回关外。"

芳泽说："恐怕未必能回去吧！"

一句话，惹恼了张作霖，他拿着旱烟杆，气冲冲地说："关外是我们的家，愿意回去就回去，有什么不行？"他将旱烟杆狠狠地往地上一摔，翡翠烟嘴摔成两截，他背着手，怒不可遏地离开客厅。

张学良等人将主要阵地布置在方顺桥、定县、于家庄一带，军团部为就近指挥，迁至琉璃河。张学良回京向其父报告布防情况，却见张作霖愁眉苦脸，闷坐愁城。

张学良和杨宇霆对望一眼，不知又发生了什么事情。

张作霖说："日本公使芳泽谦吉刚才来面交觉书，你们看吧！"

张学良、杨宇霆拿起桌上的觉书，即最后通牒，只见上面写着："目前战乱情形将波及京津地方，而满洲方面亦将蒙受其影响之虞。日本为维持满洲之治安计，或不得不采取适当而有效措施。"

这仗，打不下去了。

津浦线上，德州丢了，直鲁联军向沧州溃退。京汉线上，阎锡山第三集团军抵近保定。5月25日，对阎锡山军最后一次大反击拉开序幕，张学良、杨宇霆指挥的第三第四方面军对晋军下总攻击令，著名的方顺桥大战打响。孙传芳部奉令，由任丘、高阳向晋军右侧背展开攻击，百足之虫，死而不僵，孙传芳打得晋军闪腰岔气；杨宇霆复调京、津总预备队，攻击晋军左侧背，阎锡山被三面包围，狂呼救兵。而此时冯玉祥却站得远远的，仅留少数骑兵在前线警戒，大队人马撤回原驻地，见死不救，严禁京汉线部队擅自北上，解阎部之危。

正当奉军狂风暴雨般打击阎军时，李宗仁第四集团军长途挺进石家庄，加入京汉线正面作战；阎锡山又调石家庄总预备队攻击奉军后方。激战两天两夜，保定的奉军反被包围。同时，第一集团军在前敌总指挥朱培德的指挥下，向沧州东西线的孙传芳残部发起攻击。

战局逆转。

5月30日，蒋介石抵石家庄，是晚与次日与阎锡山会商克复京津善后事宜。同日，张学良、杨宇霆赶至大城，与孙传芳交换战局意见。

孙传芳说："国民革命军四个集团军汹汹而来，如再不当机立断撤出关外，恐死无葬身之地了。赶快撤退安国军吧！"

杨宇霆说："馨远，我们一道返回北京，劝大元帅放弃枕城决一死战的念头，迅速出关，再晚便来不及了。"

三人当机立断，立即同车北上，返回北京，向张作霖报告前线危急形势。张作霖决定下午在元帅府召开紧急会议。

当天下午2时许，张学良、孙传芳、杨宇霆、张作相、于国翰、潘复、何丰林、陈兴亚等安国军政府高级官员齐集帅府，研究对策。

张作霖等主张坚守北京，以高碑店、琉璃河一带为最后决战线。孙传芳此次带头陈述前方危局形势，反复强调，再晚便撤退不及了。张学良、杨宇霆也进行劝说。最后张作霖叹着气："好吧！我以安国军大元帅名义下总退却令：京汉线奉军全部先行退至琉璃河、长辛店一线，再相机撤往滦河一线；孙传芳、张宗昌、褚玉璞等部以军粮城、唐山一带为退兵地点。"会议持续到晚10点钟方散。杨宇霆立即命令全部奉军退出保定，向后方撤退。

31日拂晓，阎锡山第三集团军与奉军在保定市郊展开混战，骑兵一营首先冲入西门。正午，商震进入保定城。该日，孙传芳部与奉军于学忠部在献县臧家桥，大战前来攻击的第二集团军第二十一军吕秀文及郑大章骑兵军，孙、于两部最终撤退。吕秀文军向任丘、大城方向展开追击。

此时，孙传芳心里像打翻五味坛子一样，酸甜苦辣麻各种感觉都涌上心头。他到大城总部召集高级军官研究联军的退路。看着频年征战，跟随他的将军只剩下寥寥数人，不禁悲从心来。杨文恺、卢香亭、孟昭月、周荫人一个个离他而去，身边只剩下总参谋长孟星魁以及郑俊彦、李宝章、马葆珩、上官云相、李松山数人而已。

孙传芳只简单地说："我们联军今天只有与奉军合作才有出路。"

马葆珩站了起来："联帅，我们的部队，多系直、鲁、豫等省人，树高千丈，叶落归根。飘零出关，不知何日能还。我替兄弟们说句话，您叫我们干什么都可以，但决不出关。"

李宝章立即附和："对，我也觉得跟着胡子混，没什么出路。"

郑俊彦则唉声叹气，一言不发。

孙传芳说："我军现只有两条路可走，一是在关内占据地盘，与直鲁军相呼应，静待机会，再图发展；一是投降蒋介石的党军。至于说全军随同奉军出关，这是不可能的。奉方已苦兵多，再加上我们这几万人，军饷粮糈都是大问题。"

他问郑俊彦："杰卿，你意见怎么办？"

郑俊彦不置可否："联帅，将士疲惫已极，恐不是命令所能听从的。"

孙传芳泪水涌出，没想到辛辛苦苦，从戎二十年，几经磨难，几度辉煌的五省联军已到了穷途末路。军队就是他命根子，而今他的军队已不再听指挥了，他意识到自己的军旅生涯走到了尽头。终于他强忍悲痛说："士各有志，我不相强。"他离开了自己的军队，丧魂落魄而去。

5月30日，晨1时，一钩上弦残月挂在天空，张学良、杨宇霆、孙传芳离保定北上，孙传芳想起来，清光绪三十一年（1905年）阴历五月一日，也是上弦之日，孙母含着泪送他上路，去北京陆军部参加赴日留学考选，转眼27年了，没想到像大苍蝇一样飞了一大圈，又回到了原点。

孙传芳抵北京后，命令所部放弃保定退往琉璃河，是日，张作霖在大元帅府召集军事会议后即下令前线总退却。

6月2日，张作霖通电宣布退出北京，政务交国务院摄理，军事归军团长负责，此后政治问题，仍听国民裁决。"所冀中华国祚，不自我而斩；共党'赤化'，不自我而兴。"

6月3日，孙传芳随张作霖同车离开北京，他在天津下车。即在天津通电辞去安国军副司令兼第一方面军团长职。

孙传芳部下李宝章、马葆珩等亦通电休战。

联军能战、联军堪战，在当时国内都是有名声的。

蒋介石、阎锡山等都希望能收编到自己的麾下，捷足先登的是阎锡山。他派出副官长高荣达专车由天津向南寻找马葆珩，在沧县附近，高找到了马葆珩，谈了收编的事情。

孙军的将领们都不愿意向蒋介石投降，双方一拍即合，即由马葆珩、李宝章随高荣达一同乘车北上天津，与阎锡山的全权代表南桂馨谈判。

在此期间，北洋军阀中失去枪杆子后，在天津做寓公的齐燮元、陈光远和政客张志谭、边守靖等人得知马葆珩等到了天津，也想将联军这部分精锐收归己有，再"借尸还魂"。结果，齐燮元请马葆珩的大哥，原江苏第十九师师长和苏常镇守使马葆深出面，与马葆珩、李宝章等商量，希望联军听齐燮元等人指挥，陈光远筹足60万元大陆银行的支票，并约请天津几位有脸面的大绅士，由齐燮元、周荫人、张志谭、边守靖等人宴请马葆珩、李宝章等人，交

上官云相

段承泽

马、李两人60万元支票。马、李回防地后，与联军军官们讨论都认为天津是个华洋杂处的大商埠，万一处理不慎，会引起外交上的麻烦；另外还有人认为国家多年混战，国弱民穷，如果与党军再战，前途堪虞。最后决定由马葆珩将支票退给陈光远。

1928年6月10日，经蒋介石肯允，阎锡山任命：郑俊彦为第三集团军第五军团总指挥兼第一军军长，李宝章为副总指挥兼第二军军长，马葆珩为副总指挥兼第三军军长，程其祥为总参议，曹鸿翥为秘书长。

不久，商震即带郑俊彦、李宝章、马葆珩等人面见蒋介石。蒋表面说："今后该军一切事宜都由阎总司令直接负责，一切都向他请示办理。"

但是蒋介石对阎锡山收编孙传芳残军之事耿耿于怀，阎锡山亦会看眼色行事，于同年7月，又将该部拨归第一集团军。

1929年5月，军事整编后，该部成为第四十七师。王金钰代师长、上官云相为副师长。其中第一三九旅旅长为马葆珩、副旅长为郭华宗；第一四〇旅，旅长为上官云相；第一四一旅旅长为段承泽。

至此，在军阀混战中纵横十余年，逐渐兴起、壮大的五省联军，在北伐战争和第二次北伐战争中，屡战屡败，终于彻底败亡。

王金钰

3．出关与出走

1928年6月4日早晨，当天边的残月和东方晨曦融合成一片红云时，奉天皇姑屯三洞桥发生了惊天大爆炸。北洋末代统治者张作霖的火车，像一条夭矫而腾起的巨龙，飞向天空，又摔了下来。这一天是张学良的生日，正好又是张作霖的忌日。

一个旧的时代结束了。

当时的消息是张大元帅受了伤。孙传芳在滦州一带等候联军的最后归来，当知道郑俊彦、马葆珩、李宝章等人投降阎锡山之后，一种强烈的失落感缠绕在心头。他只有义无反顾地出关，再作打算。谁知到了奉天城，看到的却是另一番情景：白马素衣，为张作霖举丧。他痛哭流涕了，哭大元帅还是哭自己，连自己也说不清楚。

7月2日，张学良出任东三省保安总司令。

孙传芳心里很清楚，东北的掌权者有两个：一是少帅张学良，一是东北保安司令部参谋长、总参议杨宇霆。这两个人表面上客客气气，但实质上水火不相容。张学良看在死去父亲的面上，对孙传芳礼优有加，但不给他任何权力。而杨宇霆和他有过一段不愉快的历史，彼此见面颇尴尬。但杨宇霆因张学良统治了东北，感到难以自处，总谋划东北军再入内地，争夺天下；对此与孙传芳有共同语言，两人很能坐在一起。

孙传芳必须看人眼色而仰人鼻息，精神上很压抑，要巧妙地在张、杨之间周旋，精神觉得很累。

张学良在少帅府中专门为孙传芳设有"孙联帅办公室"，军国大事，必请来顾问。孙却不敢倚老卖老，收敛羽翼，一副谦虚谨慎的样子，每天都去帅府办公。

孙传芳刚到东北时，住在奉天商埠地齐宅一所两层的西式小楼中。张学良为照顾他的身体，专门派东北保安总司令部医务处副处长任作揖为孙的随从医生，也住在孙宅之中。

7月上旬，张学良便与蒋介石协商东北易帜的问题。

14日，国民政府派参谋本部第一厅厅长刘光为代表，抵达奉天与张学良谈条件。

刘光提出三条原则：

（一）东三省归国民政府节制；

（二）奉行三民主义；

（三）改悬青天白日旗。

张学良说："这三条均可以办到，但须解决以下四项：第一，外交问题，请立示机宜；第二，党务问题，先派员赴南方见习，再举办党部；第三，政治分会，由其组织请委；第四，停止对热河的军事行动。"

刘光表示："鄙人定将少帅的意见电告北平的蒋总司令。"

16日下午，张学良在帅府召开紧急会议，张作相、张景惠、张焕相、袁金恺、刘尚清、孙传芳等参加。在众多会议者中，有一大块头戎装打扮，格外引人注目，原来是张宗昌。

在讨论易帜问题时，东北军政要员以张学良为首的，主张立即易帜；张作相等认为应该从缓办理；张宗昌则坚决反对易帜，要与国民党军决战到底。只有孙传芳不置可否。会后，张学良委孙传芳为东三省军务总指挥，统辖退奉军队。

此时，孙传芳在东北的地位依然很高。据任作摄讲："孙在沈阳，每日去帅府办公，像张学良将军的一位贵宾，又像高等顾问。他们两人很亲近，由军事、政治以至家庭琐事，无所不谈。"

当时，杨宇霆在榆关、昌黎一带收束军队，张学良委托孙传芳亲至前方慰问东北军，并派了专列送孙传芳去榆关。任作摄悄悄地问："联帅，此次少帅这么隆重派你去前方干什么？这样兴师动众？"

孙传芳神秘地说："你们总司令对总参议不大相信，不知他在前方搞什么名堂，让我去看看。"

不久，前方军事结束，杨宇霆回到奉天。出现了一种奇怪的现象，即孙传芳白天去张学良帅府办公，夜间又去杨宇霆府周旋。张学良常将对杨宇霆的不满告诉孙传芳；而杨宇霆又常常将对张学良的鄙夷之情在孙传芳面前赤裸裸地表现出来。有一次，孙传芳同任作摄一同去杨宇霆家，刚坐下，杨宇霆便问："阿斗为何不见来？"孙说："随后就到！"

任作摄悄声问孙传芳："阿斗是谁？"

孙传芳笑着答："你还不知道吗？就是你们总司令。"

任作揖不解地问："为啥这样称呼总司令？"

孙传芳说："他在我面前一向都是这种称呼。"

任作揖问："这样下去岂不是很危险吗？"

孙传芳没有回答，显得心事重重的。

不一会儿，门外高呼："总司令到！"张学良便笑着进来，与杨、孙二人打招呼。

孙传芳初到奉天住的房子比较小，后迁至大西关大十字街的一幢楼房中，这里原是东北殖边银行的旧址，房子很多，比较宽敞。便将夫人周佩馨和子女家裕、家敏接到奉天同住在一处。并将天津的张夫人兰君迁至大连居住，以防万一。

果然，杨宇霆回奉天不久，便与张学良的矛盾尖锐起来。他住的大东关青云巷公馆，每晚都宴请东北的军政要员。很多人都认为杨宇霆必能操纵张学良。而杨宇霆威风张扬，不知自忌，俨然以张学良父自居，指手画脚，盛气凌人。

1929年1月7日，杨宇霆的父亲过生日，杨宇霆在小河沿杨宅为其父大事操办，宾客盈门，高朋满座。孙传芳特地去送一份贺礼。这时张学良偕夫人于凤至也同赴杨公馆祝寿送礼。门外副官高呼："总司令到！"

杨宇霆竟以普通礼节相待，与其他宾客无异。客厅中一些赌钱的宾客只有少数离座起立，多数人见了张学良只是欠欠身。于凤至的脸色很难看，略一寒暄，拉着张学良便走。孙传芳是个心细如发的人，从这些微小的动作、眼神中，感到一场大的暴风雨要来临。一连两天晚上，未敢再去杨宅。

1930年1月10日下午，杨宇霆和黑龙江省主席兼东北交通委员会委员长常荫槐来到帅府见张学良，将事先拟好的成立东北铁路督办公署的公文交给张学良，要张签字批准。张学良看了后说："东北铁路问题涉及外交，须请示南京国民政府。"

杨宇霆、常荫槐大为不满，杨说："我已答应日本首相派来的町野武马关于建设'满蒙'新五路的要求，所以铁路督办公署还是尽快成立为好。我们希望总司令能尽快签字。"张学良面对两人的咄咄紧逼，只好说："请两位晚上来，我一定签字。"

杨、常两人走后，张学良忍无可忍，用电话通知警务处处长高纪毅前来议事，并请王以哲来密商。张学良气愤地说："杨宇霆、常荫槐欺我太甚，今天又来强迫我成立铁路督办公署，逼我签字，并发表常荫槐为铁路督办的命令。我要采取非常手段，你们认为如何？"

高纪毅说："杀他俩的事情，说办就办，否则会有后患。"

张学良下定决心："好，今晚便结果他们，你来执行！"

是晚7点多钟，杨宇霆、常荫槐大大咧咧来到帅府，被让进老虎厅中坐下。墙上悬挂着一张完整的东北虎皮，透着威严，凶狠。

杨、常两人不知为何，今夜看着这张虎皮不寒而栗。正在这时，高纪毅带着六名卫士和张学良的副官谭海闯了进来，黑洞洞的枪口对准杨、常两人。

深夜，老虎厅中传来了枪声。

凌晨，孙传芳正在熟睡中，电话铃声大作，里面传来张学良焦急的声音："联帅，有紧急事情，立即来帅府。"

他一惊，睡意全消，一想此事可能与杨宇霆有关，立即起身更衣，前往帅府。

一进客厅，便看见精疲力尽的张学良，便小心翼翼地问："总司令，深夜唤我有何事情？"

张学良说："馨远兄，我又放了一炮。麟葛和翰香被我处决了。"

孙传芳心里"咯噔"一惊，本来是预料之中的事，但还是没想到张学良如此霹雳手段。于是故作惊奇，伸出大拇指赞不绝口："英雄！英雄！要想做一番大事业，不杀几个人怎么行？杀得好！"

张学良说："你这样认为很好，我们要商量一下怎样宣布他两人的罪状和向南京发电的措辞。"

孙传芳略一思索："现在东北已易帜，告诉南京方面，杨、常两人破坏、阻挠统一，贪污中饱，操纵政府，任用非人，欺上压下……欲加之罪，何患无辞？南京方面是不会说什么的。"

张学良点点头，说："馨远兄，南京方面的问题好应付，鞭长莫及；只是日本领事馆、关东军方面，你去疏通一下，你与他们关系熟，告诉他们这不是针对日本的，不要误会。"

孙传芳说："少帅，请放心，日本人那里我一定尽力代为解释。"

孙传芳离开帅府回家后，立即做出了决定，立即离开奉天，以免遭不测。

此夜，任作揖回家住宿。凌晨4时，孙传芳便派车去接。

任作揖回到孙府后，见孙传芳衣着整齐，站在寝室外小客厅中，便奇怪地问："联帅还没有睡吗？"

孙传芳平静地说："我刚从帅府回来，你知道出事了吗？我早就和你说过的，早晚要发生的事。"

任作揖假装知道，说："我知道了。"

孙传芳搓着手说："汉帅英明，干一番大事业，不杀几个人还能镇得住吗？"

"联帅，几个？"

"只有两个，杨麟葛与常翰香。"孙传芳故意指责杨宇霆："姓杨的取死有道，他现在与汉帅的关系，究竟是君臣，还是朋友？如果是君巨，就应该北面而朝之，以部下自居；如果是朋友，就应该洁身隐退，略备咨询而已。他现在要居汉帅之上，事事过问，甚至对汉帅发号施令多所阻碍，真是古今中外少有的，怎能不引来杀身之祸？"

两人倦意全无，直谈到早晨8时。最后孙传芳说："东北局势已定，我一定帮助汉帅做一番事业。任处长，你去帅府上班吧，我想休息一会儿。"

任作揖前脚走，孙传芳后脚便出了门，没坐汽车，步行到南满火车站，乘9时的快车去了大连。

11时，任作揖回到孙宅时发现楼下的物品像被移动过的模样，急忙上楼问孙太太。

周佩馨说："大连方面的张夫人来电说，患病甚重，联帅去大连看她了。"

任作揖明白了，原来孙联帅使的是金蝉脱壳之计，怕祸及己身，乘机溜走了。他急忙去帅府报告张学良，张一听颇觉奇怪："他没有什么呀？何故出走？"

任说："孙氏白天到府里来，晚间到杨宅去；他认为东北只有您和杨两个人，所以两面交好。连黑龙江督办万福麟去拜访他，也不回拜，只认您和杨宇霆，旁的我也没看到。但是，他不能不多心啊！"

张学良若有所思，绕室而行，忽抬头问："他的家眷呢？"

"没有走。汉帅，我是否从孙宅搬出来？"

"还是照旧住在那里。"

三天之后，孙传芳从大连给任作揖寄来一封信，里面还附有给张学良的信。给张的信中只寥寥数语，意谓："因内子患肺病，咯血甚重，来连一视，匆匆未及走辞，好在连、奉相距咫尺，朝发夕至，如有召见，随时可以回奉。"

在给任的信中，孙传芳详述离奉的原因："我对于东北，无尺寸之功，而位居诸大老之上，平时无事尚人言啧啧，何况此次杨、常事件发生。我来东北后，本想在军事方面对汉帅有所匡助，但形势有所不能；又想在政治方面有所贡献，而情况亦所不许。最后想在实业方面略尽绵薄，亦未能做到。长此下去，于汉帅毫无裨益，对于我身边危险实大。此兄之所以不能不离奉也。"

原来，孙传芳抽身退步的思想由来已久，只是虚与委蛇而已。

翌日，周佩馨拿着一张《盛京时报》，问任作揖："你们总司令还通缉联帅吗？"

任诧异地问："这话从何而来？"

周佩馨指着报纸上的一条消息说："报上都登了。"

任接过《盛京时报》，上面果然刊登着东北当局通缉孙传芳的消息。便说："这是日本人报纸的造谣中伤，万不可信。张总司令与联帅友谊极笃，绝无其事。"

周不信，要任作揖陪同她去见警务处处长高纪毅询明真相。他们去了高宅，未见高处长，高太太一再说明报载纯属子虚乌有，周才略为放心，又对任说："过两天我们全家也要去大连。"

张学良知道后，对任作揖说："礼送出境，给他们买好车票，送他们去车站。"

就这样，孙传芳全家又迁往大连居住。

张学良枪毙杨宇霆、常荫槐，孙传芳与其说被吓走，倒不如说是道不同不相为谋罢了。

4．中原昙花梦

孙传芳避居大连。这里是日本人的势力范围，日本军人在那里耀武扬威，日本间谍无孔不入，都让身置其间的孙传芳非常忧虑。他青年时代在日本读书时，便了解日本对中国东三省充满了野心和占有欲。为争夺东北，日俄曾不惜倾国而战。

1927年以后，日本的这种侵略气焰日炽。张作霖生前，日本阻止他战败退出关外，置其于死地而后快。而到了张学良时代，外有张牙舞爪的日本军，内有欲借"削藩"，用外交手段来解决东北军的蒋介石，勾心斗角，暗中争夺。孙传芳预测到，又有一场大的祸事将要临头。

1929年，孙传芳的长子孙家震在大连结婚，前去祝贺、送礼的各方人士很多。任作揖代表张学良，又是熟人，亲自前往大连去向孙家祝贺。

孙传芳将任作揖带到一间僻静的房间里，说："任处长，你来得正好，有几句话，请回奉天后转告汉帅。东北处于日、俄两大国之间，外交方面极为重要。为东北之计，必须亲日联俄，方能图存。稍一不慎，外患立至。汉帅只注意国内而疏于对外，危机四伏。至于对内，东北远处边陲，在地理条件上极为有利；山海关一守，其他无庸顾虑，对于南京方面，只要不即不离，虚与委蛇，足以应付裕如。外交一事，千万慎重，大意不得。"

对孙传芳的忠告，张学良置之一笑，没有引起重视。姜是老的辣，不听老人言，吃亏在眼前。蒋介石"削藩"大计早已有谱。

有一个政学系政客杨永泰上"削藩策"，深得蒋介石首肯，这便是"军事解决第四集团军，政治解决第三集团军，经济解决第二集团军，外交解决东北军"。

蒋介石派特使吴铁城到东北做说客。此君凭三寸不烂之舌，鼓动张学良在东北与苏联发生冲突，以达到外交解决东北的目的。是年4月，在南京政府的支持下，少帅张学良命令东北当局向中东铁路提出新的要求，苏方作了退让，满足了少帅的要求，张学良飘飘然，认为苏联没有什么了不起的。

同年5月22日，应张学良电召，孙传芳亲自到奉天，与张学良会晤。孙又将亲日联俄大道理阐发一番。

张学良对孙传芳的意见持谨慎态度，并说："南京方面已来了密电，冯玉祥在陕西、河南发动叛乱，与苏联驻哈尔滨领事馆有关，让我派人搜查苏驻哈领事馆。"

孙传芳大惊："少帅，这可万万使不得，搞不好要酿成外交大事，引起东北与苏联的直接冲突，正好给南京方面以外交解决东北之口实。"

张学良正是气吞万里如虎的时候，对此哈哈一笑："联帅，你的年龄越大，胆子越小，这苏联有什么可怕的？年初，我收回中东铁路电讯权，驻奉天苏联领事馆向我提出抗议，要求偿付安置费百余万元，不是让我顺利解决了嘛。"

孙传芳摇头说："汉帅，事情没那么简单，苏联是惹不起的，以羁縻为上策。"

张学良还是不屑的神情："联帅，多虑了。"他话锋一转，"联帅，上次，我欲委你为东三省垦务委员会督办，下面人有意见，我又委了邹作华，我知道你心里不痛快，这是你离奉的主要原因。联帅，我此次欲荐你以新的位置，不知你可否出马？"

孙传芳认为张学良是沽名钓誉，给个虚衔，又不能听其计。他不愿意再蹚浑水，于是辞谢说："汉帅，你的心意，我领了，只是近来身体不适，不能匡助，反而添乱。"

张学良说："既然如此，学良不好强人所难，只是有事还得请联帅点拨为盼。"

孙传芳在奉天盘桓四日，26日返回大连。5月27日，哈尔滨警察署便搜查了苏联驻哈尔滨总领事馆，查获文件，逮捕总领事以下30余人。28日，中东铁路局副理事长齐尔根到长官公署表示严重抗议。

张学良在蒋介石的支持下，错误认为苏联不会与自己对抗，于是主动决定出兵对苏联作战。蒋介石答应派兵支援。不久，张学良强行接收中东铁路，加紧调兵遣将；苏联也增加了在远东的兵力，双方战争气氛在升温。

孙传芳扼腕叹息，认为张学良上了蒋介石的圈套。同年10月，苏联红军和东北军终于爆发了战争。数日之间，满洲里、海拉尔、同江等地失守，东北军被俘八千余人。旅长韩光第、团长林选青等阵亡，哈满警备司令梁忠甲等300名军官成了苏军的俘虏。

张学良不顾南京政府的阻挠，悬崖勒马，迅速派代表与苏方谈判。答应无条件恢复中东路原状等要求后，苏军撤出中国领土。

孙传芳一直密切注视中东路事件，直到双方谈判解决此事，才松了一口气。但此事加深了他对张学良的失望和对蒋介石的不满，决心与关内风起云涌的反蒋势力联合起来，东山再起。

蒋介石统一南北后，面对手握重兵的四大军头，寝食难安，召开军事编遣会议，裁人不裁己，逐个"削藩"，激化了与各派新军阀之间的矛盾。从1929年4月开始，先后爆发了蒋桂战争、蒋冯战争、蒋唐战争，终于在1930年5月，激成20世纪30年代最大的一场国内军阀大混战，即蒋冯阎大战。双方动用了一百五十万以上的兵力，先后在中原展开一场大角逐。

在大连蜗居的孙传芳终于盼来了时机，决定立即出马进中原，推波助澜，进行反蒋活动。

是年4月，奉天日本人办的《盛京时报》上，出现了一则简单又奇怪的启事，大意为："兰姊妆奁已筹备就绪，出嫁有期，特此通告亲友。"这是孙传芳出马的一个信息。

孙传芳又到了奉天帅府，劝说张学良，与阎锡山、冯玉祥和李宗仁联合在一起，出兵进关倒蒋，再夺中原。张学良的态度很谨慎，只是请孙传芳去山西太原见阎锡山，了解情况；再去郑州见冯玉祥，真正对比双方的实力后，再决定是否参战。孙传芳欣然领命，先从京奉路去了北平，再至石家庄，转正太铁路去太原。临行前，孙住在南满铁路日本站的大和旅馆中，约见任作揖时说："任处长，现在内地局势已有变化，汪、阎、冯欲组织国民政府于北平，对抗蒋介石。东北应早定大局，参加冯阎方面的一致反蒋。我决定进关襄助，特为此事来奉与汉帅一谈。"一副踌躇满志的样子。

阎锡山见到孙传芳十分高兴，他是这次新军阀反蒋运动的盟主。立即委孙传芳为江南招抚使，派其到平汉线南段，去招抚何成濬指挥第三军团下属的第四十七师，该师师长王金钰、副师长上官云相和旅长郭华宗等人都是孙传芳之联军旧部。

孙传芳到达许昌附近，见到上官云相后，双方谈了条件，当时王金钰已被蒋介石调离部队，而上官云相对孙传芳的态度与两人的关系自然都不及与王金钰熟。上官云相答应：伺机行动。

5月15日，孙传芳到达郑州。冯玉祥在碧沙岗烈士祠为孙传芳接风洗尘，陪着孙传芳同来的还有不甘寂寞的何佩瑢、万鸿图、孟星魁、曲卓新、王湘、李维一、许振南等人。席上有阎锡山的代表徐永昌、杨爱源和冯方、刘骥、鹿钟麟、孙良诚、秦德纯、李兴中等及李宗仁的代表潘宜之等一大批集合在反蒋大纛下的各方"好汉"。宴后，孙传芳与冯玉祥单独会谈，通报了运动上官云相

孙传芳与冯玉祥

等部队的情况。

次日下午，一点半，冯玉祥亲自去郑州车站送孙传芳等北上。

18日，孙传芳在天津致电张学良，告之："17日晚到津，不日到奉，诸容面谈。"

此时，蒋介石也已看到张学良在这场生死存亡大战的祖左左胜、祖右右赢的决定性作用，派出代表吴铁城、李石曾、张群、刘光等一批人将张学良包围得风雨不透。

6月21日，国民政府特任张学良为陆海空军副司令。

张群和吴铁城花钱如流水一般，天天宴请东北军政人员，出赌资令其挥霍，以博好感。东北当局内部也发生两派意见，老臣张作相等主张置身事外，保境安民。少壮派军人主张入关助蒋，张学良本人举棋不定，电告孙传芳暂勿来奉。

7月2日，是葫芦岛港举行开工典礼的日子，张学良自奉天赴锦州，转赴葫芦岛主持该港开工典礼，吴铁城作为铁道部部长孙科的代表、张群作为国民政府的代表都赶至葫芦岛，以示祝贺，并与少帅张学良形影不离。

关内的大战打得热火朝天，再加一把火，就能打败蒋介石，冯、阎都拼了老命，发动陇海路、津浦路两线攻势。孙传芳是行伍出身，自然看得清双方都战至最关键的时刻。7月5日，他急电张学良曰："拟鱼（6）日由津至葫芦岛见张，有事面谈，如何？"此刻，孙传芳是万分着急，想立即劝张学良加入反蒋阵线，大事必成。

张学良又接到何成濬从平汉线南段发来的电报，再三恳请张学良就"陆海空军副司令"职，电文中说："内乱不平，外侮必剧。欲平内乱，势须我公与主席共同努力，始能奏效。"

吴铁城、张群两人合谋：从奉天兵工厂定购二十万支仿日本三八式步枪，每支枪以高出日本枪价一倍的价格成交。

此举一项便送给东北当局一大笔收入。张学良不能不动心。

6日，张学良复电孙传芳说："馨远不必来岛，等电通知，最好去省或在津候晤。"此等推辞之语，孙传芳阅后，焉得不明白。他连连跌足说："竖子不足与谋，大局休矣。"只好垂头丧气回大连。

此时，蒋介石又派了孙传芳的对头方本仁，原江西军务善后督办，1925年兼任东南五省联军江西军总司令。孙传芳后将江西总司令给了邓如琢，方本仁大为不满，后输诚蒋介石。

方本仁至葫芦岛游说张学良就任副司令职。方本仁、刘光、张群、吴铁城团团包围住张学良，冯玉祥、阎锡山的穷酸代表，一个无钱，一个抠门，张学良根本不理不睬。孙传芳干着急不淌汗，眼瞅着中原战场的大好时机白白丧失。

8月中旬，蒋军攻克济南，阎军大败；冯军发动"八月攻势"，天公不作美，一连数天降倾盆大雨，蒋军终于瓦解了冯军的攻势，全线开始大反击。

8月18日，孙传芳在大连，接阎、冯代表贾景德、薛笃弼从北平打来的急电："明日从平至津，望速至津一晤。"

孙传芳抵津后，三人立即分析了形势。贾景德告之：阎锡山、汪精卫、冯玉祥即将在北平召开扩大会议，组织国民政府，许张学良任政府委员，并征求奉方任部长之职的意见，请孙传芳速至北戴河晤张学良，并再次请奉军入关反蒋。事成之后，平、津、华北为奉系的统治地区。

孙传芳于20日赴北戴河见张学良，将阎、冯、汪等条件面告张学良。张的态度有所转圜，设宴请孙传芳，两人谈得甚为投机。孙传芳当即电贾景德、薛笃弼速来北戴河谒张。22日晨，傅作义携阎锡山的亲笔信抵北戴河，会同贾景德、薛笃弼、郭泰祺、陈公博、覃振、孙传芳与张学良举行会谈。傅作义亲自递交了信，并答应：若东北出兵津浦路，可让出平、津、河北、察哈尔、绥远等地盘；并任命于学忠为平津警备总指挥。望早日就任，以阻击南军北上。

张学良只是说："我个人没啥，但此问题重大，个人不能决定，俟返奉天后咨询最高干部后再作答复。本人告诉诸位，我对北方有好感。"

是日下午，吴铁城奉蒋介石密令赶赴北戴河晤张学良，要求张立即就海陆空军副司令职。吴铁城开出了更好的条件：若赶走阎锡山，南京政府拟将北方地盘完全让给张学良。

少帅在双方开出的条件中犹豫，希望有一方的价钱更高。于是对双方都抱着葫芦不开瓢。

8月29日晚12时，张学良离开北戴河回奉天，随行的队伍中有王树翰、王树常、朱光沐、葛光廷、何丰林、沈鸿烈、高纪毅。孙传芳也在奉方人员之中。此外还有蒋介石的代表张群、吴铁城、方本仁和阎锡山的代表杨廷溥。

是时，辽西各县大水成灾，张学良急令各机关急赈救灾。蒋介石不失时机，捐助水灾赈救款20万元，并告之南京各同志都拟筹赈款，李石曾夫妇即捐助2000元。

9月6日，贾景德、薛笃弼带来了北平新政府的各部长人选名单，属于奉方的有外交部长顾维钧、司法部长罗文干、农矿部长汤尔和和海军部长沈鸿烈，财政委员长由罗文干兼。张学良看后，放在一边，没有表态。

8日，阎锡山电令贾景德再晤张学良，要求张就任。阎锡山直接电告张学良称："倘能参加政府，同意政府成立，自当以部长半数相让；倘不欲参加，则请发出和平通电，出任调停。设两者皆不能办到，则本人将放弃北方警备，率部归晋，将河北委诸冯玉祥。"

9月8日晚8时，张学良在北陵别墅召开东北最高会议，除汤玉麟因边防关系请假外，东北各巨头张作相、万福麟、刘尚清、袁金恺、刘哲、王树翰、臧式毅、沈鸿烈、张景惠均参加。孙传芳、方本仁、顾维钧、罗文干、荣臻、王树常、鲍文樾、于学忠亦列席了会议。

会上几种意见依然争论得很厉害，会议一直持续到第二天上午8时，也没吵出个结果。孙传芳一直听到散会，但他隐隐感到张学良已暗中倾向蒋介石了。

9月13日，蒋介石使出杀手锏，令国民政府拨给东北军入关开拔费2400万元。这下子一锤定音了，天底下哪有不吃白菜的小兔？孙传芳彻底绝望了，于

17日夜，返回大连。

9月18日，张学良通电东北军进关助蒋；同时命令王树常为河北省主席、于学忠为平津警备司令。10万虎贲之士，乘坐火车，隆隆向关内驶去。兵不血刃，传檄而定。反蒋军土崩瓦解，少帅张学良的威望已臻顶峰。

但东北军入关，造成了一个极可怕的后果，即东北边防的空虚。1931年日本侵略军发动九一八事变，东北很快沦陷。

冬去春来，又到江南梅子熟的季节。孙传芳只能从梦中回忆江南，思念昔日的辉煌。他特别喜欢吟诵白居易的《忆江南》：

江南好，风景旧曾谙；日出江花红胜火，春来江水绿如蓝，能不忆江南？

江南忆，最忆是杭州；山寺月中寻桂子，郡亭枕上看潮头，何日更重游？

夫人周佩馨最理解孙传芳的心，她用笔在纸上绘出美丽的栀子花、红叶小鸟、荷花、山茶……

是年5月28日，周佩馨又生了一个可爱的男孩，也可能孙传芳意识到这个孩子要靠自己独立于世，于是给他取了个名字叫孙家勤。

5. 皈依佛门

1931年9月18日夜，天色晦暗，星月无光。日本关东军河本中尉带着七八名士兵，将一包黄色炸药埋在距沈阳北大营800米处的铁轨接头处。10时20分，一声巨响，震荡长空，一段路轨飞起。以爆炸为信号，全副武装的日军便向北大营发炮轰击。

北大营守军立即进入预备阵地，并电话报告东北边防军参谋长荣臻。得到的命令是不准抵抗。一夜之间，沈阳城被日军占领。

是夜，北平城里，一派歌舞升平的景象，张学良偕夫人于凤至和漂亮的赵四小姐，正在开明剧院看京剧名角梅兰芳表演的《宇宙锋》，梅兰芳扮赵女，似癫似疯，痛骂狂笑秦二世。一段精彩的西皮摇板和念白：

"……直指望，江山万代，谁想你这昏王贪淫恋酒，不理朝事。我想着这天下，乃人人之天下，并非你一人之天下，我看你这江山未必能长久了……"

"想此事，气得我，舌尖儿，咬破牙关……"

"好！"台下一片喝彩之声。张学良看得正聚精会神，随从副官匆匆来报："少帅，荣臻参谋长有要事电告……"

张学良立即返回协和医院，接到荣臻的报告："驻沈阳南满站的日本联队，突于本晚十时一刻，袭击我北大营，诬称我方炸毁其柳河铁路路轨，现已向省城进攻……"张学良当即电告南京政府。

9月19日，蒋介石从南昌"剿共"前线来电："沈阳日军行动，可作地方事件，望力避冲突，以免事态扩大，一切对日交涉，听候中央处理。"

以后，蒋介石又多次指示千万忍辱负重，顾及全局，绝对不抵抗。很快，东三省沦入日军铁蹄之下。

九一八事变发生不久，在东三省，一些汉奸在日本的卵翼下，纷纷成立各种名目的维持会，大多由东北军政要人担任会长与委员。9月24日，国民政府监察委员、东北政务委员会委员兼东北边防军司令长官公署参议袁金恺，与原热河都统阙朝玺等成立了"奉天地方自治维持会"，袁任委员长，阙任副委员长，委员有于汉冲等八人。该会向日本关东军司令本庄繁呈"请愿书"要求日军不要撤走，以维持秩序。27日，该会遵日军旨意改为"辽宁省地方维持委员会"，声称暂代省政府职能。

9月27日，张景惠在哈尔滨成立"东省特别区治安维持委员会"，自任会长，布告声称该会"统管东省一切政务及治安"。

日本关东军方面派人去大连孙传芳宅，劝孙出来担任东北治安委员会委员，并说待"政权"稳定后，可以在省政府中做官。

孙传芳不愿意当汉奸，他一面虚与委蛇，与张景惠和日本人周旋；一面暗中购买船票，收拾行李、细软，一切妥当后，立即举家南迁。

10月2日，孙传芳全家抵天津，当即向报界声明："绝未担任日军所委任的'东北治安维持会委员'等职。"

日军占领沈阳后，东北边防军长官公署及辽宁省政府移驻锦州办公，张作相代理边防司令长官。时任东北边防军司令长官公署医务处长的任作揖随公署撤至锦州。由于撤退太急，在沈阳的卫生材料库沦于敌手，全军的药品器材顿成问题。任作揖转赴天津设置卫生材料厂，听说孙传芳举家迁至英租界，便专门登门拜访。老朋友见面，悲喜交集。寒暄过后，孙传芳大发感慨："我早就劝汉帅要谨慎外交，联俄亲日，汉帅不听我言，乃有今日之变故。"

任作揖问："为今之计，联帅认为如何收拾局面？"孙传芳说："东北人的土地、东北人的家园，汉帅不能处处听蒋介石的。为今之计，事不宜迟，汉帅应速派一位全权代表，一个敢于负责的人回沈阳，与日本方面折冲，从速解决争端，然后自己赶回沈阳坐镇，保持东北领土。这样，尽管在权益方面有所损失，仍可掌握军政大权，东北仍为中国所有。如果静待国联出面解决，那么外交一向是向着强国的。迁延日久，不但解决不了问题，木已成舟，东北将成朝鲜之继，汉帅也无以自处。如果放弃根据地，带几十万军队寄食关内，不但为蒋介石不容，亦为地方不许，那就同我当年出关，如出一辙。"说到这里，孙传芳急迫地说，"任处长，你可速去北平，把此意转达于汉帅。"

可惜的是，张学良太相信他的盟兄蒋介石了，一切以中央的指示为行动之准备。很快，日军便于1932年1月侵占锦州，进攻山海关，从此，长达14年，东三省沦陷日军铁蹄之下。

1932年1月28日，驻沪日军挑起战端，13艘日舰炮击吴淞口炮台，海军陆战队向驻沪第十九路军驻地进攻，"一·二八"淞沪抗战爆发了。两天以后，国民政府发表迁都洛阳宣言："政府为完全自由行使职权，不受暴力胁迫起见，决定迁都洛阳办公。"

3月11日，国民政府行政院通过国难会议组织大纲及议事规则。组织大纲规定：国民政府为集中全国意志，共定救国大计起见，召集国难会议；国难会议委员由国民政府就全国各界富有学识经验资望之人士中聘任。国难会议定于4月1日在洛阳举行。

这是孙传芳最后一次在国内的政治舞台上亮相，他被选作国难会议议员，南下洛阳，欲在国难会议上，为国家、为民族，贡献一些军事上的抗日建议，希望能对抗日有所裨益。

根据会议议事范围，仅限于御侮、救灾、绥靖三项；各提案对国民政府无法律上的约束力，仅是备其参考而已。

由于国难会议的议员是各阶层的代表，对国民党的一党专政不满，站在国家和人民的利益来说话。于是便遭到国民党中央执委员和中央党部中的一些人的不满，乃至破口大骂。中执委张道藩指斥会议中"分子复杂，黄红黑绿无所不有"；"甚至为帝王军阀之走狗，彼等昔日摧残民治，现在根本无资格谈政治"。

听者有心，言者有指，难免对号入座。孙传芳便开始心灰意冷。政治是管理众人的事情，而自己如今落得在天津做寓公，别说国家、大家，就连自己小家的事也朝不知夕，索性便袖手旁观了。

日本人在华北的侵略步伐日益加紧，津门亦不太平。

吴佩孚的参谋长白坚武与日人勾结搞暴动。闻说日本人策划华北独立化，想在华北五省搞自治运动，使之脱离中央政府的控制。日本情报机关特务头子建议，在华北推出吴佩孚和孙传芳出面组织过渡政府。

吴、孙二人不与日本人合作的态度由来已久。孙传芳为此很苦恼，终日躲在家中不出来，看看书，与夫人聊聊天，侍花养鸟。

孙传芳好读书，手不释卷，别人以为他是赳赳武夫，不学无术，其实不然，他的文学有相当功底，所涉猎的旧书、古书很多。

他曾对人说："现在做官的分三种人：要钱而能办事的是好官；只要钱不办事的是坏官；办事不要钱的行不通，不能做官。"他还说："今日中国只有两种人，一种人是压迫人的，一种是被压迫的，没有第三种人。我们不能去当被压迫的。"

孙传芳总结自己政治生涯，作出两个"结论"。一是反对当"人民公仆"。他自吹自擂说："我不是公仆，我是'民之父母'。天下的父母没有不爱子女的，我爱民如爱赤子，只有这样，才能真正为人民谋福利，做好事。"

二是反对政客。他曾对国民党元老张继说："我不是政客，我最反对政客。我的儿子，也不让他当政客。政客全是朝三暮四，迎新送旧的妓女般下流东西。我是一个地地道道的军阀。"

晚年，孙传芳爱看闲书，并研究孙中山的三民主义，并想写一本《反三民主义》的书，也研究国家主义。看来看去，政治不需要他管，看了也没什么大用。最后他的注意力便转到佛学上去。蒋介石对他不放心，日本人又对他不死心，要跳出这些三界外，必须脱出五行中。欲洁不洁，云空未空。

此时便有知音：下野的皖系国务总理靳云鹏来做指点，说禅念佛，乐在其中。

孙传芳一生

Biography of Sun Chuanfang

第十二章

回头不是岸

1．多事之秋

1935年的华北，深秋季节来得比往年都早，无情的西风掠过，满天满地飘舞滚翻着枯黄的树叶，在满是泥水的马路上无力地挣扎。枝头残留的青叶，瑟瑟发抖，拼命驻留着最后的一丝希望。

日寇占领东北后，妄图再夺取华北，不断地在华北制造事端，妄想将这块古老的土地从中华民族母体上分割出来。华北大地也像瑟瑟发抖的残叶，在强劲的秋风中挣扎，显得苍白无力。

天津英租界米多士道20号路之136号，一处深宅大院，铁门紧锁，几分神秘，几分威严。这栋洋房主人原为前北京政府财政总长张弧，两年前，房子整饰一新，搬来了赫赫有名的原北洋恪威上将军、东南五省联军总司令孙传芳。

这处宅院占地8亩半，楼房占4亩，庭院余4亩半，相当气派，是一位英国设计师设计的。大厦式的风格，大瓦，墙体为水磨石，分前后楼，橘红色前楼大而宽敞和地下室，循阶而上后，两边4个高大的爱奥尼亚式石柱，再进大厅之门，楼下为会客厅，为上下两层，进了玻璃厅楼上是卧房。四周设有封闭式回廊，主楼有廊通后楼，为下人的住处，副官、司机、佣人都住在这里。

房四面皆通。庭院里花草、果树、海棠树盈满整个楼，6棵枣树枝叶茂盛，夏季枣花芬芳，引得蜂蝶满树，翩翩起舞。葡萄架下，浓郁的绿叶丛中花香诱人。而一串一串红紫剔透晶莹的葡萄，甜香花草树木与洋房建筑搭配得很和谐、自然，相映成趣。院里还有英式铜镶磨玻璃路灯，每当夜幕降临，院灯打开，霎时耀如白昼，既显得金碧辉煌，在厅中打开，荣华富贵；又加强了院里的安全。自从1931年九一八事变发生后，孙传芳举家从大连迁往天津，息影津门，1933年与妻子周佩馨和他们的儿女们住在这幢华丽的洋楼中。

孙传芳晚年一心向佛，性情大变。孙传芳做了居士，开始潜心研究佛学真谛。

还是信佛、念佛好啊，孙传芳皈依佛门之后，经常去仁昌广播电台宣讲自己学佛的心得体会，向大众宣讲、传播佛学。当热天到来时，每天命下人熬几

孙传芳故居，作者2015年专程拜访

锅绿豆汤，放在门口，供往来行人解暑。1934年中秋之夜，曾有窃贼去其家偷盗，被其捉后也没有报官就义释偷儿，但是回头未必是岸。

转眼工夫，时光进入1935年，又是桃花盛开，花香鸟语的春天。孙传芳屈指算来，已经到了51岁的生日了，不觉暗自心惊。原来，孙家从孙传芳爷爷那辈起，活到50岁便归西，到他父亲孙毓典50岁时，又呜呼哀哉。孙家的男人，据说阳寿过不了50岁。孙传芳内定的生年亦是50岁。因为学佛的原因，不知不觉过了51岁生日。一时文思潮涌，作了一首自寿诗：

> 本定寿半百，讵知又添一。
> 今日余之乐，世人有谁知。

1935年的华北，是多事之秋。

11月13日，清晨，天阴沉沉的，浓云欲雨，是入秋以后最寒冷的一天。中午时分，铅灰色的云层低低的，压抑心头，淅淅沥沥下起雨来。

周佩馨独自立在窗前，一种说不出的烦乱，看着雨景，不觉双手紧紧抱住　　425

臂思绪纷乱，她忧郁地回头，对闭目坐在太师椅上的孙传芳说："馨远，今儿天气不好，这会儿又下起了雨，下午的佛事不要去了。"

孙传芳睁开眼，心平气和地说："夫人，这可不行，念佛重在用功修行，恶尽言功，善满曰德，全凭诚则灵。我下野以来，大起大落，心生烦恼，抽烟喝酒，脾气浮躁。这两年潜心学佛，心神安宁。人人果能信此念佛，持之以恒，念到心空境寂，烦恼自然无自而生。"

"馨远，世道不太平，日本人在华北搞自治运动，日本人不是想利用你搞'拥孙倒蒋'的活动吗？北平的东交民巷使馆区就发现了有这种口号的传单。我看你还是少出门为妙，在家修行也是一样的。"夫人委婉劝说。

那是5月份的事情，日本人从1933年长城抗战以后，改变侵华战略，利用汉奸出头，在华北筹划自治运动，欲将华北五省从中国领土上分裂出去。首先利用北洋余孽张敬尧出马，想搞华北国，被北平军分会委员长何应钦得知后，让军统天津站陈恭澍等将其击毙在六国饭店。之后，日本特务机关利用王揖唐出面，主持自治团体，以孙传芳、曹汝霖为副手。当时，天津市公安局新任局长刘玉书是孙传芳五省联军旧部，日本人认为可以利用这层关系，半公开搞自治活动，于是便令汉奸四处散发"拥孙倒蒋"的传单。此举令蒋介石与华北当局

感到恐慌。6月18日，国民政府任命第三十一军军长商震兼天津市市长。孙传芳亦担心无辜受牵连，被世人加之"汉奸"罪名，于是在6月19日，向报界新闻记者发表谈话，郑重声明："我对于这种提议不感兴趣，如果他们要我做自治运动的领袖，我也不能接受。我认为这种自治运动是要失败的。利用我的名义发传单，我想一定是日本人的阴谋，他们想借此激起那些对南京政府不满意的人发生暴动，并要我代替别人来做傀儡政权的首领。……"尽管孙传芳公开声明与此事无关，这是日本人的阴谋，但外间还是风闻他与日本人有来往，因

此夫人的话是有道理的，不希望他在公开场合抛头露面。

孙传芳不以为然："夫人，我老家有几句谚语，'心正不怕鬼邪'，'手大捂不住天，山高遮不住太阳，狗吃不了日头'，谣言终归是谣言，众人才是圣人。"

夫人依然劝说："好了，好了，就你泰山谚语多，今天佛事我不去了，你也别去了，我这就和居士林主持富明和尚打电话。"她快步下楼，走向客厅，拿起电话拨通居士林："喂，居士林吗？请富明法师听电话。"

居士林在天津东南城角草厂庵，是一处佛教居士清修禅院。佛教徒不入寺庙落发为僧尼，在家修行者称为居士，居士林是专为男女居士听经学佛的场所。居士林位于草厂庵，为前北洋政府国务总理靳云鹏和孙传芳于1934年4月8日创办。之所以创办居士林，就在于表明心迹，不问政事，也免得被日本人骚扰和利用。果然，孙传芳没被日本人利用；孙传芳死后，靳云鹏更是数次拒绝充当日本人的傀儡。

王克敏在北洋时期只担任过财政总长，是个并无很重威望的政客，日方首先去劝说曹锟、吴佩孚等出山担任"元首"，均遭到拒绝。于是退而求其次，转而找到王克敏，但也认为他的影响不够大，希望他去说服北洋时期做过两任总理的靳云鹏出山，王克敏于1937年12月上旬与齐燮元、高凌蔚、王揖唐两次去天津，直到伪中华民国临时政府成立头一天，他还不死心，又去天津与靳云鹏研究组织伪政府之事，但还是被靳云鹏所拒绝。这难道是意外吗？

清修之禅院原为李氏宗祠，靳云鹏和孙传芳出头，与天津富绅李颂臣谈妥，将李氏宗祠改为天津佛教居士林。靳云鹏任林长，法号"智证居士"；孙传芳为理事长，法号"智圆

靳云鹏

427

天津居士林

居士"。他们还联合了一批寓居天津的北洋遗老潘复（字馨航，北洋国务总理）、鲍毓麟（字书微，东北军旅长，时任北平市公安局长兼警官高等学校校长）等10余人共同捐资，聘请富明主持及僧侣10人，每月给和尚们大洋168元，由富明主讲经文。每逢星期三、六、日三天下午2时讲经，有男女居士几十人参加。

东海和尚是负责看居士林电话的，他接过孙夫人的电话后，就请来富明法师。

富明48岁，山西人，一口浓浓的晋北口音："周施主，阿弥陀佛，不知传唤贫僧何事？"

"富明法师，今天天气不好，理事长还有一些事情，未必能去居士林听经，到时间你们便开始，不必等他。"说完放下电话。孙传芳下楼梯时，正待阻止已来不及，无可奈何地摇摇头，只得坐下，忽然，他站起："不行，夫人，我非去不可，我和翼青（靳云鹏字翼青）约好的，在居士林碰面。"他边说边脱下皮袍，换上蓝绸棉袍，灰春绸棉裤，再穿上青色道袍。

夫人阻止说："靳瞎子（靳云鹏少时为炮兵，左目有疾，眼斜，人称靳瞎子）去了北平，不一定能回来。"

孙传芳执意要去："信佛者不打诳语，他会来的。"

夫人拗不过，只好叫："赵副官，备车，送联帅去居士林。"她帮孙传芳扣着道袍的布扣，似有无限深情，"馨远，我不舒服，不陪你去了，外出小心，我等你回来。"她将孙传芳送出门，亲自拉开那辆深咖啡车身、浅蓝色车篷的雪佛兰轿车的门，眼看车开出大门，进入无边无际的雨中，方才跨上台阶。

2．血溅佛堂

"梆梆梆"，几声梆子声，又到讲经课诵的时间。富明法师披着绿绦浅红色袈裟，走上法堂。烟雾蒸腾的佛堂内，已有男女信徒十几人，分男南女北两队，分坐在蒲团上，男居士行列之首座是靳云鹏的位置，女居士行列之首座便是孙传芳的位置。富明法师的讲经席位在正中座上，坐东向西，面对男女居士讲经说法。

檐外秋雨缠绵，如泣如诉，如怨如慕。富明抬眼看看下面的信徒，特别是面前孙传芳和靳云鹏两个位置空荡荡的，讲经的热情顿时减了几分，心想往日孙传芳、靳云鹏这两位显赫一时的人物亲自领拜，居士林门前车水马龙，香火何其旺盛，最多时参加佛事的人约二三千人。而今时局动荡，加上靳云鹏隔三差五地来一次，听经的人越来越少了。

富明端坐下来，只见一位年约30多岁的胖胖的妇女，短头发，浓眉大眼，身穿青布棉袍，蓝呢大衣，放足后的大脚上穿一双黑色皮鞋，正与女行中一位名叫张坤厚的女居士热情地攀谈，她因坐在孙传芳位置后面，比较显眼，而平时又未见过此人，富明不由问道："请问施主尊姓大名？"那女子大大方方，上前答道："信女姓董名惠，因信仰佛法，特来听法师讲经诵经。"

"贫僧请问施主，你可曾加入居士林？"

"尚未加入居士林，恳请师傅指点迷津。"此女眼睛中流露出急切、渴望的目光，但富明隐约感到有种莫名的凶气，但因为对方是个少妇，也不多去思索，于是说："女施主，本林亦有规矩，对男子加入，尚须有人介绍；对女子则毫无限制，只需填写一封志愿书即可。"他转头对偏殿里的东海和尚叫道："请拿一份志愿书表格来，交这位施主填写。"

"董惠"连忙起身称谢，并四面观察殿内情形，她发现前面的位置空着，那正是给孙传芳留的位置，脸上露出失望的表情。三点一刻，布帘一挑，孙传芳的副官赵海山与孙传芳进来。富明和尚立即站起，双手合十："阿弥陀佛，斜风冷雨，理事长如何又赶来了？"

"富明法师，念佛怕的是始勤终懈、无有恒心，只要按日功课，日日实行，便是道心不退。既定之后，无论如何，还是应该坚持的。"孙传芳微笑答道。

此时，"董惠"正伏案填写志愿书，听到"理事长"三个字，顿时圆睁双目，匆匆填完表后，交给东海和尚，并称家有急事，打电话叫了一辆出租车，便快步离开了居士林，谁也没注意这位胖妇人的异常行为。

孙传芳恭恭敬敬走到一丈六尺高的释迦牟尼佛像前点上一炷香，一缕香烟缭绕而上。赵海山将一个绣锦蒲团放在女行前列，然后退出大殿。孙传芳坐在佛案之对面，面向东方。双足交叉置于左右股上，跏趺而坐，平心静气，闭眼默念。富明和尚开始念经说法。一会儿，忽然好像有人进了大殿，门帘启动处，一股凉气袭来。富明和尚抬眼瞧去，正是那位女施主"董惠"，此时神色紧张地又来了，她径直走到北边女居士的行列之中，在张坤厚的身边跪坐下来，圆眼直勾勾地看着孙传芳的背影。富明心中微微一怔，又用眼光扫了一下其余的居士，个个如痴如醉，香烟氤氲的佛堂之中，仿佛是极乐世界。面前打坐的孙传芳身如铜钟，已经入定，对身后来人，却浑然不觉。他已进入念佛三昧的境界。虚空粉碎，大地平沉，与十方诸佛，法身融合，如百千灯，光照一室。身礼佛，口念佛，意思佛，三业集中，六根自然。佛是身，身是佛，心中的释迦牟尼，为红色祥云托起，越来越高，越来越大，红的鲜艳，像血色一样，渐渐扩大……

"董惠"的右手伸向了她棉袍大襟口袋中，口袋抖动得厉害，她脸色惨白，像要虚脱了一样，一把锃新瓦亮的六号勃朗宁手枪就藏在她的暗兜之中，枪膛里压着6颗黄灿灿的子弹。握紧枪把的手沁满了汗水，枪把似乎要滑脱了。

时间一分一秒地过去，她依旧跪在那里，不敢稍动，鼻尖、额前、鬓角上也冒出密密麻麻的小汗珠。背后是一盆取暖的炭火，烧得熊熊的。"董惠"躁动不安起来。

"你怎么啦？听法不能乱动，要静下心来。"旁边的女教友的问话，吓了她一跳。

她嗫嚅着："哦，我热得很，烤得受不了。"她拼命镇定下来。

女教友好心地说："那你往前边去吧，那里好一点。"

"董慧"巴不得有这么个千载难逢的机会，立即站起来，走到孙传芳的身后的蒲团前，跪坐下来，她又将右手插进暗兜，默默地念着："爸爸，十年大仇，马上要报了，这是女儿多年求之不得的愿望，就要实现了。爸爸，您在天之灵，要助我一点勇气。"

430

孙传芳一动不动，丝毫未察觉死神在瞬间就要来临。他早已放下屠刀，一心一意要立地成佛。"愚夫颠倒，迷此真如，故无始来受生死之苦；圣者颠倒，悟此真如，便得涅槃。能转灭依如生死，能转证依如涅槃。"佛经中早已指示真谛，人只要转舍烦恼即可转得涅槃。他苦心修行也正是为了这个目标。

"董惠"深深吸了一口气，迅速站了起来，她掏出枪，又向前一步，枪口正对着孙传芳的后脑勺，距离是这样近，一扣扳机，"啪！"一声枪响，声音不大，据在场的东海和尚事后供说，像一只电灯泡爆裂的动静。

孙传芳的身体微微一震，身位倾斜，眼前的红云变成了一片黑雾，逐渐扩大，充斥整个视野。"啪！啪！""董惠"又是两枪，一粒子弹从右额角射入，从左额透出；另一粒子弹打进脊背，从胸膛正中飞了出来。殷红的鲜血像喷泉一样溅满佛堂，溅满经卷，随即，孙传芳应声扑倒在佛案之前。第一声枪响时，富明法师正在讲经，摇头晃脑时，听"砰"的一声，疑是电灯泡响，并未注意。继又响两声，谁也不会想到佛门禁地居然会有人行凶杀人，大殿内像地震一般，十几名善男信女哭喊，乱作一团。"杀人啦！快跑啊！"人群争先恐后向殿外滚爬逃去。富明哆嗦着蹲到地上，又挣扎逃进住室。

"董惠"一脸凶气，挥着枪狂叫："大家不要跑，不要害怕！我是替父报仇！"只见她冲出大殿，在院中又喊："大家不要害怕，我是为父报仇！决不伤害别人，我也不跑！"她随即从大衣口袋中掏出印好的传单散发。

传单系手写体，正面为如下内容：

各位先生注意：

（一）今天施剑翘（原名谷兰）打死孙传芳是为先父施从滨报仇。

（二）详细情形请看我的《告国人书》。

（三）大仇已报，我即向法院自首。

（四）血溅佛堂，惊骇各位，谨以至诚向居士林各位先生、道长表示歉意。

报仇女施剑翘谨启

传单背面是两首诗，系七言绝句：

其一：

父仇未敢片时忘，更痛兰堂两鬓霜。

纵怕重伤慈母意，时机不许再延长。

其二：

不堪回首十年前，物自依然景自迁。

常到林中非拜佛，剑翘求死不求生。

施剑翘《告国人书》：

全国父老兄弟姊妹公鉴：

今天施剑翘打死孙传芳，完全是为先父报仇。在十年前（即民国十四年）十月三日，有一位堪为军人模范的老将军施从滨在蚌埠车站被孙传芳杀害，那位老将军就是我的先父。现在我把他老人家的为人和这段事的经过，简单地向各位申述：先父讳从滨，字汉亭，祖居安徽桐城沙子岗镇。兄弟四人，滦州起义烈士施公从云，即先四叔父也。少孤贫，先父弱冠从军，历任曹州、镇江、兖州、济南镇守使、师长、军长、山东军务帮办等职。生平立言行事，尊效关、岳，尤以解除民众痛苦为己任。爱民爱国，一点忠心，非特齐、鲁民众有口皆碑，皇天后土，实所共见。当先父镇守曹州时，该地民风强悍，失业者多流为盗寇。先父多方筹划，创设草帽工厂，收容失业者，授以工艺，使能自食其力，活人无算，盗贼之风顿息，至今该厂营业不衰。此先父为政之一斑耳。常教翘等手足而言曰："汝等存心立志，须能爱民爱物，勿怠堕，勿骄奢，应克己而益群，毋损人而利己。勤劳俭朴，乃人生之美德，汝等其永记之。"先父秉性清廉，为官数十载，所余者房屋数椽，薄田数亩而已。慨自民国十三年政变，张宗昌督鲁，先父以年将耳顺，请退者三。卒以民众之爱戴及政府之慰留，不果辞。十四年孙传芳以五省之众，自称联帅，南拒革命之师，北窥齐鲁之境，穷兵黩武，祸国殃民。先父为捍卫地方，奉政府命，率师战于徐州之野，将士用命，屡战皆捷。卒以孤军深入，众寡悬殊，且见忌于张属，后援不继，遂至兵败被俘，于民国十四年十月三日上午四时，被孙杀害在蚌埠车站之侧，时年五十九岁。大两国相持，不斩来使，国际战争不加害被俘长官，况国内之同胞乎？而孙传芳鬼蜮其心，豺狼成性，冒天下之大不韪，启内战之端源，粉身碎骨，死有余辜。若孙之伤天害理，反自称联帅，与大匪首有何异乎！唯我先父，为国为民，奔走数十载，身逢乱世，卒以热血头颅，牺牲疆场。以政府之命官，为捍卫地方而被杀于乱臣之手，宁不冤呼？宁不痛乎？先父之冤，举国尽悉，中外人士，俱起公愤。而当时之政府，以孙握有五省兵权，惧莫敢问，致此为国牺牲头颅之老将军含冤地下。苍苍蒸民，谁无父母？剑翘处此呼天不应、吁地无门，能不卧薪尝胆而图报此不共戴天之仇乎？是以忍痛含悲，侍母教弟，蜷伏津门，期乘杂乱纷争之际，借政治或军事之力以雪此仇，故于民国十七年牺牲一切，与同姓施靖公结婚，彼当时曾任要职，窃意借此可报父仇。孰意北伐成功后遭编遣，从此一蹶不振，岂非命乎？从兄中诚，自幼受先父教养培植，且藉先父遇难之机，得握兵权，但此不共戴天之仇，久已置之度外，此手足也，良可怨夫。大舍弟则凡自日本留学回国，即期进行此事，翘阻止曰："死者之仇当报，但生者之气也当争。若弟有万一，则母老弟幼，情何以堪？你我应共同努力，以期万全，达成此志，免伤母怀，是为上策。"

时至今日已十年之久，且先父已拟定今冬或明春安葬，翘意在先父安葬之前，务求将孙打死，好慰老父在天之灵，亦所谓"君子报仇，十年不晚"也。以是离并返津，秘密进行，以必死之决心，尽为人子之天职，成败利钝，非所计也。事成而死，此信可作遗书；幸而不死，此信可作供词。伏乞苍天鉴翘一点愚忱，使此鬼蜮豺狼勿再逍遥法外，使人人皆知施从滨大仇已报，则翘得瞑目矣。临楮怅望，不知所云，诸维鉴察不宣。

原来化名"董惠"的女刺客真名为"施剑翘"。她撒完传单后，又进入电话间，东海和尚吓得瑟瑟发抖，双手抱着头，蹲在地上。

施剑翘拨通一个神秘的号码，兴奋地对听筒大叫："孙传芳被我打死了！……我成功了！我成功了！"

居士林号房的杂役刘恕修跑到警察所，警士王化南正在门前值岗，刘恕修慌慌张张地说："庙里边打枪了，快要打死人了，你们快去吧！"王化南即随刘到了居士林，问和尚：

"人在哪里？"

和尚指着电话室："在里面。"

施剑翘还在打电话，在王化南的制止下，她放下电话，交出手枪说："请你带我出去自首，枪里还有3颗子弹。"

她又交出一张其父施从滨的戎装照片，背后用钢笔蓝墨水写着："十年前在蚌埠车站被孙传芳陷害的施老将军从滨遗像。"从容步出。这时，警察所副官曲鸿韬又带着几个警察赶到，共同将她带回警察第一分局二所受审。

富明和尚换上青黑色法衣，向孙氏遗体作了一个"送往生"的仪式；东海和尚和赵海山借来两条棉被，将浑身血迹的孙传芳盖好。

第一分局局长阎家琦闻讯，立即电告市公安局局长刘玉书，并率警长、警员4人赶往肇事地点，搜查嫌疑人，并在巷口设置警官，阻断交通，并将富明带局看押。市公安局局长刘玉书曾是孙传芳五省联军总司令部参谋处处长与淞沪警察厅厅长。1935年5月被任命为天津市公安局局长。他得知老长官被刺，于4时许赶到居士林，陪同的还有督察长孟广铭。

大殿中，孙传芳的尸体静静地躺在佛像前，头朝北，脚朝南，身上盖着两床棉被。地上，棉被上血迹斑斑，刘玉书不觉黯然神伤，默默地围着尸体转了一圈，以示哀悼，然后快步离开。

5点钟，检察处派检察官涂璋来验尸，只见孙传芳外穿青布道袍一件、蓝绸棉袍、灰春绸棉裤祆、蓝条绒衬裤褂、白布腰带、白洋袜、青缎鞋。受有枪伤三处：计一处由后脑海穿入，子弹卧于右眉角，尚未透出；一处由右额下穿入，至左太阳穴透出；一处由左背后穿入，经过五脏，至前胸透出。子弹当场相验时由小棉祆纽扣间发现。并从死者口袋中搜出纸烟夹一个，杂色钞票数十元。

此时，孙传芳死讯，其妻周佩馨已听家人报知，她只觉天旋地转，一下子便晕死过去。周夫人之弟周荫庭已赶到出事地点，5时半，验尸完毕。检察官涂璋令周荫庭领尸，周当即雇来一辆汽车，将孙传芳遗体裹好，用木板托出，抬上汽车，运回孙宅。

时年，孙传芳整51岁，他的被刺，成为轰动中外各界的社会新闻。11月14日，天津《大公报》发表题为《孙馨远如此下场》的短文云：

孙馨远氏昨日死于仇家之手，真是出人意外，孙氏以军人而有纵横之才，在江浙两省，政声甚佳，至今还受人称道，实在是北洋派末期的人才。年来念佛韬晦，想不到十年前一时快意之举，竟种下了昨日的冤冤相报。

邹韬奋主编的《大众生活》上发表了平心的《孙传芳被刺感言》，其中有一观点说得很公允：

狗肉将军张宗昌曾经被人刺死在济南车站，用狗血勉强偿还了积欠的血账一小部分。现在前五省联帅孙传芳又依照同样的方式缴还一笔血账了。——只是一笔！前后两个凶手只有性别不同，暗杀的理由却一样：报仇。"报仇"在中国的旧习惯上多半是值得赞美的，何况是"为父报仇"！所以刺孙的凶手施剑翘当然有资格上《民国烈女传》。不过我们所着眼的倒并不是在这一点，对于施小姐的暗杀行为也值不得我们惊叹。她的父亲原来只不过是隶属于大屠户下的小屠户，小屠户为大屠户所杀，以及他的女儿"为父报仇"，都是太平常的事。现在也许有人要用"春秋笔法"对双方褒贬一下，然而我们是没有工夫管这些闲账的。就说这场血案和上次狗肉将军被刺一样案情复杂，也不是我们所要研究的……

对于孙传芳杀施从滨，见仁见智。正所谓春秋无义战。大屠夫杀小屠夫。如果硬要给施从滨贴上什么"国民军"的头衔，或是"爱国女侠"，而给孙传芳贴上与日本勾结的标签，那就显得很无聊了。

孙传芳生前的朋友、敌人、袍泽、部下，纷纷打来唁电致哀。有靳云鹏、张学良、何应钦、王揖唐、曹汝霖、白崇禧、李宗仁、杨文恺、潘复、卢香亭、马葆珩、上官云相等人。靳云鹏的挽联是：

往事已成尘，回头猛醒，宇宙人生皆是幻，大彻大悟，畏轮回苦，发菩提心，晓夜精勤，矢志超出三界外；

前身本净侣，凤根深厚，德智慧证昔缘圆，念佛得佛，破贪嗔梦，种涅槃因，莲邦稳到，从此不为五偶人。

智圆大居士灵右，法弟靳云鹏顿首拜挽。

张学良的唁电是：

孙馨远公子礼鉴：

遥闻馨帅噩耗，无任震悼，尚希节哀顺变，勉大事为盼。张学良。

3．刺孙内幕

施剑翘杀孙传芳之后，被警察带到第一分局，据供称："名施剑翘，年三十岁，安徽省人，现住本市英租界10号路176号。夫名施靖公，现在山西某军充当教导团。家内尚有二子：长子7岁、次子2岁。伊父施从滨，曾任直鲁豫军前敌司令，于民国十四年十月三日被孙传芳在蚌埠车站杀戮。遗我姊妹五人、兄弟三人、老母一人。我居长，当年我二十岁，闻讯之下，举家哀痛欲绝。虽久拟为父报仇，当时因军阀时代，无机报复，忍愤待机。旋即寄居津门，报仇心切，终日密访孙传芳踪迹。于日前在家听得居士林佛教理事长孙智圆大师讲经广播，聆其口音系山东人，即认为系孙传芳。旋即乘车前往仁昌广播电台门前侦查是否是孙某。鹄立未久，见孙某由内而出，由此证明智圆确系孙传芳其人，报仇之心，油然而生。当即购得三号勃朗宁手枪一支，附带子弹六粒。于十月三日，系我父十周年之时，在日租界花园街观音寺举行纪念，并请居士林佛教会住持富明等诵经时，我当场询问富明等，亡人死去，诵经超度，有无效果？据称确有灵验，否则孙联帅、靳总理等何以参加？我旋问孙联帅在内充任何职？何时到院？答称理事长每届经期必到院。我当场即表示参加诵经。住持亦允许了。迭次前往诵经，虽与孙传芳相遇，苦于佛友甚夥，深恐殃及他人，不肯下手。今日下午二时前往，见诵经人甚少，孙传芳亦未前往。讵料我正与他人言谈之际，孙传芳汽车已到，下车后进院。我见报复机会已到，当时因未带手枪，旋即外出雇来汽车赶赴家中，将手枪取出返回。诵经未久，我即照定孙某开枪，将其打死，尚余子弹三粒。遥见警察前来，我即归案自首。"

警局讯问之时，施女态度从容，俨然无事。

孙传芳的长子孙家震以杀父之罪名，将其起诉到天津地方法院。其时，孙、施两家各请律师，进行诉讼。

天津地方法院根据孙、施两家陈述的事实"真相"，于12月6日便匆匆做出判决：施剑翘（谷兰）杀人，处有期徒刑十年，勃朗宁手枪一支，以及上缴子弹三粒没收。

为什么会有这样的结果呢？因为，一个"弱女子"打着"替父报仇"的旗号，即使杀人也不可能偿命，毫无疑问是会博得国人的同情和原谅的。

1935年，日本策动华北五省自治，以逐步脱离南京中央政府的控制，将华北五省作为和日本控制下伪"满洲国"保持密切关系的一个自治区域，以削弱南京中央政府的影响和控制。其计划以北洋旧政客王揖唐出面，主持自治政府，以孙传芳、曹汝霖为其副手。是年5月，日本特务还指使汉奸在天津等地，散布"拥孙倒蒋"的口号。此举令蒋介石与华北当局感到恐慌，因为孙传芳在北洋后期所起的作用要超过吴佩孚，排在三大军阀之二。而且他是一个政治军阀，这个影响对南京政府和蒋介石来说，不可等闲视之。因此，作为潜在的敌人，孙传芳被军统列入暗杀名单之中。

1935年5月，天津日租界内一天发生两起亲日人员（一是《国权报》社长胡恩溥；一为《振报》社长白逾桓）被暗杀事件，日方一口咬定是南京方面的蓝衣社即军统特务所为，对其恨之入骨。在中日交涉中，1935年5月2日深夜，天津《国权报》的汉奸社长胡恩溥，在日租界北洋饭店遭枪击，胡身中4弹，被送往医院抢救，于次日早晨毙命。5月3日凌晨4时左右，另一个汉奸《振报》社长白逾桓也在日租界自己私宅内被枪杀。这就是当时轰动一时的胡、白被杀案。日本天津驻屯军参谋长酒井隆抓住这一事件大做文章，伙同关东军驻山海关特务机关长仪峨诚也、日本驻华公使馆副武官高桥坦密商后，准备利用这一机会贯彻日本侵略华北的既定方针。

5月25日，酒井隆给参谋本部发电宣称："关于在天津租界内发生的暗杀白逾桓、胡恩溥事件，经调查结果，终于判明系蒋介石系统所策动"，"白逾桓系我军机关报的社长，属于我军的使用人员，依据条约，应受到保护。然而在中国官宪的指示下，不断发生此类恐怖事件，至为遗憾"。并提出："我方为了自卫之需要，将来不经警告随时采取认为适当之行动，并声明由此发生的不幸事件概不负责。"

酒井隆的用心很明显，就是打算借胡、白被杀案，乘机扩大事端，然后以日军武力为后盾，在华北攫取更多的权益。5月29日，酒井隆按照梅津美治郎的命令，发表通告，宣称由于上述事件，"日军不仅有必要再次越过长城线，而且实际上北平、天津两地，也有必要包括在停战地区内"。同一天，酒井隆和高桥坦还面见了何应钦，威胁说："今后如再发生如此行为，日本军将采取自卫行动。"6月7日，日本内阁批准了《华北交涉问题处理纲要》，此《纲要》确定了日本方面的要求，主要是中国政府从平津地区撤出宪兵第三团、北平军分会政训所、国民党党部等机构，解散抗日团体。6月8日，酒井隆在天津主持召开由关东军参谋和驻山海关、北平、天津等地的日本领事馆武官参加的协商会议，讨论《华北交涉问题处理纲要》。在会上，酒井隆提出了一个"以武力为后盾，采取强硬态度"的方针，准备以武力相逼，以达到侵占平津一带军事要地的目的。

与此同时，日本关东军6月7日命令一支步兵进入山海关、古北口一线，并在锦州集结一部空军力量待命。6月9日，日本海军从旅顺派遣两艘驱逐舰到天津大沽口，在事实上做出一副准备用武力解决的威胁架势，不断向国民党政府施压。

南京政府再一次妥协。6月10日，国民党政府代表何应钦按国民党中央的训令，全部承诺了日方要求。但日方并未就此罢休，酒井隆与高桥坦一再催促何应钦签订书面协定，于是何应钦最后以给天津驻屯军司令官梅津美治郎复信的方式，在送来的"备忘录"上签了字，表示愿意接受日方的各项要求：

（一）于学忠及张廷谔一派之罢免；

（二）蒋孝先、丁昌、曾扩情、何一飞之罢免；

（三）宪兵第三团之撤去；

（四）军分会政治训练处及北平军事杂志社之解散；

（五）日本方面所谓蓝衣社、复兴社等有害于中、日两国国交之秘密机关之取缔，并不容许其存在；

（六）河北省内一切党部之撤退，励志社北平支部之撤废；

（七）第五十一军撤退河北省外；

（八）第二十五师撤退河北省外，第廿五师学生训练班之解散；

（九）中国内一般排外排日之禁止。

438　国民党在华北的党部、蓝衣社、宪兵三团和中央军统从华北撤出。

这是大气候大背景。那么，日本特务策划扶植北洋有影响的日本人出面组织汉奸政权的事情还在继续。戴笠的军统将如何处置呢？借刀杀人，利用施剑翘出面替父报仇来除掉孙传芳，无疑是最佳的方案，既可避免日方的挑衅，又能博得国人的同情。这难道不是一个最好的办法吗？

在20世纪的二三十年代很盛行，尤其是打起"替父报仇"之名的杀人行为，属于刑事案件，都得到网开一面的效果。有些带有政治背景的谋杀案，主谋者往往找出个"仇家"，以"复仇"的名义，将当事者杀害，结果都不了了之。

1925年12月30日，冯玉祥的大将张之江杀徐树铮，就是打着陆承武为其父陆建章报仇的名义，将徐枪杀，其实当时陆承武根本就不在场，事后赶来顶缸。后来徐树铮之子徐道邻做了蒋介石的儿子蒋经国的西席，又成为国民政府行政院的高官，为此事专门向法院打官司。结果此案不了了之。徐道邻一个学法律出身的大学者，竟无法替父伸冤，抱憾终身！

又如：1932年9月3日，韩复榘为杀张宗昌，找山东省府参议郑继成，打着替其叔父郑金声报仇的旗号，在济南车站射杀张宗昌。最后只判了7年徒刑。这一类打着亲情旗号，内含政治色彩的"借刀杀人"的暗杀，往往能引起舆论和世人的同情甚至支持，结局有可能使"凶手"逃出法律的严厉制裁。

同样，施剑翘刺杀孙传芳也是打着"替父报仇"的名义，其实完全是一起政治谋杀，即便孙传芳真的有与日本勾结的行为，但他却死于仇家之手，日本方面也无法借此找茬或挑起事端。施剑翘或许不知，在她的身后，便有蓝衣杜成员、安徽人寿州人、施从滨的部下张克瑶和施从滨的侄子、南京军官教导队施仲达和时在军事委员会交通研究所为总队长、施剑翘的胞弟施则凡的合谋，他们利用施剑翘替父报仇的心理，为其提供线索和行凶用的枪支、子弹。

施剑翘的《告国人书》是施仲达与施则凡等人共同商量写出的。施剑翘被捕之后，在法庭上谎称：手枪是从一个退伍军官手中买来的。其实，这种勃朗宁手枪当时是很先进的，绝非一般人所能得到的，只有执行特殊任务的人才能拥有。当年军统陈恭澍等人在北平六国饭店刺杀张敬尧时，就没有这种先进的利器，于是想到借枪，但根本无处去借，甚至想到用刀，还是由军统头子戴笠从南京坐火车，亲自到北平送给陈恭澍的。施剑翘也承认这种枪是很先进的。因此，她在法庭上陈述从退伍的军官手里买来的完全是杜撰。

著名的卧底将军郭汝瑰，当时在南京陆军大学任教。他后来在《郭汝瑰回忆录》中这样写道："老军阀孙传芳，自从他的部队被北伐军打垮以后，一直寄居在天津，他是日本士官学校毕业，与日本人一直有往来。蒋（介石）也恐他给日本人当傀儡，便由军统密派一个叫施剑翘的女子去把他杀了……蒋介石就是这样，采取软硬兼施的手段，能拉就拉，能杀就杀，必要时也可以拿钱收买，治服了一批人。"

奇怪的是，这个案子的一个重要证人，也就是孙传芳的贴身副官赵海山，即使孙传芳被刺，他不敢还击，也应该去报案或在法庭出庭作证。但是此人在将孙的尸体送回孙宅后，便消失得无影无踪。他是唯一护送孙传芳去居士林的人，也是一位重要的证人，但所有法院传唤的证人单单没有此人，因此也没有证人。笔者推测，这个人很可能被军统收买，施剑翘完成刺孙任务后，就逃匿了，从此再无消息。

在这个著名案件中的关键人物是冯玉祥。民国时期的几桩重要的谋杀案件都与冯玉祥有关。1931年11月1日，与蒋介石在中原大战中，拼杀得你死我活的冯玉祥，为了共赴国难，捐弃前嫌，从隐居多年的泰山下来，来到南京，重新与蒋介石携手，受到中枢政要及各政治派别的热烈欢迎，军事委员会委员长蒋介石、国民政府主席林森亲自到冯玉祥下榻的陵园韩复榘公馆登门拜访。第二天，在国民党四届六中全会第一次会议上，冯玉祥被选为宪法草案审查委员会委员及提案审查委员会政治组委员。在冯玉祥到南京的二十天里，几乎每天都与蒋介石在一起。他到南京的头十天，蒋介石宴请其五次；冯当时的威望如日中天。

11月12日，国民党第五次全国代表大会召开，冯玉祥被选为大会主席团成员之一，23日，冯玉祥当选为五届中央执行委员、常务委员。12月28日，当选为军事委员会副委员长。

军事委员会副委员长冯玉祥

4．民国法律大丑闻

施剑翘恰恰赶在冯玉祥到南京重任显赫要职以后才动手，是早就计划好的还是一种巧合？但是，施剑翘在动手之前，肯定考虑了冯玉祥的因素，就凭冯玉祥与他叔父施从云同在滦州起义的这层关系，对施从云的亲侄女也不会袖手旁观的。因此，冯玉祥到南京重新做高官，对施剑翘来说无疑是个福音。因为，施剑翘的两个兄弟施中达和施则凡就跟着冯玉祥。

弱女并不弱，我们来看施剑翘的社会关系：

案发时，施剑翘的老公施靖公原山西总司令部谍报股股长，后为阎锡山教导团团长；堂兄施中诚，烟台警备司令、旅长，最后官至蒋介石王牌军第74军军长。

胞弟施则凡，南京军事委员会交通研究所总队长。

堂弟施中达（施从滨之子），1928年经冯玉祥送到日本学习军事，1931年回国，一直跟着冯玉祥；1934年任南京辎重学校少校编译官、南京炮兵学校少校教官，经冯玉祥保荐任军事委员会中校服务员。更为诡异的是此时施中达就在冯玉祥身边当了副官。还有施中杰、施中权均在南京军界任职。

而下野的孙传芳的社会关系并不怎么样。孙传芳的长子孙家震，山东齐鲁大学毕业，从事教育、法学研究工作。孙家钧，父亲死时没有他的消息。三子孙家裕10岁，四子孙家勤5岁。

施剑翘刺杀孙传芳不久，强大的背景开始运作了。核心人物就是军事委员会副委员长冯玉祥。关于施剑翘的行动，在冯玉祥日记多有记载。

1935年11月14日："归来，知施从滨的女儿在天津打死孙传芳的事，（叫）施则凡来问了详细。"可见，冯玉祥在第二天就了解了事情的

施中诚

经过。

果然，事情正如施家人预谋的那样，就在施剑翘案件还在审理时，南京方面就已经活动施剑翘的特赦问题了。

11月21日，天津地方法院检察处对被告施剑翘进行公诉："……核其行为，实犯刑法第187条，第271条，第一项之罪，唯有方法结果关系，应依同法第55条处断。手枪一支，子弹三粒，请依同法第38条第一项第一段没收。合依刑事诉讼法第230条第一项，第242条，提起公诉，送请本法庭公判，检察官涂璋，书记官丁立群。"

天津地方法院接检察官的公诉，于12月25日开庭审讯本案，可就在开庭前的25天前，冯玉祥已经开始活动大赦施剑翘的事情了。

请看11月30日的冯玉祥日记：

"同施则凡、施中达二世兄去见焦易堂、居觉生先生，专为大赦施剑翘女士之事。"

焦易堂时为最高法院院长，居觉生即居正，时为司法院院长。冯玉祥的"后门"直接开到主管法律最顶峰司法院和最高法院，这个面子可谓不小。在这种人治大于法治的情况下，还能指望法律有什么公平公正可言？

果然，12月16日，天津地方法院对施剑翘杀人案宣判主文为：

施剑翘杀人，处有期徒刑十年。

勃朗宁手枪一支、子弹三粒，均没收。

施剑翘不服，随即提出上诉，河北高等法院受理并于12月28日开始审讯。该院院长邓哲熙，是冯玉祥任河南督军时的民政长，后为民政厅长、代理河南省主席，后经冯玉祥举荐为立法院委员，河北高院院长。冯玉祥的招呼早已打到他那里。于是，1936年

河北高等法院院长邓哲熙

2月6日再次开庭，2月11日开始宣判：

主文："原判决撤销，施剑翘杀人，处有期徒刑七年，勃朗宁手枪一支、子弹三粒，没收。"

法院由判刑十年援引郑继成杀张宗昌一案，减了三年。

不料，施剑翘不服，因为这和她们的预案还差得远，有人许给她的是特赦！于是再次上诉到南京最高法院；孙家也不服，也提出上诉。

1936年8月25日，南京最高法院判决书主文：上诉驳回。

施剑翘于9月7日，押送天津第三监狱正式服刑。

冯玉祥当然没闲着，即派施则凡和时任中央国术馆馆长张之江同去北

中央国术馆馆长张之江

赵丕廉，蒙藏委员会副委员长

平，找时任冀察政务委员会委员长宋哲元，因为当时华北五省在宋哲元的势力范围中，而宋哲元是冯玉祥的五虎上将之一，关系不能太密切。当即请宋哲元命令天津的第三监狱"关照"施剑翘，再加上有邓哲熙院长的关系，谁敢虐待施剑翘？而且邓哲熙不惜屈驾来到监狱之中亲自探望"108"号，即施剑翘。叫来狱中的典狱长和科长们要善待施剑翘。

冯玉祥还觉得力度不够，1936年9月21日，令傅汝霖和赵丕廉出面，大摆筵席，请所有法律界有权势的大佬，专门谈大赦施剑翘的问题。

冯玉祥日记："傅沐波、赵丕廉先生请客，到居（正）、覃（振）、王（用宾）、焦（易堂）各位谈些特赦施剑翘女士之事。七年之罪已定，一也；

国府委员、司法院副院长张继

司法院副院长覃振

文词批得不好，二也；施从滨曾受国民军委状，三也；覃说未见此件公事，四也；焦说大权应在司法院，五也；居、覃说下星期二可提出法院会议，六也。我说施则凡已往北方去，乃之江兄领之去见宋，为照（郑）继成之刺张（宗昌）之案也，可先优待之，若只食粗食，诚太伤心也。"

先说说这些都是些什么人：

冯玉祥，字焕章，一级上将、军事委员会副委员长、国民党第五届中央执行委员、常务委员；

傅汝霖，字沐波，国民党第五届候补中央委员、立法院立法委员、宪法起

最高法院院长焦易堂

司法行政部部长王用宾

司法院院长居正

国府委员、中央监察委员李烈钧

国府主席林森

监察院长于右任

冀察政务委员会委员长、第二十九军军长宋哲元

草委员会委员、内政部常务次长；

赵丕廉，字芷青，蒙藏委员会副委员长、国民党第五届候补中央委员；

居正，字觉生，国民党中央执行委员，司法院院长；

覃振，字理鸣，司法院副院长、中央惩戒委员会委员长、第五届中央监察委员；

张继，字溥泉，国民党第五届中央监察委员、立法院院长；

焦易堂，名希梦，国民党第五届中央执行委员、最高法院院长；

王用宾，字太蕤，国民党第五届候补中央委员、司法行政部长。

大佬们都谈了些什么：第一，七年之罪已定；第二，文词批得不好；第三，施从滨曾受国民军委任（这就由冯玉祥单方面说，没有任何证据，或是伪证）；第四，覃振说没有见到此案的公文；第五，焦易堂说定案的决定权应该在司法行政部；第六，居正、覃振说下星期二可以提出（最高）法院会议；第七，冯玉祥说，已派张之江领施则凡去见宋哲元，欲照郑继成之刺张宗昌之案判也，可先优待施剑翘，如果只吃粗食就太伤心了。

这里的郑继成刺张宗昌案，就是冯玉祥策划的。事情的经过如下：郑金声是冯玉祥手下的将领，为说服张宗昌去了济南，被张宗昌杀死。张宗昌督鲁三年，在山东有较深的基础，成为后来省主席韩复榘心腹之患。而且张旧部，方

中央执行委员会委员、陆军中将鹿钟麟

振武、徐源泉等在国民党军中供职，对蒋介石也是一个威胁。韩复榘与蒋之代表蒋伯诚密商，决定将张宗昌诱至济南，趁机杀之。韩又将刺张计划密告冯玉祥。冯极表赞同，并向韩推荐郑继成以"替父报仇"为名杀之。1933年9月张宗昌从北平返回济南，张学良知道张宗昌会有危险，请其速回，3日，在济南车站登车时，张被郑金声的侄子郑继成枪击未中，在逃跑中被韩复榘埋伏的士兵所射杀。随即郑继成赶来，连开两枪后，郑大呼："我是郑继成，为父报仇，现在投案自首！"郑被寻声而来的士兵抓获。后被法院判处七年徒刑。

这些掌握生杀大权的大佬们一致表示：特赦施剑翘一案，在自己管辖的范围之内肯定没有问题，只是特赦问题还须国民政府主席来颁发命令。冯玉祥拍着胸脯说："林主席那里我去说！"这个"后门"直接开到天上去了。

在人治社会中，国民党的司法本来就是"片儿汤"，这么多掌管司法大权的大佬在一起研究施剑翘的特赦问题，施剑翘的命运可想而知。事后，冯玉祥写了一封致国民政府主席林森的信，由冯玉祥的老部下，时任第五届中执委员、军事参议院参议鹿钟麟负责跑腿，串联了八位有头有脸的人物签名，其中包括国民党元老李烈钧、于右任、张继等人，要求林主席森（字子超）特赦施剑翘。

终于有了结果。9月27日冯玉祥日记："为施则凡之姐施剑翘特赦事写一封信，请八位朋友署名，送林主席子超先生，为开临时国民政府委员会事，因司法部已经通过故也。瑞伯（鹿钟麟字瑞伯）跑了不少的路，可感谢也。"原来，在国民政府委员会上都进行讨论了。

林森何乐而不为？1936年10月14日，国民政府主席林森发布对施剑翘的赦免令：

> 施剑翘因其父施从滨曩年为孙传芳惨害，痛切父仇，乘机行刺，并及时坦然自首，听候惩处，论其杀人行为，固力属触犯刑法，而一女子发于孝思，奋身不顾，其志可哀，其情尤可原，现据各学校、各民众团体纷请特赦，所有该施剑翘原判徒刑，拟请依法免其执行等语，兹据中华民国训政时期约法第六十八条之规定，宣告原判处有期徒刑七年之施剑翘，特予赦免，以示矜恤。
>
> 此令

国民政府主席 林森（印）

这个案子可以说是民国史上最大的"人情案""后门案"了，登峰造极，前无古人后无来者。动用的这些大员都属于最高层了。

施剑翘出狱以后，于1937年2月去了南京，在施中达和施则凡的陪同下，去南京陵园韩公馆拜谢了冯玉祥。之后，在冯玉祥的带领下，一一上门面谢了张继、焦易堂、于右任、李烈钧、张之江等人。这些《冯玉祥日记》中都有记载。

不久，抗战爆发，施剑翘便投身于抗日事业，这是与她杀人的动机与行凶行为无直接关系。但她刺杀孙传芳，的确替蒋介石和军统除去一个潜在的敌人，国民政府赦免她，也是情理之中的事情，但这个面子却给了冯玉祥。正是因为这样"过硬"的关系，难怪施剑翘一点都不怯场，杀了人后，谈笑风生。好像由她来结束孙传芳的一生是天经地义之事。这就是所谓民国社会"人人平等"的所谓貌似公正的法律。

1946年，国共内战爆发，施剑翘居然提出利用她与宋美龄的关系，去刺杀蒋介石，幸而被中共代表团团长周恩来所制止，否则她的确是个地地道道的女刺客了。

5．魂归卧佛

孙传芳遇刺身亡第三天，其长子孙家震在报端发出讣告：

> 不孝家震等罪孽深重弗自殒灭，祸延显考，馨远府君，恸于中华民国二十四年十一月十三日申时在津逝世。距生于前清光绪十一年三月初三酉时，享寿五十一岁。不孝等亲视含脸遵礼成服。谨穆卜于国历十二月十五日夏历十一月二十日移灵暂停天津浙江义园，择吉安葬，叨在戚寅乡友世学谊哀此讣奉继慈命称，孤哀子孙家震钧裕勤泣血稽颡。
> 国历　十二月十三日　成立
> 夏　　十一月十八日
> 国历　十二月十四日　领帖
> 夏　　十一月十九日

国历　十二月十五日　发引

夏　十一月二十日

鼎惠恩辞丧居　天津英租界二十号路一三六号

孙传芳的灵柩原定运回泰安择吉安窆，但按死者生前遗愿，后由其外甥程登科与靳云鹏等人做主，在北平西山北部的寿安山南麓卧佛寺旁，左面向阳山坡上，购地修墓。

卧佛寺是北方著名的寺庙，建于唐代贞观年间，寺内主建筑坐北朝南，由三组平列院落组合而成。院内古柏成荫，鲜花争艳。主要建筑为天王殿、三世佛殿和卧佛殿。

卧佛寺以卧佛殿中横卧着的一尊五米长的释迦牟尼铜像而闻名于世。卧佛头朝西南，侧身而卧，左手自然平放在腿上，右手曲臂托头，体态安详。卧佛身后，环立着十二尊释迦牟尼众弟子塑像。

孙传芳晚年皈依佛门，能在西方极乐世界中与佛祖同在，这是实现他生前

孙传芳墓墓门

夙愿的一种象征。

孙氏墓地耗资大洋八万元，占地方圆五十余亩。红墙铺有黑瓦，将墓地围圈起来。古典牌坊式的两扇大门，门框为大青石结构。正面横额上刻着："泰安孙馨远先生之墓"。

两旁刻着书法家、贵州遵义人游赛撰写的隶书：

上联：往事等浮云，再休谭岱麓汾榆，遑问江东壁垒；

下联：敛神皈净土，且收起武子家尘，来听释氏梵音。

进了陵墓大门，只见数株长青的松柏，枝干延缩蜷曲，好似虬龙腾空。石铺甬道尽头，是一座明三暗五的孙氏家庙，供奉着孙家先人的牌位，好像是神明的安排，终年皆在五十岁。两侧的厢房是供孙氏后人来此祭奠时休息的场所。绕过家庙，从侧门进入一宽阔的大院，便是孙传芳之墓。在松柏掩映中，一巨大的赑屃驮着一块两丈高的石碑。

传说，龙有九子，一为赑屃，形似乌龟，力大无比，能负重。因此石碑下皆为龟趺。碑顶端与两侧雕饰龙纹。铭文为：

恪威上将军总浙闽苏皖赣五省军务孙君神道碑。由前清翰林、上元（即江宁县）人顾彭祖撰文；前清翰林院庶吉士、北洋政府国务院秘书长兼铨叙局局长郭则坛书丹并篆盖。

碑文介绍了孙传芳的一生行状，曰：

君讳传芳，字馨远，世为山东泰安人。其先潜德弗耀，传至君始显。少孤，负志略，以北洋武备生游学日本，入士官学校。耻国事积靡，慨然有澄清志。既卒业，为步兵科举人，授协军校，出为北洋教练官，累迁至团长，隶第二师。共和初，流贼白朗宣起河南，窜扰数行省，官兵当之屡挫。君衔命会同五省军追剿，察贼悍而剽，步骑莫能及，乘大雨倍道驰击之，及商城，悉歼其众，朗宣走。君由是以骁勇闻，叙功擢师长，迭任蒲咸施宜、新嘉蒲通等警备司令、长江上游总司令。时南北政府并立，久无成，君奋然建议复旧宪，虽犯时忌不恤，名乃愈震。或（徐树铮）谋于福州，置军政制置府，强师莫能抗。政府以君督理军务，讨平之。乘胜出江浙间，所向皆景附。遂拜闽浙巡阅使，荐综浙闽苏皖赣五省军务，以功授陆军上将，恪威上将军。江浙财赋畸重，军兴益务苛敛，计政转益亏，浙积负逾三百万，苏殆倍之。君悉力清偿，不加赋，不豫征，政学诸费悉举。治苏稍久，勤勤然。整公债，节军费，力除苛税至数十种，以故江浙人深德之不忘。张作霖大元帅于京师，遣张宗昌军南征，慕白俄劲卒数千为佐，号铁甲车队，军长施从滨主之。君御诸固镇，民患俄卒淫掠，伺间

断所经铁轨，君得纵两翼抄击，复临以重炮，铁甲车尽毁，遂大捷。俘从滨及俄将聂洽也（耶）夫。斩以拘，而纵余俘之胁从者。宗昌败，君建节吴楚间，威望益隆。会南军起粤，直下江汉，君率师驰御，与战不胜。宗昌统重兵南援，军不整，终以致败。犹与宗昌协力守山东，昌宗再挫。君曰事终不济，徒苦害吾民何为者，遂解甲。初居辽，寻徙天津，以奉佛自晦，创居士林，日就听法。从滨女伺而狙击之，遽陨，年五十一耳。知君者咸惜之。娶张氏，继娶周氏，男子子四，家震、家钧、家裕、家勤，女子子三（注即：家俊、家惠、家敏）。君治军严纪律，均甘苦，众皆乐为之用，故所向无敌。然君以袍泽互残为疚，恒歉然不自足，尤孜孜恤民。师所至，进其耆旧，询疾苦，谋兴革，凡加惠者罔不力。尝欲督士卒导淮，营淞沪商埠，仓卒未及举，引为深憾。余吴人也，闻乡人士称诵君者，至于今弗衰。使获竟所施，或际会明时为国家，宣德成化虽古之名疆帅，何多让哉。家震等既葬君京师西山，来乞为文，以勒于神道之碑。余维君之毕生勋绩，自有国史在，独其勤政爱民之美，流播于闾井妇孺之口，而当世容有不尽知者，乃撮书以存君之实，且俾后之典军者取则焉。

文中虽不无褒扬溢美之辞，但其同时之著名时论家徐一士在《论孙传芳》一文中也记载其"在浙时收拾民心，与地方感情颇不恶。比至苏，首裁附加捐税，民誉大起"。

顾彭祖在碑文中提到士卒导淮一事，系指1926年初，孙传芳开府金陵后，淮河水患为东南大害，十年九泛滥，孙传芳在致蚌埠驻军第三师师长冯绍闵的电报中说："导淮为东南水利一大悬案，筹办多年，迄无办法，因由于集资不易，区尽难周。抑亦军兴以来，无人认真倡办之故。执事治军之余，兴言及此，可谓愿力宏大，易胜佩慰。鄙意大局底定，所属军队必为地方作永久之事业。兵士治河，最易收效。导淮关系重要，决当提前计划办理。"

军务倥偬，兵工导淮计划遂被束之高阁。

著名的国学大师章炳麟（太炎）还专门为孙传芳撰写了墓志铭稿本。

恪威上将军总阃浙苏皖赣五省军务孙君墓志铭：

君讳传芳，字馨远，山东泰安人。弱冠以北洋武备生，选送日本士官学校，入中国同盟会，与同舍生腾越李根源、衡山赵恒惕相重也。同盟之义，要在保国族，却异类，君受之二十年不移。其统江苏，施从滨以白俄六千人自济南来战，君覆之固镇，获从滨与白俄酋长聂洽也夫，即斩以徇，曰：毋令人以异族自残也。后为南军所迫。退保济南，统尚四万人。日本驻青岛领事请以二师助收失地，自誓不责报，使者三至，君惩宋、明所以亡，力谢之，竟败不悔，此可谓不食言于同盟者。然卒为从滨女掩击以殁。子复父仇，于经律论议固多，而君之戮从滨，其为义刑，亦章章矣。君性英拔，用兵善以少制众。与人言，吐辞逢涌，至移晷不休。自士官得业归，由北洋教练官累迁第二师第六团团长。民国三年，河南流贼白朗为乱，官军数创，朝命五省会剿。贼日行逾二百里，步骑不能及，君乘大雨，倍道驰击之，歼其众商城，朗宣走，由是知名。累迁至师长。累任蒲戚施宜新嘉蒲通等警备司令、长江上游总司令。旋督理闽浙军务，擢闽浙巡阅使，补陆军上将，授恪威上将军，总浙闽苏皖赣五省军务。在浙江、江苏各一年，未尝以饷绌加税，为浙江偿旧负三百余万，为江苏偿旧负九百余万，省江苏军费月五十万，整理省公债七百万，除苛税十数种。自民国兴以来，节用利民，群帅未有如君者，后虽破败，吴越间德之不忘。其破从滨也，以山东淮徐父老请。时白俄聂洽也夫及卜克斯、聂嘉佛三人皆善御铁甲车，从滨以山东军长荐之督理张宗昌，成铁甲车队五，募白俄六千人隶之，挟汉军南下。白俄日夜杀人淫略，淮泗间鲜得免者。君以二万人御之固镇。兵未交，民伺间椎破铁道。敌至，君纵两翼包之，以重炮当其前，铁甲车尽崩，兵车在后者三列，皆退，相撞击不能止，即以两翼左右逐射，大破之。民观者夹道。皆鼓噪称庆。遂俘从滨及聂洽也夫以归。君悉纵所俘将士，独斩二人。当是时，山东民求乘胜下济南，君未应。然白俄军自此废矣。世皆以此三事多君，乃其攘除膻秽，未有如破固镇之烈也。自民国兴，同盟会数变名号，或合或分，疏逖者至不能举其契。及南方联军起广东，其始本同盟大宗，然去初集会时已远，后进诮轻，以旧同志相侮，君既破从滨。势日盛，始兼总五省军务，吴楚间皆仰以为伯主。而广东势亦转张，尝遣使求和亲，亦不知君雅素也。君以广东入共产党之谋，赤俄鲍罗廷、加伦又阴为之主，非旧义绝之。南军已破汉阳，君驰救，师出九江与战，为所乘，返至江宁，知上游不可守。始屈志求援张作霖。作霖使宗昌及褚玉璞以十万人来援。师不整，竟以此败，江南尽陷。却而北，相持半岁，君复以孤军济江，战数捷。师次龙潭，后继不至，而退入山东，为宗昌筑大汶口防，费百余万。君屯其西，届宗昌为守，转战方剧，而大汶口陷，遂旋师。其拒日本领事也，引前大总统黎公语："沦于异族，不如屈于同胞"，以告作霖。作霖亦听君言，班师出榆关。至皇姑屯为日本伏贼击死。凡事利钝，诚不可豫规。而君能以其志使作霖与知大义，可谓爱人以德者矣。君既解兵，走之沈阳。居四年，日本破沈阳，乃还天津，以奉佛自晦。未尝谈国事。又四年，二十四年冬，听说法于居士林，遇从滨女，发弹自脊贯胸而卒，年五十一。配张夫人，继配周夫人。子男四：家震、家钧、家裕、家勤。女子子三。明年四月，返葬泰安。

章炳麟在墓志铭稿本中说，孙传芳返葬泰安，其实在写稿时，孙家的确有此想法，但后来又决定葬在北京西山卧佛寺，与北洋直系的陈光远、著名的学者梁启超（家族墓园）以及王锡彤等相距不远。在"文革"中墓园遭到破坏，后来在其四子、著名大画家孙家勤及家人的整饬下，焕然一新，成为卧佛寺附近的又一景观。

纵观孙传芳的一生，只是北洋军阀统治时期的一个悲剧性的历史人物。好战成性，是其一大特点；机警投机，是其另一特点。

从其年少开始，努力奋斗，终于有了自己的地盘，又遭兄弟反目，出兵钱塘，不月余而下沪宁，追亡逐北，顺应民心，一场席卷东南的驱奉战争，如秋风扫落叶一般，不啻一场浩荡的民族战争，精神倍增；迨其出兵江西，未能顺应潮流，错过再次扬名立万之机，不禁三叹。而从驱奉转而投奉，政治上的一错再错，导致军事上崩塌败北，究其原因，关键在于北洋军阀的时代烙印，使他思想陈旧，拒绝接纳新思想和新事物，最终折戟沉沙，一败涂地。晚年，皈依佛门，放下屠刀，悔过自新，回头无岸。终于血溅佛堂，死于仇家之手，正所谓：将军一去，大树飘零。呜呼！

在本书完稿时，笔者引用《红楼梦》中一句话作结束语：

　　　才自清明智自高，生于末世运偏消。

孙传芳

Biography of Sun Chuanfang

一生

附录

"晚得此才，吾门当大"

——记国画大师张大千的高足孙家勤

被国际美术委员会誉为"当代最重要的画家"的艺术大师张大千先生，晚年曾长期寓居南美洲的巴西。在充满异国风情的摩基城附近，有一处景致竟酷似大千先生的故乡成都。大千先生不禁欣喜于怀，遂在那里建了一座庭院，称之为"八德园"。

八德园入门处有一巨石，上刻有大千手书"槃阿石"三个大字，石旁有迎客松，园中种满花草树木，还有一株高大的白兰花树。张大千在八德园中取画室名为"大风堂"。对国画艺术还在无止境地追求。

在此期间，张大千门下，一位来自中国台湾的师范大学艺术系讲师孙家勤，辞去工作，毅然负笈远游，做了大千居士的亲授弟子，在八德园与张大千形影不离，苦学三载。他——就是孙传芳的幼子、张大千的关门弟子孙家勤。徐悲鸿评价张大千："五百年来一大千。"评价不可谓不高。而张大千评价其晚年高徒孙家勤时说："晚得此才，吾门当大。"并为孙家勤的国画作品题跋作序及题款。1977年，张大千和其子张保罗及孙家勤联合举办画展于巴西近代美术馆，引起世界美术界的轰动。

1987年7月，应中国人民对外友好协会的邀请，孙家勤教授率领巴西美术界友好访华团一行9人到祖国大陆参观、访问。《人民日报》刊登了消息。

《人民政协报》有更详细的报道，标题为《雷洁琼会见巴西籍华人画家孙家勤一行》。

7月4日上午，全国政协副主席雷洁琼在人民大会堂会见了以巴西籍著名华人画家孙家勤为团长的巴西圣保罗美术界友好人士访华团一行9人，同他们进行了热情友好的谈话。

孙家勤，字野耘，山东泰安人。

为已故著名国画大师张大千在巴西的亲授弟子，现任巴西圣保罗大学中文系主任，巴西中华文化艺术协会理事长。此外其他有影响的报刊如《羊城晚报》海外版、《中国建设》杂志、《海外文摘》等，对孙家勤此行也都进行了专访报道。《中国建设》杂志记者采访文章的题目是：《"我怎么能忘掉它呢？"——孙传芳之子孙家勤重访大陆》。此行之后，孙家勤教授又数次应邀归国访问，与国内知名美术家和张大千的弟子们进行艺术交流，对弘扬、光大中国画及传统文化作出了自己的贡献。

张大千与他的关门弟子孙家勤

北洋后代，弃武学文

孙家勤的父亲即大名鼎鼎的孙传芳，在北洋军阀统治末期，与吴佩孚、张作霖齐名，是蒋介石领导的国民革命军北伐的三大军阀之一。1928年5月，孙传芳战败以后退往关外的奉天（今沈阳）。他有两位夫人，即张夫人兰君与周夫人佩馨，有子女7人，老大孙家震和老二孙家钧为张夫人所生；三子孙家裕与四子家勤，为周夫人所生。

1929年1月10日，张学良在沈阳少帅府老虎厅杀杨宇霆与常荫槐，因恐引起日本方面的不满，连夜请来孙传芳，令其去大连向日本领事方面进行交涉。孙传芳乘此机会将全家迁往大连。第二年5月28日，他最小的儿子孙家勤便在大连出生了。九一八事变后，孙传芳又举家迁往天津，住英租界20号路134号。这栋洋房是前北洋财政总长张弧之旧宅，后转让予孙传芳。

457

1932年"一·二八"淞沪战役爆发后,南京国民政府曾迁洛阳,并召开国难会议。4月,孙传芳曾被国民政府聘为国难会议会员,但该会只是国民政府为欺骗舆论,装装样子而已。不久,孙传芳便心灰意冷,息影政界,皈依了佛门。

1935年,日本人企图分裂华北,发起自治运动,提出"拥孙倒蒋"的口号,但却被孙传芳回绝。这年的11月13日,孙传芳在天津居士林佛堂听经时,被张宗昌部下施从滨之女施剑翘刺杀,当即身亡。其时,孙家勤年仅5岁。其母周佩馨闻变,顿时昏厥过去。醒来时,身边只有9岁的家裕、5岁的家勤和7岁的女儿家敏,几个孩子眼泪汪汪地守着她。这种家庭的惨变,在孙家勤幼小的心灵里过早地涂上了一层阴影。

周佩馨是湖北宜昌人,毕业于宜昌女子师范学校,相貌端庄美丽,能诗、善绘,写得一手娟秀的好字,是个才女。孙传芳死后,她将生活的希望完全寄托在抚教子女的教育方面。她开始引导家勤学习绘画。可以说,母亲是家勤这位艺术家的第一个启蒙老师。

家勤天资聪颖,又勤奋好学,在母亲悉心的指导下,从白描花卉入门,勾勒、染色,进步很快,逐渐显示出绘画天分。不久,他进了天津耀华小学读书,业余继续习画。家勤读初中时,其家迁居北京,住帅府胡同1号。北京是古老的文化古都,又是当时的文化教育中心,家勤感受到了一种全新的文化氛围。他考上了辅仁中学这所著名的学校,对他来说,尤为重要的是他进入了"四友画社",跟国画家陈林斋先生学习工笔人物画,在陈先生的指导下孙家勤打下了坚厚的绘画基础。他的勾线严谨而流畅,已不同凡响,受到前辈画师的赞赏。在学习工笔人物的同时,他还旁及花鸟、走兽、山水,下了不少功夫。

1947年,孙家勤考入北京辅仁大学美术系,进入高等学府后,眼界大开。该系的系主任、导师溥雪斋(名溥竹)先生是有名的大画家,执教的教授当中还有赵梦朱、启元白等名师,他们对孙家勤的艺术成长有很大影响。"转益多师是吾师",在艺术的百花园中,孙家勤像一只不知疲倦的蜜蜂,采撷着各种花蜜。

1950年,孙家勤自香港辗转到台湾。次年报考台北师范大学文学院艺术系,跟黄君璧学山水,跟金勤伯学花鸟,"极为二公所称许"。除了学习中国传统绘画外，他还修习西洋水彩画、油画等技法，潜心钻研，将它们与国画相参照，从而受益颇多。

毕业的前一年，孙家勤与画家胡念祖、喻仲麟在台北创设丽水精舍，办画展，教学生，他们三人也被台湾艺坛誉为"画坛三杰"。20世纪50年代后期，"丽水精舍"在台湾艺坛影响巨大，每次展出都人山人海，"习者如潮、声誉远播"。

师大毕业后，孙家勤因出类拔萃而留校任艺术系助教，一方面涉猎更多的名家作品，一方面开始从事美术理论的研究。1960年，他由助教升为讲师，有了一份固定的而且亦是他所喜爱的职业。他讲授的课程有《中国人物画》和《国画欣赏》等。

画家台静农、张日寒两位先生看了孙家勤的作品后，认为他大有深造"更上一层楼"的必要。

1963年，旅居巴西的国画大师张大千赴台访友，一个千载难逢的机会悄然来到孙家勤面前。

画家台静农先生问孙家勤："你认识张大千先生吗？"

家勤说："大千先生是世界著名的大师，谁人不知？但张先生一直居住国外，我无缘识荆。"

台先生说："张先生来台访友，我与张日寒先生愿引荐你去张先生身边，做大风堂弟子，你意下如何？"

孙家勤被这番话打动了。经过深思，他答应了台先生的建议。在台静农、张日寒两位保荐下，孙家勤拜师大千门下。他虽然有舒适的生活和令人羡慕的工作，但为了追求更高的艺术境界，毅然决然地辞去了师范大学的教职，成为大风堂主人张大千先生的关门弟子，并于1964年远赴巴西，追随大千先生于八德园中，开始了绘画艺术的新里程。孙生家勤可谓起八代之衰矣，张大千指着一幅幅敦煌佛像的稿本说："这是我一生中最重要的积累，是对我画风影响至大、受益匪浅的至宝，你自己去深研临摹吧！"

这是20世纪30年代末，张大千先生听说甘肃敦煌莫高窟藏有唐代大画家吴道子的彩塑真迹，遂不辞辛劳，远赴敦煌。一到莫高窟，他就被眼前众多的壁画精品震慑住了，深深陶醉其中。他在此一住就是近三年时光，认真地为各洞窟壁画、彩塑编号、作笔记，并一窟一窟地进行临摹，完成了大小480余幅摹品。这些摹品亦是极为珍贵的国宝，后来在重庆、北平等地展出时，引起国内画坛的极大震动。大千先生的艺术风格亦由此发生了巨大的转变，日臻纯青之境。

孙家勤听从大千先生的指导，刻苦地临摹敦煌稿本，孜孜不倦，潜移默化，不知不觉从中学得雄浑瑰丽的风貌。张大千先又专门从罗吉眉先生处借来敦煌佛像及壁画的摄影图片，让孙家勤细心揣摩，反复玩味，直到将其中的精髓烂熟于心并现诸笔端。

八德园的三年，是孙家勤国画艺术上飞跃发展的重要时期。他努力精进，在人物画上逐渐形成了自己的艺术风格。他的佛像人物和菩萨造型深得隋唐佛画笔意，或体态丰盈，或豪迈大方、或风流蕴藉，但更具有人的形态，庄严雅洁、鲜艳富丽。这些画受到了大千先生等名家的高度评价。张大千先生以得意的口吻称赞说："孙生家勤历七八年，斐然有成。著笔沉厚，傅色端艳，居然有隋唐以上风格，起元明以来人物之衰，于孙生有厚望焉。"

1969年，海外《中外月刊》刊登孙家勤作品，并请大千先生作序，大千先生掩饰不住欣慰的心情写道："（孙生）此数年中乃力模敦煌六代三唐以来壁画，学益大成。元明以来人物一派坠而不传，孙生可谓能起八代之衰矣。晚得

　孙家勤画作

此才，吾门当大。"

他将孙家勤比作能继承大风堂、光大门楣的接班人。而"起八代之衰"之语更令人一震。如果弟子没有超群的艺术才华与成就，大千先生想必不会如此不吝赞词。

在师法古人的基础上，孙家勤更学习了张大千的笔墨风格。其泼墨与积墨及破彩画法运用自如。张大千的泼彩画法是在继承唐代王洽、宋代米芾、梁楷的泼墨法基础上，借鉴西洋画技法中对光、色、明暗关系的技法而独创的，使泼墨与泼彩浑然一体，这是张大千晚年画风上的一个飞跃。画面以色彩混合，构成完整的统一效果，气势豪迈，气象万千。孙家勤更有自己的创造和提高，发挥得更有特色。

由"大千鸡"得到的启示

艺术是相通的。不论是文学还是音乐、书画乃至日常生活中的服饰、美食等都有内在一致的东西。张大千不仅是书画艺术大师，而且还是著名的美食家。《中国名菜谱》《中国名菜词典》中都载有他的独特的"大千风味"。

孙家勤在八德园的日子里，日日与师相随，研磨技艺。偶尔在茶余饭后他们也探讨些其他问题。有一次，大千先生说："一个搞艺术的，如果连吃都不懂或不会欣赏，他哪里又能学好艺术呢？"孙家勤乘老师兴致很高时，问起著名的、据说是张大千所创的名菜"大千鸡"。

出乎意料，张大千皱起眉头说："我要听见哪个饭店大师傅告诉我，他会烹饪大千鸡，我是不信的。因为那和酱油跟太白粉勾浓汁炒烧混杂而成的鸡块，黏糊糊、脏兮兮的，和我一点关系都没有。"孙家勤立即问："那么，老师，请问有没有创造过这道菜呢？"大千先生微微一笑，说："当年，我对西北的手抓羊肉非常欣赏，尤其是它的香、酥、嫩。当然，西北的羊肉本身就具备香嫩的特色，而酥则靠火功。要做到一碰就散，才算到家。"说着，大千先生的眼前不禁泛起对祖国的无限情思。

"莫高窟影响着我艺术的生命。为了纪念这一段缘，我就创制了一种特殊食品。我选用当地的特色风味加以改制。南方的羊稀少，羊肉也不好，不鲜，没法同西北的羊肉相比。于是我就将羊肉改为公鸡，刚开始用打鸣不久的小公

461

鸡。但这种鸡肉不耐久煮，故改煮为蒸。我们四川人对吃泡菜非常讲究。我就用四川泡菜中的红绿大辣椒，切成滚刀块，用来炒蒸到八分熟的鸡块。西北的手抓羊肉只蘸盐巴，不用其他调味料，完全保持原味，故而我这菜也只用盐来清炒，爽滑不腻，白鸡块配着红绿泡菜大辣椒，除了鸡肉的香嫩酥之外，更有泡菜的清香，再加上白绿美丽的色彩，既能纪念华丽而又典雅的敦煌艺术，又充溢着川菜的风味和情调。这才是我所创的菜，它色香味皆佳，令食者一看就能胃口大开。更重要的是，它凝结着我对敦煌的一种感情，故此我高兴，并愿意以我的名字作为菜名；这道菜的做法以前可没有。"

一席话，给孙家勤以很大的启发。由此及彼，联想到如果将绘画中的畛域之见、门户之分统统摒弃，将中西画的手法、观念融合起来，会怎样呢？能不能打开一扇新的门窗，进入一个新的艺术领域？

从此，孙家勤便开始尝试以中国画和大千先生的泼墨法画于画布上，并用金箔作底，以增求色彩的丰富与变化。经不断探索，他不再多用墨色，纯以色彩为主，逐渐发展成一种泼彩花鸟。彩色浓重部分为重重花影，增强了作品的厚重与质感；创立了自成一派的绘画风格。大千先生称许孙家勤："著笔沉厚，傅色端艳，有隋唐以上风格，能起元明以来人物画之衰。其山水上追董巨刘李，花鸟兼综徐黄崔，并能自见性情，其纵肆处能摄取白阳青藤之精魄，奔赴腕下。"

故园河山入画来

孙家勤从大千先生那里不仅学到了非凡的绘画技艺，更重要的是学到了大千先生对祖国山河的一片痴爱之情。大千先生虽离国万里，但他强烈的爱国精神一点也不因此减退，实在令人钦佩。对祖国的无限热爱与眷念，使他创作出了气势磅礴的《长江万里图》。由于他对黄山的神往，他笔走龙蛇，画出《黄山前后澥》；由于对庐山的情愫，他在80多岁的高龄仍能一气呵成壮丽的《庐山图》。孙家勤曾评论老师："大千居士的不朽，并不完全在他的艺术表现、认识及技巧，而是由于天所赋予他的艺术家的真纯，对生命、对世界的热爱的充分发挥，所以他的作品洋溢着热情与生命。"

其实，这段话也是孙家勤自己对艺术、对祖国情感的内心独白。他所创作的山水、花鸟、人物、佛像无不带着强烈的民族色彩，给人以深刻的印象。他早年的《溪山邨晚图》，仿清初画家王原祁笔意，以传统的披麻皴法，层层皴擦，用赭墨及重彩，敷设青绿朱赭，画出对祖国山川眷念。他的《春山小雪》，则得助于一张仿旧细绢，追想唐寅笔意而绘成。其仿刘松年的《山行初雪》给人一种凄楚悲凉的怀旧情感。

1977年，思国怀乡之情结，使孙家勤作了一幅《晨雾》图。在迷茫的野外，一位迁客回顾失途，拄杖而望，万物皆被晨雾笼罩。画意表达了家勤远赴异乡，内心落寞愁绪和隐约的期盼，令人悄然动容。1978年，巴西的深秋季节。孙家勤离愁难遣，在《桃园雅集》的题款中写道："巴西之秋正当我国春暮，时序颠倒，令人不胜故国之思。乃成此图，聊慰寸心。"

另一幅《秋山觅道图》中，有一个茕茕孑立的游子，在山重水复的环境中，觅道归家。这不禁勾起了游子内心的"何处是归程，长亭更短亭"的情感。孙家勤在《芭蕉牡丹》的题款中，他写道：

　　正单衣试，酒帐客里光阴虚掷，愿春暂留，春归如过翼，一去无迹，为问花何在，夜来风雨。
　　辛未岁末，客居异域，忽忽近三十载，偶读美成词，颇有所触写此。
　　　　　　　　　　　　　　　　圣保罗丽水精舍　泰安野耘孙家勤。

表达了身处异国近30年的游子强烈的落叶归根情思。

致力于中外文化的交流

1968年至1973年，孙家勤在巴西圣保罗大学文哲史社会学院历史研究所攻读史博士学位。他毕业时的博士论文题目为《敦煌唐代以前壁画所受印度之影响》。他之所以对此课题感兴趣，与他在八德园大风堂的受教有直接的关系，孙家勤被圣保罗大学聘为终身博士教授，受命组建该校中国语言文学系，这是专门为他而设的南美洲唯一的中文系。除在研究所讲授中国美术史等课程之外，他还在校内外的学术活动中，包括在巴中文化协会演讲《中国绘画及其特性》《综观中国文化——中国绘画与禅宗思想》《中国绘画演变及欣赏》《中

463

作者与孙家勤先生的合影

国文化介绍》《月饼——中国文化一角在圣大》等专题，为传播中华文化、增进中巴人民的相互了解与友谊作出了不可磨灭的贡献。除绘画作品以外，作为一名教授和学者，他的著作亦颇丰。他的论文有《关于曹雪芹之红楼梦》《中国绘画及张大千画派》《中国传统绘画技巧及遗风》《中文翻译之历史及其问题》《中国语言与文化之关系》《我与敦煌》等。专著有《国画简史》《中国与阿美尼亚之关系》《中国诗与画》《中文语言练习》等。

由于他对中巴文化交流的突出贡献，1968年，孙家勤荣获巴西圣保罗州政府颁发的文化与文明奖章；1982年又获巴西全国教育协会颁发的爵士奖章及奖状。中国大陆改革开放以后，孙家勤博士十分关心祖国的建设和发展。1984年8月16日，中国国际图书公司首次参加巴西第八届国际图书展览会。当装帧精美的中国的图书、画册、工艺品在圣保罗市伊比拉布埃拉公园展台展出时，立即吸引了成千上万的人前来参观。中国书展销售额是书展团中最高的，约15000多美元，观众达100万人之多。圣保罗州州长佛朗哥·蒙托罗和市长都到中国书展台向中国工作人员表示祝贺。孙家勤特意赶到中国展台前，请求中国展团赠送一部分书籍给该校哲学系图书馆。

1985年，圣保罗成立了中华文化艺术协会，孙家勤任会长。该会拥有70名会员，全是有成就的艺术家。该会经常举办中国画展和音乐会，开展各种联谊活动。1987年，孙家勤终于回到他离别38年的祖国。一下飞机，当双脚实实在在踏在故土上时，他心潮澎湃。摸着发白的鬓发说："想不到一去这么多年，回来一趟却这般艰难，人都垂垂老矣。"

孙家勤此行除了学术文化交流之外，还有个重要的使命，就是给父母亲上坟扫墓。在巴西，孙家勤的儿女们常问起："爸爸的爸爸是谁？他的坟在哪里？"

1935年，孙传芳遇刺身亡后，其陵墓墓址选在北京西山北部寿安山南麓卧佛左面的向阳山坡上。卧佛寺内佛殿中横卧着一尊5米宽的释迦牟尼铜像，头面南，左手自然平放腿上，右手曲臂托头，体态安详。卧佛身后，环立着十二尊泥塑弟子像。这是佛祖涅槃时，在婆罗树下，向众弟子们嘱咐身后之事时的神情。

孙传芳生前皈依了佛门，死后与佛祖为伴，也算是完成了生前未了之夙

愿。在重新修葺的孙氏陵墓前，孙家勤含泪祭奠了父母的亡灵，然后深情地对夫人说："中国是我的故土。这里有我的亲人，有我的家园，我怎么能忘掉它呢？"

1992年，孙家勤应台湾师范大学、台湾中国文化大学邀请返台，致力于绘画教学与创作。他在教学上鼓舞学子在文化根源里汲取养分，只有继承传统绘画的髓，才能担负起发扬与传承中华绘画艺术的重任，才能使国画艺术发扬光大。家勤从事教学、绘画艺术五十余年，多次担任台湾美展评审委员，曾荣获"艺术薪传奖"，出版有《孙家勤画千佛》《大风流韵——孙家勤画集》《承古传今——孙家勤画展》专集多种，还多次应邀举办个展、参加海内外联展百余次。1971年与张大千、张保罗在巴西联邦共和国省立近代美术馆举行师生联展。1972年在台北省立博物馆及大会堂举办个展。及至2004年的"大风流韵——孙家勤画展"，在中国台北、中国香港、美国等地参加过50余次展览。孙家勤教授移居台湾，在台湾师范大学担任台湾水墨画会理事，台湾中国文化大学美术系研究所教授。他还多次率弟子赴北京、上海、四川、江苏等地举办联展，并和大陆艺术界人士研讨绘画艺术，为弘扬国画艺术及两岸文化交流作出了很大的贡献。

2009年台湾历史博物馆的展览会中，孙家勤先生更将长伴多年、大千先生

所赠之笔、墨、长袍、画作等象征衣钵之物转赠与台湾历史博馆永久典藏。同年10月，在杭州举办"大风再起——孙家勤画展"又将其精品赠与四川张大千研究中心

2010年9月旅外回台湾，因罹患退伍军人症，在荣军总医院治疗经月，最终于10月27日宣告不治，享年81岁、原预计于11月中旬在台举办的展览，亦因而取消，令人叹惋。历史开了个大大的玩笑，父亲是威震四海的东南五省联军总司令，用大炮鏖战半生的武神；儿子却是大风堂张大千的关门弟子，用彩笔丹青描绘世界的画家。用一句成语来相容：文武之道一张一弛。用一副对联做结束语：

兜鍪彩笔化云烟，丹青绘青史；
岱岳文武存天地，大风吹人间。